U0142911

研究&方法

統計學
原理與應用 精華版

Statistics: Principle and Applications (Concise Edition)

邱皓政、林碧芳　著

五南圖書出版公司 印行

作者序
Author preface

　　自從任教以來，對於統計學的開授很少中斷，課程設計始終維持是六學分的學年課程，從來沒有懷疑課程內容與分量，因此在教科書的編寫上也是按照相同的架構來進行。甚至到了管理學院教書後，為了配合其他進階課程的需要，參考許多商用統計外文教科書的內容，特別增加了時間序列分析的介紹，有時候連我自己都無法在 36 週內教完全部內容。這些年來，接了幾次一學期三學分的統計課程，加上授課週數有減少的趨勢，才認真思考出版一本精簡版，而出版社主編認為這本書所保留的內容都是精華，因此稱為精華版。如果上課步調安排緊湊，可以在一學期教完；如果一章一章仔細談，同時把更多心力放在 EXCEL 或 R 的實作，教一整年也沒問題。所以細心的讀者可能會發現，精華版篇幅少了許多，但因為增加 R 的應用示範，因此還是一本頗具「分量」的教科書。

　　不論是精華版或完整版，這本書都是帶領各位進入最性感職業的一本教科書。2012 年 10 月號的《哈佛商業評論》刊登了 Thomas H. Davenport 與 D. J. Patil 兩位資料科學專家所撰寫的專文 *Data Scientist: The Sexiest Job of the 21st Century*[1]，把資料科學家形容成最性感的工作。事實上，性感一詞不是他們先說的，而且不是指資料科學家，Google 首席經濟學家 Hal Varian 在 2009 年 1 月號的《麥肯錫季刊》抱怨說「我一直在講，下個十年的性感職業是『統計學家』，大家都說我在開玩笑……」，全文引述如下：

　　*"I keep saying the sexy job in the next ten years will be **statisticians**. People think I'm joking…The ability to take data—to be able to understand it, to process it, to extract value from it, to visualize it, to communicate it—that's going to be a hugely important skill in the next decades, not only at the professional level but even at the educational level for elementary school kids, for high school kids, for college kids." (Hal Varian, McKinsey Quarterly*[2], *2009/1)*

1　原文出處 https://hbr.org/2012/10/data-scientist-the-sexiest-job-of-the-21st-century

2　原文出處 https://www.mckinsey.com/industries/technology-media-and-telecommunications/our-insights/hal-varian-on-how-the-web-challenges-managers

統計學家的誘人與性感，我算是見證者，並不是說我自己得到多少好處，而是最近看到越來越多我的學生因為大學時代打下的統計基礎而有了好前途。例如最近幾年我開了一門「大學入門」課程邀請系友回來分享，他們說幾乎每一個職位都跟數據處理有關，因此告誡學弟妹們好好讀統計「真的」很重要。過去，當有人問我在教什麼、我的專長心理計量學是什麼，我都說簡單來講就是測量與統計，人們聽到這兩個關鍵字，通常的反應是沒啥話題也沒興趣多說，顯然因為這是冷門學科。會抱怨統計學被視為冷門科目的不只是我，我剛回國時，就曾聽過中央研究院某位資深大老公開呼籲重視統計學，到了今天，我們都見證了統計學的價值與重要，在二十一世紀發光發熱。

在完整版的序中，我曾寫下：「如果不同的科學領域之間有需要共同的語言來溝通，那麼統計就是其一；如果真理是越辯越明，那麼就更有賴統計發聲……」，現在讀來還有著熱血沸騰的感受。接著還有「……統計學作為自然與社會科學絕大多數領域的共同必修課，並不是教授們共同商議的決定，而是眾多學者對於學科基本價值的肯定與專業養成需求的共同默契；在教育應用、社心專業、經濟預測、產業發展、商業經營、管理實務乃至於國家治理，統計程序的應用與分析技術的導入已深入各行各業，都是基於問題解決與預測監控的實際需要……」，這些苦口婆心或是先見之明的文字捨不得讓它流失，因此再提一次。

就如同我的其他著作，不論是基礎教科書或高等專書，對於令人畏懼的統計學，都盡量利用白話文字來書寫，以實用範例來說明，更以軟體工具來實踐。本書出版目的希望能夠提供一本通俗能懂的教科書，陪伴學生們渡過一整年的統計學習生活。一路以來，本書另一位作者林碧芳教授在幕前幕後扮演著關鍵角色：「幕後」是為本書的出版與完整版的歷次改版付出比我更多的心力；「幕前」則是因為林教授使用此書的頻率與深度比我還多，受到學生高度愛戴的她，深知「民間」疾苦，因此一直都能從學生的角度出發，給予本書更貼近民意的表現建議與素材設計，也才有本書章節中的各式範例、課後的諸多習題以及務實的電腦操作演示，不但豐富了本書的內涵，更消弭學習的恐懼與學科的生硬，讓本書撰述的目標初衷得以實現。

記得當年飛往洛杉磯求學時是第一次踏出國門，美國海關官員看到我握著單程機票微微發抖，問了我的去處後幽默的說一句：「不要回頭喔！」後來還開了一條特別通道讓我快速通關，應該是怕行李太多耽誤安檢，這些小動作撫平了我忐忑不

安的心情，也讓「不要回頭」一句話深深刻在年少的我邁向學術世界的第一個印象中。在此也以這句話送給正在閱讀本書的讀者您，如果山窮水盡懷疑無路，其實柳暗花明又有一村，萬丈高樓平地起，打好地基，未來才有登高望遠的睥睨，驀然回首時，一切辛苦都已經消失在燈火闌珊處。相信我，這條路，一定值得。

邱皓政

西元 2023 年 9 月

於臺師大管理學院

目錄
Contents

Chapter 3　次數分配與統計圖表　　**33**

Chapter 4　描述統計量數　　**63**

Chapter 8　平均數差異檢定　193

Chapter 9　變異數分析　237

Chapter 10　相關與迴歸　285

Chapter 11　多元迴歸　325

Chapter 12　卡方檢定　**357**

Chapter I

統計學概說

📈 1.1 前言

每個人面對統計學的第一個問題，可能是「什麼是統計？」或是「為什麼要學統計？」在回答這個問題之前，讓我們先來看看以下的一些描述：

在車水馬龍的道路上，有許多汽車奔馳而過。某一天，你在街口等朋友，等著等著，你可能開始會注意到這些汽車的廠牌或款式，也可能會注意它們的新舊或顏色，甚至於會發現有人開車慢條斯理、有人則是呼嘯而過。於是你在心中默默的數起來，發現在 20 輛汽車當中，某一種廠牌的汽車好像比較多，或是白色最常見。而小車通常色澤鮮豔，大車多半深色居多，甚至於你可能會發現，小車的駕駛是女生居多，呼嘯而過的通常都是大車；但是汽車玻璃顏色太深，你看不到駕駛的性別，但是直覺告訴你，玩命的應該都是男生……。

在前面的描述當中，其實就有許多統計的概念在裡面，例如 20 就是隨機抽樣得到的樣本數。對於路上奔馳的汽車，我們提到了「廠牌」、「款式」、「大小」、「顏色」這些分門別類的概念，同時也用到「速度」、「窗戶玻璃深淺」來描述車輛的不同。最後，我們還把「性別」放進來，做出「小車都是女生居多」的假設主張，甚至還可能提出「玩命的都是男生」這樣的推論。

先不談為什麼要把某些名詞用「」符號框起來（在變數一節會詳談），我們可以上網查詢車商的銷售數據，很快就可以知道哪一個廠牌是否真的比較多，以及哪一種顏色最受人們歡迎，如此就能確認你剛剛數出來的 20 輛汽車當中，數目最多的廠牌是不是與銷售數據相符，或是大車多半是深色居多的這個說法是否成立。如果答案相符、說法成立，那真要恭喜你，因為你的觀察結果符合真實狀況。另一方面，如果我們多花一些時間去監理所調查車籍資料，結果真的證明開小車的女性比例居多，同時，接到超速罰單的都是男生，那麼，我們不得不佩服你真是神機妙算、料事如神。因為，你的想法都與事實一致，但如果你學過統計，並不需要去上網查詢，也不必去監理所調資料，就可以利用抽樣理論與機率觀念「推知」真相為何。

前面所描述的這些話，就是統計學。統計不僅與我們的日常生活有關，更是具有科學家的探索精神。基本上，統計關心的問題是變化（variety），如果人類世界沒有變化，就不需要統計。相對的，就因為這個世界形形色色、一樣米養百樣人，對於變化的趨勢與邏輯的掌握，就需要用到統計，因此統計學就是研究「變異」的一門科學。

一般的實務工作者手中都會擁有許多值得分析的資料，或是經過調查獲得具有分析價值的資料，而科學家為了去瞭解並解釋科學現象或人類行為，也必須藉由資

料的蒐集來進行研究工作。當實務工作者或科學家手中擁有了資料（data）之後，就必須利用一套有效的程序來進行資料的整理、呈現、描述與解釋的工作，成為有意義的資訊（information），並進一步從中找到決策的根據，做出判斷與結論來解決問題。如果這些結論經得起考驗，就能夠得出系統化的知識（knowledge），最後得以形成一套具有解釋力與預測力的理論（theory）。這個過程，就是一套以統計方法為核心的量化研究基本程序，如圖 1.1 所示。

　　簡單來說，統計是一套處理與分析量化資料的技術，而探究統計方法的原理與應用的學科，就是統計學（statistics）。統計方法的應用不僅是實務工作者的利器，更是科學研究的重要環節，各種判斷與決策都有賴統計方法的應用，讓我們可以透過資料掌握資訊、解決問題、建立知識，進而創見理論，因此，就讓我們好好來學習它吧！

圖 1.1 統計學的功能與角色

1.2 統計學發展的脈絡

　　統計的起源可追溯至十八世紀，德國人將「國家應該注意的事實學問」，包括國家的組織、人口、軍隊與資源的記述工作，以德文的 statistika 一詞，正式命名為統計學。換句話說，統計最早是因為統治者對於治理國家的需要而發展出來的一套技術，因此被稱為「政治數學」。由統計（statistic）與國家（state）語出同源來看，就可以明白統計與國家治理的關係。

　　在古埃及時代，王室為了修建金字塔，就曾對全國人民的財產進行調查。在中國，四千多年前的夏朝，《尚書／禹貢》一文記載了當時的中國九州的各地物產、交通、植物特徵等統計資料，以及田地及貢賦分為九等的作法。這種統計技術與十七世紀德國的國情調查非常相似，但中國甚至早了後者近兩千年。到了周朝，在統計方面更為完善，不僅制定了鄉的定期報表制度，在統計方法上還應用了專門調查方法，使用統計圖示及帳冊；當時的中國人就知道統計分組、平均數、相對量數等近代統計方法。

　　雖然起跑點甚早，但是中國始終沒有把歷史悠久的統計工作發展成為一門系統

的現代科學。西方的統計學雖然十九世紀末葉才真正開始，到了四十年代才逐漸成熟，與當時的自然科學、哲學、數學發展相結合，統計學家們大量引進了概率與數理統計方法，並運用電子化技術來協助進行運算，在統計學領域逐漸獲得領導的地位，直到今日。

目前英文 statistics 一詞是由英國數學家 William Petty（1623-1687）從德文 statistika 翻譯而來，說明統計在「專門研究各種數量」，但如果把描述統計的發展視為當代統計學的緣起，那麼十九世紀末的 Sir Francis Galton（1822-1911）和 Karl Pearson（1857-1936）可以說是當代統計學的發展起點。

Galton 是著名的演化論者達爾文（Charles Robert Darwin）的表哥，曾為達爾文做過統計分析的工作。1889 年 Galton 以《遺傳學原理》（*Nature Inheritance*）一書，開啟了統計學的大門，該書除了本身的價值外，最重要的影響是引發 Pearson 對於統計學的興趣。在此之前，Pearson 只是在倫敦大學的一位數學老師。1890 年 Pearson 轉赴格里辛學院（Gresham College）教書，在他所開授的「現代科學的範圍與概念」（The Scope and Concepts of Modern Science）中，他開始注意統計的原理及對科學研究的影響，並致力於統計理論研究，提出相關係數、標準差等重要的統計名詞。事實上，他最大的貢獻是引發了世人對於統計的重視，改變人們對統計的態度，並說服科學界承認統計是一門學科。

接續 Galton 與 Pearson 的努力，另一個重要的學者 Ronald Aylmer Fisher（1890-1962）也出現在統計學名人榜當中，著名的 *F* 檢定的字首 *F*，就是他的姓氏的縮寫。1915 年，他發表了統計量的精確分配的論文，將統計史帶入另一個時期，有人甚至把今天所廣為採用的各種統計理論的絕大多數歸功為 Fisher 的成就。例如他發展出許多樣本統計量的機率分配，推論統計的決策模式也多半在他的手中完成。Fisher 可以稱得上是一位天才兒童，在他很小的時候就已精通三角幾何之類的數學問題。1912 年畢業於劍橋大學，得到天文學的學士學位。1915 年發表令他一夕成名的文章，也開啟統計領域對於樣本統計分配的研究。他的兩本名著《研究者的統計方法》（*Statistical Methods for Research Workers*）和《實驗設計》（*Design of Experiments*）分別於 1925 年和 1935 年出版，對於統計有重大的影響。最大概似估計法（maximum likelihood estimation）觀念的提出，也是歸功於 Fisher，足見他在統計領域的重要地位。

接續父親 Karl Pearson 的傑出貢獻，他的兒子 Egon Pearson 在 1928 年與 Jerzy Neyman 共同發表幾篇重要的論文，探討統計決策的基本問題，例如第一與第二類型錯誤、檢定力和信賴區間的觀念。在這期間，實務界開始大量採用統計技術來處理品管問題，興起了抽樣理論與調查方法的研究。Egon Pearson 並修正了 Fisher 早

期所留下的問題，完成了今天統計領域所使用的決策理論核心概念。

　　到了二十世紀末期，電子計算機與電腦的發明與普及，無疑是統計學高度發展的推手，當 SPSS（Statistical Package for the Social Sciences）、SAS、BMDP 等統計套裝軟體出現之後，統計運算更為方便，只要知道應採用何種統計方法，就可以快速得到結果。到了今天，統計成為一門科學方法，其應用範圍遍及自然科學及社會科學的整個領域中的絕大部分，舉凡農業、工程、資訊、商管、經濟、政治、傳播、社會、心理、教育、醫藥、公衛等各領域無不適合採用統計方法進行研究，可見統計學有其發揮的空間，不僅成為當代盛行的資料科學（data science）與大數據分析（big data analysis）的核心知識，也是提升科學發展的主要基石。總而言之，統計學是一套讓科學得以實踐並發揮效益的工具，工具必須要有使用的空間及場合，才能見到真正的效益。這個空間，就是學習統計者的舞臺。

📈 1.3 統計學的內容是什麼：從五個例子來看

　　在社會與行為科學領域中，對於統計方法有幾種基本的應用方式，以下我們將介紹五種常見的應用範例，並同時介紹一些專有名詞，關於這五種範例與專有名詞的相關細節，將在後面的章節詳細討論。

1.3.1　簡單中卻有大道理：描述統計

　　作為學生的你，願意花多少時間來學統計呢？現在的學生究竟願意花多少時間讀書？這些都是老師們十分關心的問題。如果在速食店隨機找 10 位學生來問一下，他們可能會回答一個星期花了大約 7 小時在課業上（平均每天 1 個小時），這樣的答案對於一般的大學生來說可能已經算是不錯的了，有人可能多一點，十幾個小時，也有人平常都不會讀書，除非要考試了。但是如果拿一樣的問題去問 10 位老師，他們可能會認為一個星期花 14 個小時讀書也不為過。

　　現在，有一位統計老師希望透過科學的方法來瞭解這個問題，他編製了一份簡單的問卷，列舉一些關於統計課程學習的問題，然後透過他的朋友協助發放給選修統計課程的學生來填寫，最後回收了將近 500 份問卷。他發現有 15% 的學生會進行課前預習，45% 的學生會做課後複習，他們練習統計習題的時間，每週平均只有 0.8 小時，但是花了 2.9 小時在使用 EXCEL 或統計軟體來做作業，尤其是當統計學是選修課而非必修課時，使用軟體做作業的時間越長，學生課後複習的比率越高。這位老師對於研究結果感到驚訝，因為他自己的統計課並沒有使用到電腦軟

體，他認為統計知識的建立一定要從演算中學習。他開始思考是否改變教學方式，因為研究數據透露著，有使用電腦來輔助學習統計的學生，似乎對於課程的滿意度較高，也比較樂意在課後自我學習。

前面的例子說明了描述統計的奧妙，它甚至改變了某位老師的教學方式。簡單來說，描述統計（descriptive statistics）是指利用某些運算後的簡單數據來描述一群對象的某些特徵，這個「運算後的簡單數據」稱為統計量（statistic），例如平均數、百分比等，而數據通常來自於一群人、動物、物體或事件，統稱為研究對象。以統計學的術語來說，這一群觀察得到的研究對象就是樣本（sample），而樣本是從母體裡所抽取得到的一個子集合，母體（population）（或翻譯成母群）則是指帶有某共同特徵的一群研究對象的全部。例如在大學當中修統計學的學生可以是一個母體，因為他們擁有一個共同的特徵——在大學修一門相同的課。同樣的，在大學當中教統計的老師也可被認為是一個母體，這些老師不論是系上的專任老師或兼課老師，只要是在大學開課教統計學的老師，都擁有共同的特徵，但是助教就不算是這個母體的一部分，因為他們不是老師，而是協助老師教課的人。

描述統計可以說是研究者能夠從手邊資料所得到的最基本的資訊，雖然這些統計量都很簡單，但是卻有大功用，它對我們所蒐集的資料提供了客觀的摘述，並可以利用圖表來讓人們輕易的理解資料所帶有的訊息，因此又稱為資料視覺化（data visualization）。關於描述統計的相關細節，我們會在第三章至第五章進行討論。

然而，描述統計的功能也是有所限制的，例如它們無法獲知數據之間的相互關係，也無法瞭解不同狀況下的數據差異的意義。例如當統計課是必修或選修課時，學生學習的狀況是否「真的」有所差別？使用軟體來協助教學是否「真的」會提高學生的學習興趣？如果僅看粗略的描述統計量，並無法得知自主學習與課程的教學方式是否有關，而學生們願意多花時間讀書的確實原因為何也不得而知，所以需要推論統計來協助我們。

1.3.2 由小看大、見微知著：統計推論

前面描述統計的例子中，我們曾經舉例：在速食店隨機找 10 位學生調查得知平均每週讀書時間是 7 小時，那麼這句話到底能不能反映大學生的現況呢？也就是說，這 10 位學生的統計數據是否能夠推論到具有相同特徵的所有大學生的這個母體呢？此外，那位認真的統計老師調查 500 位學生所得到的「每週平均花費 2.9 小時使用軟體來做作業」這一句結論，是否就是現在學生學習統計的普遍狀況？

描述統計量只能反映我們從一個樣本裡所蒐集的測量數據是什麼，並無法得

知我們沒有掌握的資料會如何。顯然一個樣本所得到的資料並不能代表全體，但是為了得到更全面的結果，研究者必須進行統計推論，從手中所獲得的樣本資訊（掌握已知）來對其所出自的母體得出結論（推論未知），而統計推論（statistical inference）就是利用樣本資訊來推知母體狀態的過程。

首先，為了確保樣本能夠反映母體，樣本的獲得必須遵循一定的規則，最常見的抽樣方式是隨機抽樣（probability sampling），也就是從母體中以某種隨機方法挑選成員，母體中的每一個成員都有相同的機率被選擇作為樣本，而且每個被挑選的成員彼此是相互獨立且不互相影響，此時所建立的樣本可稱為隨機樣本（random sample）。利用隨機樣本所獲得的資料所計算出描述統計量（例如 10 位學生平均每週讀書 7 小時），得以用來推論母體的狀況，此一被推論的母體特徵被稱為參數（parameter），例如大學生每週平均讀書幾小時。有很多常見的以描述統計量來推論母體參數的例子：

➲ 大學畢業新鮮人平均起薪是 28K（從徵才網站的數據推論初入職場者）。
➲ 上班族每天花 23 分鐘通勤（從某次調查的經驗數據推論一般上班族）。
➲ 臺灣地區平均每戶成年人數為 2.53 人（從政府訪查數據推論全臺地區）。
➲ 臺灣民眾每月在便利商店的消費為 8,050 元（從某連鎖超商的數據推論全體）。

以上每個數值都是從樣本或某特定資料來源所獲得的描述統計所估計而來的參數。我們不可能去一一詢問每一個大學社會新鮮人的起薪是多少，或是去調查每一個上班族每天花多少時間通勤，因此每個數值都是母體的估計值。關於估計的原理與方法，將在第六章進行討論。

1.3.3 是事實還是偶然：假設檢定

科學家除了想對母體特徵進行暸解之外，更對事情的因果關係感興趣。為了掌握因果（causality），最好的方式就是進行實驗（experiment）。一般來說，實驗的進行必須先去定義自變數（independent variable; IV）與依變數（dependent variable; DV）。自變數是指研究者能夠操弄的變數，藉由操弄實驗的不同狀態與水準，觀察實驗受試者（subject）或參與者（participant）的狀況，被研究者預期會被自變數所影響的行為結果就是依變數，又稱為反應變數或應變數。

例如酒駕是危害民眾安全的行為，因為喝酒會影響駕駛人的反應能力，但是要喝下多少酒精才會影響駕駛呢？如果喝下帶有米酒調味的湯頭是否會影響駕駛呢？

政府對於酒駕的定義必須有一個合理的標準才能作為取締的依據，此時就需要進行實驗。如果我們以喝下酒精的多寡為自變數，測量駕駛對於信號的反應速度作為依變數。研究者認為酒精會影響反應速度的這個想法，稱為研究假設（research hypothesis）。

為了檢驗研究假設是否成立，科學家挑選一群實驗參與者，將他們隨機分派到幾個不同的組別，然後操弄不同的狀況來進行實驗處理（experimental treatment），例如讓參與者飲用不同比例的含酒精飲料，最後觀察他們的行為反應靈敏度。之所以要進行隨機分派（random assignment）的目的，是為了確保參與者有相同的機會被分配到各種實驗狀況下，而且參與者被分派到實驗組與其他參與者的分派是獨立的，因此每一組參與者的特徵都十分相似，使得每一組的參與者在依變數上的表現，可以被視為是自變數影響的結果。

對於實驗操弄是否影響依變數，需要進行一系列的統計分析與考驗。首先，研究者必須計算每個實驗狀況下，受試者在依變數得分的描述統計量，此一步驟跟一般描述統計量的計算過程完全相同。第二個步驟則是決定不同組別的依變數描述統計量的差異，是否效果大到能夠歸因於自變數的影響，而非偶然性的差異，此一步驟需要使用統計假設檢定（statistical hypothesis testing）。

基本上，任何兩個群組的描述統計量都會存在一些無法預期的差異，稱之為隨機差異（chance difference），即使自變數對於依變數完全沒有影響，隨機差異也會發生於實驗研究中的不同群組當中。假設檢定的原理，就是將實驗中的各群組實際所觀察到的差異，來與隨機差異進行比較，得到檢定統計量（test statistic）。如果獲得隨機差異的機會很小，而實際所觀察到的差異夠大，也就是當檢定統計量數值大於研究者所設定的門檻，那研究者就可以得到受試者們在依變數的差異並非是隨機差異的結論，亦即可將觀察值的差異歸因於自變數的效果。為了要決定不同實驗群組間在依變數上的平均數差異是否不是機會所造成，最常使用的統計方法為 t 檢定與變異數分析（analysis of variance; ANOVA）當中的 F 檢定；前者適用於只有兩個組別的平均數相互比較時，後者則可應用在超過兩個組別的平均數差異的比較。這些統計假設檢定的原理與方法，將在第七章至第九章討論。

1.3.4 無獨有偶、預測未來：相關與迴歸

許多社會科學研究無法以實驗方式來進行研究，例如性別、年齡、左撇子或右撇子、體重、身高、收入狀況、教育程度等，都是無法進行操弄的受試者變數（subject variable），但是科學家還是對於這些受試者變數與其他相關變數之間是

否具有共變關係感到興趣。如果一個變數的改變與另一個變數的改變有關,則兩個變數稱為具有關係。例如如果一個人的學業成績與個人的努力有關係,那麼成績與努力就具有共變關係,這兩個變數的變化具有關聯性,此時可以計算介於 –1.00 到 1.00 之間的相關係數(correlation coefficient),作為描述兩組分數相關程度的統計量。

　　相關係數雖然是一個統計量,但也需要使用統計假設檢定來決定這個係數是否是隨機現象。進一步的,如果兩組分數的相關並非是隨機發生的,那麼就可以嘗試從一個變數去預測另一個變數。假設你知道一個人的努力程度,就可以預測他的學業表現,但是以努力程度去預測學業成績到底有多麼準確呢?也就是如何有效的以某個變數的分數去預測另一個變數的分數,必須使用迴歸分析(regression analysis)。相關與迴歸分析技術可以說是社會科學領域中,最廣泛使用的一種統計技術,例如下列各種狀況的研究議題與應用範例:

- ⮌ 孩童年齡增長與智力發展的關係(教育學者關心的學習議題)。
- ⮌ 各種廣告投入金額多寡與產品銷售情形(行銷經理關注的業績提升問題)。
- ⮌ 以歷年出生與死亡人口來預測未來的人口數量(政府關心的社會趨勢)。
- ⮌ 製作某項產品需要投入多少成本與人力(企業高層在意的成本效益模式)。
- ⮌ 宿舍的用電量是否逐年增加(校務治理的校務研究課題)。

　　在上面的幾個例子中,可以看出以一個變數來進行預測可能是不夠的,因此在進行迴歸分析時必須增加預測變數,稱為多元迴歸(multiple regression)。如果被預測的變數是隨著時間而變動,所進行的時間趨勢分析也是以迴歸分析為基礎。關於相關與迴歸的原理,將在第十章至第十一章介紹。

1.3.5 此消彼長:交叉分析

　　每到選舉季節,電視上最熱鬧的新聞之一就屬候選人的支持度調查。我們經常可以聽到某某民調公司以電話訪問臺灣地區 18 歲以上的 1,000 名選民,詢問他們如果明天是投票日,他們是否支持某一政黨的候選人,然後得到一個百分比數字,同時交代抽樣誤差的比例(例如正負三個百分點),以作為選舉情勢分析的證據。事實上,民調(poll)的分析也是一種統計推論,民調公司所訪問的選民就是樣本,從樣本數據進而推知全體選民的支持意向,此時為了確保樣本能夠代表母體,抽樣過程是其關鍵,樣本越大,抽樣誤差(sampling error)越小。

　　從統計的角度來看,民意調查與前述的統計推論有兩個主要的差異。第一個

差異，是民調所使用的變數通常不是反映強度變化的連續變數，而是數人頭的類別變數。連續變數的資料可以計算各種描述統計量，但是類別變數所能夠使用的描述統計量相當有限，通常只有人數的次數資料，或是把人數除以總人數得到百分比。例如 1,000 個選民當中，有 250 人支持甲政黨，有400 人支持乙政黨，150 人支持丙政黨，其餘則是未表態者，除以總人數之後，就可得到百分比或機率：.25、.40、.15 與 .20。進一步的，民調通常會把選民的投票意向，再就他所屬的政黨別，進行兩者的交叉分析（cross analysis），看看不同政黨背景的人是否支持特定的政黨，還是說會有跨政黨的投票意向。例如偏向甲政黨的選民，理應支持甲政黨的候選人，偏向乙政黨的選民，則應支持乙政黨的候選人，如果有相當比例的選民投向對立或不同的政黨，那麼就有玄機可以探討了。

在統計上，對於類別的次數分配是否具有特殊的比例（例如一個班級的性別比例是否為 1 比 1），或是兩個類別變數的分布比例是否具有連帶關係（例如選民自己的政黨傾向與候選人的支持情形），可以利用卡方檢定（chi-square test; χ^2-test）來檢驗。由於所牽涉的變數主要是類別變數，因此不需要對於母體分配是否為特殊分配進行假設，因此這一類的統計分析又被稱為無母數檢定（non-parametric test）。關於卡方檢定在類別資料的分析方式，將在本書的最後一章介紹。

📈 1.4 統計學的分類

從統計所涉及的知識內涵與應用方式來看，統計學可分為理論統計（theoretical statistics）與應用統計（applied statistics）兩個層次。前者所關心的問題是統計的基本原理與理論內涵，多以數學模式的推導或模擬方法來探討統計的相關問題，例如數學系所開授的數理統計或機率統計學；後者則強調統計方法如何解決各種研究問題，多涉及研究場域的實徵資料分析與具體研究課題的解決，例如商管學院所教授的商用統計學，教育與心理領域的心理與教育統計，在生物醫學領域有生物醫學統計學。理論統計與應用統計兩者之間相輔相成，可以說是理論與實踐的關係。

若從統計的內容來看，統計學則可以區分為描述統計（descriptive statistics）與推論統計（inferential statistics）兩大範疇。描述統計的目的在整理與描述研究者所獲得的數據，以描繪出數據的輪廓與特徵，例如各種統計量的運算與統計圖表的應用；推論統計的目的則在進行推估或統計假設的檢驗與決策，尋找數據背後的科學意義，所涉及的範圍為估計與檢定，並可以擴展到更高階的模型分析。

如果從統計技術的複雜度來看，統計學可以區分為單變量統計（univariate

statistics）、雙變量統計（bivariate statistics）與多變量統計（multivariate statistics）。單變量統計涉及單獨一個變數的處理，雙變量則涉及兩個變數關係的探討，多變量統計則牽涉到多個變數關係的分析。

在自然科學領域（包括行為科學），由於側重實驗研究法，因此衍生出一門與統計分析關係密切的學科，稱為實驗設計（experimental design）。實驗設計的內涵除了影響一個實驗進行的程序與方式，更決定了研究的數據如何分析，因此，亦有學者將實驗設計從描述統計與推論統計獨立出來，成為另一系列的統計技術。

不論是哪一種分類，都說明了統計學的內涵包含甚廣，無法用一個單一的分類系統來含括各種不同的統計方法與概念。但是一般來說，除了專門以統計原理為主要學習內涵的數學與統計系所之外，其他各學門對於統計學的探究，主要在於如何配合該學門的特性，有效的執行統計分析以獲得最正確的結果，也就是說偏向方法層面的應用統計。這些學門的應用統計學內容，雖然也會介紹統計的原理與理論，但是主要的內容仍以各種統計技術的介紹為主。我們可以從這些應用統計學的教科書裡的習題與範例中發現，它們多為該領域的具體研究問題，可以明白這些教科書所關注的是統計如何執行與運用。本書定位於社會科學的統計分析，內容除了介紹統計原理，也將強調各種統計的應用策略，希望讀者除了能夠習得統計學的知識內涵，也能夠透過範例與課後習題的練習，更加熟悉統計學的具體應用。

📈 1.5 結語

1.5.1 真的有必要學統計嗎？

前面我們舉出幾種常見的統計分析應用。然而，一個很基本問題是，為什麼我們要關心這些問題？為什麼要使用統計方法？難道沒有其他方法了嗎？

延續前述所說，就因為人類世界充滿變異，每一個人都不相同，那麼描述統計就有其得以發揮之處。然後，透過對於一組樣本典型特徵的描述，例如年齡、體重、教育程度，進一步去瞭解母體的特徵，可以使用統計來進行推論估計。至於假設檢定，則是在探討變數之間的關係與彼此之間如何相互影響的問題，例如實驗操弄是否會影響行為表現，瞭解某一種藥物對於人類身體的影響。由於隨機所造成的變異性確實會在我們所觀察到的資料當中存在，因此需要統計假設檢定來客觀決定，不同群組間的差異，是否比我們所預期的隨機差異還大，這也是一個科學的命題。

最後，相關與迴歸分析用來檢驗變數之間是否有所關聯，進而利用這個關聯來

進行預測的應用。當兩個變數的關聯十分明確，即可從一個行為的發生來預測另外一個行為的發生。這些問題的產生全是因為人類世界充滿變化與不確定性，在同樣的狀況下會有不同的行為，因此對於不確定性的消除，即可讓我們掌握更多的規律，改善我們的生活。

另外，隨著資訊社會來臨，數據俯拾即是，資料科學成為當代的顯學，數據處理與分析的能力成為一種基本素養，更凸顯學習統計的重要性。

1.5.2 統計真的有這麼難嗎？

統計真的有這麼難嗎？走在校園中，隨口一問，你會聽到統計學是許多學生的夢魘，因為它是許多科系的必修課，也就是學生口中的「必休克」。事實上，如果問起統計專家，統計學是什麼？真的有這麼難嗎？他一定會告訴你，統計是非常生活化的工具，是一套妙用無窮的分析技術，可以幫我們處理生活瑣事，也可以進行科學研究，它可以很難，但也可以很簡單。那麼問題在哪裡呢？心理學家會說，難的不是統計學，而是心中的焦慮與無知的恐懼，或是過去的負面經驗（例如數學被當）。只要克服心理因素，勇敢面對，統計即是一門高度實用性的學問。

從實用的角度來看，統計學是一套分析數據、探討數字背後意義的一門學問，因此雖然統計學當中有大量的數學運算，但統計學畢竟不是數學，並不強調推導證明，但統計的學習必須循序漸進，除了機率與基礎微積分等數學基礎知識，學習過程必須熟悉統計所使用的符號邏輯，然後逐漸從淺而深，由初等統計進階到高等統計，由學理知識逐漸轉換成實用知識，才能落實統計方法的學習。

從另一方面來看，統計是一門非常實用的技術學科，它的存在是為了解決數據分析的問題，應用過程牽涉各學門研究問題的複雜性，而且數據蒐集決定了統計方法，因而統計的正確運用往往必須配合研究方法的訓練，一些相關學科的學習，例如實驗設計、調查研究、心理測驗，也會影響到統計的應用能力。當研究者累積越多的研究或統計分析經驗，越能夠整合這些相關知識與技術，妥善處理研究課題。

總而言之，統計之所以令人覺得困難，在於統計能力的培養與分析素養的建立不是一朝一夕的工作，統計方法的正確運用，深深影響問題解決與科學活動的內涵與品質。因此，統計是否學得好，真的是一個很重要的問題。但是統計學本身並非深奧難懂，統計的應用也不會與生活經驗脫節，關鍵的確只是學習者的心態而已。

本書主要的內容在介紹統計的原理與技術，為了便於理解，本書盡可能以通俗的語言來說明統計的概念，並舉出數據來配合說明。讀者熟讀原理與計算方式後，可以就重要概念反覆演練，配合軟體來進行試算驗證（請參考每章課後所附的

EXCEL 小幫手與 R 小精靈），必能夠對統計分析與實用技術有一相當的掌握。

 本章重要概念

統計學 statistics　　　　　　　　應用統計 applied statistics

資料科學 data science　　　　　　單變量統計 univariate statistics

描述統計 descriptive statistics　　　雙變量統計 bivariate statistics

推論統計 inferential statistics　　　多變量統計 multivariate statistics

理論統計 theoretical statistics

 課後習作

一、何謂統計學？

二、試說明統計與人們日常生活的關係，以及與你的關係。

三、請說明理論統計與應用統計的差異？在你所學習的專業領域的關係為何？

四、請說明描述統計與推論統計的差別？並請各舉一例說明之。

五、你覺得統計很難嗎？除了課本中所列舉的原因之外，還有沒有其他的原因呢？

Chapter 2

變數與測量

2.1 前言

統計脫離不了數據（data），數據來自於測量（measurement）。每天早上起床，我們查看「溫度計」來增減衣衫，站上「體重計」決定是否可以吃大餐；上學的時候看看「手錶」決定何時出門；在不同工作崗位的專業人士，更有他們獨特的測量工作，例如護士用「血壓計」量血壓、體育老師用「馬表」為學生跑步計時、心理學家用「心理測驗」評估一個人的心理成熟度、政治觀察家也透過「政治溫度計」對政府施政打分數。測量不僅是人們日常生活的一部分，測量得到的數據更是統計分析的核心內涵，數據之間的關聯則是統計決策的依據。

以統計的術語來說，人們測量所得到的結果，或是科學家進行實驗所得到的各項數據，都以變數（variable）的形式呈現，在第一章一開始所提到的汽車的描述中提及的「廠牌」、「款式」、「新舊」、「顏色」、「速度」、「性別」都是變數。更具體來說，變數是指被研究對象的某一屬性因時、地、人、物不同，而在質（quality）或量（quantity）上的變化。汽車的廠牌或款式所呈現的是每一輛汽車在本質上的不同，但是車輛的速度則反映了程度與數量上的差異。

單一的變數，僅能作為現象與特徵的描述，透過變數之間關係的描述與檢證，才能瞭解現實世界的種種情況，發展具有意義的知識與概念。因此，一般實務工作者可能只會將調查結果進行整理後，以圖表來呈現數據的內容與意義，但科學家為了回答複雜的研究問題，不會只去關心單一變數的特性，而會探討多個變數之間的複雜關係。因此，我們必須先對變數的類型與特性有一完整的瞭解。

2.2 變數的特性與類型

2.2.1 變數的基本特性與定義

數據的獲得仰賴測量的進行，測量是運用一套符號系統去描述某個被觀察對象的某個屬性（attribute）的過程（Nunnally & Bernstein, 1994）。此符號系統有兩種表現形式：第一，以數字的形式去呈現某個屬性的數量（quantities）；第二，以分類的模式，去界定被觀察對象的某個屬性或特質是屬於何種類型。前者是一個度量化（scaling）的過程，後者則是一種分類（classification）的工作。在多數情況下，人們進行測量工作主要是在進行精密的度量，亦即採用前者的界定，於是測量便與工具（量尺）的選用，以及統計分析的應用有密切的關係，這即是很多人常把測量與統計拉上等號的原因。

　　統計分析的首要工作，是將某個研究者所關心的現象予以「變數化」，也就是把某一個屬性的內容，以變數的形式來呈現。此時，被觀察對象可能是個別的人、一群人的集合、或各種實體對象。科學化的測量，除必須符合標準化（standardization）的原則，也需要注意客觀性（objectivity），亦即測量應不受觀察者的主觀因素而影響其結果，同時其過程應有具體的步驟與操作方法，以供他人的檢驗。

　　在學者的眼中，變數的存在必須有其操作型定義（operational definition）。也就是說，對於一個變數的定義，必須舉出測量該變數或產生該事項所做的操作活動與標準程序，使他人可以參酌依循而得到相同的結果，而非僅是描述變數或現象本身的性質或特徵來進行觀察。例如一個人的「身高」與「體重」看似尋常，但如果查閱衛福部的指引（https://www.hpa.gov.tw/Pages/Detail.aspx?nodeid=571&pid=883），體重的測量必須是「穿最少衣物並脫鞋於體重計上測量」，身高的測量則是「要脫鞋，受測者雙腳跟併攏，身體挺直，兩眼保持平視」，這就是操作型定義。

　　至於一個人的「肥胖程度」，更需要明確的操作型定義，因為我們不會單純以體重高低來衡量胖瘦，而是採用世界衛生組織所建議的身體質量指數（body mass index; BMI）來評估，計算方式是先測得體重（公斤）與身高（公尺），然後將體重除以身高平方：$BMI = kg/m^2$。國民健康署建議成人的 BMI 應維持在 18.5-24（kg/m^2）之間，超過這個範圍就是太瘦或太胖。

　　再舉一個更抽象的變數：人類的「智力」可以被定義成「與同年齡常模樣本在某認知思考測驗上的得分的百分等級」，或是「以 100 乘以心理年齡與生理年齡的比值」，這兩者都是智力的操作型定義，只是出自於不同的心理學理論觀點。

　　基本上，不論是肥胖程度或智力水準的操作型定義，都是一種約定性定義（stipulative definition）（Mandler & Kessen, 1959），也就是基於使用者的需要、特殊目的或方便性，所做的關於某個概念獲得其實徵資料的過程說明。這種定義方法並無明確的對錯真假，而有能實際操作與觀察的優勢。相對之下，一般人或學者對於各種現象進行描述時，著重於實際意義的描述與辯證，這是一種文義性定義（literary definition）。由於研究者所關心的現象有一定的明確內涵，因此從本質上來說有其一定的界定方式與描述範圍，而不能以研究者之意願來定義，因而文義定義是一種真實性定義（real definition），而非操作型定義。

　　總之，具有科學精神的測量與統計，在變數化的過程中不僅必須在概念與結果上能夠充分地被表達溝通，研究發現也必須能夠被其他人重製、再現或進一步的延伸或修正。這個溝通傳達與重現開展的實現，除了仰賴文義性定義的說明，更重要

的步驟，則必須透過操作型定義來完成，因此兩者皆須兼顧完備。一般在學術論文寫作或博碩士論文中，會有名詞釋義一節，目的就是在為研究當中重要或關鍵名詞的內容與定義方式進行說明，如果是量化研究的研究變數，除了會有文義性定義之外，更重要的就是操作型定義的解釋與說明。

2.2.2 變數的內容與類型

2.2.2.1 變數與常數

變異（variety）是統計的根本，而測量與統計是一門掌握變化、研究變異的科學。如果各種事物、現象或特質都呈現一致的面貌，不僅統計學、測量活動，甚至於科學的研究都失去了存在的意義，換言之，統計所關心的是會變動的變數（variable），至於不會變動的常數（constant）一般不是統計分析的重點。

例如如果全人類每一個人的性染色體都是 XX 或 XY，那麼「性別」即消失在研究者的思維當中；如果每一個人的智愚都一樣，那麼「智商」的比較就沒有意義；如果市場上只有一種品牌、單一款式的汽車，開什麼車還有什麼選擇嗎？換句話說，量化研究與統計分析的意義，在於測量過程可以顯示出由於時間的改變或人物不同，所造成各種自然現象或人類行為的變異。

從內涵來看，變數表示某一屬性因時、地、人、物不同的內容，包括兩個重要的概念：第一是其所指涉的屬性（attribute）為何，此一屬性即是研究所關心的現象或特定層面，通常可由變數的名稱來反映。例如「智商」變數，所指涉的屬性是智力的高低。第二是變數的數值（value or quantities），也就是變數的存在形式，一般皆為數字，即使測量得到的材料包含文字，最終也會轉換成數字。例如「智商」是一個變數，其存在形式是 100、120、125 等分數，代表個體在「智商」此一屬性的程度；「出生地」也是一個變數，我們的身分證字號[1]的第一個英文字標示出生的地點，例如 A 是臺北市、J 是新竹縣，但如果要進行統計運算或分類整理，可以把英文字轉換成數值，例如 A 編碼為 10、J 編碼為 18。這些數值是透過測量過程，以特定的量尺去測得。

---

1 我國身分證號碼包含英文字母共 10 碼，英文字母代表出生時登記地區的縣市別，第 10 碼是驗證碼，計算方式如下：英文字母換算成二位數代碼 ab，第 2 至 9 碼依序為 cdefghij，驗證碼 =9a+b+2c+3d+4e+5f+6g+7h+8i+9j 的結果取個位數部分。

數值變化性：　　常數　←----→　變數

測量單位的有無：　質性變數（類別變數）　　量化變數（連續變數）

變數的機率特性：　離散隨機變數　連續隨機變數

測量尺度的使用：　名義變數　順序變數　等距變數　比率變數

▎▎ 圖 2.1 變數的類型與關係

2.2.2.2 質性與量化變數

　　在科學研究當中，變數有多種不同的分類方式。從資料的內容來看，如果測量時並未使用特定的度量工具或可辨識的測量單位，變數數值只能反映測量對象的性質、狀態或屬性差異，稱為質性變數（qualitative variable），例如性別、學歷、工作職務、就讀學校、出生地等，或是汽車品牌、顏色等。由於質性變數的數值所代表的意義為不同類型，因此又稱為類別變數（categorical variable）。

　　如果測量過程使用了特定的度量工具，有了具體的測量單位，使得變數中的數值具有強弱多寡的度量意義，稱為量化變數（quantitative variable），其數值越大表示強度越強或數量越多，例如年齡、BMI、每天滑手機的時間、每月薪資等，或是一臺汽車的馬力、輪胎尺寸、油箱容量等。由於量化變數的數值具有測量單位而可以進行數學運算，因此又稱為數值變數或連續變數（continuous variable）。

　　在測量的實務上，質性與量化變數分別由不同水準的量尺（scale）所測得，質性（類別）變數可由名義或順序尺度測得，又稱為名義或順序變數；量化（連續）變數則可利用等距或比率尺度測得，又稱為等距或比率變數，關於這四種尺度與對應的變數類型在下節將詳細介紹。至於質性與量化變數的類型與特性，可參考圖 2.1 與表 2.1 的整理。

2.2.2.3 離散隨機變數與連續隨機變數

　　值得注意的是，類別變數與連續變數這對名詞，往往會與機率論中以離散尺度

📊 表 2.1　變數的不同類型與測量方式整理表

分類形式	意義與特性	範　　例
依測量對象性質區分	**反映測量內容特性**	
質性變數* qualitative variable	反映性質，為分門別類的結果，數值沒有單位與強度意義，又稱為類別變數。	名義的性別、種族、產業、政黨、品牌等；順序的教育程度、職務層級等。
量化變數 quantitative variable	反映程度，為強度測量的結果，數值具有特定單位與強弱意義，又稱為連續變數。	等距的溫度、分數、智商等；比率的度量衡變數、時間、金額、經濟指數等。
依機率特性區分	**反映測量單位特性**	
離散隨機變數 discrete random variable	測量尺度具有最小單位，數值為計數而得的有限整數，適用離散機率分配。	員工數、家戶數、學校數、班級數等。
連續隨機變數 continuous random variable	測量尺度沒有最小單位，數值為連續光譜之無限實數，適用連續機率分配。	度量衡變數、金額、時間、分數等（可求無限小數位數）。
依測量尺度特性區分	**反映測量精細程度**	
名義變數* nominal variable	測量工具為名義尺度或名目尺度。數值反映不同性質，沒有強弱大小數值關係，可進行「＝」或「≠」比較。	性別、學號、種族背景、宗教信仰、產業類型、政黨屬性、品牌名稱等。
順序變數* ordinal variable	測量工具為順序尺度。數值具有特定的大小順序關係，得依序排列，可進行「＜」或「＞」比較。	名次、學測級分、出生序、教育程度、社經地位（高、中、低）等。
等距變數 interval variable	測量工具為等距尺度。尺度具有單位但無絕對零點，0 無實質意義，有可能有負值，可進行「＋」或「－」運算。	溫度（華氏或攝氏）、考試成績（分）、智力（IQ）、憂鬱分數等，多為人為創造的變數。
比率變數 ratio variable	測量工具為比例尺度。數值無負數，尺度有單位且有絕對零點，0 有實質意義，可進行「×」或「÷」運算。	度量衡變數、年齡、時間等，多為自然界的固有變數，或是財務、金融與經濟指數。

分類形式	意義與特性	範　例
依研究設計區分	反映因果關係	
自變數（IV）independent variable	反映前因，通常發生時間在前，又稱為獨變數、操弄變數、受試者變數、預測變數、解釋變數、外生變數。	實驗組別、資金投入多寡、學生就讀學校類型。
依變數（DV）dependent variable	反映後果，通常發生時間在後，又稱為結果變數、被預測變數、被解釋變數、內生變數。	反應時間（秒）、企業獲利能力、學生就業薪資。

註：標示*者，表示變數的數值沒有測量單位或數值強度意義。

所測量得到的離散隨機變數（discrete random variable），以及以連續尺度所測量得到的連續隨機變數（continuous random variable）這一組名詞產生混淆，事實上，這兩種機率變數都具有可計數或可度量的測量單位，甚至數值的發生情形具有特定的機率分配，因此都屬於量化變數。

　　基於機率理論的觀點，連續隨機變數當中的「連續」是指機率分配當中的變數數值是連續性的數值系列，數值之間還有數值而為連續的光譜，如果測量工具足夠精密或測量方式更加精確，變數數值可求得更多小數位數的精密數值。因此，測量內容並沒有一個明確的數值，也沒有最小的測量單位。相對之下，離散隨機變數當中的「離散」是指機率分配當中的變數數值是分立、不連貫的數值，測量的進行是以計數（count）而得，具有最小測量單位，因此所獲得數量資料是固定的精確值（exact number），例如家庭人數、車禍次數等，數值可以表現強弱與多寡，而非僅能反映狀態的質性類別。

　　一般如果沒有特別說明，統計學所稱呼的類別變數是指無法進行數學運算的質性變數，連續變數則是指具有測量單位而可以反映強度、能進行四則運算的量化變數。至於離散隨機變數與連續隨機變數兩者雖然也簡稱為離散變數與連續變數，但兩者主要是應用在機率理論中，配合機率分配的屬性而存在的兩種可進行四則運算的變數型態。

2.2.2.4 自變數與依變數

　　最後，如果從研究設計的觀點來看，變數的安排可以反映事物間的因果關係，因而可區分為自變數（independent variable; IV）和依變數（dependent variable; DV）兩種角色。自變數即「因」，而依變數則為「果」。在自變數與

依變數的對偶、配對關係中，自變數可能是由研究者在實驗過程中的操弄變數（manipulated variable），或是研究者不打算解釋其變異而直接給定其狀態的外生變數（exogenous variable），相對之下，依變數的變化主要歸因於自變數的影響，又稱為結果變數（outcome variable），或是被外生變數及其他影響變數所決定的內生變數（endogenous variable）。

2.3 測量的尺度

　　測量是進行資料分析之前的主要工作，資料的性質則決定於測量所使用的尺度（scale）或層次（level），因此測量尺度的判斷與選用，可以說是決定量化研究品質的先行因素。統計學者 Stevens（1951）依不同測量方法的數學特性，將測量尺度分成四種類型：名義、順序、等距和比率，茲介紹如後：

2.3.1 名義尺度

　　名義尺度（nominal scale）的測量，係針對被觀察者的某一現象或特質，評估所屬類型種類，並賦予一個特定的數值。由名義尺度所測量得到的變數，稱為名義變數。如性別（男、女）、籍貫（臺北市、新竹市等）、種族（本省、外省、原住民）、婚姻狀態（未婚、已婚、離婚、喪偶等）、就讀學校等，是一種具有分類功能的測量方式。

　　以名義尺度測量得到的名義變數中，每一種類別以一個數字來代表，變數的數值僅代表不同的類別，而沒有任何強度、順序、大小等數學上意義，數值可以任意互換、調整而不影響其狀態。名義尺度必須符合兩個原則：第一是互斥（mutually exclusive），不同類別之間必須完全互斥，沒有交集或重疊；第二是完整（exhaustive），測量尺度的分類必須包括所有的可能性。這兩個原則若有違反，將造成資料調查者或填答者的困擾。因此在進行測量工作之前，建立一套適當的分類架構（classification scheme）是使測量工作順利進行的重要工作。例如宗教信仰的測量，國內多樣化的宗教型態，從特定的宗教類型如佛教、道教、一貫道，到比較模糊的民間信仰，即使是宗教學者可能都有不同的界定，因而如何清楚明確的區分不同的宗教類型，減低類別的模糊性，使填答者能夠清楚的選擇一個正確的反應，成為一項重要的挑戰。

2.3.2 順序尺度

順序尺度（ordinal scale）的測量，指對於被觀察者的某一現象的測量內容，除了具有分類意義外，各名義類別間存在特定的大小順序關係。以順序尺度測量得到的變數稱為順序變數，如大學教授層級（教授、副教授、助理教授、講師）、教育程度（研究所以上、大專、高中職、國中、國小及以下）、社經地位（高、中、低）等，皆屬以順序尺度所測得之順序變數。

在順序尺度的測量過程當中，每一種類別以一個數字來代表，這些數值不僅代表不同的類別，且需反映不同類別的前後順序關係。名義尺度在指定類別的數值時，可以依研究者的需要任意指定，但是順序尺度的數值分配則需考慮順序關係，研究者僅可選擇升冪或降冪來排列不同的順序類別，不能任意指定數值給尺度中的不同類別。順序尺度所測得的數值雖具有順序的意義，但是由於沒有特定的單位，除了大小順序之外，數值並無數學邏輯運算的功能與意義。

以順序尺度來進行測量，互斥與完整兩原則仍需遵循，否則仍將造成資料調查者或填答者的困擾。值得注意的是，由於順序變數與名義變數所處理的資料以分立的類別為主，在統計分析過程中，兩者均因不具備特定單位，而需以類別變數的方式來處理。

2.3.3 等距尺度

等距尺度（interval scale）或稱間距尺度的測量，係針對被觀察者的某一現象或特質，依某特定的單位，測定程度上的特性。等距尺度測量得到的數值，除了具有分類、順序意義外，數值大小反映了兩個被觀察者的差距或相對距離。以等距尺度測量得到的變數，稱為等距變數，其數值兼具分類、次序和差距的意義。如以溫度計測量出的「溫度」、以考試決定的「學業成績」、以智力測驗測得的「智商」等。

等距尺度是一種具有特定單位的度量工具，因為具備了標準化的單位，才能確定不同的測量值的差距（相差多少個單位）。在社會與行為科學研究中，等距尺度是最常被使用、且最重要的一種量尺，因為許多社會現象或心理特質的測量，不能僅僅單純進行分類或排序，而是需要精確的測量其程度，才能對其內容加以詳實的描述與反應。例如要研究「自尊心」，需要使用等距量尺，對不同的被觀察者加以測量，分數的高低反映出自尊心的程度，並進而比較個體間的差異。另一個更重要的原因，是因為以等距尺度測量的結果，數值可以進行數學運算，計算出各種不同的統計數，以進行後續的統計分析，此點只有具有單位的尺度可以達成。

等距尺度的一個重要特性，是其單位只有相對的零點，而無絕對的零點。絕對零點係指未具備任何所測變數的屬性，絕對零點的 0 即表「空」、「無」。等距尺度所使用的單位，多以人為決定，基於測量方便性，而使用相對的零點，當測量值為零時，並無一個絕對的意義，並非指未具任何所測變數的屬性，如氣溫為 0 時，並非無溫度，而是指就該測量工具而言，得到零個單位的意思，它仍具有所測變數的某種屬性。某科考試 0 分，並非指學生在該科能力上毫無能力，而是指得到 0 個單位的分數。相對零點的使用，使得數值與數值的比值，僅具有數學的意義，而缺乏實徵的意義，研究者應避免直接取用兩個等距變數的數值相乘除比較。

2.3.4 比率尺度

當一個測量尺度使用了特定單位，同時又具有一個絕對零點，稱為比率尺度（ratio scale）。比率層次的測量，可以說是具有真正零點的等距尺度。如身高（公分）、體重（公斤）、工作所得（元）、年齡（歲）、住院日數、受教育年數等變數，都是以比率尺度來測量得到的比率變數。在研究實務中，許多變數與特定的人口特徵或社會現實有關，測量尺度不但具有單位，單位的使用有一公認標準與意涵，而且多有絕對零點，因此比率變數具有實務上的應用價值。

比率尺度即因為具有絕對零點的測量單位，數值與數值之間除了具有距離以反映相對位置，同時數值與數值之間的比率具有特定的意義。例如年齡變數，80 歲比 40 歲老了 1 倍，即如同 40 歲比 20 歲老了 1 倍，這幾個年齡數值都是從一個有絕對意義的 0 起算（例如 80 = 80 － 0，40 = 40 － 0，20 = 20 － 0），因此所計算得到的倍率「2」，具有可比較性：

$$\frac{80}{40} = \frac{40}{20} = 2$$

等距尺度由於沒有絕對零點，數值與數值之間的比值沒有特定的意義。以華氏溫度為例，$132°F$ 與 $66°F$ 的比值，以及 $66°F$ 與 $33°F$ 的比值雖均為 2，但是由於華氏溫度計的起始值並非為 0，比率「2」僅為一個數學符號，此一比值不能解釋為兩者的溫度比為 2 倍高。

$$\frac{132°F}{66°F} \neq \frac{66°F}{33°F}$$

如果以冰點為起始點（華氏溫度計的起始點為 $32°F$），上述兩組溫度的比值的實際意義為 2.94 與 34，即以冰點為準，132 度是 66 度的 2.94 倍高，但是 66 度是 33 度的 34 倍高。前面所計算的 2 僅是數字上的 2 倍（或是以 $0°F$ 為零點所獲

得的比值），但以 $32°F$ 零點來計算的比值又似乎令人無法理解其意義。也就說明了，缺乏絕對零點的比值，其實際的意義無法以數學的比率來表示。

$$\frac{132°F - 32°F}{66°F - 32°F} = 2.94 \qquad \frac{66°F - 32°F}{33°F - 32°F} = 34$$

2.3.5 測量尺度的比較

如前所述，名義尺度只能將被觀察的現象或特質加以分類，故名義變數的數值，僅具相等（＝）或不等（≠）的數學特性。至於順序尺度，由於能將現象或特質排列順序或比較大小，故順序變數的數值，除具有相等（＝）或不等（≠）的特性之外，還有大於（＞）與小於（＜）的關係。等距尺度所測量得到的等距變數，其數值反映被觀察現象或特質的程度大小，因此其數學特性在名義與順序之外，尚能進行加（＋）與減（－），反映相對位置的距離關係。而比率尺度因有絕對零點，除能求出相對差距外，還可估計出相差倍數，故還有乘（×）與除（÷）的特性。各種測量尺度的數學特性比較，如表 2.2。

基本上，不同層次的測量有其相對應的分析與處理方法，因此取用測量的層次的決定，對於研究的進行是相當重要的決策過程。特定的測量尺度，產生特定的變數類型，亦有特定的統計分析方法。依表 2.2 以數學特性的分類可知，測量尺度具有層次性，社會與行為科學的研究者，除了因為資料的類型無法自由決定，例如性別、出生地等人口變數，多數研究者均尋求高層次的測量尺度來進行測量工作。

高層次的測量尺度的優點除了精密度較高之外，也具有良好的計量轉換能力。高階測量尺度可以轉換成低階測量變數，但是低階測量尺度無法提升為高階的資料。例如身高以公分來測量時，是一個比率尺度的應用，它可輕易的轉換成為高、中、低三組的身高，成為一順序變數，甚至名義變數。如果研究者一開始在問卷中即以順序尺度來測量一個人的身高，將被觀察者的身高依一定的標準歸類為高、中、低三組中的一組，日後研究者即無法擁有以公分為單位的身高變數。

🌑 表 2.2 四種測量尺度的數學特性比較

測量層次	數學關係			
	= or ≠	> or <	+ or −	× or ÷
名義測量	√			
順序測量	√	√		
等距測量	√	√	√	
比率測量	√	√	√	√

在測量層次與統計方法的選用上，一般而言，適用於低層次的資料（如名義變數）的統計方法，亦適用於較高層次的資料（如等距與比率變數），因為較高層次的資料，均具有較低層次資料的數學特性。但是高層次的資料若以較低層次的統計方法來分析時，資料並未充分運用，造成測量精密性的損失與資源的浪費。

高層次測量變數的另一個優點，是其統計分析方法的選擇性較多，這是研究者傾向於使用高階量尺的重要原因。值得一提的是，等距尺度與比率尺度的差異在於零點的特性，但在研究過程當中，研究者重視的是如何將變數數值以特定的公式進一步轉換成各種統計量數，進行描述或推論，零點的意義並非統計方法與資料處理所關心的問題。因此一般研究者並不會特別去區分等距與比率尺度，而將兩者一視同仁，以相同的資料分析與統計方法來處理。

📈 2.4 測量的實施與問卷調查

2.4.1 測量與資料蒐集

為了獲得數據，建立變數，研究者必須編製問卷或發展量表，利用調查方法來獲取受訪者的意見，或是利用實驗儀器來進行測量，此時所獲得的數據稱為原始資料（raw data）。如果資料可以從其他管道獲得（例如政府提供的公開資料、統計報告、研究機構所釋放的數據等），或是生活周遭所能獲得的數據（例如企業營運與生產過程所產生的相關數據、學校辦理考試的成績等）。如果經過有系統的整理，也可以加以分析，稱為次級資料（secondary data）。如果數據透過資訊設備不斷累積匯入，或其規模龐大（如臺灣衛生單位所建置的健保資料庫），甚至必須動用多臺電腦來進行彙整處理或平行作業，又被稱為巨量資料（big data）。

到了數位科技發達的今天，大量數據的資料倉儲（data warehousing）與資料採礦（data mining）應運而生，線上即時分析（on-line analytical processing, OLAP）的需求殷切，使得巨量資料分析已成為統計專家的另一項挑戰，甚至形成資料科學（data science）這一門新興的學科，而統計可以說是其中最關鍵的環節。

一般來說，社會科學研究者或實務工作者會自行發展結構化的測量工具來獲取統計數據，不論是心理測驗、量表或自編問卷，研究者必須審慎進行前置作業。除了擬具題目之外，研究者多會預設受測者回答的內容或範圍，設定題目的選項（也就是測量的尺度），如果是帶有特定選項的題目稱為封閉式題目（close-ended question），受測者完全依據研究者所提供的有限選項來作答。相對的，有些題目的答案是分布於一定的範圍內，無法指定選項，即使強制指定選項，可能造成題目

過度冗長，因此採用開放式的作答方式，例如家中人口數、居住縣市等，此類題目稱為開放式題目（open-ended item）。開放式題目可以再細分為數字型問題，以及非數字型問題，前者多屬連續量尺，由受測者直接填入數字，後者則類似於問答題，如文字型問題，由受測者填入可能的文字，或是一些繪圖反應等[2]。

不論是封閉式或開放式題目，基於測量的目的，研究者必須能夠將所欲測量的特質程度差異以數字形式來表現，即使是文字型態的測量題目，為了計量分析的目的，也必須利用特定的編碼方式，將非數字形式的反應編碼成數字型態，才能加以分析。換言之，經由測量過程所得到的資料，都必須轉換成數值形式，從最簡單的二分勾選式的類別尺度（例如是非題與性別選項等）到複雜的多點尺度（例如年級別與居住地等）都有可能。

值得注意的是，有些類別勾選題型可以改變形式，成為非封閉式的量化題，直接以開放數字的形式對於題目內容加以度量。反之亦然，有些變數可以直接測量其強度數量，但為了便利調查而改成類別勾選題型。從統計的觀點來看，這兩種型態的測量數據層次不同，精密度有別，所適用的統計方法也就不同。例如月收入的測量可以為下列兩者：

A：您的月收入： ☐三萬以下　　　　☐三萬至四萬九千

　　　　　　　　☐五萬至九萬九千　☐十萬以上

B：您的月收入約 ＿＿＿＿＿萬＿＿＿＿＿千

問法 A 屬於類別選擇題，僅可得到數值數量有限的類別變數；問法 B 為開放型數字問題，可得到數值變異度較大的連續變數。前者雖有便於實施與作答的優點，但缺點是測量精密度不高、統計運算的彈性有限，數字型的開放式問題由受測者自行填寫答案，而不受限於研究者所限定的格式，可以提高變數的變異量與測量的精密度。在進行分析時，不僅可以計算出平均數、標準差等統計量數，也可以適用於較多的統計分析技術。如果研究者的目的並不在於精確與分析，而是謀求快速累積資料與呈現，可利用類別選項來進行調查（例如電話民調或消費行為調查等），相對的，如果研究者想要充分掌握數據變化的趨勢與關係、發展高階的統計分析，則應盡量使用連續性的強度測量。

---

2 由於測量工具的發展並非本書的重點，有興趣的讀者可以參考本書作者所撰寫之《量化研究法（三）：測驗原理與量表發展技術》（第二版），2018 年由雙葉圖書公司出版。

2.4.2　資料的數位化

拜科技發展之賜，數位化的研究資料處理與分析模式，已完全取代人工作業。因此，原始資料蒐集完成後，接下來的查核整理與分析工作可以由電腦來代勞。電腦化的數位資料處理必須依賴嚴謹的編碼、輸入、檢查的程序，才可能降低錯誤的發生。此外，經過初步整理的電腦化資料，還需經過適當的轉換，才能作為統計分析的數據。

建立電腦化資料最簡單直接的方法，是使用文書處理軟體（例如記事本或EXCEL），將原始資料逐一輸入電腦，或是由其他資料來源轉成 .txt、.csv、.xls 等副檔名的資料格式。例如以 EXCEL 建立的資料庫（如圖 2.2 所示）、由 Google 表單蒐集的資料、光學掃描器讀入的數據、從網路伺服器或 MS-SQL 等資料庫擷取讀入的資料。其中，以記事本所儲存檔案資料格式或以 .csv 副檔名（以逗號分開）儲存的資料為較低階 ASCII 檔案，不但可以直接查閱或修改資料內容，也可以輕易轉入統計軟體進行運用。

圖 2.2　以 EXCEL 建立資料檔的畫面示意圖

　　由於目前微軟的文書處理工具（OFFICE）非常普及，其中 EXCEL 的資料管理功能強大，與統計軟體的相容性很高，幾乎所有的統計軟體皆能輕易讀取 EXCEL 的 .xls、.xlsx 檔案，因此多數研究者與大型資料庫都使用 EXCEL 建立數位資料庫。

　　值得一提的是，EXCEL 的工作表單除了可以進行多樣化的資料運算整理之外，還附有相當多的數學函數與數學運算功能。此外，EXCEL 當中的增益集提供了統計分析模組（如圖 2.3 的資料分析對話框），足以應付資料處理與基本描述統計之所需，因此非常適合作為實務上的資料處理與初學者進行基礎統計分析學習之用。本書各章最後的電腦小精靈即是利用 EXCEL 來進行各章內容實作的示範說明。

　　另一種方法則是直接使用統計軟體來建立資料檔，例如 SPSS 的資料視窗可以直接輸入資料，並在變數視窗進行變數的定義與格式設定，如圖 2.4 所示。其最大的優勢是直接可以銜接統計軟體進行資料管理與資料分析，不需要進行額外轉換。

圖 2.3 EXCEL 的資料分析對話框

圖 2.4 以 SPSS 建立資料檔的畫面示意圖

　　專業的統計軟體例如 SAS、SPSS、STATA、EVIEWS 必須付費購買或租賃，因此許多人選擇使用免費軟體，例如 R 就是非常方便取得且功能強大的統計軟體，甚至可以作為計算機使用（如圖 2.5），如果搭配 RStudio 等輔助軟體（如圖 2.6），會讓 R 分析更加便利順暢，建議 R 使用者可以下載使用。但是操作 R 必須自行編寫程式，擴充套件也得自行下載安裝，因此使用者必須具備一定的程式語言能力與資訊素養。應用這些套裝軟體，資料分析作業得以更快捷、便利與精確的進行，但是事前仍有賴一套縝密的編碼、鍵入前置作業，以及研究者細心的偵錯與檢查，使得各種問題得以在第一時間即獲得處理。

　　一旦資料分析完成，整個研究也接近尾聲。只要研究報告完成，整個研究工作的本身也就大功告成。有趣的是，有許多研究者懂得如何執行統計分析，也能夠瞭解統計報表的意義，但是卻不知如何把分析結果寫成流暢易懂、符合學術規範的文字報告。尤其是入門的研究者，缺乏撰寫研究報告的經驗，使得辛苦獲得的研究成果，無法有效的呈現在眾人面前，殊為可惜。

　　相對的，一些資深的、熟習統計術語的研究人員，不僅可以洞悉統計報表背後的玄機，並且能夠巧妙的運用文字的力量，有效的整理研究發現，並加以詮釋。因此，在大學研究所的訓練課程當中，獨立研究的訓練是很重要的一環，許多系所明訂學生必須在學術會議或學術期刊發表一定的論文數目才能獲得學位，目的就是在磨練學生在研究執行與研究報告的整合能力。

圖 2.5 R 軟體開啟畫面與統計運算功能

圖 2.6 RStudio 的輔助運作畫面

　　值得提醒的是，套裝軟體的發展固然提供了研究者便利，但是高科技並不代表精確與正確，同時許多研究者及學生也產生了對套裝軟體的依賴性，造成了負面的影響。許多學者將電腦科技與套裝軟體比喻為一個黑箱（black box），意味著在技術的背後潛藏著一些未知的危機。同時，當人們倚賴高科技設備來進行統計運算之時，對於整體概念的統整與操作技術的建立，即有負面的影響。

　　由於依賴套裝軟體，許多學生忽略甚或逃避各種統計程式理論基礎與計算方法的理解，因此無法正確判斷統計方法的使用時機，電腦報表的判讀亦可能存在偏差與誤用。因此，教師在教授相關科目時，宜以基礎概念的建立為主，計算與演練為輔。在初學階段，避免過度使用套裝軟體，而能確實建立穩固的分析知識與統計原理，軟體的應用練習，配合獨立研究或實作最為適宜。當學習者能夠在方法原理與分析技術不斷精進，同時累積資料處理分析的經驗，配合軟體的使用，如此才能將科技的助益有效的發揮。

 本章重要概念

測量 measurement

變數 variable

操作型定義 operational definition

文義性定義 literary definition

質性變數 qualitative variable

量化變數 quantitative variable

類別變數 categorical variable

連續變數 continuous variable

離散隨機變數 discrete random variable

連續隨機變數 continuous random variable

自變數 independent variable; IV

依變數 dependent variable; DV

名義尺度 nominal scale

順序尺度 ordinal scale

等距尺度 interval scale

比率尺度 ratio scale

原始資料 raw data

次級資料 secondary data

巨量資料 big data

 課後習作

一、何謂變數？不是常數就是變數的說法正確嗎？

二、質性與量化變數的差異為何？數學上兩者有何異同？

三、自變數與依變數的意義與關係為何？在研究上有何特殊意義？

四、請說明名義、順序、等距、比率四種尺度的異同，並各舉出一個例子。

五、試舉出一種你聽過或曾使用來進行數據處理與資料分析的軟體。

Chapter 3

次數分配與統計圖表

3.1 前言

常下廚的朋友一定很瞭解，從市場採買完回到家的第一件事，是將新鮮食材一一取出分門別類，該冷凍的送冰箱、該醃製的加醬料，用不著的部位清乾淨，缺了什麼趕快去便利商店購買，這些前置作業馬虎不得，否則食物腐壞浪費事小，讓人吃壞肚子才麻煩。做飯燒菜如此，作學問亦然。

研究者在數據產生或數據蒐集完成之後的第一步，是要對研究資料進行清理整備，整理成圖表形式來描繪數據特性，瞭解資料分布的高矮胖瘦，進行資料檢查，看看有無不尋常之處。一個能夠正確善用統計圖表的研究者，不僅讓人覺得她／他的統計很棒，還可以吸引眾人目光，引導話題與決策方向，成就「一張圖表勝過千言萬語」的境界，這不僅是因為統計圖表用途多元，更重要的是統計圖表是資訊傳遞與溝通表達的重要統計工具，易懂好學，又容易創新變化。

例如現在有 20 位學生，考試成績如下：

85、84、79、87、81、81、83、89、81、81

77、84、**90**、82、81、89、86、82、86、82

從這些得分中，大致可以看出最高分為 90 分，最低分是 77 分，但是分數的詳細分布狀況，卻難以從這些數據中看出。如果將這些考試分數以次數分配表的形式整理，再利用統計圖來加以呈現，則是一目了然。

在過去沒有電腦的時代，統計資料的編表製圖，都必須以人工的方式進行，逐一清點、劃記、編碼、過錄到紙上，最後才能得到次數分配表，進行製圖工作。在科技發達的今日，次數分配表與統計圖可以輕易的由電腦來製作，研究者只要一五一十的將原始資料輸入電腦，或直接以網路問卷等數位工具蒐集資料，將資料讀入統計軟體或文書處理軟體，不消幾分鐘就可以得到一幅幅美觀精緻的統計圖表。然後把這些圖表貼上簡報，就可以站上講臺，解讀這些圖表的特性與意義。以下，我們就分別來介紹次數分配表與統計圖的原理與製作。

3.2 次數分配

顧名思義，次數分配（frequency distribution）是觀察數據的分布情形，經過有系統的整理之後，以表格形式呈現，因此又稱為次數分配表。由於變數有類別與連續之分，因此次數分配的製作過程也略有不同：類別變數的數值是離散的類別（水準），次數分配表十分容易製作；連續變數則需考量變數數值的全距，多半需要加

以分組才能製表,但是製作完成之後的用途比類別變數來的廣泛,分別介紹如下。

3.2.1 類別變數的次數分配表

次數分配表在於類別變數的資料整理與呈現扮演重要功能,主要是因為類別變數沒有測量單位,必須先從各組類別發生次數的整理,才能進一步執行後續的統計分析與應用,例如第 12 章的無母數檢定有多種關於類別變數(名義尺度與順序尺度資料)的次數或等級檢定,都是建立在次數分配表的基礎之上。

3.2.1.1 次數分配表(單變量)

類別變數主要是由名義或順序尺度測量而得,數值反映不同屬性或順序的類別,因此次數分配表直接把各類別的發生次數加以整理列表摘述即可,因此又稱為摘要表(summary table)。表格包含兩部分:第一是變數資訊,置於表格左側,除了變數名稱,也需列出各類別的數值與標籤;第二是次數或頻率(frequency),置於表格右側,通常會有一些延伸的統計量,例如累積次數(cumulative frequency)、相對次數(relative frequency)、百分比(percentage)或累積百分比(cumulative percentage)。

例如:表 3.1 列出某便利商店 50 筆消費型態的次數分配,變數名稱為「消費型態」,包含四個類別($k = 4$):1. 日用品、2. 飲料食物、3. 報章雜誌、4. 繳費服務,數字代表各類別的編碼,標籤則說明各類別的內容,次數分別為 22、10、13、5,總計為 50,換算成百分比為 44%、20%、26%、10%,總計為 100%。

表中同時列出了累積次數與累積百分比,編排方式是由第一個類別依序向後累積而得。值得注意的是,根據學術規範(例如 APA 格式),統計表中的百分比數值不需加註 % 符號。另外,如果數值是介於 0 至 ±1 的小數值,可以省略小數點前的 0,例如 0.44 可寫作 .44。

表 3.1 便利商店消費型態調查次數分配表

類別	次數 (f)	累積次數 (cf)	相對次數 (rf)	百分比 (%)	累積百分比 (c%)
1. 日用品	22	22	.44	44	44
2. 飲料食物	10	32	.20	20	64
3. 報章雜誌	13	45	.26	26	90
4. 繳費服務	5	50	.10	10	100
總計	50		1.00	100	

表 3.2　帶有遺漏值的類別變數（教育程度）次數分配表

	類別	次數	百分比 %	有效百分比 %	累積百分比 %
有效的	1. 小學以下	8	3.1	3.2	3.2
	2. 國中	17	6.5	6.8	10.0
	3. 高中	65	25.0	26.0	36.0
	4. 大專	140	53.8	56.0	92.0
	5. 研究所	20	7.7	8.0	100.0
	合計	250	96.2	100.0	
遺漏值	9	10	3.8		
總計		260			

　　一般而言，類別變數當中的類別數量不會太多，因此可以依照原來的編碼方式逐一列於次數分配表，標示各類別的發生次數。但是如果類別數量太多，例如臺灣各鄉鎮市的便利商店數量、世界各國奧運比賽獎牌數量，除非有其必要或不可更動，建議先行組織、整併各類別成為有解釋意義的較大類別，或將表格分割成幾個次表，以免造成表格太長、太大不利檢視。

　　值得注意的是，某些統計軟體會特別針對遺漏值加以標示，因此在製作次數分配時也會特別加以處理，例如表 3.2。所謂的遺漏值（missing values），是指缺失資料、無效數值、或是無法辨識的答案而無法納入分析的數據，在編碼時並不是把這些資料留空白或刪除，而是給予特殊編碼，例如 9、99、998、999，將無效資料歸入一個或多個遺漏類別中，並在系統中設定為這些類別編碼是遺漏值。

　　製作次數分配時，帶有遺漏設定的變數類別會區分成有效與遺漏值類別，被歸屬於遺漏類別的各水準都視為無效資料。至於在頻率欄位中，除了原來的次數分配之外，另外會列出有效百分比次數分配（valid percentage frequency distribution），是由各水準的有效次數除以有效總數（扣除無效的遺漏次數）乘以 100% 所得到的百分比分配。如果資料沒有任何遺漏值，有效百分比分配即等於百分比分配。

　　以表 3.2 所列出的教育程度次數分配為例，遺漏值編碼為 9，次數為 10，占包括遺漏值的全體觀察值（總計 260）的 3.8%，有效資料的總計是 250，占全體觀察值的 96.2%。如果扣除遺漏值之後來計算百分比，則列於有效百分比一欄中。以次數最多的眾數 4. 大專為例，觀察次數為 140，占全體的 $140/260 \times 100 = 53.8\%$，但有效百分比則為 $140/250 \times 100 = 56\%$。

3.2.1.2 列聯表（雙變量）

　　前面的次數分配僅列舉單一類別變數的次數分布，因此稱為單變量次數分配。如果今天要同時呈現兩個類別變數的分布情形，可製作雙變量二維次數分配表，稱為列聯表（contingency table）。其中一個類別變數置於橫列，稱為列變數（row variable），另一個置於縱欄，稱為欄變數（column variable），兩變數各自的次數分配分別列於表格的邊際，因此稱為邊際分配（marginal distribution），至於兩個變數聯合發生的交集次數則列於細格（cell），稱為細格分配（cell distribution）。如果列變數有 k 類，欄變數有 l 類，將會有 $k \times l$ 個細格，稱為 $k \times l$ 列聯表。由於細格次數反映兩個變數各類別交錯發生的情形，因此又稱為交叉表（cross-table）。

　　以表 3.1 的消費型態（$k = 4$）為例，若再納入支付方式（$l = 4$），將可得到一個 4×4 的列聯表，範例數據如表 3.3 所示。表 3.3 的各橫列呈現不同的消費型態（列變數）的次數，最右側為消費型態的（邊際）次數分配，數據內容與表 3.1 相同，次數最多的是 1. 日用品，占 44%；欄變數則是「支付方式」，各欄下方的次數構成了支付方式的（邊際）次數分配，次數最高的是 2. 悠遊卡，占 36%；中間的 16 個細格列出了兩個類別變數交集次數，亦即聯合次數（joint frequency），次數最多的是「載具支付日用品」，細格次數為 9，占全體的 18%。

　　值得注意的是，細格次數的百分比有三種計算方式：總計百分比（total percentage）、橫列百分比（row percentage）、縱欄百分比（column percentage），前者的性質是聯合機率，後兩者是條件機率：

■總計百分比（聯合機率）$T\%$＝（細格次數／總次數）×100%

■橫列百分比（條件機率）$R\%$＝（細格次數／橫列次數總計）×100%

■縱欄百分比（條件機率）$C\%$＝（細格次數／縱欄次數總計）×100%

🥧 表 3.3 便利商店消費型態與支付方式列聯表

支付方式 消費型態	1. 現金		2. 悠遊卡		3. 載具支付		4. 信用卡		總計	
	次數	%	次數	%	次數	%	次數	%	次數	%
1. 日用品	2	4	7	14	9	18	4	8	22	44
2. 飲料食物	0	0	5	10	5	10	0	0	10	20
3. 報章雜誌	6	12	5	10	2	4	0	0	13	26
4. 繳費服務	4	8	1	2	0	0	0	0	5	10
總計	12	24	18	36	16	32	4	8	50	100

　　以細格次數最高的「載具支付日用品」為例，總計百分比 $T\% = (9/50) \times 100\%$ = 18%，此一數值即為「消費型態」與「支付方式」發生在以「載具支付」購買「日用品」的交集，亦即聯合機率（joint probability）。橫列百分比 $R\% = (9/22) \times 100\% = 40.9\%$，此即在購買「日用品」的 22 人當中，以「載具支付」的條件機率（conditional probability），相對之下，縱欄百分比 $C\% = (9/16) \times 100\% = 56.3\%$，表示使用「載具支付」的 16 位消費者當中，購買「日用品」的比例，也是條件機率的性質。

　　一般而言，如果沒有特別宣告，列聯表中的百分比分配以總計百分比來表示，藉以維持欄、列、細格的百分比數值一致性。但如果研究者特別關心某種計算方式，則可使用不同的百分比計算公式，但必須在標題當中或表格下方以注解說明百分比的性質。尤其是當表中同時列出一種以上的百分比數據時，如何加以標注而不致造成讀者混淆，必須審慎處理，換言之，除非有必要，應保持列聯表的簡潔與一致，確保圖表的可讀性已達成資料圖示的價值。

　　例如便利商店的範例資料中，比較各種不同消費型態「當中」的不同支付方式，是一個具有商業價值的消費研究議題，此時討論橫列百分比顯得有意思多了。假若把橫列百分比完整列出，我們可以得知購買日用品的消費者當中，以載具支付者最多（40.9%）、其次是悠遊卡（31.8%）、信用卡（18.2%），最少的是現金（9.1%）。但是買報章雜誌者，就以現金為主（46.2%），其次是悠遊卡（38.5%）與載具（15.4%），而沒有任何人會刷卡。可惜表3.3當中沒有列出這些數據，讀者除非自行計算，否則無從獲知這些訊息或趨勢。

　　在統計學中，次數分配與列聯表都是基本的圖表工具，在 EXCEL 當中可利用樞紐分析（pivot table）製作，如圖 3.1 所示。我們將在章末的 EXCEL 小幫手當中簡單介紹操作方法。

3.2.2 連續變數的次數分配表

　　對於連續變數的次數分配製作，相對上比較複雜。因為連續變數的數值繁多，如果沒有進行分組，樣本數又很大，次數分配將會十分冗長而不利於閱讀。例如前言所提到的考試成績數據，雖然只有 20 筆觀察值，但就包含了 15 個不同數值，將每一個數值的觀察次數進行整理列表（如表 3.4），表格顯得冗長。如果先將連續變數的數值進行分組，確定各組上下限後，將各觀察值歸入各組整理，可得到分組次數分配，也可提供後續製圖工作的進行。

圖 3.1　以 EXCEL 進行樞紐分析示意圖

🥧 表 3.4　20 位考生的統計成績次數分配（未分組）

分數	劃記	次數（f）	相對次數（rf）	百分比（%）
90	/	1	.05	5
89	//	2	.10	10
88		0	.00	0
87	/	1	.05	5
86	//	2	.10	10
85	/	1	.05	5
84	//	2	.10	10
83	/	1	.05	5
82	///	3	.15	15
81	////	5	.25	25
80		0	.00	0
79	/	1	.05	5
78		0	.00	0
77	/	1	.05	5
總計		20	1.00	100

3.2.2.1 原始（未分組）次數分配

傳統上對於連續資料的次數分配製作，是先進行資料整理與劃記，將某個變數的分數（數值）由最高到最低或由最低到最高順序排列，然後將每個分數出現的次數逐一劃記，劃記完成後再將次數整理列出。

一個典型的次數分配表通常只需要列出數值欄與次數欄（劃記的過程不必列出），兩者即形成一個簡單的次數分配，此時即可顯示出變數各數值（各組）的次數所組成的分配情形。

在傳統的統計教科書中，這些不同的次數分配概念對於表格製作，以及描述統計的計算是很重要的數據，例如相對次數，也可以作為機率的概念。累積相對次數就是累積機率的概念。但是在電腦化作業時，這些資料可以很輕易的從報表中獲得，讀者僅需瞭解這些名詞的意義即可。

3.2.2.2 分組次數分配

連續變數主要是由等距或比率尺度測量得到，越精密的測量所得到的數值越多，若未事先將變數數值進行歸類簡化，次數分配表會十分冗長而失去作用。因此通常必須製作分組次數分配（grouped frequency distribution）。現以 250 位受測者的年齡資料為例（數據列於表 3.5 中），說明分組次數分配的製作步驟如下：

表 3.5　年齡分組次數分配表（組距為 5）

（a）外顯組限	（b）真實組限 下限 上限	（c）組中點	（d）次數	（e）累積次數	（f）百分比（%）	（g）累積百分比（%）	（h）相對次數	（i）累積相對次數
70-74	69.5-74.5	72	1	250	0.4	100.0	.004	1.000
65-69	64.5-69.5	67	0	249	0.0	99.6	.000	.996
60-64	59.5-64.5	62	10	249	4.0	99.6	.040	.996
55-59	54.5-59.5	57	11	239	4.4	95.6	.044	.956
50-54	49.5-54.5	52	39	228	15.6	91.2	.156	.912
45-49	44.5-49.5	47	45	189	18.0	75.6	.180	.756
40-44	39.5-44.5	42	42	144	16.8	57.6	.168	.576
35-39	34.5-39.5	37	18	102	7.2	40.8	.072	.408
30-34	29.5-34.5	32	27	84	10.8	33.6	.108	.336
25-29	24.5-29.5	27	33	57	13.2	22.8	.132	.228
20-24	19.5-24.5	22	24	24	9.6	9.6	.096	.096
總計			250		100		1.000	

1. 計算全距

全距（range; R）：變數當中的最大值減最小值。

本範例的年齡最長者若為 73 歲，最年輕者若為 21 歲，全距 $R = 73 - 21 = 52$。

2. 決定組數與組距

組數（number of class interval; k）：組別的數量，組數越多，表格越長。

組距（class interval/width; I）：各組寬度，$I = R/k$，取 5 或 10 接近的倍數。

一般而言，組數以介於 5 到 15 組之間為宜，超過 15 組則過於冗長。但是如果樣本人數少或是分數數值類型不多，甚至可能無法分割成 5 組以上。例如前面的 20 位考生的統計成績就無法分割太細。相對的，如果人數很多，或是變數的數值範圍很大，例如一個產業當中幾千家公司的資本額的次數分配，組數就很容易超過 15 組。換言之，組數的決定主要是考慮樣本規模，分組原則為 $2^k > N$，說明如下：

分組原則：$2^k > N$（k 為組數，N 為樣本數）

分組範例：

$N = 30$	$k \cong 5$	$2^5 = 32 > 30$
$N = 50$	$k \cong 6$	$2^6 = 64 > 50$
$N = 100$	$k \cong 7$	$2^7 = 128 > 100$
$N = 200$	$k \cong 8$	$2^8 = 256 > 200$ ⬅ 本範例 $N = 250$
$N = 500$	$k \cong 9$	$2^9 = 512 > 500$
$N = 1000$	$k \cong 10$	$2^{10} = 1024 > 1000$
$N = 2000$	$k \cong 11$	$2^{11} = 2048 > 2000$
$N = 4000$	$k \cong 12$	$2^{12} = 4096 > 4000$
$N = 8000$	$k \cong 13$	$2^{13} = 8192 > 8000$

本範例 $N = 250$，以前述原則得到組數至少 8 組。得到組數的建議之後，可據以決定組距。一般在慣例上，組距會設定成 2、5 或 10 的倍數，以利於十位數的整除。因此，本範例的組距建議如下：

當 $k = 8$ $I = R/k = 52/8 = 6.5 \cong 5$

本範例的年齡變數全距為 52，若要區分成 8 組，又希望組距為 5 與 10 的倍數，最接近的組距為 5 歲。

3. 決定真實組限與組中點

組限（class boundary）為各組的邊界。組中點（midpoint）為各組最中間的數值。各組上邊界稱為真實上限（real upper limit），下邊界稱為真實下限（real lower limit），兩者的距離等於組距：

組距 = 真實上限 – 真實下限

組中點 = 組距/2 + 真實下限

所謂「真實」組限是指該數值恰為分割兩組的分割點，而非變數的數值。以本範例來說，最小年齡者為 21 歲，因此第一組可設定為 20-24 歲，其次是 25-29 歲，如此可將 20 開頭的十位數區分成兩段。值得注意的是，這裡列出的 20、24、25、29 這幾個數值是變數的外顯數值（apparent value）而非真實組限。如果取各組兩端的外顯數值相減，所得到的組距將是 4 而非 5，例如 25-29 歲組的最小值與最大值分別為 25 與 29，相減為 4，並非我們所設定的組距。25 與 29 歲這兩個數值用來標示各組的測量數值範圍與分組意義之用，如表 3.5(a) 所示，因此稱為外顯組限（apparent limit）。各組的真實組限各要往上下增減 0.5 歲，如表 3.5(b) 所示。

由於 20 歲是指 19.5-20.5，24 歲是指 23.5-24.5，因此第一組 20-24 區間的真實上下組限為 19.5 歲與 24.5 歲，兩者相減得到組距為 5。依此類推，第二組的真實組限為 24.5-29.5、第三組的真實組限為 29.5-34.5，各組組距皆為 5 歲。各組的組中點就是各組最中間的數值，亦即真實下限加組距的二分之一（2.5 歲）。以 25-29 歲組為例，組中點 = 24.5 + 2.5 = 27，如 3.5(c) 欄所示。

4. 計算各組次數與累積次數

一旦完成各組組限與組中點數值設定後，即可將觀察值劃記歸入各組當中，並據以計算各組次數。

由表 3.5 的年齡次數分配可以看出，全體樣本 250 人中，年齡介於 45-49 歲組最多，共有 45 個人（占 18%），其次是 40-44 歲組，有 42 個人（占 16.8%）。從累積次數可以看出，未滿 50 歲者共有 189 人，累積百分比次數為 75.6%，超過了四分之三，以累積相對次數（亦即累積機率）來看為 .756。

由於分組次數分配的製作必須完成前述程序，因此在軟體中進行製表工作也必須遵循同樣的原則。例如在 EXCEL 雖可利用增益集所提供的分析功能，選擇直方圖來製作分組次數分配，但必須先另外自行輸入真實上下限數值於獨立欄位中，在執行直方圖製作時將觀察值進行分組，結果如圖 3.2 所示。詳細的操作過程將於章末的軟體操作示範當中介紹。

組界	頻率	累積 %
19.5	0	0.0%
24.5	24	9.6%
29.5	33	22.8%
34.5	27	33.6%
39.5	18	40.8%
44.5	42	57.6%
49.5	45	75.6%
54.5	39	91.2%
59.5	11	95.6%
64.5	10	99.6%
74.5	1	100.0%
其他	0	100.0%

圖 3.2 以 EXCEL 直方圖分析功能製作的分組次數分配

值得注意的是，雖然本範例預計將全體受測者區分成 8 組，但實際上區分成 11 組，使得次數分配顯得較長。這是因為計算組距時雖得到 52/8 = 6.5，但為了便於 5 與 10 的整除而取數值較小的 5 歲，導致所需要的組數會多於 8 組，而且還有一組人數為 0（65-69 歲組）必須保留在次數分配表格當中，顯示如果資料當中存在著離群值還會拉長次數分配。相對之下，如果組距取數值較大的 10 歲，250 位受測者的年齡將只能歸入 6 組，如表 3.6 所示。雖然組數較少、表格較短，但各組人數會增加，次數分配所提供的資訊將減少，不利於資料判讀。在實際作業時，研究者可以視需要來調整組數，達成最大的效益。

表 3.6 年齡分組次數分配表（組距為 10）

（a） 外顯 組限	（b） 真實組限 下限　上限	（c） 組中點	（d） 次數	（e） 累積 次數	（f） 百分比 （%）	（g） 累積百分比 （%）	（h） 相對 次數	（i） 累積相 對次數
70-79	69.5-79.5	74.5	**1**	250	**0.4**	100	.004	1.000
60-69	59.5-69.5	64.5	**10**	249	**4.0**	99.6	.040	.996
50-59	49.5-59.5	54.5	**50**	239	**20.0**	95.6	.200	.956
40-49	39.5-49.5	44.5	**87**	189	**34.8**	75.6	.348	.756
30-39	29.5-39.5	34.5	**45**	102	**18.0**	40.8	.180	.408
20-29	19.5-29.5	24.5	**57**	57	**22.8**	22.8	.228	.228
總計			**250**		**100.0**		1.000	

3.3 統計圖示

　　研究資料除了以表格的形式呈現之外，可以以圖形的方式來描繪資料的整體特性。常用的圖示法有圓餅圖、長條圖、直方圖、多邊圖、莖葉圖等。這些圖示技術可以區分為類別變數與連續變數兩大類，茲介紹於後。

3.3.1　適用於類別變數的圖示法

　　對於類別變數資料的圖示，最常用的是長條圖（bar graph）與圓餅圖（pie chart）。長條圖顧名思義，是由長條的高度來代表類別變數各水準的次數，每一長條代表一個類別的次數多寡，長條之間必須具有間隔，以表示間斷的意義，如圖3.3(a) 教育程度次數分配的長條圖。而圓餅圖只是將長條改為圓形的各扇形面積，如圖 3.3(b) 所示。

(a) 長條圖　　　　　　　　　　　　**(b) 圓餅圖**

圖 3.3 教育程度變數的長條圖與圓餅圖

　　如同先前在類別變數的次數分配一節的討論，利用 EXCEL 的樞紐分析可以很輕易得到次數分配表與列聯表，而樞紐分析也會同時提供長條圖來顯示各類別水準的次數或百分比，或將長條圖改為圓餅圖或環圈圖（doughnut chart），如圖 3.4 所示。

▎▎▎圖 3.4 EXCEL 樞紐分析中的長條圖與環圈圖

　　值得一提的是，長條圖有一種常見的延伸應用，是將各類別的長條依據次數多寡排列，並將累積次數以折線圖列出，因此有兩個縱軸：左縱軸列出次數，右縱軸列出累積百分比，有助於進行類別大小多寡的判斷，如圖 3.5 為圖 3.4 的長條圖加以排序後的結果，稱為柏拉圖（Pareto chart），其命名原理是因為此圖可用來描述柏拉圖法則（Pareto principle），亦即 80/20 法則或關鍵少數法則，藉由類別排序來辨識關鍵少數與不重要的多數而得名，常見於管理分析實務或品質管制分析。

▎▎▎圖 3.5 柏拉圖的排序功能圖示

3.3.2 適用於連續變數的圖示法

3.3.2.1 直方圖

　　連續變數所使用的圖示法為直方圖與多邊圖。直方圖（histogram）類似於長條圖，X 軸為變數的各數值或各組段，各數值與各分組的次數也是以高度來代表，所不同的是直方圖的各直方長條之間緊緊相連而沒有間隔，代表連續的意義，相對之下，類別變數的長條圖則需要一定的間隔來表示數值間斷的特性。圖 3.6 即是以 5 歲為組距的年齡直方圖，X 軸上的各組以組中點來標示。

年齡分組

▏▎▍ 圖 3.6　年齡分組的直方圖

3.3.2.2 多邊圖

　　如果將直方圖各長條的頂端以組中點來代替長條，並將每一個組中點相連接，便成為能夠表示變數面積變化的多邊圖（polygon），或稱為線形圖或折線圖，如圖 3.7 所示。圖中的 Y 軸高度為各組頻率次數，類似於直方圖，若將資料依序累積，得到累積次數多邊圖（cumulative frequency polygon），可以看出資料累積的特性，多搭配累積次數分配表來運用。

　　在時間序列分析中，數據的變化趨勢特別適合以線形圖來表現，例如移動平均線、平滑線等。例如圖 3.8 所繪製的臺灣地區 COVID-19 疫情折線圖。

▌▌ 圖 3.7 年齡分組的多邊圖

▌▌ 圖 3.8 臺灣地區 COVID-19 疫情折線圖

3.3.2.3 莖葉圖

莖葉圖（stem-and-leaf plot）是普林斯頓大學 John Tukey 教授於 1977 年所發展的一種用以描述觀察值的簡便方法，在沒有電腦協助的年代，莖葉圖可快速的以人工方式將觀察值進行劃記，並以圖表的方式呈現出來，兼具次數分配表與直方圖的雙重優點，更能保留原始資料的資訊。到了電腦作業時代，莖葉圖仍被保留下來，即因為莖葉圖是一種非常實用的資料整理技術。

莖葉圖最適合於二位數資料的呈現，例如年齡或考試成績。莖葉圖的製作，係將每一個觀察值切割成莖與葉兩部分。莖為觀察值中十位數及以上的數字，葉則為個位數的數字（有時葉會取分數的末兩位，則此完全需要看分數大小分布的範圍而定）。研究者先行將莖的數字由小而大依序列出，如果每個數字只出現一次，代表以 10 為組距，若寫兩次，則表示以 5 為組距，依此類推。研究人員此時將觀察值的個位數（葉）資料由小而大依序填註在右側，形成表格型態。劃記完成之後的每一橫列的類別，計算其次數，並記錄於圖的左側，形成一個次數分配表。

圖 3.9 是前述年齡範例的莖葉圖，分組時以 5 歲為組距，因此莖的部分每一個數字重複兩次，第一個組當中的 2 是指 20-24 歲，第二個 2 則為 25-29 歲。葉的部分則是個位數，分別依序排列於右側，出現一次表示為一筆觀察值，因此可以看出 20-24 歲組當中有 1 位 20 歲，21 歲、22 歲與 23 歲皆各有 5 位，24 歲則有 8 位，合計 24 位，記錄於最左側。

由範例可知，莖葉圖保留了原始資料的內容，同時也呈現直方圖的形式，兼具次數分配表的功能，因此可以看出莖葉圖的一個重要的特性是不會流失原始資料的訊息，對於資料的呈現，有其優越性。

年齡 Stem-and-Leaf Plot

```
Frequency    Stem &  Leaf
   24.00     2 . 011111222223333344444444
   33.00     2 . 555555555555566666667777778888999
   27.00     3 . 000111111122333333334444444
   18.00     3 . 555556667777888999
   42.00     4 . 000000011111112222222222333333333333333444
   45.00     4 . 555555555566666666666677777777788888888899999
   39.00     5 . 000000001111111122222222222233333333344444
   11.00     5 . 55566666789
   10.00     6 . 1111222334
     .00     6 .
    1.00     7 . 2
```

Stem width: 10
Each leaf: 1 case(s)

圖 3.9 年齡變數的莖葉圖

3.4 圖表運用的原則

前面各節對於統計圖表的介紹，只是一般性的說明與舉例，在學術論文寫作與實務運用時，還會有一些具體的要求規範，本節列舉一些重要的原則提供讀者參考。

3.4.1 統計圖表使用的一般原則

根據 2019 年 10 月公布的美國心理學會出版規範第七版（*APA Publication Manual*; APA 7），統計圖表的使用應遵循幾項原則：

1. 必要性（necessity）

運用統計圖表的第一個原則，是要明確知悉使用的目的為何、讀者為何，確認必要性，而非充版面、占空間。

2. 連結與敘述性（relation of tables or figures and text）

統計圖表應有對應的解釋說明，亦即有圖表即有文字，而且應出現於適當相鄰的位置以供查閱。

3. 文件化（documentation）

統計圖表的資料來源必須明確交代，適時以注解形式註明出處，必要時應提供資料來源網址與參考文獻。

4. 詳實與獨立性（integrity and independence）

每一幅圖表均能提供一定程度的可讀性與可理解性，因此除了一些通用的符號之外，每一個特殊的公式符號、中英文縮寫、代號應有必要且充分的說明，而不需參酌其他文件或文字說明。

5. 組織化、一致性與完整性（organization, consistency, and coherence）

統計圖表的各項要素均應齊備，例如圖表標題、標號、圖例、標籤、座標、單位、刻度、注解、註腳等，均需以適當與正確方式提供，並且維持前後一致與連貫性。但也需維持簡潔，避免重複揭露相同資訊，維持專業用語、不求炫耀耍花俏。

簡單來講，統計圖表的目的是在溝通，將統計數據以視覺化的形式來呈現，藉以簡化訊息內容，協助讀者理解數據意義，達成資訊傳遞與溝通的功能，是統計圖表的主要目的。如果統計圖表無法滿足這些基本需求，有些訊息只需要簡單文字就可以說明完畢，提供圖表只是徒增讀者的負擔與壓力。

3.4.2 統計圖表的編輯與製作要領[1]

1. 編寫精準清晰、一眼即明、長度合宜的圖表標題。
2. 提供充分、足夠的資訊，但移除冗餘不必要的材料，維持精簡扼要。
3. 表格大小、長短規格合宜。
4. 有適當的文字與數字的排列及對齊方式。
5. 選用適當的文字與數字字型、字體、層次層級。
6. 小數點或科學符號的使用維持一致與必要說明。
7. 明確標示測量單位、樣本數、時序資訊、重要的統計量。
8. 說明或註記特殊的變數與符號定義、資料轉換方式、進退位原則。
9. 正確依序使用總計、合計、計、小計等加總運算層級。
10. 遺漏、無效、未發生資料、異常資料應予以標注說明，不可留白空缺。
11. 註明文獻與資料出處、來源、年代、頁碼、網址。
12. 如有獲得使用複製授權、重製同意者，應加注說明。
13. 適當使用放大、縮小、粗體、斜體、網底、色彩。
14. 統計圖的圖標、圖例、刻度、單位、原點、參考線、輔助線、破格線應有適當的使用，維持標準化、一致性、可讀性、合理性。
15. 遵循學術規範與研究倫理，避免抄襲、複製、剽竊、竄改、隱瞞、欺騙、不當引用、侵犯隱私等不當行為與違法行徑。

📈 3.5 結語

　　本章概略介紹了一些常用的統計圖表，例如長條圖、圓餅圖、直方圖、線形圖等，不僅概念簡單，製作上也十分便利，尤其是搭配文書作業軟體或統計軟體來作圖製表更是方便迅速，只要稍加研究，短時間即可上手，但是如果是要提升圖表的精緻與美觀，達成資訊有效傳遞溝通、甚至提供決策上的輔助，則需要加入更多視覺原理與美學考量，這需要其他專業科目的學習（例如視覺心理學、設計心理學，甚至電腦製圖專業），也需要時間與經驗的累積。另外，透過延伸學習，多方探討各類不同圖表的優缺點功能，有效加以運用，要成為圖表達人應非難事。

---

1 本節參考資料來源除了 APA 等學術單位之建議，並參考行政院主計總處所頒布的「各機關統計資料發布要點」與「統計表常用符號」之內容，最近一次修改是 2018 年 11 月 28 日主統法字第 1070300958 號函，廢止舊要點之規定，並請各機關單位參考辦理。

　　在此要提醒讀者的是，如果只是涉獵統計圖表的基本原理，或僅熟悉軟體的操作技術，但沒有充足的統計專業知識，統計圖表的價值發揮將會受到相當大的限制或甚至誤用，建議學習者先行深入學習統計專業，而且在學習過程中的不同階段，反覆檢視圖表的使用，相信會有更豐富的心得與成果。因此，基於本書作為統計學教科書的定位，不再針對其他各類圖表加以廣泛討論，有興趣的讀者可以自行研究。

　　事實上，在數位時代盛行的今天，各種數據資料俯拾即是，如何善用統計圖表，協助研究者從龐大繁雜的數據庫中萃取有用的資料，使其成為易於閱讀理解的資訊，統計圖表的巧思運用不僅是關鍵因素，甚至發展出資料視覺化（data visualization）這門應用學問。許多商業智慧軟體（例如 Tableau、Power BI）發展即時、動態、互動式的資料儀表板，進一步整合資料庫系統與即時網頁發布功能，甚至延伸到自動化的資料探勘與人工智慧解決方案，發展出成功的商業模式，創造巨大的商業利益，一切的根本，都在於統計圖表的應用。因此，對於統計圖表的鑽研，確實是一門極具吸引力的學問。

EXCEL 小幫手

使用 EXCEL 來製作次數分配表與統計圖表

一、類別變數的次數分配表與長條圖、圓餅圖

■建立資料檔案

　　假設有 20 筆問卷資料，輸入他們的 ID 與性別、學院別資料如下圖（第一橫列為變數的名稱）。

■執行插入圖表功能

1. 選擇輸入範圍：利用滑鼠框選包含變數的名稱與資料的欄位。
2. 開啟功能表：開啟功能表中的「插入」，選擇「建議圖表」。
3. 選擇任意一個圖表，得到圖表結果。
4. 若要變更為圓餅圖，直接選取功能表中的「圓餅圖」。

■得出結果

1. 性別次數分配表與長條圖

2. 學院別次數分配表與長條圖

3. 將學院別長條圖轉變成圓餅圖

二、連續變數的分組次數分配表與直方圖、線形圖

■開啟資料檔案，打開資料分析對話框，選擇「直方圖」

■決定分析內容與條件

1. 選擇輸入範圍：利用滑鼠框選包含變數的名稱與資料的欄位。
2. 選擇組界範圍：利用滑鼠框選包含分組後的變數名稱與資料欄位（由於 age 變數必須加以分組，因此先自行輸入真實上下限數據，如第 B 欄位）。
3. 選擇標記：因為第一列為變數名稱，因此必須將標記加以勾選。
4. 輸出選項：勾選圖表輸出。

■得出結果

1. 分組次數分配表

組界	頻率	累積 %
19.5	0	0.00%
24.5	24	9.60%
29.5	33	22.80%
34.5	27	33.60%
39.5	18	40.80%
44.5	42	57.60%
49.5	45	75.60%
54.5	39	91.20%
59.5	11	95.60%
64.5	10	99.60%
74.5	1	100.00%
其他	0	100.00%

2. 直方圖（將 X 軸類別間距向下調整直到各組前後相連接為止）

3. 線形圖（利用變更圖表類型成為折線圖）

R 小精靈

使用 R 來製作次數分配表與統計圖表

一、R 的類別變數統計圖表

在 R 軟體中，可使用 lattice、aplpack、ggplots、epiDisplay、frequency 等套件進行各種統計圖表的製作，其中以 epiDisplay 與 frequency 套件提供最完整的次數分配表與統計圖，frequency 的圖表最為專業，但需要載入多種套件函數。

此外，由於本書資料多儲存於 EXCEL 檔案，必須先在 R 讀取 EXCEL 的工作表資料（可利用 openxlsx 套件），然後進行圖表製作。語法與結果如下：

```
> # Chapter 03: Statistical graph example
> # install.packages("openxlsx") #安裝openxlsx套件如果尚未安裝請先執行
> library("openxlsx")
> # 讀取Ch03excel.xlsx工作表1
> data1 <- read.xlsx(xlsxFile="Ch03excel1.xlsx", sheet=1,
  colNames= TRUE)

     ID    Gender    College
1    1       男      文學院
2    2       女      文學院
3    3       女      文學院
4    4       女      文學院
......
20   20      女      商管學院

> attach(data1)
> table(Gender)     #列出次數分配

Gender
女 男
 8 12

> prop.table(table(data1$Gender, useNA="ifany"))*100 #列出百分比分配

女 男
40 60

> barplot(table(Gender), col=c("red", "blue"))
> pie(table(Gender), col=c("red", "blue"))
```

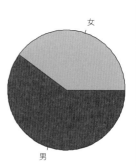

```
> table(College)    #列出次數分配
```

College
```
文學院    商管學院    理工學院
  5        9          6
```

```
> prop.table(table(data1$College, useNA="ifany"))*100    #列出百分比分配
```

```
文學院    商管學院    理工學院
 25        45         30
```

```
> barplot(table(College), col=c("violetred1","cornsilk", "cyan"))
> pie(table(College), col=c("violetred1","cornsilk", "cyan"))
```

```
> # install.packages("epiDisplay") #安裝epiDisplay套件
> library(foreign)
> library(survival)
> library(MASS)
> library(nnet)
> library(epiDisplay)
> tab1(data1$College, cum.percent=TRUE)
```

data1$College :

	Frequency	Percent	Cum. percent
文學院	5	25	25
商管學院	9	45	70
理工學院	6	30	100
Total	20	100	100

Distribution of data1$College

```
#install.packages("frequency") #安裝frequency套件
library(rmarkdown)
library(knitr)
library(DT)
library(ggplot2)
library(frequency)
freq(data1$College, file="College_fre.html", type="html") #產出表格與檔案
```

	x	label	Freq	Percent	Valid Percent	Cumulative Percent
Valid	文學院		5	25.0	25.0	25.0
	商管學院		9	45.0	45.0	70.0
	理工學院		6	30.0	30.0	100.0
	Total		20	100.0	100.0	
Missing	<blank>		0	0.0		
	<NA>		0	0.0		
	Total		20	100.0		

二、R 的連續變數統計圖表

```
> #install.packages("lattice")          #安裝套件如果尚未安裝請先執行
> #install.packages("aplpack")          #安裝套件如果尚未安裝請先執行
>
> # 讀取Ch03excel.xlsx工作表2
> data2 <- read.xlsx(xlsxFile="Ch03excel.xlsx", sheet=2, colNames= TRUE)
> summary(data2$Age) #also: summary(data2[,1])

  Min.   1st Qu.  Median   Mean   3rd Qu.   Max.
 20.00   31.00    42.00    40.57   49.00    72.00

> #Create stem-leaf plot
> attach(data2)
> stem(data2$Age, scale=1,  width=80) #製作組距為5之莖葉圖

  The decimal point is 1 digit(s) to the right of the |
```

```
2 | 0111112222233333344444444
2 | 5555555555555566666667777778888999
3 | 0001111111122333333334444444
3 | 555556667777888999
4 | 00000001111111222222222223333333333333333444
4 | 55555555556666666666666677777777888888889999999
5 | 00000000011111111222222222222333333344444
5 | 55566666789
6 | 1111222334
6 |
7 | 2
```

> stem(data2$Age, scale=.5, width=80) #製作組距為10之莖葉圖

The decimal point is 1 digit(s) to the right of the |

```
2 | 01111122222333334444444455555555555556666666777777788888999
3 | 00011111112233333333344444445555566677777888999
4 | 00000001111111222222222223333333333333333444555555555566666666666666777+7
5 | 0000000011111111222222222222333333334444455566666789
6 | 1111222334
7 | 2
```

> #Create histogram
> hist(data2$Age,breaks=5,ylab='number of person')   #製作組距為5直方圖
> hist(data2$Age,breaks=10,ylab='number of person')   #製作組距為10直方圖

本章重要概念

次數分配 frequency distribution	邊際分配 marginal distribution
相對次數分配	細格分配 cell distribution
relative frequency distribution	聯合機率 joint probability
累積次數分配	條件機率 conditional probability
cumulative frequency distribution	樞紐分析 pivot table
組限 class boundary	長條圖 bar graph
組距 class interval/width	圓餅圖 pie chart
組中點 class midpoint	環圈圖 doughnut chart
真實上限 real upper limit	柏拉圖 Pareto chart
真實下限 real lower limit	直方圖 histogram
外顯組限 apparent limit	多邊圖 polygon
列聯表 contingency table	莖葉圖 stem-and-leaf plot

 課後習作

一、一位教師調查班上同學所使用的手機品牌，發現 20 位有使用手機的同學其使用的品牌如下：

A A C A B C D D C B D A A A A B C B A A

1. 請做出次數分配表。
2. 請在次數分配表中增列一欄相對次數分配，並說明其意義。
3. 請畫出長條圖。
4. 請畫出圓餅圖。

二、某系在職專班的學生年齡分別為：

26　30　29　27　31　34　27　42　45　38　35　29
41　40　28　36　34　35　33　38　32　28　33　31

1. 請以組距為 5，做出莖葉圖。
2. 請以組距為 5，做出分組的次數分配表，並在表中列舉組中點、真實組限與外顯組限。
3. 請畫出直方圖。

Chapter 4

描述統計量數

4.1 前言

考試是學生的家常便飯，每當成績揭曉時，總是幾家歡樂幾家愁，換言之，考試成績的好壞，不僅取決於自己成績的高低，也要看別人考得如何。例如你參加某項入學考試收到了成績單：資料審查 83 分、筆試 72 分、口試 70 分，三科平均 75 分。如果考試的錄取率大概是 50%，若得知全體考生的考試狀況，例如各項成績平均分數、成績分布情形如何等，大概就可以知道自己所在的位置如何，推測自己錄取的機會大不大。

如果稍後考試單位公布了考試的摘要分數如表 4.1，並列出最低錄取標準是三科加權平均達 74.5 分，你是否鬆了一口氣？可能不是喔！考試單位提示，資料審查、筆試、口試三項成績各占 20%、30%、50%，而錄取標準是取「加權平均」，那麼，你的命運是如何？你不妨找個計算機再仔細算一次。（解答在第 66 頁）

表 4.1 某項入學考試學生成績描述統計摘要表

變數	比重	人數	全距	最小值	最大值	平均數	標準差	偏態	峰度
性別 （1：男；0：女）		30	1	0	1	0.40	0.52		
資料審查	20%	30	23	62	85	74.7	1.56	1.68	3.54
筆試	30%	30	25	50	75	65.5	3.43	−0.48	0.81
口試	50%	30	30	65	95	79.8	6.30	0.49	−0.68

在前一章當中，已經介紹了次數分配表和各種統計圖，但是這些圖表通常只是協助我們瞭解資料的分布情形，不利我們去進行判斷或決策。不論是在學術界或者是實務工作，對於所蒐集到的數據若要能夠以簡馭繁，一個重要的工作是利用簡而有力的數值去描述分數，這些摘要性的數值稱為統計量（statistic），而用來整理、描述、解釋資料的系統方法與統計技術則稱為描述統計（descriptive statistics）。

描述統計中，最重要的統計量是用來描述觀察值集中情形的集中量數（measures of central location），也就是為一組數據建立一個能夠描述其共同落點的最佳指標，以及用以描述這群觀察值分散狀況的變異量數（measures of variation）。此外，數據的分布特性可以利用偏態與峰度係數來說明資料是否對稱，並檢查是否具有極端偏離值。運用集中、變異、偏態、峰度四種量數可以完整說明一組數據的分布狀況，如同表 4.1 當中的各項數據。但細心的你可能會發現性

別變數並沒有偏態與峰度的數據，這是因為性別不是連續變數而是類別變數，並不適合數學運算，性別的平均數充其量只是百分比（男生考生占 40%），標準差也非描述性別資料變異程度的理想指標。在本章當中，我們將詳細說明這四種量數的特性與不同量尺變數的對應關係。

4.2 集中量數

集中量數是用來描述一組數據集中點的統計量數，也就是一個能夠描述數據的共同落點的指標。常用的集中量數有平均數、中位數及眾數，從這三個量數的特性，也可看出名義、順序、等距與比率等四種不同測量尺度的特性。

4.2.1 平均數

4.2.1.1 算術平均數

平均數（mean）是取某一變數（例如 X 變數）的 N 個數值加總，除以觀察值個數 N 所得到的值。因為是將數據直接以數學算式來計算平均值，又稱為算術平均數（arithmetic mean；以 $\overline{X}$ 表示）。

$$\overline{X} = \frac{\sum_{i=1}^{N} X_i}{N} = \frac{X_1 + X_2 + ... + X_N}{N} \tag{4-1}$$

符號 X_i 的下標 i 表示每一個觀察值的編號順序，$i = 1, ..., N$，Σ（希臘文 sigma 的大寫字母）是加總的符號。為有別於下面將會介紹的幾何與調和平均數，$\overline{X}$ 另增加下標 A，以 $\overline{X}_A$ 表示算術平均數。

範例 4.1 某位老師教學嚴格，他所教授的三個班級的統計課各當了 5、10、15 位學生，請問平均每班當多少人？

解答：
$$\overline{X}_A = \frac{5 + 10 + 15}{3} = 10$$

公式 4-1 通常是應用於求取某樣本大小為 N 的變數平均數，因此又稱為樣本平均數（sample mean）。

如果今天研究者所關心的是整個母體的平均數，或是研究者所蒐集的數據就是母體當中所有的觀察值（總數亦為 N），此時公式 4-1 所計算得出的平均數特別稱為母體平均數（population mean），但以不同的符號表示，如公式 4-2。

$$\mu = E(X) = \frac{\sum_{i=1}^{N} X_i}{N} \tag{4-2}$$

母體平均數在符號的使用上，以希臘字母 μ（mu）代替 $\bar{X}$。通常母體數據是無法獲知的量數，母體平均數多只是理論上存在的數值，因此在統計學上又常把母體平均數以期望值（expected value）的形式來表現。期望值一詞是機率理論的術語，對於具有特定出現機率的 X 變數的每一個觀察值而言，平均數是最可能出現的數值，亦即如果不斷反覆進行隨機嘗試，我們最「期望」得到的將會是平均數。

加權平均數（weighted mean）是算術平均數的一種延伸。其特性是在算術平均數的計算過程中增加一個權數 W_i 來進行加權，例如在前言當中提及入學成績的加權平均，把不同考試項目的比重進行加權，如公式 4-3 所示。資料審查、筆試、口試三科成績乘以比重：$83 \times .2 + 72 \times .3 + 70 \times .5 = 73.2$，已經低於最低錄取標準的 74.5 分，錄取無望了。

$$\bar{X}_W = \frac{\sum_{i=1}^{N} W_i X_i}{\sum_{i=1}^{N} W_i} = \sum_{i=1}^{N} P_i X_i \tag{4-3}$$

在實務上，權數 W 通常反映了重要性或影響力的概念，一旦在計算平均數時加入權數，可以使得平均數更能反映變數 X 各數值的實質價值或實際狀態。例如學業平均的計算必須以學分數來進行加權（學分數高的科目比重大）；進行民調時，各縣市的調查結果以人口數來加權（人口多的縣市比重高）；財務預測時以時間遠近來加權（近期資料的影響力大、遠期資料的影響力小）。

若把權數 W_i 除以全體權數的總和，即得到權數的比重 P_i（亦即機率），各權數的機率和為 $\Sigma P_i = 1$。換言之，加權平均數就是將變數 X 的每一個數值以一個機率值來進行線性轉換所得到的調整平均數。如果每一個數值的權數皆相當，所計算得出的加權平均數即為一般的算術平均數。

範例 4.2　某位研究生修了五個科目：書報討論 (1)、研究方法 (2)、行銷管理 (3)、財務管理 (3)、組織行為 (3)，括弧內的數字為學分數，成績分別為 90、85、88、80、82，請問他的學業成績的算術平均數與加權平均數各為何？

解答：

$$\overline{X}_A = \frac{90+85+88+80+82}{5}$$

$$= \frac{1}{5} \times 90 + \frac{1}{5} \times 85 + \frac{1}{5} \times 88 + \frac{1}{5} \times 80 + \frac{1}{5} \times 82 = 85$$

$$\overline{X}_W = \frac{1 \times 90 + 2 \times 85 + 3 \times 88 + 3 \times 80 + 3 \times 82}{12}$$

$$= \frac{1}{12} \times 90 + \frac{2}{12} \times 85 + \frac{3}{12} \times 88 + \frac{3}{12} \times 80 + \frac{3}{12} \times 82$$

$$= .083 \times 90 + .167 \times 85 + .25 \times 88 + .25 \times 80 + .25 \times 82 = 84.17$$

4.2.1.2 幾何平均數

另一種平均數的計算是將變數 X 的 N 個數值相乘後，再開 N 次方得到開根值，稱為幾何平均數（geometric mean；或以 **GM** 表示），以 $\overline{X}_G$ 表示：

$$\overline{X}_G = \left(\prod_{i=1}^{N} X_i \right)^{1/N} = (X_1 X_2 ... X_N)^{1/N} \tag{4-4}$$

幾何平均數多用於隨時間變動的改變率的計算，又稱為動態平均數，在商學院尤其多應用於財務資料或是經濟學上的各項經濟指標變化情形的計算。例如投資報酬率（rate of return; R）若在 N 期之間的幾何平均計算如下：

$$\begin{aligned} \overline{R}_G &= (X_1 X_2 ... X_N)^{1/N} - 1 \\ &= [(1+R_1)(1+R_2)...(1+R_N)]^{1/N} - 1 \end{aligned} \tag{4-5}$$

由公式 4-5 可知，平均投資報酬率的計算，是將各期（例如每個月或每年）的投資 (1) + 獲利 (R) 進行連乘後開方而還原成各期幾何平均後，最後減去 1，就是扣除投資本金的意思，與過去中學時代學習複利計算觀念一致。

範例 4.3　某公司原年度投資 300 萬元於新事業計畫，第一年結算為 315 萬元，獲利 5%，第二年結算為 346.5 萬元，獲利 10%，第三年結算為 398 萬元，獲利 15%，請問該公司三年的平均獲利為何？

解答：　獲利等同於投資報酬率的概念，因此以幾何平均數的公式計算如下：

$$\overline{X}_G = (1.05 \times 1.10 \times 1.15)^{1/3} = 1.0992$$
$$\overline{R}_G = \overline{X}_G - 1 = 1.0992 - 1 = 0.0992$$

亦即 5%、10%、15% 的幾何平均成長率為 9.92%。如果以幾何平均數來計算各年業績，最後（第三年）可以獲得與實際結算金額的相同結果（398 萬元）：

第一年投資平均本利：300 萬×1.0992 = 329.76 萬

第二年投資平均本利：329.76 萬×1.0992 = 362.47 萬

第三年投資平均本利：362.47 萬×1.0992 = 398 萬

如果以算術平均數計算，第三年底的結算金額則會高估：

$$\overline{X}_A = \frac{1.05 + 1.10 + 1.15}{3} = 1.10$$

第一年投資平均本利：300 萬 ×1.10 = 330 萬

第二年投資平均本利：330 萬 ×1.10 = 363 萬

第三年投資平均本利：363萬 ×1.10 = 399 萬

4.2.1.3 調和平均數

除了前述三種平均數之外，若將 X 變數的倒數求其算術平均數後再求倒數，則可得到調和平均數（harmonic mean；以 HM 或 $\overline{X}_H$ 表示），亦即倒數平均數，如公式 4-6 所示。

$$\overline{X}_H = \frac{1}{\dfrac{\sum\limits_{i=1}^{N} \dfrac{1}{X_i}}{N}} = \frac{N}{\sum\limits_{i=1}^{N} \dfrac{1}{X_i}} = \frac{1}{\dfrac{\dfrac{1}{X_1} + \dfrac{1}{X_2} + \dots \dfrac{1}{X_N}}{N}} \tag{4-6}$$

　　例如 3、4、5 的倒數 1/3、1/4、1/5 平均為 1/3.83，亦即調和平均數為 3.83。若由算術平均數的直覺反映應為 (3 + 4 + 5) / 3 = 4，亦即 1/4，但由公式 4-6 求出的調和平均數為 3.83，而非直觀的 4（3、4、5 的平均數）。

　　調和平均數通常用在科學或物理計量對於分母資料的計算。例如汽車的耗油量、電阻值，或是物理學對於質量削減的運算，也會用到調和平均數。

範例 4.4　某車行駛 A、B、C 三種路況，速率分別為 5、10、15 公里／小時，若三種路況都走 1 公里，平均速率為多少？

解答：

$$\bar{X}_H = \frac{1}{\dfrac{\dfrac{1}{5} + \dfrac{1}{10} + \dfrac{1}{15}}{3}} = 8.1818$$

　　由範例 4.4 的資料來看，如果問的是該車行駛在這三種路況平均速率為每小時幾公里，則是取算術平均數的 (5 + 10 + 15) / 3 = 10，但是範例 4.4 問的是若各走 1 公里（分子已知），速率平均為何（求分母資訊），因此需採倒數平均數。

4.2.1.4　平均數的使用時機與特性

　　不論是算術、幾何或調和平均數，各種平均數的計算目的都是在求取一系列數值最具代表性的量數：算術平均數適用於一般測量單位的等差數列平均運算；幾何平均數則用於具有等比數量的運算，特別是隨著時間變動的倍率運算；調和平均數則適用於數值倒數的等差級數數列運算。從數學關係來看，調和平均數恆小於幾何平均數，而幾何平均數又恆小於算術平均數，三者具有 $\bar{X}_H \leq \bar{X}_G \leq \bar{X}_A$ 的關係。在沒有特別聲明的情況下，平均數是指算術平均數。

　　平均數的首要特徵是其充分性與敏感性，不論是哪一種平均數的計算公式，在計算平均數時，都需要用到分配當中的每個分數數值，因此平均數能夠反映每一個數值的狀況。進一步的，分配中的任何一個分數的改變，必然會改變分配的平均數，因此三種平均數對於離群值皆具有相當程度的敏感性。而算術平均數受到離群值的影響最大，但也反映了算術平均數對於數據單位距離的變動最為敏感，能夠忠實反映分數的測量尺度的間距關係與相對位置。算術平均數具有離均差（deviation score）總和為 0 的基本特性：

$$\sum_{i=1}^{N}(X_i - \bar{X}) = 0 \qquad (4\text{-}7)$$

由於各觀察值會落於 $\bar{X}$ 的左右兩側，因此離均差和必為 0。而離均差即為我們常說的力距，算術平均數即為左右平衡的中心支點。例如 5、10、30 三個數值離均差分別為 –10、–5 與 +15，離均差和為 0，算術平均數 15 為平衡支點所在，如圖 4.1 所示。

　　其次，算術平均數是一組數列當中，能求得最小平方和的數值，也就是能讓離均差平方和（sum of square; SS）最小，如公式 4-8 所示。

$$\sum_{i=1}^{N}(X_i - \bar{X})^2 \leq \sum_{i=1}^{N}(X_i - a)^2 \tag{4-8}$$

　　公式 4-8 當中的 a 為任意實數，以算術平均數所計算得到的 SS 比任何一個 a 所求出的 SS 都來得小。

　　進一步的，算術平均數也具有數值運算的優良特質：對於變數 X 的每一個數值，如果加減乘除任一個實數 a，其算術平均數也等於加減乘除此一常數 a，如公式 4-9 至 4-11 所示，也就是說，算術平均數是「數學上」最能代表一組觀察數列並進行四則運算的數值。

$$\frac{\Sigma(X \pm a)}{N} = \bar{X} \pm a \tag{4-9}$$

$$\frac{\Sigma(aX)}{N} = a\bar{X} \tag{4-10}$$

$$\frac{\Sigma(X/a)}{N} = \frac{\bar{X}}{a} \tag{4-11}$$

4.2.2 中位數

第二種常用的集中量數是中位數（median; *Mdn*），又稱為中數或第二四分位數，是將某一個變數的數據依序排列後，取位居最中間、能夠均勻對分全體觀察值的分數，亦即在中位數上下各有 50% 的觀察值。當觀察值的數目（*N*）為奇數時，中位數就是排序最中間的觀察值，排序位置（N_{Mdn}）如公式 4-12。

$$N_{Mdn} = (N+1) \times \frac{50}{100} = \frac{N+1}{2} \qquad (4\text{-}12)$$

如果觀察值數目為偶數，中位數為最中間的兩個觀察值的數值平均，亦即第 *N*/2 與第 *N*/2 + 1 觀察值的中間值。

範例 4.5 某公司甄選新人，共有 9 位應徵者，他們的面試成績分別為 70、66、60、50、55、60、60、90、65，請問中位數為何？

解答： 將分數依順序排列 50、55、60、60、**[60]**、65、66、70、90

N 為奇數，因此中位數為第 (9 + 1) / 2 = 第 5 個觀察值，亦即 60

60 恰好落在觀察值最中間的位置，若不算自己，前後各有 4 個觀察值。

範例 4.6 某公司甄選新人，前 9 位應徵者的面試成績分別為 70、66、60、50、55、60、60、90、65，後來又來了一位應徵者，分數為 95 分，請問中位數為何？

解答： 將分數依順序排列 50、55、60、60、**[60]**、**[65]**、66、70、90、95

N 為偶數，因此中位數為第 10/2（第 5 個觀察值）與第 10/2 + 1（第 6 個觀察值）的平均值，亦即 (60 + 65) / 2 = 62.5

62.5 這個分數恰好落在觀察值最中間的位置，前後各有 5 個觀察值。

顧名思義，中位數是指 *N* 個觀察值的中心點，其數值可透過各觀察分數所處的位置依序排列來獲得，而不論數值的大小為何。如果說中位數反映了全體「樣本」的中心點，也就是人數中心點；平均數所反映的則是一組分數「數量」的中心點。也因此，中位數不僅可以應用在具有單位的等距測量或比率測量，也可以應用

在只有大小順序而沒有強度差異訊息的順序尺度的測量，只要能夠把觀察值排順序，找到最中間的那個觀察值，就是中位數，因此中位數又稱為 100 等分當中第 50 個等分的百分位數（P_{50}）或第二四分位數（second quartile; Q_2）。

中位數的另一個重要特性是它由樣本排列順序所決定，並不受分配當中其他觀察值而影響其數值高低，更不會受到偏離值的左右。例如在範例 4.5 或 4.6 當中，中位數的數值並不受到中間以外的其他數值的大小所影響，即使最差的幾個成績是 0 分，或是最好的成績是滿分，也不影響中位數的數值。對於一個受到偏離值影響很大的分配來說（例如薪水收入，通常會有一些人薪水特別高），平均數並不是一個理想的集中量數，此時可以考慮使用中位數來代表一群分數的集中趨勢。

4.2.3 眾數

第三種常用的集中量數是眾數（mode; Mo），是指一組分數中，出現次數最多的一個分數，也就是一組數據中的典型（typical）數值，或次數分配最高點所對應的分數。如果是分組後的連續變數，眾數則不是一個值，而是一個組，也就是發生次數最多的那個組，此時可以利用該組的標籤來說明眾數組為何，或以組中點來代表眾數組。

眾數是各集中量數當中，最容易辨認的量數。以範例 4.5 的 50、55、60、60、60、65、66、70、90 等 9 位學生的統計成績為例，由於 60 分出現了三次，是出現最多的一個分數，因此眾數為 60。

眾數較常使用在以名義尺度進行測量所得到的類別變數，因為數值只有有限的那幾個觀察值，每一個觀察值可以清楚計算出出現次數或百分比，因此眾數很容易找到。相對之下，連續變數的數值較多，每一個數值不一定會重複出現多次，因此單從數值的本身不容易找出眾數，除非進行分組歸類建立有限的組段，才容易找到眾數所在的組別。例如在考試成績中，我們通常不會說這次考試成績出現最多次的分數是幾分（不容易找到眾數），但是我們會說，70 幾分的最多，其他的都很少，這是因為我們已經將考試成績以 10 分為組距進行分組後的結果，此時 70 到 79 分就是眾數組。

其次，連續變數經常出現好幾個高峰的雙峰或多峰分配，眾數就不只一個，如圖 4.2 當中的 10 與 24 兩者皆為出現最多次數的數值。如果一個分配有兩個分數（或兩組）具有相對較高的出現次數，此時即可找到雙眾數或兩個眾數組，稱為雙峰分配（bimodal distribution）。當一個分配具有多個高峰，即使各高峰的次數不

同，我們仍可以指出各高峰所對應的分數（眾數），以利別人瞭解多峰分配的集中點為何，例如圖 4.2 當中 38 雖然出現次數不是最多，但也是一個高峰所在。

Ⅲ 圖 4.2 具有多個高峰的多峰分配圖示

4.2.4 集中量數的比較

上述三個集中量數各有不同的適用時機，對於名義變數，因為沒有測量單位，因此無法計算平均數，也沒有大小順序可言，因此無法計算中位數，只能使用眾數來表示觀察值的集中情形。例如 9 位學生的居住地區為 3、2、1、1、1、1、3、2、2，數值 1 為大臺北地區、2 為基隆宜蘭、3 為桃竹苗，由眾數 1 可知學生居住地集中於大臺北地區。

以順序量尺測得的數據，雖然也沒有測量單位，但因為數值具有一定的順序關係，因此除了眾數之外，中位數也具有計算的意義。例如 9 位學生的社經地位（1：低、2：中、3：高）為 3、2、1、1、1、1、3、2、2，中位數為排序第五位學生的 2（中度社經地位），眾數則為 1。此時研究者可以選擇以眾數或中位數來描述這 9 位學生社經地位的集中情形。

最後，當變數的測量尺度為等距尺度或比率尺度時，因為具有測量單位，因此眾數、中位數、平均數三者皆可以計算使用，此時，集中量數可採較精密的量數（即平均數）。平均數是計算所有樣本的分數所得到的資料，有最佳的代表性。但是平均數易受離群值的影響，在偏離值較多、偏態較嚴重的時候，平均數就要小心使用，否則建議搭配採用中位數與眾數。這三個集中量數的測量特性與優缺點比較，見表 4.2。

表 4.2 集中量數的特性與優缺點比較

測量尺度	集中量數		
	眾數	中位數	平均數
名義	√		
順序	√	√	
等距／比率	√	√	√
優點	不受偏離值的影響，計算方法簡便。	對數值變化不敏感，不受離群值影響，計算方法尚稱簡便。	測量最為精密，考慮到每一個樣本，在對稱的分配中具有較佳的代表性。
缺點	測量過於粗糙，無法反映所有樣本。	無法反映所有樣本的狀況。	易受偏離值與離群值的影響。

(a) 低分有離群值（負偏）
平均數 中位數 眾數

(b) 高分有離群值（正偏）
眾數 中位數 平均數

平均數＝中位數＝眾數

(c) 沒有離群值

圖 4.3 三種集中量數與分配形狀的關係

　　一般來說，平均數最容易受到離群值影響，其次是中位數，最不受影響的是眾數。因此，在一個不對稱的分配當中，三個集中量數因為受到影響的程度不同，而不會落於同一點；相對的，在一個常態分配當中，三個集中量數則應落於同一點，如圖 4.3(c)。當一個分配在低分端有離群值時，平均數會向低分端移動，三個集中量數形成如圖 4.3(a) 的相對關係；當高分端有離群值時，平均數會向高分端移動，三個集中量數形成如圖 4.3(b) 的相對關係。利用這三個量數的相對關係，也可以判斷一個分配是否對稱或偏態的情形。

4.3 變異量數

　　變異量數（或離散量數）是用來描述觀察值在某一個變數上的分數分散情形的統計量。在描述統計中，集中量數必須搭配變異量數，才能反映一組數據的分布特徵。常用的變異量數包括全距、四分差、變異數及標準差等，以下即分別介紹之。

4.3.1 全距

　　全距（range）是一組分數中最大值（X_{max}）與最小值（X_{min}）之差，是一群分數變異情形最粗略的指標。如公式 4-13 所示，全距容易計算，適用性高，不僅可以應用在連續變數，求出最大值與最小值的分數差異程度，也可以應用在名義變數與順序變數，來求出變數當中類別的多寡。

$$Rang = X_{max} - X_{min} \tag{4-13}$$

🔵 表 4.3　三個班級的考試成績（每班皆為 11 位學生）

ID	甲班	乙班	丙班
1	56	41	61
2	57	42	61
3	58	48	61
4	59	53	61
5	60	61	61
6	61	61	61
7	62	61	61
8	63	67	61
9	64	75	61
10	65	77	61
11	66	85	61
平均數	61	61	61
全距	10	44	0
四分差	3	13.5	0
平均差	2.727	10.909	0
標準差	3.317	14.346	0
變異數	11	205.8	0

　　假設表 4.3 是三個班級的 11 位學生的考試成績，這三個班級的成績的集中量數皆相同，不論是平均數、中位數或眾數皆為 61 分。但是從分數的分布情形來看，三者則有明顯不同的全距：甲班與乙班的全距分別為 66 – 56 = 10 與 85 – 41 = 44，丙班分數沒有任何變化，全距為 0，可見得乙班同學的分數落差最大。

　　全距雖然簡單好用，但是它的缺點是不精確也不穩定，因為只有兩個分數能夠決定全距，因此它無法反映分配當中各個數值的狀態。而且當樣本數越大，分配越可能包含偏離值，因而導致全距的數值會有所膨脹。一般而言，全距是一組分數最初步的離散指標，但並不是能夠代表變數的變異程度的最佳選擇。

4.3.2 四分差

四分差（quartile deviation; QD）是四分位距（interquartile range; IQR）的一半，也就是一組數據當中的第三四分位數（區隔高分端的前 25% 的分數，簡稱 Q_3）與第一四分位數（區隔低分端的後 25% 的分數，簡稱 Q_1）的距離（$Q_3 - Q_1$）除以 2，或是中間 50% 的樣本分數差距（盒形圖的盒長）的二分之一：

$$QD = \frac{(Q_3 - Q_1)}{2} = \frac{IQR}{2} \tag{4-14}$$

四分差的計算方式，首先是將分數依序排列後，依照觀察值的位置分成四段，每一段各占 25% 的個數，位居三個分段點的分數稱為第一四分位數（Q_1）、第二四分位數（Q_2）與第三四分位數（Q_3）。四分差即是取第三四分位數與第一四分位數差的一半。四分差越大，代表分數的分散情形越大。

Q_1 與 Q_3 兩者的計算方式與中位數相似，如果樣本排序後位於第 25% 及 75% 位置恰為某觀察值，則取該觀察值數值；如果位置落於兩觀察值之間，則取兩者數值的平均。以表 4.3 的考試成績為例，三個班的人數都是奇數 $N = 11$，因此 Q_1 與 Q_3 的排序人數分別如下：

$$N_{Q_1} = (N + 1) \times 25/100 = 12 \times 0.25 = 3$$
$$N_{Q_3} = (N + 1) \times 75/100 = 12 \times 0.75 = 9$$

亦即 Q_1 與 Q_3 為 ID 編號第 3 與第 9 位學生的成績，QD 計算如下：

甲班：　　$Q_1 = 58$、$Q_3 = 64$　　　　$QD = (64 - 58)/2 = 3$
乙班：　　$Q_1 = 48$、$Q_3 = 75$　　　　$QD = (75 - 48)/2 = 13.5$
丙班：　　$Q_1 = 61$、$Q_3 = 61$　　　　$QD = (61 - 61)/2 = 0$
顯示中間 25% 的受試者的距離，以乙班的變化程度最大。

4.3.3 以離均差為基礎的變異量數

統計上最常用的變異量數是標準差（standard deviation）與變異數（variance），這兩者是變異量數的一對雙胞胎，標準差的平方即為變異數，這兩個量數以及平均差三者都是利用離均差（deviation score）作為基礎的變異量數，分別介紹如下。

4.3.3.1 離均差與平均差

離均差反映的是一組數據中，各分數與平均數的距離。離均差是一個非常簡單的變異指標，但是在統計上是一個非常基本的量數，衍生出許多重要的概念。

$$deviation = X - \overline{X} \tag{4-15}$$

當離均差為正值時，表示分數落在平均數的右方；離均差為負值時，表示分數落在平均數的左方。而平均數是每一個分數加總後的平均值，為一組分數的重心位置，因此離均差的正值與負值的總和相等，離均差和 $= \Sigma(X_i - \overline{X}) = 0$。

由於離均差的和為 0，在使用上無法作為整體數據變異的指標，為解決正負值相抵的問題，可以取離均差的絕對值後相加，除以觀察值個數後，所得到的數值稱為平均差（mean deviation; MD）。

$$MD = \frac{\sum\limits_{i=1}^{N}\left|X_i - \overline{X}\right|}{N} \tag{4-16}$$

以先前考試成績的資料為例，甲班與乙班兩班的成績的離均差列於表 4.4 當中的 (b) 欄，其總和為 0。平均差 MD 則可由表 4.4 的 (c) 欄的總和除以樣本數 11 得出。

$$MD_{甲} = \frac{\Sigma\left|X_i - \overline{X}_{甲}\right|}{N} = \frac{30}{11} = 2.727$$

$$MD_{乙} = \frac{\Sigma\left|X_i - \overline{X}_{乙}\right|}{N} = \frac{120}{11} = 10.909$$

平均差雖然很容易理解，但是利用取絕對值方式來去除負號的作法在統計上並不常用，對於極端分數的偵測較不敏銳，因此多使用取平方的方式去除負號，得到離均差平方和（sum of square; SS）如下：

$$SS = \Sigma(X_i - \overline{X})^2 = \Sigma X_i^2 - \frac{(\Sigma X_i)^2}{N} \tag{4-17}$$

由範例資料來看，甲、乙兩班成績的離均差平方和（SS）可由表 4.4 的 (d) 欄進行加總得出，分別為甲班的 $SS_{甲} = 110$、乙班的 $SS_{乙} = 2058$，或以公式 4-17 計算如下：

表 4.4 考試成績的變異量數運算過程數據

ID	甲班				乙班			
	(a) X	(b) $X-\bar{X}$	(c) $|X-\bar{X}|$	(d) $(X-\bar{X})^2$	(a) X	(b) $X-\bar{X}$	(c) $|X-\bar{X}|$	(d) $(X-\bar{X})^2$
1	56	−5	5	25	41	−20	20	400
2	57	−4	4	16	42	−19	19	361
3	58	−3	3	9	48	−13	13	169
4	59	−2	2	4	53	−8	8	64
5	60	−1	1	1	61	0	0	0
6	61	0	0	0	61	0	0	0
7	62	1	1	1	61	0	0	0
8	63	2	2	4	67	6	6	36
9	64	3	3	9	75	14	14	196
10	65	4	4	16	77	16	16	256
11	66	5	5	25	85	24	24	576
總和	671	0	30	110	671	0	120	2058
平均數	61	0	2.727	10	61	0	10.909	187.091
標準差	3.317				14.346			
變異數	11				205.8			

$$SS_{甲} = \Sigma X_i^2 - \frac{(\Sigma X_i)^2}{N} = 41041 - \frac{(671)^2}{11} = 110$$

$$SS_{乙} = \Sigma X_i^2 - \frac{(\Sigma X_i)^2}{N} = 42989 - \frac{(671)^2}{11} = 2058$$

SS 可以類比為面積和的概念，亦即求取每一個分數與平均數之間距離的面積和。在統計技術中，有許多重要概念都是使用面積的概念來處理，因此 SS 可以說是統計學的重要統計量。例如若將 SS 除以人數，得到單位面積的統計量，即為變異數。

4.3.3.2 變異數與標準差

變異數（variance）是統計上最常用來描述資料變異程度的統計量。對母體資料而言，變異數以 σ^2 表示，定義於公式 4-18（公式前方的 VAR.P 為 EXCEL 函數所使用的符號）；標準差（standard deviation）則是將變異數開根號，以 σ 表示，如公式 4-19 所示（STDEV.P 為 EXCEL 函數符號）。

$$VAR.P = Variance = \sigma^2 = \frac{SS}{N} = \frac{\Sigma(X_i - \mu)^2}{N} \qquad (4\text{-}18)$$

$$STDEV.P = \sigma = \sqrt{\frac{SS}{N}} = \sqrt{\frac{\Sigma(X_i - \mu)^2}{N}} \qquad (4\text{-}19)$$

標準差或變異數越大者，表示該分配的變異情形較大。與平均差相較之下，標準差有兩個特性，第一是由於標準差源自於變異數的概念，因此可以與其他以變異面積作為基本原理的統計概念相結合。第二，標準差的計算是取離均差的平方項，對於極端分數的變動敏感度較大。

值得注意的是，若以樣本來計算變異數或標準差，會出現低估母體變異數或標準差的情形，亦即樣本變異數不是母體變異數的不偏估計數（unbiased estimator），為改善樣本變異數或標準差低估的問題，樣本變異數需改以不偏估計數的 $\hat{\sigma}^2$ 算式來計算樣本的變異數，如公式 4-20（VAR.S 為 EXCEL 函數符號），以 s^2 表示，樣本標準差（s）的計算式則如公式 4-21 所示（STDEV.S 為 EXCEL 函數符號）。

$$VAR.S = s^2 = \hat{\sigma}^2 = \frac{SS}{N-1} = \frac{\Sigma(X_i - \overline{X})^2}{N-1} \qquad (4\text{-}20)$$

$$STDEV.S = s = \hat{\sigma} = \sqrt{\frac{SS}{N-1}} = \sqrt{\frac{\Sigma(X_i - \overline{X})^2}{N-1}} \qquad (4\text{-}21)$$

由公式 4-20 與 4-21 可知，標準差與變異數之所以稱為不偏估計數，主要差別在於分母的除項為 $N-1$ 而非樣本數 N。$N-1$ 稱為自由度（degree of freedom; df），表示一組數據當中，可以自由變動的分數個數，或是實際用於計算的觀察值數目。由於變異數或標準差的運算是以離均差為基礎，若有 N 個樣本只能計算 $N-1$ 個離均差，因此，實際用於計算的變異數或標準差的離均差只有 $N-1$ 個，而非 N 個。自由度當中所減去的 1，是指離均差的計算係以平均數作為參照點，當平均數已知的情況下，N 個樣本只有 $N-1$ 個自由變動的離均差。

在樣本數 N 很大時，分母是否減去 1 的影響非常有限，但如果樣本數偏低時，使用自由度為除項的差異就非常明顯，也凸顯了在小樣本下進行統計運算往往有所偏頗的現象，因此必須採用不偏估計數的處理方式來克服估計問題。

如果將表 4.4 的考試成績視為母體資料，甲班與乙班成績的變異數 σ^2 可由公

式 4-18 求得，或由表 4.4 的 (d) 欄的總和除以觀察值數目 N 求得，開根號後得到標準差 σ 為 3.162 與 13.678，或由公式 4-19 求得。

$$\sigma_{甲}^2 = \frac{SS_{甲}}{N} = \frac{110}{11} = 10$$

$$\sigma_{乙}^2 = \frac{SS_{乙}}{N} = \frac{2058}{11} = 187.091$$

如果將考試成績視為抽樣資料，甲班與乙班成績的變異數 s^2 可由公式 4-20 求得，或由表 4.4 的 (d) 欄的總和除以自由度（11–1 = 10）得出，開根號後得到標準差 s 為 3.317 與 14.346，或由公式 4-21 求得。

$$s_{甲}^2 = \hat{\sigma}_{甲}^2 = \frac{SS_{甲}}{N-1} = \frac{110}{11-1} = 11$$

$$s_{乙}^2 = \hat{\sigma}_{乙}^2 = \frac{SS_{乙}}{N-1} = \frac{2058}{11-1} = 205.8$$

4.3.4 變異量數的特性與使用時機

上述幾種典型的變異量數，其適用情形與集中量數的適用情形類似，三個變異量數的比較列於表 4.5。

值得注意的是，各量數都是數學轉換後的統計量，因此測量尺度原則上都必須

表 4.5 變異量數的特性與優缺點比較

測量層次	離散量數		
	全距	四分差	標準差／變異數
名義	√		
順序	√	√	
等距／比率	√	√	√
優點	不受離群值外的個別分數影響，計算方法簡便，適用於所有的測量尺度。	對離群值較不敏感，但能表現順序尺度的變異情形。	測量最為精密，考慮到每一個樣本，具有代表性。
缺點	測量過於粗糙，無法反映所有樣本的狀況。	無法反映所有樣本的變異狀況。	易受離群值的影響。

要有足以作為數學轉換的單位，否則四則運算即無意義。在類別變數，由於沒有單位的概念，因此不符合統計量數的基本概念，但在實務上，會有較為通融的作法，例如讓全距套用在名義測量；讓四分差套用於順序測量，以作為變異情形的指標。

　　四種變異量數中，標準差與變異數使用到每一個的分數進行四則運算，因此必定要有測量單位才具運算意義，對於變異狀況的描繪能夠考慮到每一個人的分數，在測量上最為精密，但是也容易受到偏離值的影響，適用於具有一定單位的等距與比率尺度測量。

　　四分差則與中位數類似，雖然精密度較低，但是在適當排序之後算出的四分差，仍可用來表示變異情形，受到偏離值的影響相對較小，可以應用於順序尺度。而對於名義尺度的測量結果，嚴格來說無法用任何的變異統計量來表現分散情形，充其量只能使用全距，來計算最大類與最小類之間的差。

📈 4.4 偏態與峰度

　　除了上述各變異量數，描述統計量還可以利用偏態（skewness）與峰度（kurtosis）來描述數據的分布特性。尤其是當研究者關注數據的分布是否為常態時，偏態與峰度是非常重要的指標。

4.4.1 偏態

　　一個變數的數值分布，可能為對稱或不對稱。描述一個變數的對稱性（symmetry）的量數稱為偏態係數（coefficient of skewness; SK），定義如下：

$$SK = \frac{N}{(N-1)(N-2)} \times \frac{\Sigma(X_i - \bar{X})^3}{s^3} \tag{4-22}$$

　　不對稱的資料稱為偏態資料，依其方向可分為負偏（negatively skewed）（或左偏，即左側具有偏離值）、正偏（positively skewed）（或右偏，即右側具有偏離值）與對稱（symmetrical）三種情形：若分配呈現正偏態，偏態係數 $SK > 0$；若為負偏態，偏態係數 $SK < 0$；若為對稱分配，偏態係數 SK 接近 0。不同偏態的狀態，如圖 4.4(a)、(b)、(c) 所示。

　　以表 4.4 的兩班資料為例，樣本數皆為 11，而甲班的 $s = 3.317$，$\Sigma(X_i - \bar{X})^3 = 0$，帶入公式 4-22 得到偏態係數 $SK = 0$，表示數據沒有特殊偏態而呈現對稱分布。乙班的 $s = 14.346$，$\Sigma(X_i - \bar{X})^3 = 3{,}312$，$SK = 0.137$，顯示資料分布呈現些微的正偏

態：

$$SK_{甲} = \frac{11}{(11-1)(11-2)} \times \frac{0}{3.317^3} = 0$$

$$SK_{乙} = \frac{11}{(11-1)(11-2)} \times \frac{3312}{14.346^3} = 0.137$$

　　與正負偏態有關的一個測量現象，是所謂的地板效應與天花板效應。地板效應（floor effect）是指數據多數集中在偏低的一端，但在高分端則有離群值，分數不容易突破低分端，但會往高分端延伸，彷彿有一個地板（或真的存在一個低分限制條件）阻擋了數據往低分移動。由於地板之阻隔作用，地板效應常伴隨正偏態現象。例如薪資數據，一般來說，勞工的最低薪資受到政府的保障，因此多數人的薪資不會低於最低工資，但會集中在比最低工資略高的區間中。

　　相對的，天花板效應（ceiling effect）則與負偏態有關，是指數據多數集中在偏高的一端，但在低分端則有離群值，分數不容易突破高分端，彷彿有一個天花板（或真的存在一個高分限制條件）阻擋了數據往高分移動。例如學校老師出了一份簡單的試卷，大家都得到八九十分，此時就發生了天花板效應，100 分就是高分的阻隔分數，不小心考不好的同學就成為低分的偏離值，形成負偏態現象。

(a) 負偏態（左偏）　　**(b)** 正偏態（右偏）　　**(c)** 常態

(d) 高狹峰　　**(e)** 低闊峰　　**(f)** 常態峰

‖‖ 圖 4.4　不同的偏態與峰度情形的圖示

4.4.2 峰度

峰度是指一個次數分配集中部分的陡峭程度。當兩個分配都是對稱的單峰鐘形曲線時，並不一定具有一樣的平坦或陡峭形態（峰度）。一個對稱的鐘形分配，變數的數值會集中於眾數所在位置，如果集中於眾數附近的分數多，分散於兩側的分數少，將形成高狹峰（leptokurtic）的分配；當集中於眾數附近的分數較少，兩側分數多，則形成低闊峰（platykurtic）。在常態分配時的理想峰度，稱為常態峰（mesokurtic）。三種不同峰度如圖 4.4(d)、(e)、(f) 所示。

同樣的，峰度狀態可利用峰度係數（coefficient of kurtosis; KU）來描述，若分配呈現高狹峰，峰度係數 $KU > 0$；若為低闊峰，峰度係數 $KU < 0$；若為常態峰，峰度係數 KU 接近 0。各種偏態與峰度的係數特性與判斷原則，請見表 4.6。

$$KU = \frac{N(N+1)}{(N-1)(N-2)(N-3)} \times \frac{\Sigma(X_i - \bar{X})^4}{s^4} - 3\frac{(N-1)(N-1)}{(N-2)(N-3)} \quad (4\text{-}23)$$

以甲、乙兩班資料為例，甲班的 $\Sigma(X_i - \bar{X})^4 = 1,958$，乙班的 $\Sigma(X_i - \bar{X})^4 = 760,002$，帶入公式 4-23 得到峰度係數分別為 –1.2 與 –0.877，顯示兩班的峰度皆為平坦分配，但甲班的資料顯然比乙班平坦許多（事實上，甲班的資料是一個均等分配）。

$$KU_{甲} = \frac{11 \times 12}{(11-1)(11-2)(11-3)} \times \frac{1958}{3.317^4} - 3 \times \frac{(11-1)(11-1)}{(11-2)(11-3)} = -1.2$$

$$KU_{Z} = \frac{11 \times 12}{(11-1)(11-2)(11-3)} \times \frac{760002}{14.346^4} - 3 \times \frac{(11-1)(11-1)}{(11-2)(11-3)} = -0.877$$

表 4.6 偏態與峰度的判斷方式

偏態	偏態係數	峰度	峰度係數
正偏態	$SK > 0$	高狹峰	$KU > 0$
負偏態	$SK < 0$	低闊峰	$KU < 0$
對稱	$SK = 0$	常態峰	$KU = 0$

📈 4.5 結語

　　統計學常說要以簡馭繁，就是指描述統計的角色與功能，因此這一章的學習可以說是統計學最基本的部分。描述統計所產生的統計量數雖然簡單，但是卻提供了有關研究數據，乃至於研究品質的豐富資訊，有經驗的研究者往往可以從變數的描述統計數據中，判斷潛藏於資料庫當中的各種問題，甚至看出有獨特價值的研究發現的蛛絲馬跡。這也是為何在學術論文寫作規範中，不論該研究所使用的統計技術如何先進、複雜，均要求作者列出研究變數的基本描述統計資料以供查閱檢視。

　　儘管描述統計量的概念十分簡單，但公式卻不少，背誦起來頗為吃力。然而在科技發達的今天，這些統計量都可以從 EXCEL 表單或統計軟體中輕易得到，因此並不需要強記。本章列出這些公式的目的，一方面是在展現各種統計量的運算邏輯，更重要的是協助讀者瞭解公式背後的統計概念，辨識不同統計量的差異。例如母體變異數與樣本變異數的差異，主要在於分母除項：一個是取樣本數（N），一個是取自由度（$N-1$）。在學習的過程中，應多思考公式之間的異同與符號表徵的意義，如果僅是死記硬背公式，完全無法達成統計學習的目的。在本章最後的小精靈中，我們將介紹 EXCEL 與 R 的操作方式，若多加演練，即能發揮熟能生巧的作用，更能探知這些描述統計量的功能效用。

EXCEL 小幫手

一、使用 EXCEL 來計算描述統計量

1. 建立資料檔案，打開資料分析對話框，選擇「敘述統計」

2. 決定分析內容與條件

(1) 選擇輸入範圍：利用滑鼠框選包含變數的名稱與資料的欄位。

(2) 選擇標記：因為類別軸標記在第一列，因此必須勾選。

(3) 輸出選項：勾選摘要統計。

3. 得出結果

	A	B	C	D	E	F
1	甲		乙		丙	
2						
3	平均數	61	平均數	61	平均數	61
4	標準誤	1	標準誤	4.325401	標準誤	0
5	中間值	61	中間值	61	中間值	61
6	眾數	#N/A	眾數	61	眾數	61
7	標準差	3.316625	標準差	14.34573	標準差	0
8	變異數	11	變異數	205.8	變異數	0
9	峰度	-1.2	峰度	-0.8769	峰度	#DIV/0!
10	偏態	5.43E-17	偏態	0.137111	偏態	#DIV/0!
11	範圍	10	範圍	44	範圍	0
12	最小值	56	最小值	41	最小值	61
13	最大值	66	最大值	85	最大值	61
14	總和	671	總和	671	總和	671
15	個數	11	個數	11	個數	11

data　output

就緒

　　由結果可得到甲、乙、丙班三個連續變數的各項描述統計資料。當無法獲得有效資訊時，表格中會出現 #N/A 符號（例如甲班沒有辦法得到眾數），或是 #DIV/0!（當公式的除數為 0 時的無意義狀態，例如丙班的偏態與峰度）。如果小數點位數太多時，會出現科學符號（例如甲班的偏態為 5.43E-17，實際數值為 5.43×10^{-17}）。

二、以EXCEL 函數功能來計算算術、幾何、調和平均數

1. 建立資料檔，使用函數功能

(1) 在任何一個空白儲存格，以函數功能來計算各平均數。

(2) 例如在 B14 求取甲班算術平均數（利用 = AVERAGE(B2:B12)）。

(3) 例如在 B15 求取甲班幾何平均數（利用 = GEOMEAN(B2:B12)）。

(4) 例如在 B16 求取甲班調和平均數（利用 = HARMEAN(B2:B12)）。

(5) 同理，在同樣橫列求出乙班與丙班的算術、幾何、調和平均數。

2. 求出平均數數值

	A	B	C	D	E	F
1	ID	甲	乙	丙		範例
2	1	56	41	61		5
3	2	57	42	61		10
4	3	58	48	61		15
5	4	59	53	61		
6	5	60	61	61		
7	6	61	61	61		
8	7	62	61	61		
9	8	63	67	61		
10	9	64	75	61		
11	10	65	77	61		
12	11	66	85	61		
13						
14	算術平均數	61	61	61		10
15	幾何平均數	60.91789	59.4365	61		9.085603
16	調和平均數	60.83572	57.86678	61		8.181818

由算術、幾何、調和平均數的數值大小可以看出，三者具有 $\overline{X}_H \le \overline{X}_G \le \overline{X}_A$ 的關係，如同課文當中的說明。

R 小精靈

使用 R 來計算描述統計量

在 R 軟體中，有多種方式可以獲得描述統計的資訊，例如可以直接以函數指令 mean、median、sd、var、max、min 來求得個別描述統計量，更簡單的方法則是利用 R 的基礎功能 summary() 來獲得各連續變數的摘要統計，或是利用 psych 或 pastecs 套件來獲得整組描述統計量數。語法與結果如下：

```
> # Chapter 04: Descriptive statistics application
>
> #install.packages("openxlsx")   #安裝 openxlsx 套件讀取 xlsx 檔案
> library(openxlsx)
> # 讀取Ch04excel.xlsx工作表1
> data1 <- read.xlsx(xlsxFile="Ch04excel1.xlsx", sheet=1,
  colNames= TRUE)
> summary(data1)     #列出資料檔各變數描述統計量

      ID                甲                乙                丙
Min.    : 1.0     Min.    :56.0     Min.    :41.0     Min.    :61
1st Qu. : 3.5     1st Qu. :58.5     1st Qu. :50.5     1st Qu. :61
Median  : 6.0     Median  :61.0     Median  :61.0     Median  :61
Mean    : 6.0     Mean    :61.0     Mean    :61.0     Mean    :61
3rd Qu. : 8.5     3rd Qu. :63.5     3rd Qu  .:71.0     3rd Qu. :61
Max.    :11.0     Max.    :66.0     Max.    :85.0     Max.    :61

> mean(data1$甲)     #計算甲變數的平均數
[1] 61
> median(data1$甲)   #計算甲變數的中位數
[1] 61
> min(data1$甲)      #計算甲變數的最小值
[1] 56
> max(data1$甲)      #計算甲變數的最大值
[1] 66
> range(data1$甲)    #計算甲變數的全距
[1] 56 66
> IQR(data1$甲)      #計算甲變數的四分位差
[1] 5
> sd(data1$甲)       #計算甲變數的標準差
[1] 3.316625
> var(data1$甲)      #計算甲變數的變異數
[1] 11
```

```
>
> # install.packages("psych") #安裝psych套件計算幾何與調和平均
> library("psych")
> geometric.mean(data1$甲)      #計算甲變數的幾何平均數
[1] 60.91789
> harmonic.mean(data1$甲)     #計算甲變數的調和平均數
[1] 60.83572
>
> # install.packages("moments") #安裝moments套件得到偏態與峰度
> library(moments)
> skewness(data1$甲)#計算甲變數的偏態
[1] 0
> kurtosis(data1$甲)#計算甲變數的峰度
[1] 1.78
>
> # Descriptive statistics using psych
> library(psych)
> describe(data1[,2:4])   #列出2至4變數描述統計量
```

	vars	n	mean	sd	median	trimmed	mad	min	max	range	skew	kurtosis	se
甲	1	11	61	3.32	61	61.00	4.45	56	66	10	0.0	-1.53	1.00
乙	2	11	61	14.35	61	60.56	19.27	41	85	44	0.1	-1.37	4.33
丙	3	11	61	0.00	61	61.00	0.00	61	61	0	NaN	NaN	0.00

```
> # Descriptive statistics using pastecs
> # install.packages("pastecs")     #安裝pastecs套件進行描述統計分析
> library(pastecs)
> round(stat.desc(data1[,2:4]),2)   #列出2至4變數描述統計並取小數 2 位
```

	甲	乙	丙
nbr.val	11.00	11.00	11
nbr.null	0.00	0.00	0
nbr.na	0.00	0.00	0
min	56.00	41.00	61
max	66.00	85.00	61
range	10.00	44.00	0
sum	671.00	671.00	671
median	61.00	61.00	61
mean	61.00	61.00	61
SE.mean	1.00	4.33	0
CI.mean.0.95	2.23	9.64	0
var	11.00	205.80	0
std.dev	3.32	14.35	0
coef.var	0.05	0.24	0

本章重要概念

統計量 statistic
集中量數 measures of central location
變異量數 measures of variation
平均數 mean
加權平均數 weight mean
中位數 median
眾數 mode
全距 range

四分差 quartile deviation
平均差 mean deviation
離均差 deviation score
離均差平方和 sum of squares
標準差 standard deviation
變異數 variance
偏態 skewness
峰度 kurtosis

 課後習作

一、一位幼兒園教師測量班上 9 位小男生的體重，以及 11 位小女生的體重，結果如下（單位為公斤）：

小男生　19　19　16　18　13　18　17　18　15
小女生　17　9　14　11　15　10　17　8　17　11　14

1. 請分別計算 9 位小男生與 11 位小女生體重的平均數、中位數、眾數。

2. 請比較前一題所計算得出的兩種性別的小朋友體重的三個集中量數，說明數值的意義？

3. 三個集中量數數值的相對位置反映了什麼？ 小男生與小女生的三個集中量數的相對位置的變化相似嗎？這代表什麼？

4. 請分別計算 9 位小男生與 11 位小女生體重的全距、變異數與標準差。

5. 請比較前一題所計算得出的兩種性別的小朋友體重的三個變異量數，說明數值的意義？

6. 請問 9 位小男生的離均差誰最大？誰最小？各代表什麼意思？

二、某公司有 450 位員工，其中職員、保全人員與管理人員的薪資資料如下表，請回答下列問題：

	職別			
	職員	保全人員	管理人員	總和
個數	362	27	61	450
平均數	$27,694.45	$30,938.89	$55,264.51	$31,626.39
中位數	$26,550.00	$30,750.00	$55,750.00	$28,275.00
最小值	$15,750	$24,300	$34,410	$15,750
最大值	$66,875	$35,250	$70,000	$70,000
全距	$51,125	$10,950	$35,590	$54,250
標準差	$7,062.258	$2,114.616	$9,378.448	$11,854.009
變異數	49875491.107	4471602.564	87955285.587	140517535.762
峰度	3.246	3.652	-.868	1.682
偏態	1.290	-.368	-.286	1.470

1. 請比較三類人員的平均數、中位數、全距、標準差與變異數的差異，說明三者薪資特性。

2. 請解釋偏態與峰度數據的意義。

Chapter 5

相對量數與
標準分數

5.1 前言

在前一章當中，我們介紹了幾種基本的描述統計量數，藉由這些統計量數，我們可以將一組資料的特徵加以描述，例如全班同學考得如何、分數的變化程度如何、是否有特殊偏態或峰度等。然而，描述統計量數雖能夠描繪出資料整體的特徵與趨勢，但是對於個別分數的判讀卻沒有什麼具體的幫助。例如當我們測量了 20 輛汽車的行車速度，得到平均數是 50 公里／小時，標準差是 5 公里／小時，甚至於計算出偏態與峰度係數接近 0，進而瞭解這 20 輛車的速度的分配接近常態。但是，這些數據卻無法用來描述某一部車相對於其他車輛的行駛狀態。

如果 A、B 兩車分別以 40 與 60 公里／小時的速度行駛，配合描述統計量當中平均數與標準差的資訊，就可以計算出兩者在這群汽車當中的行駛速度分別是在平均數以下及以上 2 個標準差，此時若將 A、B 兩車的時速重新定義為 –2 與 +2，正負號代表大於或小於平均數，數值多寡表示距離平均數的遠近，我們就可以清楚地知道個別車輛的速度在全體車輛速度中的相對位置，因此稱為相對地位量數（measures of relative position），簡稱相對量數。同時由於這個新定義出來的量數的數值意義與範圍，不受原始分數分配的平均數與標準差的影響，因此可以進行不同變數或跨分配的比較，所以稱之為標準分數（standard score）。

進一步的，根據機率理論，在一個常態分配下，比 –2 個標準差來得更低的機率只有 0.0228，比 +2 個標準差來得更高的機率也是只有 0.0228，因此我們還可以得知 A 車的速度在 100 部車當中只比 2.28 輛車來得快，B 車的速度在 100 部車當中只有 2.28 輛車比它來得快，無條件捨去之後，得出 A 車的速度贏過 2% 的車，B 車的速度贏過 98% 的車，此時 2 與 98 這兩個數值就是我們常聽見的百分等級（percentile rank），越高的百分等級不僅表示位置越高，也同時反映出機率的特徵。而特定百分等級下的分數數值，就是百分位數（percentile）。

由此可知，只要知道兩個基本描述統計量：平均數與標準差，就可以利用標準分數來推知任何個別分數的相對位置，如果進一步得知分配呈常態分配，就可以推知機率大小而得到百分等級的資訊。例如龜兔賽跑，不論他們跑得多快，只要能算出標準分數，就知道他們相對於其他跑者有多快，甚至於兔子贏過多少隻烏龜或兔子、烏龜贏過多少隻兔子或烏龜。如果資料的分配不是呈常態，也可以直接把所有分數加以排序，計算某一分數贏過多少百分比的數值而得到百分等級，或是把資料用三個四分位數（quartile）切成四等分、用九個十分位數（decile）切成十等分，進而瞭解原始分數在整個資料分配上的位置為何。進一步的，四分位數也可以用於繪製盒形圖（box plot），協助我們瞭解資料的分布情形，檢查離群值（outlier）的

狀況，用途甚為廣泛。我們將在本章分別加以介紹。

5.2 相對量數

相對量數最普遍、通俗的說法就是排序（ranking），其原理是利用一組等級、名次，甚至帶有標準分數特徵的數值來取代原始分數，用以描繪個別資料的相對強弱高低。前一章所介紹的集中量數、變異量數、偏態與峰度等描述統計量數，都是用來描述某變數整體的分布情形，無法提供個別觀察值在全體樣本中的性質訊息。如果我們想瞭解某觀察值在樣本中處於何種特定位置，必須將它的分數與其他分數一起進行排序，換算出該觀察值在變數上的相對地位（位置）。

值得注意的是，相對地位量數適合於當樣本數較多時（例如數百人以上的調查數據）來進行排序計算相對位置，如果樣本數偏低，相對地位量數不易計算，也沒有太大的相對比較應用價值。以下針對幾種常用的相對量數逐一介紹。

5.2.1 百分等級與百分位數

5.2.1.1 百分等級

最常用的相對量數是百分等級（percentile rank; PR），PR 是利用 99 個分割點來將資料分成 100 段相等機率（百分比）的區間。PR 數值表示在一個變數當中可以贏過特定百分比的觀察等級，也就是累積機率（cumulative probability; cP）的概念。例如 PR=10 表示贏過 10% 的觀察值的等級位置，該等級的累積機率 cP=.10；PR=76 表示贏過 76% 的觀察值，cP=.76。

由於 PR 是 100 個等分的分割點，因此 PR 介於 1 至 99、沒有 0 與 100、且必為整數，換算 PR 時如果具有小數位數採無條件捨去，亦即截斷（truncate）小數位取整數值。若 PR 小於 1 者則進位為 1，樣本中最小值的 PR=1 而非 0，因此 PR=1 為最低等級，亦即分數只贏過最低的 1%，以及最低的 1% 也屬於 PR=1；樣本中最大值的 PR=99，屬於資料當中的最高等級，亦即是最優的 1%。例如將一群學生的身高加以排序，贏過最矮的前 1% 的學生與最矮的 1% 都是 PR=1，贏過前 10% 的學生 PR=10，依此類推。PR=50 代表某位學生的身高恰好贏過 50% 的人，他的身高也恰好是中位數與第二四分位數（Q_2）。

■百分等級的計算方法
 1. 遞增排列：將觀察值 X_i，i=1, ..., N，由小至大排列。
 2. 計算位置：指出 X_i 的排序 N_{PR}。

3. 計算 PR_i：取公式 5-1 的整數部分，若 PR 值不到 1 則進位為 1。

$$PR_i = \frac{N_{PR}}{N+1} \times 100 \tag{5-1}$$

例如某系有 139 位學生，身高最矮的是 156 公分、最高的是 195 公分，A 生身高 162 公分，B 生身高 180 公分，這四個分數由低至高的排序（N_{PR}）分別為第 1、35、130、139，亦即 X_1=156、X_{35}=162、X_{130}=180、X_{139}=195，PR 值計算如下：

$$PR_{min} = PR_1 = \frac{1}{139+1} \times 100 = 0.714 \qquad PR_{min} = 1$$

$$PR_A = PR_{35} = \frac{35}{139+1} \times 100 = 25 \qquad PR_A = 25$$

$$PR_B = PR_{130} = \frac{130}{139+1} \times 100 = 92.86 \qquad PR_B = 92$$

$$PR_{max} = PR_{139} = \frac{139}{139+1} \times 100 = 99.29 \qquad PR_{max} = 99$$

5.2.1.2 百分位數

百分位數（percentile; P_{PR}）是指位居某一個百分等級的最小觀察分數，也就是說，若想贏過百分之多少的人，則分數必須至少要多少。百分等級是將觀察分數 X_i 轉化為等級（百分比），而百分位數則是由某一百分等級來推算原始觀察分數 X_i。前者是等級、後者是分數，兩者性質不同。

例如身高若達 160 公分就可贏過 22% 的學生（PR=22），百分位數 P_{22}=160，亦即有 22% 的學生身高低於 160 公分；身高若達 179 公分即贏過 92% 的學生（PR=92），百分位數 P_{92}=179，亦即有 92% 的學生身高低於 179 公分。至於中位數，也正是 PR=50 時的百分位數，亦即 P_{50}。

如果已經經由前面的運算得到 PR 值，可以由 PR 值直接定義特定 PR 值下的百分位數，但是必須注意的是，由於同一個 PR 值可能不僅對應單一原始分數，而是包含一段區間，例如身高 179 到 182 公分者的 PR 都是 92，此時百分位數 P_{92} 應取區間的最小值，亦即 P_{92}=179 公分。這就是為何在前一節的範例中，我們求出身高 180 公分者的 PR=92，但 PR=92 的百分位數 P_{92} 並不是 180 公分，而是 179 公分。

如果是由原始數據換算百分位數，則必須透過每一個數值進行排序後，找出特定 PR 值下的排序等級 N_{PR}（公式 5-2）求得百分位數。在不同的軟體工具或專業領域對於百分位數的計算有不同的作法，本書採用 SPSS 軟體的定義方式：當

N_{PR} 所對應的觀察值位置若不是在整數位置上，取相鄰兩個位置的比例分數（公式 5-4），計算方式說明如下：

■百分位數的計算方法

1. 遞增排列：將觀察值 X_i，$i=1, ..., N$，由小至大排列。
2. 計算位置：

$$N_{PR}=(N+1)\times PR/100=p+q$$
$$p \text{ 為整數部分，} q \text{ 為小數部分}$$

(5-2)

3. 計算 P_{PR}：

(1) 若 N_{PR} 為整數（$q=0$）　　　　$P_{PR}=X_{(i=p)}$ (5-3)

(2) 若 N_{PR} 為非整數（$q\neq 0$）　　$P_{PR}=X_{(i=p)}+q\times(X_{(i+1)}-X_{(i)})$ (5-4)

以前述某系 139 位學生身高範例來看，排序第 1、35、130、139 者的身高 PR 為 1、25、92、99，如果此時問道：某位學生身高若要贏過 1%、25%、92%、99% 的人，身高百分位數 P_1、P_{25}、P_{92}、P_{99} 為何？計算過程如下：

$P_{PR=1}$：$N_1=(139+1)\times 1/100=1.4=1+0.4$　　　$p=1,q=0.4$　　$P_1=X_1+0.4\times(X_2-X_1)$

$P_{PR=25}$：$N_{25}=(139+1)\times 25/100=35.0=35+0$　　$p=35,q=0$　　$P_{25}=X_{35}$

$P_{PR=92}$：$N_{92}=(139+1)\times 92/100=128.8=128+0.8$　$p=128,q=0.8$　$P_{92}=X_{128}+0.8\times(X_{129}-X_{128})$

$P_{PR=99}$：$N_{99}=(139+1)\times 99/100=138.6=138+0.6$　$p=138,q=0.6$　$P_{99}=X_{138}+0.6\times(X_{139}-X_{138})$

由前述的算式可知，求取百分位數時，必須要有原始分數來進行運算。本範例並沒有提供 139 位學生的原始身高，因此除了 P_{25} 可以直接排序第 35 的觀察分數的 X_{35} 直接作為 P_{25} 之外，其他各百分位數均需利用前後鄰近值取比例值為百分位數。例如 P_{92} 需取用排序第 128 與 129 兩個分數差距乘以 q 的比例值。

範例 5.1　某公司甄選新人，共有 9 位應徵者，他們的面試成績分別為：

70、66、60、50、55、60、60、90、65

1. 請計算 9 位應徵者中，面試成績 70 分的百分等級。

2. 這個分配中，第 50 百分位數為何？

3. 如果又增加一位成績為 62 的應徵者，前兩題的答案為何？

解答：　**1. N=9 時 70 分的百分等級**

(1) 遞增排列：X_i，i=1, ...,9={50、55、60、60、60、65、66、70、90}

(2) 計算位置：指出 X_8=70，N_{PR}=8=p

(3) 計算 PR_i：PR_8=8/(9+1)×100=80

2. N=9 時第 50 百分位數（P_{50}）

(1) 遞增排列：X_i，i=1, ..., 9 = {50、55、60、60、60、65、66、70、90}

(2) 計算位置：N_{50}=(9+1)×50/100=5，p=5，q=0

(3) 計算 P_{PR}：P_{50}=X_5=60

3. N=10 時 70 分的百分等級

(1) 遞增排列：X_i，i=1, ..., 10={50、55、60、60、60、**62**、65、66、70、90}

(2) 計算位置：指出 X_9=70，N_{PR}=9=p

(3) 計算 PR_i：PR_9=9/(10+1)×100=81.818≈81

4. N=10 時第 50 百分位數（P_{50}）

(1) 遞增排列：X_i，i=1, ..., 10={50、55、60、60、60、**62**、65、66、70、90}

(2) 計算位置：N_{50}=(10+1)×50/100=5.5，p=5，q=0.5

(3) 計算 P_{PR}：P_{50}=X_5+0.5×(X_6-X_5)=60+0.5×(62-60)=61

5.2.2 四分位數與十分位數

除了常用的百分位數，四分位數（quartile）與十分位數（decile）則是百分位數的常用特例，其中四分位數是將觀察值分割為等比例的四等分的三個區分數值，三個區分值分別以 Q_1、Q_2、Q_3 表示：

Q_1（第一四分位數）：區分前 25% 與後 75% 的區分值，因此 $Q_1 = P_{25}$

Q_2（第二四分位數）：區分前 50% 與後 50% 的區分值，因此 $Q_2 = P_{50}$

Q_3（第三四分位數）：區分前 75% 與後 25% 的區分值，因此 $Q_3 = P_{75}$

同理，十分位數是將觀察值分為十等分數值的九個區分數值，D_1=P_{10}、D_2=P_{20}、…、D_9=P_{90}。拜電腦之所賜，這些相對位置分數的排序與計算都可以直接從報表中獲得，讀者仍應熟悉各分數的概念與計算過程，才不至於誤用。例如：表 5.1 即為利用 SPSS 的描述統計分析 9 位應徵者面試成績 70、66、60、50、55、

60、60、90、65 的 Q_1、Q_2、Q_3，以及 D_2、D_3 數值，範例 5.2 說明各數值的計算過程。

⬤ 表 5.1 以 SPSS 執行百分位數計算的結果

統計量

面試成績

個數	有效的	9
	遺漏值	0
百分位數	20	55
	25	57.5
	30	60
	50	60
	75	68

範例 5.2　某公司甄選新人，共有 9 位應徵者，面試成績分別為 70、66、60、50、55、60、60、90、65。請計算 9 位應徵者面試成績的 Q_1、Q_2、Q_3，以及 D_2 與 D_3。

解答：　1. 遞增排列：X_i，i=1, ..., 9={50、55、60、60、60、65、66、70、90}

2. 計算排序位置 N_{25}、N_{50}、N_{75} 與 N_{20}、N_{30}

N_{25}=(9+1)×25/100=2.5 p=2，q=0.5

N_{50}=(9+1)×50/100=5　p=5，q=0

N_{75}=(9+1)×75/100=7.5 p=7，q=0.5

N_{20}=(9+1)×20/100=2　p=2，q=0

N_{30}=(9+1)×30/100=3　p=3，q=0

3. 計算 Q_1、Q_2、Q_3 與 D_2、D_3

Q_1：P_{25}=X_2+0.5×(X_3–X_2)=55+0.5×(60–55)=57.5

Q_2：P_{50}=X_5=60

Q_3：P_{75}=X_7+0.5×(X_8–X_7)=66+0.5×(70–66)=68

D_2：D_2=P_{20}=X_2=55

D_3：D_3=P_{30}=X_3=60

5.3 標準分數

標準分數（standard score）是利用線性轉換的原理，將一組數據轉換成不具有特定單位與集中性的標準化分數。標準分數有不同的類型，然而不同的標準分數，其共通點是利用一個線性方程式，來將分數分配的集中點進行平移並重新單位化，使得不同量尺與不同變數的測量數據，具有相同的單位與相同的集中點，因此得以相互比較。以下，將介紹兩種常用的標準分數：z 分數（z score）與 T 分數（T score）。

5.3.1 z 分數

5.3.1.1 z 分數的定義

z 分數是將原始分數減去平均數，再除以標準差後所得到的線性轉換分數，又稱為 z 轉換（z-transform），在統計上的意義是將原始分數轉換成位於平均數以上或以下幾個標準差的相對位置分數。公式 5-5 應用於樣本資料的 z 轉換，公式5-6則應用於母體數據的 z 轉換，兩者的數學意涵相同，僅有參酌的平均數與標準差不同。

$$z = \frac{X - \bar{X}}{s} \tag{5-5}$$

$$z = \frac{X - \mu}{\sigma} \tag{5-6}$$

例如 A 與 B 兩位學生的身高是 160 與 180 公分，如果他們班上全體學生平均身高是 165 公分，標準差是 5 公分，經過 z 分數轉換後，A 與 B 兩位學生的身高 z 分數分別為 –1（落於平均數以下 1 個標準差的位置）與 +3（落於平均數以上 3 個標準差的位置）：

$$z_A = \frac{160 - 165}{5} = -1$$

$$z_B = \frac{180 - 165}{5} = +3$$

　　當 z 分數小於 0 時，表示該觀察值落在平均數以下；當 z 分數大於 0，表示該觀察值落在平均數以上。數值越大，表示距離平均數越遠，若觀察值恰等於平均數，則 z 分數為 0。不論是正值或負值，z 分數的數值，都表示距離平均數幾個標準差遠。

　　從公式來看，z 分數如同變異數與標準差一樣，也是與離均差有關的分數轉換。在前面介紹變異量數時，我們藉由將每一個分數求取離均差，並將每一個離均差加以平方後加總，求得離均差平方和後除以自由度，得到變異數，或是將變異數開根號得到標準差，目的是在利用一個數值來反映「整個分配」的離散情形。相對之下，z 分數的功能則是在描繪個別觀察值的離散性，透過將個別觀察值的分數求出離均差後，除以標準差，因而每一個觀察值都會得到一個「距離平均數有幾個標準差」的新數值。

5.3.1.2 *z* 分數的特性

　　首先，經過 z 轉換後，變數 X 的原始分配的平均數將平移至 0（歸零），單位消失（去單位），標準差為 1。任何一組數據不論其原始分數的平均數或標準差為何，經過 z 轉換後，觀察值分配均具有平均數為 0，標準差為 1 的特性。

　　以表 5.2 的數據為例，甲、乙兩班均有 11 名學生（本章的甲班成績比第四章的甲班每一個人上調 4 分），考試成績的平均數分別為 65 分與 61 分，標準差則為 3.317 分與 14.346 分，甲班平均表現較佳且變異小，乙班平均較低且變異大。如果將考試成績轉換成 z 分數（見表 5.2 的 (c) 欄），則兩個班級的學生考試成績皆有相等的平均數（0）與標準差（1），分配測量尺度相當，具有共同尺度標準。

　　第二，z 分數具有相對地位量數的特性。任何一個分配的觀察值轉換成 z 分數後，相同的 z 分數均具有相同的相對地位與強度大小的意義，例如 $z = 1$ 的相對位置高於 $z = 0$，$z = –1$ 的相對位置高於 $z = –2$，依此類推。因此，z 分數可以作分配內與跨分配的相對位置的比較，這就是為何 z 分數稱為「標準」分數的原因。例如某位學生的身高在全班的 $z = 1$，但是體重是 $z = –1$，我們可以推知這位學生相對於同儕來說是偏向高瘦的身材。

　　再以表 5.2 中的成績來說明，如果考試成績正好是平均數者，在兩班都是 $z = 0$，但是在甲班 $z = 0$ 的得分是 65 分，在乙班的得分只要 61 分。如果分數要位居高於全班平均分數一個標準差時，亦即 $z = 1$，在甲班只需要 65+1×3.317=68.317 分，但是在乙班則要 61+1×14.346=75.346 分。由於兩班有不同的平均數與標準差，相同的相對地位（z 分數）在兩個班的原始分數不同，在變異情形較大的乙班當中，分數要到 75.346 分時，他的相對位置等於甲班的 68.317，顯示在甲班考

🔴 表 5.2 兩班級學生考試成績的標準分數與累積機率

ID	甲班					乙班				
	(a) 分數	(b) 離均差	(c) z	(d) T	(e) cP	(a) 分數	(b) 離均差	(c) z	(d) T	(e) cP
1	60	-5	**-1.508**	34.9	.0658	41	-20	**-1.394**	36.1	.0816
2	61	-4	**-1.206**	37.9	.1139	42	-19	**-1.324**	36.8	.0927
3	62	-3	**-0.905**	41.0	.1829	48	-13	**-0.906**	40.9	.1824
4	63	-2	**-0.603**	44.0	.2732	53	-8	**-0.558**	44.4	.2885
5	64	-1	**-0.302**	47.0	.3815	61	0	**0.000**	50.0	.5000
6	65	0	**0.000**	50.0	.5000	61	0	**0.000**	50.0	.5000
7	66	1	**0.302**	53.0	.6185	61	0	**0.000**	50.0	.5000
8	67	2	**0.603**	56.0	.7268	67	6	**0.418**	54.2	.6621
9	68	3	**0.905**	59.0	.8171	75	14	**0.976**	59.8	.8354
10	69	4	**1.206**	62.1	.8861	77	16	**1.115**	61.2	.8676
11	70	5	**1.508**	65.1	.9342	85	24	**1.673**	66.7	.9528
M	65	**0**	50			61	**0**	50		
s	3.317	**1**	10			14.346	**1**	10		

註：cP 為基於常態分配時的累積機率，乘以 100 取整數值即為常態轉換之 PR 值。

高分相對於乙班來說，比較不容易。

　　另以兩班的排序第三位同學為例，他們的考試分數分別是 62 分與 48 分，相差了 14 分，但是換算成 z 分數則為非常相近，成績都落在平均數以下 0.9 個標準差附近的位置上，表示兩位學生在團體內的相對意義接近：

$$甲班 \quad X_3 = 62 \qquad z_3 = \frac{62-65}{3.317} = -0.905$$

$$乙班 \quad X_3 = 48 \qquad z_3 = \frac{48-61}{14.346} = -0.906$$

　　最後一點，也是需要特別注意的是，z 分數僅是將原始分數進行線性轉換，並未改變分配的形狀。當觀察數值為一偏態分配時，z 分數分配也呈現偏態。當觀察數值為一高狹分配時，z 分數分配也呈現高狹的狀態。例如乙班的偏態係數，若以觀察分數 X 與 z 分數分別來計算，皆為 0.137，顯示 z 轉換並未改變分配的型態：

$$SK_{X_Z} = \frac{N}{(N-1)(N-2)} \times \frac{\sum(X_i - \overline{X})^3}{s_X^3} = \frac{11}{(11-1)(11-2)} \times \frac{3312}{14.346^3} = 0.137$$

$$SK_{z_Z} = \frac{N}{(N-1)(N-2)} \times \frac{\sum(z_i - \overline{z})^3}{s_z^3} = \frac{11}{(11-1)(11-2)} \times \frac{1.122}{1} = 0.137$$

由於標準分數不受分配集中點與離散性的影響，使得不同分配的數據可以相互比較，而且從原始分數轉換成 z 分數並未改變分數分配的形狀。因此，如果不同分配的形狀有所不同時，尤其是偏態或峰度很特殊時，z 分數之間差距的意義無法確知，此時標準分數只能反映數據相對位置的差異。換言之，z 分數只能作為順序變數來比大小。但是如果不同的分配具有同一種機率模式，那麼 z 分數的比較就可以透過機率的比較，獲得更多的資訊，用途更廣。

5.3.1.3 常態 z 分數

如果某一變數的觀察值呈現常態分配，經轉換後的 z 分數也呈常態，此時將原始分數轉換成 z 分數後所形成的常態分配稱為標準常態分配（standard normal distribution），因為分數軸上的數值已經不是 X 而是 z 分數。

在統計學領域，常態分配（normal distribution）是非常重要的概念，由號稱數學王子的德國數學家卡爾‧高斯（Karl F. Gauss, 1777-1855）所提出，因此又稱為高斯分配（Gaussian distribution）。服從常態分配的連續隨機變數 X 的機率密度變化，呈現對稱均勻的鐘形曲線分配。常態機率密度函數 $f(x)$ 定義，如公式 5-7：

$$f(x) = \frac{1}{\sqrt{2\pi\sigma^2}}e^{\frac{-(x-\mu)^2}{2\sigma^2}} \tag{5-7}$$

公式 5-7 中，π 為圓周率（3.1416），μ 與 σ^2 為分配的平均數與變異數。函數值 $f(x)$ 所代表的意義是相對於變數 x 的機率密度，也就是機率分配的 Y 軸高度。當 $x=0$ 時，函數值 $f(x)$ 達到最高點，當 x 趨近正負無限大時，$f(x)$ 趨近 0。

由於 μ 與 σ^2 這兩個參數決定了常態分配的中心點與離散性，因此常態分配以 $X \sim N(\mu, \sigma^2)$ 表示。換言之，只要滿足公式 5-7 的函數條件的機率分配都可稱為常態分配，皆呈現對稱的鐘形分配，但是不同的常態分配可能會有不同的平均數與變異性，如圖 5.1 當中的 N_1 平均數最低、N_2 變異性最小、N_3 平均數最高且變異性最大。

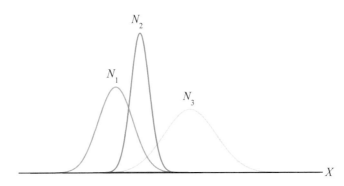

▏▎▍ 圖 5.1　三個不同集中點與變異程度的常態分配

如果我們將隨機變數 X 轉換成 z 分數，所有的常態分配都會成為 $z \sim N(0,1)$ 的標準常態分配（standard normal distribution），就不會有圖 5.1 的不同集中性與變異性的常態分配。透過 z 分數與常態曲線機率的對照表（附錄 A），可以很輕易的查出，距離平均數 z 個標準差的距離所包夾的機率為何。

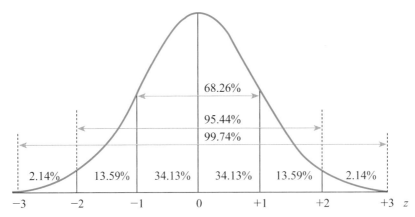

▏▎▍ 圖 5.2　常態曲線與累積機率圖

由於常態分配具有固定的機率分配，因此透過 z 分數來瞭解常態分配的機率變化較原始分數更為簡便，因為 z 分數的概念就是距離平均數幾個標準差，因此不同的 z 值，即代表距離平均數多少個標準差，透過機率對照表，可以很快的查出 z 值與機率間的關係。

隨著 z 分數的增減，分配的機率也呈現規律的增減。我們最常聽到的說法是，在常態分配中，會有 68.26% 的觀察值落在平均數加減一個標準差（$z=\pm1$）的區間內；有 95.44% 的觀察值會落在平均數加減二個標準差（$z=\pm2$）的區間內；有 99.74% 的觀察值會落在 $z=\pm3$ 的區間內。這些標準整理於表 5.3 當中，若以圖示法來表示，這些不同標準差位置下常態分配機率分布情形如圖 5.2 所示。

🍂 表 5.3　*z* 分數的常態分配轉換與柴比雪夫法則的比較

資料區間	*z* 分數區間	常態分配機率	柴比雪夫法則
$(\mu-1\sigma, \mu+1\sigma)$	$P(-1<z<+1)$	.6826 or 68%	至少 0%
$(\mu-2\sigma, \mu+2\sigma)$	$P(-2<z<+2)$	.9544 or 95%	至少 3/4 (75%)
$(\mu-3\sigma, \mu+3\sigma)$	$P(-3<z<+3)$	.9974 or 99.7%	至少 8/9 (88.9%)

　　在實務上，由於母體平均數與標準差通常不可得知，分配是否呈常態分布更不無疑問，因此應用前述機率分布來猜測特定 *z* 分數區間的機率，只是一種近似（approximation），因此「正負一個、兩個、三個標準差的占比為 68、95、99.7」的判斷原則稱為經驗法則（empirical rule），但如果資料不呈常態，介於平均數上下幾個標準差範圍內的累積機率無法參考常態機率函數的對照值，此時，可以參酌柴比雪夫定理（Chebyshev's theorem）所建議的機率法則，如公式 5-8 所示：

$$P_{Chebyshev} > 1 - \frac{1}{z^2} \tag{5-8}$$

　　例如在正負 2 個標準差（$z=\pm2$）的範圍內，至少有 1–1/4=3/4=.75 的機率；在正負 3 個標準差（$z=\pm3$）的範圍內，至少有 1–1/9=8/9=.889 的機率；在正負 4 個標準差（$z=\pm4$）的範圍內，至少有 1–1/16=15/16=.938 的機率。柴比雪夫定理的優點是不限定分配型態，因此前述判定原則可適用在非常態的特殊分配與任意分配。

■**標準常態分配機率查值：EXCEL 函數法**

　　若要查對特定 *z* 值下的累積機率，最直接的方法是利用 EXCEL 的常態分配函數功能：「傳回標準常態分配」NORM.S.DIST(z, cumulative)，在 *z* 代入 *z* 值，在 cumulative 設定 1；或利用「傳回指定平均數和標準差下的常態分配」NORM.DIST(x,mean,standard_dev,cumulative)，將 x 代入 *z* 值，mean 與 standard_dev 代入 0 與 1，cumulative 設定 1，皆可以輕易的找出 *z* 分數相對應的累積機率值，乘以 100 取整數（可利用 TRUNC 裁減函數取整數），即可得到百分等級，如圖 5.3 所示。

■**標準常態分配機率查值：查表法**

　　傳統上，對於 *z* 的機率查值是進行查表，亦即利用本書附錄 A 當中的 *z* 分數與常態分配機率對照表來查出特定 *z* 值下機率對應值，其中包括由常態分配中心到 *z* 值的累積機率 P(mean to z) 與高於 *z* 值的累積機率 P(beyond z)。

圖 5.3 利用 EXCEL 函數功能查對 z 值累積機率與 PR 整數取值示意圖

　　表 5.4 為附錄 A 的部分資料，第 1 欄是 z 值，第 2 欄為任一平均數到某一 z 值的累積機率，第 3 欄則為比該 z 值更極端的尾機率，亦即最下方圖例當中的網底區域。由於第 1 欄的 z 值均為正值，因此第 2 與 3 欄的機率均為平均數右側的累積機率，兩者相加為 .5。舉例如下：

z=0　　　[P(mean to 0 　) = .0000]　　　+　　[P(beyond 0 　) = .5000]　= .5

z=0.01　[P(mean to 0.01) = .0040]　　+　　[P(beyond 0.01) = .4960]　= .5

z=0.10　[P(mean to 0.10) = .0398]　　+　　[P(beyond 0.10) = .4602]　= .5

z=0.50　[P(mean to 0.50) = .1915]　　+　　[P(beyond 0.50) = .3085]　= .5

z=1.00　[P(mean to 1.00) = .3413]　　+　　[P(beyond 1.00) = .4602]　= .5

z=1.50　[P(mean to 1.50) = .4332]　　+　　[P(beyond 1.50) = .0668]　= .5

z=2.00　[P(mean to 2.00) = .4772]　　+　　[P(beyond 2.00) = .0228]　= .5

z=2.50　[P(mean to 2.50) = .4938]　　+　　[P(beyond 2.50) = .0062]　= .5

z=3.00　[P(mean to 3.00) = .4987]　　+　　[P(beyond 3.00) = .0013]　= .5

■由常態 z 分數轉換 PR 值

　　若要求特定 z 值的 PR 值，可以從前述的標準常態分配查表得到的機率數據求得累積機率（cumulative probability; cP）後，乘以 100 取整數求得，原理如下：

(a) 若 $z>0$　$PR(z) = [.5+P(\text{mean to } z)]\times 100$　or　$PR(z)=[1-P(\text{beyond } z)]\times 100$

(b) 若 $z<0$　$PR(z) = [.5-P(\text{mean to } z)]\times 100$　or　$PR(z)=[P(\text{beyond } z)]\times 100$

(c) 若 $z=0$　$PR(z) = [.5]\times 100=50$

表 5.4 標準常態分配累積機率與尾機率對照表範例

z	Mean to z	Beyond z	z	Mean to z	Beyond z	z	Mean to z	Beyond z
.00	.0000	.5000	.50	.1915	.3085	1.00	.3413	.1587
.01	.0040	.4960	.51	.1950	.3050	1.01	.3438	.1562
.02	.0080	.4920	.52	.1985	.3015	1.02	.3461	.1539
.03	.0120	.4880	.53	.2019	.2981	1.03	.3485	.1515
.04	.0160	.4840	.54	.2054	.2946	1.04	.3508	.1492
.05	**.0199**	**.4801**	**.55**	**.2088**	**.2912**	**1.05**	**.3531**	**.1469**
.06	.0239	.4761	.56	.2123	.2877	1.06	.3554	.1446
.07	.0279	.4721	.57	.2157	.2843	1.07	.3577	.1423
.08	.0319	.4681	.58	.2190	.2810	1.08	.3599	.1401
.09	.0359	.4641	.59	.2224	.2776	1.09	.3621	.1379
.10	**.0398**	**.4602**	**.60**	**.2257**	**.2743**	**1.10**	**.3643**	**.1357**
.11	.0438	.4562	.61	.2291	.2709	1.11	.3665	.1335
.12	.0478	.4522	.62	.2324	.2676	1.12	.3686	.1314
.13	.0517	.4483	.63	.2357	.2643	1.13	.3708	.1292
.14	.0557	.4443	.64	.2389	.2611	1.14	.3729	.1271
.15	**.0596**	**.4404**	**.65**	**.2422**	**.2578**	**1.15**	**.3749**	**.1251**
…	…	…	…	…	…	…	…	…
.40	**.1554**	**.3446**	**.90**	**.3159**	**.1841**	**1.40**	**.4192**	**.0808**
.41	.1591	.3409	.91	.3186	.1814	1.41	.4207	.0793
.42	.1628	.3372	.92	.3212	.1788	1.42	.4222	.0778
…	…	…	…	…	…	…	…	…
.49	.1879	.3121	.99	.3389	.1611	1.49	.4319	.0681
.50	**.1915**	**.3085**	**1.00**	**.3413**	**.1587**	**1.50**	**.4332**	**.0668**

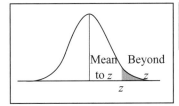

若要查 z=1.10 的累積機率，先求平均數到 z 的機率值 $P(\text{Mean to } z)$=.3643，再加上 0.5，得到 cP=.8643

若要查 z=-1.40 的累積機率，可直接取 z 以外的機率值 $P(\text{beyond } z)$=.0808

例如當 z=1.10 求取 PR 值，先查表求出 z=1.10 時的 P(mean to z) = .3643，求出累積機率 cP=.5+.3643=.8643，即可求得 PR=[.5+.3643]×100=86.43，取整數得到 PR=86。或查 z=1.10 的 P(beyond z)=.1587，也可求得 PR=[1−.1357]×100=86.43≈86。

如果是負的 z 值要查對累積機率，表中雖然沒有負值，但可以先查出正值下的累積機率，然後逆轉機率分布的位置來加以應用。例如若要求取 z = −1.40 的 PR 值，可直接查得 z = 1.40 的 P(beyond z)=.0808，即可求得 PR=[.0808]×100=8.08≈8。或是先查出 z = 1.40 的 P(mean to z)=.4192，逆轉方向求得 cP=.5−.4192=.0808，也可得到相同的結果。表 5.5 列舉幾個不同 z 值的正負值下的 PR 值查表轉換結果。

此一從 z 轉換 PR 的過程，稱為機率轉換（probability transformation）或面積轉換（area transformation），是非常簡易從 z 值查知 PR 值的方法，而不需要將每一個觀察值進行排序才能得到各個分數的 PR 值，但前提是數據必須呈常態分配，否則查表得到的 PR 值即會有所偏誤，無法反映觀察值在分配中的真實排序。

表 5.2 當中的 (e) 欄為假設各班成績呈常態分布時，每一位學生的累積機率值，如果成績正好是平均數者（甲班為 65 分、乙班為 61 分），z=0，累積機率

表 5.5 由常態 *z* 分數查表轉換成 *PR* 值的範例

z 值	查表值	*cP*×100	*PR*
+0.01	P(mean to 0.01)=.0040	(.5 + .0040)×100=50.40	50
−0.01	P(mean to 0.01)=.0040	(.5 − .0040)×100=49.60	49
+0.10	P(mean to 0.10)=.0398	(.5 + .0398)×100=53.98	53
−0.10	P(mean to 0.10)=.0398	(.5 − .0398)×100=46.02	46
+0.50	P(mean to 0.50)=.1915	(.5 + .1915)×100=69.15	69
−0.50	P(mean to 0.50)=.1915	(.5 − .1915)×100=30.85	30
+1.00	P(mean to 1.00)=.3413	(.5 + .3413)×100=84.13	84
−1.00	P(mean to 1.00)=.3413	(.5 − .3413)×100=15.87	15
+1.50	P(mean to 1.50)=.4332	(.5 + .4332)×100=93.32	93
−1.50	P(mean to 1.50)=.4332	(.5 − .4332)×100=6.68	6
+2.00	P(mean to 2.00)=.4772	(.5 + .4772)×100=97.72	97
−2.00	P(mean to 2.00)=.4772	(.5 − .4772)×100=2.13	2

cP=.5，亦即 PR=50，也就是中位數。至於兩班的第三位學生，z 分數分別為 −.905 與 −.906，累積機率分別為 .1829 與 .1824，基於常態分配下的機率轉換得到 PR 值皆為 18，表示兩者有相同的相對位置（因為附錄 A 的 z 值只有到小數二位，因此 −.906 與 −.905 的 cP 無法查表得到，只能用 EXCEL 的函數來計算得到）：

甲班 X_3=62　　z_3 = −0.905　　cP_3=.1829　　PR_3=.1829×100=18.29≈18
乙班 X_3=48　　z_3 = −0.906　　cP_3=.1824　　PR_3=.1824×100=18.24≈18

也就是說，兩位同學在各班排序相同，雖然 z 分數略有差異，但機率上非常接近，轉換成 PR 值後成為同一個百分等級，表示相對位置相同。

5.3.2　T 分數

一般來說，在正常狀態下的分數轉換成 z 分數後多介於 ±3 之間，計算結果多半帶有一至二位的小數點，若低於平均數的 z 分數帶有負號，使用上較為不便，因此統計上常將 z 分數再以線性轉換（乘以 10 加50）為平均數 50，標準差 10 的 T 分數，如公式 5-9 所示：

$$T = 50 + 10z \tag{5-9}$$

當 z=±3 時，T 值為 80 與 20；當 z=±4 時，T 值為 90 與 10。只有當 z 值超過 ±5 時，T 值才會大於 100 或小於 0。在一般情形下，甚少有數據會超過 4 個標準差，因此，T 分數是一個符合人們慣用的 0 到 100 分的百分分數系統的標準分數。

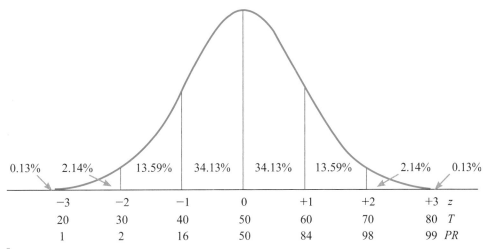

圖 5.4　標準分數與常態機率對應圖示

表 5.2 當中的 (d) 欄列出了每一位學生的 T 分數，如果成績正好是平均數者，$z=0$，$T=50$，兩班的第三位同學分別考了 62 與 48 分，z 分數分別為 $-.905$ 與 $-.906$，T 分數則更接近，分別 41 與 40.9，表示這兩位同學在兩班當中的相對位置相當。

T 分數的數學特性與 z 分數相同，也都是帶有標準化性質的相對地位量數，但除了公式 5-9 的定義方式，T 分數在實務上也有其他的應用實例，例如想要到歐美國家念商管研究所要考的 GMAT（graduate management admission test）就是平均數為 500、標準差為 100 的標準分數。顯示標準分數在實務上有相當大的應用彈性，只要抓住「標準化」的基本原則，就可以自行開發出量身定做的標準分數。

5.4 四分位數的應用：盒形圖

5.4.1 盒形圖的原理

前面曾經提及四分位數（Q_1、Q_2、Q_3）是利用 P_{25}、P_{50}、P_{75} 三個百分位數來將全體觀察值區分成四個等分。由於四分位數具有相對地位的訊息，因此可以用來描繪資料的分布情形，盒形圖（box plot）即是利用四分位數的特性，來呈現數據分布的特性，並可用來檢視資料是否具有極端偏離值，1977 年由美國統計學家 John Tukey 提出之後，雖然有各種修正與調整版本（見譚克平，2007; Howell, 2007; Reese, 2005），但基本原理差異不大，如圖 5.5 所示。

圖 5.5 是一個橫置的盒形圖（有時盒形圖會以垂直方式繪製），最關鍵之處是圖形中央的長方形方盒，方盒下緣稱為下樞紐（lower hinge），統計量為第一四分位數 Q_1，方盒上緣稱為上樞紐（upper hinge），統計量是第三四分位數 Q_3，第二四分位數（中位數）Q_2 則落在方盒內，以直線標示。換言之，方盒內包含了 50% 的觀察值，如果將 N 筆觀察值由低至高排列，會有 $N/2$ 的觀察值位於方

圖 5.5 盒形圖與相關統計量

盒之中，其他 $N/2$ 觀察值則落於方盒外。至於平均數，有時會在圖中標示，例如 EXCEL 的盒形圖會把平均數以（×）標示出來，以利讀者判斷平均數與各量數之間的相對關係。

　　盒形圖除了方盒之外，還有從方盒兩側延伸出來的盒鬚（whiskers），因此盒形圖又稱為盒鬚圖（box and whisker plot）。由上樞紐往上延伸稱為上盒鬚（upper whisker），終點稱為上鄰值（upper adjacent value; UA），由下樞紐往下延伸稱為下盒鬚（lower whisker），終點稱為下鄰值（lower adjacent value; LA），上下鄰值是正常範圍（非偏離）的觀察值之最大值與最小值，特別利用盒鬚（延伸線）來表現這些非偏離觀察值的範圍，而延伸線與方盒不包含的觀察值就是離群值（outlier），至於區辨偏離與否則由籬值（fence value）來決定。以圖 5.5 的數值標示為例，各統計量的示範數值如下：

- 第一四分位數（下樞紐）　　first quartile　　　　　$Q_1=15$
- 第二四分位數（中位數）　　second quartile　　　　$Q_2=18$
- 第三四分位數（上樞紐）　　third quartile　　　　　$Q_3=25$
- 平均數　　　　　　　　　　mean　　　　　　　　　$M=20$
- 下鄰值　　　　　　　　　　lower adjacent value　　$LA=10$
- 上鄰值　　　　　　　　　　upper adjacent value　　$UA=38$
- 最小值　　　　　　　　　　minimum value　　　　　$min.=10$
- 最大值　　　　　　　　　　maximum value　　　　　$max.=57$
- 四分位距（盒長）　　　　　interquartile range　　　$IQR=(Q_3-Q_1)=10$
- 內籬（1.5 倍盒長）　　　　inner fences　　　　　　$LIF=Q_1-1.5\times IQR=0$
　　　　　　　　　　　　　　　　　　　　　　　　　　$UIF=Q_3+1.5\times IQR=40$
- 外籬（3 倍盒長）　　　　　outer fences　　　　　　$LOF=Q_1-3\times IQR=-15$
　　　　　　　　　　　　　　　　　　　　　　　　　　$UOF=Q_3+3\times IQR=55$
- 潛在離群值　　　　　　　　potential outliers　　　　$PO=50$、53
- 極端離群值　　　　　　　　extreme outliers　　　　$EO=56$、57

5.4.2 盒形圖的各種統計量

1. 盒長（四分位距）

　　盒形圖最重要的統計量是盒長，亦即 Q_1 與 Q_3 的距離，稱為四分位距（interquartile range; IQR）。以圖 5.5 數據為例，$IQR=Q_3-Q_1=25-15=10$。

2. 籬值

盒形圖的重要功能是辨識偏離中央的離群值，至於是否偏離的判定標準由內籬（inner fences）與外籬（outer fences）來決定。內籬是距離上下樞紐 1.5 倍盒長距離之處，外籬是距離上下樞紐 3 倍盒長距離之處，上下籬值的定義與範例資料如下：

內籬：下內籬（lower inner fence）　$LIF=Q_1-1.5 \times IQR=15-1.5 \times 10=0$
　　　上內籬（upper inner fence）　$UIF=Q_3+1.5 \times IQR=25+1.5 \times 10=40$
外籬：下外籬（lower outer fence）　$LOF=Q_1-3 \times IQR=15-3 \times 10=-15$
　　　上外籬（upper outer fence）　$UOF=Q_3+3 \times IQR=25+3 \times 10=55$

由於籬值的目的在判定觀察值的偏離性，並非實際的觀察值，因此在盒形圖當中並不會加以標示，但仍屬盒形圖的重要統計量。

3. 離群值

在盒形圖中，偏離出籬值以外的觀察值即會被判定為離群值，繪圖時以散布點標示：超過內籬（盒長 1.5 倍）稱為潛在離群值（potential outliers）或外部值（outside values），以圓點（●）標示；超過外籬（盒長 3 倍）稱為極端值（extreme values）或遠離值（far out values），以星號（*）標示。一般在調查研究中，如果被視為離群值者，可能會轉碼成為遺漏值而被刪除不用，以免過度影響樣本統計量的計算。

以圖 5.5 數據為例，超過上內籬的觀察值為 50、53 兩筆，超過上外籬的觀察值也有兩個：56、57，而 57 則是全部觀察值的極大值，這些觀察值不會落在上盒鬚延伸線上，而是以散布點表示。至於範例數據中沒有任何一個觀察值超過下內籬以外，因此沒有任何單獨的散布點，而下盒鬚的終點（下鄰值）就是全部觀察值的極小值，也就是 $LA=min.=10$。

5.4.3 盒形圖與常態分配的對應

盒形圖的主要統計量為 Q_1 與 Q_3，以及用於判定離群值的內籬與外籬。如果當觀察值的分布呈常態分配時，這些統計量與機率密度的對應關係可以明確的計算得知，如圖 5.6 所示。

首先，當資料呈常態時，盒形圖的方盒部分的上下樞紐（Q_1 與 Q_3）之間的機率為 50%，此時所對應的 z 值為 ± 0.6745，亦即距離期望值上下 0.6745σ 的位置，盒長（四分位距）$IQR=1.349\sigma$。進一步的，距離方盒以上 1.5 倍盒長遠的上

圖 5.6 盒形圖與常態分配機率密度對應圖

內籬所對應的 z=2.698，機率密度為 24.65%；距離方盒以下 1.5 倍盒長遠的下內籬所對應的 z =−2.698，機率密度亦為 24.65%，加總後得到上下內籬包夾機率為 24.65%+50%+24.65%=99.3%，也就是說，當資料呈常態時，有 99.3% 的機率會被判定為非偏離的正常值，有 0.7% 的機率會被判定為離群值。

如果用更嚴格的外籬（距離方盒 3 倍盒長遠）來檢視偏離程度時，所對應的 z 值為 ±4.721，上下外籬中間所包夾的機率已經達到 99.9998%，換言之，只有非常微小的機率會被判定為極端離群值。這就是為何實務上多僅利用內籬來判定離群值，例如 EXCEL 的盒鬚圖就不會特別區分標示潛在離群值與極端離群值，只要落於內籬之外的觀察值，亦即不在方盒與盒鬚範圍內，一律以散布點來標示為離群值。

5.4.4　盒形圖的應用

1. 資料集中性與變異性的評估

盒形圖除了標示 Q_1、Q_2、Q_3 三個相對量數來呈現中間 50% 觀察值的分布情形，更利用盒外的延伸線與散布點來反映資料的偏離情形，因此，利用盒形圖不僅可以檢視資料的集中情形，也可以檢視資料的分散狀況。例如：當上下樞紐與中位數的位置較高者，表示該群觀察值的集中點較高。當盒長與盒鬚的總長度越短，表示全體資料越集中；相對的，盒長與盒鬚的總長度越長，表示全體資料越分散。

以圖 5.7 的某公司 450 位員工的起薪（年薪美元）為例，由盒形圖可以明確看出職員、保全與管理人員三類員工的起薪的集中點與變異性明顯不同。管理人員的

起薪集中點最高、變異性最大；職員起薪集中點最低、變異性次之；保全人員起薪集中點雖然不是最低，但變異性最小。

進一步檢視盒形圖可以發現，保全人員的四分位數幾乎集中在一起，盒鬚也很短，Q_2 與 Q_3 甚至相同（皆為 15,750），表示絕大部分的保全人員起薪都相同。至於職員的四分位數則較分散，顯示職員的起薪雖然較低，但有較大的變異性，而管理人員的變異性則更大。

不過值得注意的是，由於資料的變異程度會因為測量尺度的不同或平均數的高低而影響數據的意義。因此，管理人員的起薪平均數相對較高，其變異程度也會相對較大，不宜直接由數據的原始分布情形或變異量數（變異數或標準差）來論述何者變異性較大。

2. 資料偏離性與離群值的評估

利用盒形圖來判定資料的偏態與峰度更為一目了然，更可以清楚得知離群值的狀況。例如檢查 Q_1、Q_2、Q_3 三者的位置以及盒鬚的長短，可以知道觀察值往哪一邊集中、往何處分散，若搭配平均數的標示（如圖 5.7 當中的×號），更可以看出中位數與平均數的相對關係，藉以瞭解資料的偏態。當平均數高於中位數、上盒鬚較長、高分端有離群值，顯示資料具有正偏態；相對的，當平均數低於中位數、下盒鬚較長、低分端有離群值，表示資料呈現負偏態。

進一步的，如果盒長越短（盒中的50%觀察值越集中），而盒外的 50% 觀察值散布得越廣，說明中間觀察值集中性強，兩尾分散性大，表示觀察值的峰度陡峭；相對之下，如果盒長與盒鬚都很大，表示觀察值的峰度平緩。

由圖 5.7 所列舉的起薪偏態（SK）與峰度（KU）係數可知，保全人員起薪偏態達 –3.88、峰度更高達 17.20，與圖中方盒狹窄而低薪方向有下盒鬚與離群值意義一致。職員起薪偏態 1.18、峰度 4.30，也與圖中方盒在高薪方向有較長的上盒鬚與離群值概念相當。至於管理人員的偏態係數最低，但從圖中可以看出平均數高於中位數，高薪方向有離群值，說明觀察值呈現正偏態。

在離群值部分，圖 5.7 當中三類人員皆有離群值，但方向不同：保全人員在低薪部分有兩個離群值，職員與管理人員則在高薪部分有 4 個離群值，其中職員甚至有一個極端偏離值，起薪為年薪 31,980 美元，超過上外籬界線，因此被標示為「＊」。從機率上來看，此一員工是極端特殊的案例，此時可將其背景資料列出進一步檢視，必要時可以將其資料從樣本中移除，以免影響其他統計量的計算。

ıl 圖 5.7 不同類型員工起薪盒形圖

EXCEL 小幫手

一、使用 EXCEL 函數功能來執行標準化分數與相對量數

1. 建立資料檔案（以甲班為例）

   (1) 在資料庫空白儲存格以函數計算相關的參數。

   (2) 計算原始分數的平均數（mean=AVERAGE(B2:B12)）。

   (3) 計算原始分數的標準差（SD=STDEVP.S(B2:B12)）。

   (4) 將原始分數轉換成 z 分數（z=(B2-B$13)/B$14），亦即（z=(X-mean)/SD）。

   (5) 將 z 分數轉換成 T 分數（T = C2*10 + 50），亦即（T=z*10+50）。

   (6) 利用 z 分數轉換成相對應的機率值（P=NORMSDIST(C2)），亦即（P=NORMSDIST(z)），得到 P 值。

   (7) 將 P 值乘以 100 得到 PR 值，並利用 TRUNC 函數去除小數位取整數部分。

2. 結果報表

由新工作表中的報表可以看出，甲班的 11 筆資料的平均數與標準差分別為 65 與 3.317，藉由公式運算得到各觀察值的 z、T、P 值與 PR 值列於各欄。讀者可自行比對這些結果，在書中表 5.2 的狀況。

二、使用 EXCEL 來製作盒形圖

1. 開啟資料檔案。

2. 框選所需製作盒形圖之資料區，點選圖表，選擇全部圖表當中的盒鬚圖，即可得到盒形圖並進行編輯。

R 小精靈

使用 R 來製作 *PR*、標準分數與盒形圖

1. 在 R 當中，*PR* 值的運算直接以公式由排序除以總人數乘以 100 來求得：rank()/length()*100，如語法範例中的 *PR*。

2. R 軟體的 *z* 標準分數運算也可以公式來直接計算（如語法範例中的 z1），或以基礎函數 scale() 來獲得（如語法範例中的 z2）。*T* 分數也是直接以公式計算即可（乘以 10 加 50）（如語法範例中的 T）。

3. R 軟體的盒形圖直接由基礎函數 boxplot() 來進行製作。

```
> # Chapter 05: Relative score and Boxplot
> #install.packages("openxlsx")            #安裝openxlsx套件讀取xlsx檔案
> library(openxlsx)
> # 讀取Ch05excel.xlsx工作表2
> data1 <- read.xlsx(xlsxFile="Ch05EXCEL.xlsx", sheet=2, colNames= TRUE)
>
> # Create percentile
> PR <- rank(data1$salary)/length(data1$salary)*100
> PR
> PR

  [1]   83.0000000   12.4444444   14.6666667   86.8888889   68.6666667
  [6]   78.1111111   14.6666667   48.7777778   25.8888889   59.6666667
 [11]   50.4444444   47.5555556   75.4444444   44.6666667   84.1111111
......
>
> #Create standardized score
> z1 <-(data1$salary-mean(data1$salary))/sd(data1$salary,na.rm=TRUE)
> z2 <-scale(data1$salary)
> T  <- z1*10+50
> z1

  [1]   0.723266780   -0.858476542   -0.820514702   1.128193070   0.039953665
  [6]   0.368956276   -0.820514702   -0.314356839   -0.643359450   -0.111893694
 [11]  -0.276395000   -0.327010786   0.293032596   -0.364972626   0.773882566
......
>
> #Create boxplot
> boxplot(data1[,3:7])                          #Using basic function
```

課後習作

一、一位幼兒園教師測量班上 9 位小男生的體重，以及 11 位小女生的體重，結果如下（單位為公斤）：

| 小男生 | 19 | 19 | 16 | 18 | 13 | 18 | 17 | 18 | 15 | | |
| 小女生 | 17 | 9 | 14 | 11 | 15 | 10 | 17 | 8 | 17 | 11 | 14 |

1. 請問體重為 16 公斤的那位學生在全體 20 位學生的 PR 為何？

2. 請問全體 20 位學生中，PR=50 者的體重百分位數為何？

3. 請問 11 位小女生體重的第一四分位數與第三四分位數為何？

4. 請問 9 位小男生的 z 分數有幾個為正值？幾個為負值？各代表什麼意思？

5. 同為 15 公斤的小男生與小女生，在各自性別族群中的 z 分數是否相當？同一個體重但有不同的 z 分數代表什麼意思？相同的 z 分數在不同團體中有不同的體重又代表什麼意思？試討論之。

6. 同為 15 公斤的小男生與小女生，在各自性別族群中的 T 分數分別為何？請解釋 T 分數的意義。

二、某公司有 450 位員工，其中職員、保全人員與管理人員的薪資資料如下表，請回答下列問題：

| | 職別 | | | |
	職員	保全人員	管理人員	總和
個數	362	27	61	450
平均數	$27,694.45	$30,938.89	$55,264.51	$31,626.39
標準差	$7,062.29	$2,114.62	$9,378.45	$11,854.01

1. 如果老闆認為 35,000 以上就屬於高薪，請計算出 35,000 在三類人員中，以及在全體中的 z 分數分別為何？

2. 如果三類人員的薪資均呈常態分配，35,000 以上的高薪者在三類人員中各有多少百分比？在全體當中又有多少百分比？

抽樣與估計

6.1 前言

前面各章所介紹的統計概念主要是在進行資料的整理與描述，從這章開始，我們將進行關於推論統計（inferential statistics）的討論。推論統計的目的是要從樣本（sample）的資訊來推知母體（population）的狀態。更具體的說，是利用研究者手中的樣本所計算得到的數據，稱為樣本的統計量（statistic），來推估母體的數據，稱為參數（parameter）。例如如果想要知道誰常去便利商店，年紀多大？是哪一種性別？我們就必須去設計一個抽樣方法來獲得一些消費者，計算出他們的平均年齡（$\overline{X}$）與性別比例（p），藉以推估「便利商店消費者」這個母體的平均年齡（μ）與性別比例（π）。其中的關鍵是樣本是否具有代表性與足夠大的規模。代表性取決於抽樣的方法，至於樣本數（sample size）的計算方式可由中央極限定理來推知。

本章除了介紹抽樣方法與基本的抽樣理論，將進一步介紹統計估計（statistical estimation）。基於變數的性質不同，估計的方法會有差異。例如「便利商店消費者的平均年齡與性別結構為何？」這個研究問題牽涉到兩種變數：「年齡」是連續變數，「性別」是類別變數，兩者所使用的估計公式有所不同，將在最後一節進行介紹與範例說明。

6.2 抽樣方法

推論統計的首要任務，就是建立樣本，而且是一個具有代表性的隨機樣本，用以推估母體。所謂代表性（representativeness），是指樣本能夠充分反映母體的結構，具有相同的特徵。至於隨機樣本（random sample），是指樣本必須符合機率運算的原則。

一個樣本能夠冠上「隨機」一詞，需具備兩個特性，第一，從一個母體可以抽取無限多個樣本規模大小同為 n 的樣本（亦即樣本空間任意一個相同規模的子集合），而每一個樣本被抽出的機率必須相同；第二，在一個規模大小為 n 的樣本中，每一個個別樣本（樣本點）被抽取的機率相同。符合這兩項特性所進行的抽樣工作稱為隨機抽樣（random sampling），抽樣過程中，樣本的選取具有一定的隨機性而不會受到其他人為或外在因素影響樣本的機率特性。

從理論機率的角度來看，只有在事件獨立的前提下進行抽樣，機率原理才能發揮作用。但是由於社會科學研究的母體通常甚為龐大且結構複雜，因此必須採用不同的抽樣設計來確保樣本的代表性，以下即介紹幾種常見的隨機抽樣方法，並簡單

介紹非隨機抽樣方法。

6.2.1　簡單隨機抽樣

　　最簡單的隨機抽樣，是利用亂數表或任何隨機方式來抽取一定數量的樣本點，抽樣過程中必須確保每一個樣本點有相同的抽中機率，稱為簡單隨機抽樣（simple random sampling; SRS）。一個標準的簡單隨機抽樣，首先是將母體當中的所有樣本點進行編號，然後利用亂數方式決定每一個被抽取出來的樣本點的編號，現代的作法則多藉助電腦軟體（例如 EXCEL、SPSS、SAS）的亂數或抽樣功能，即能自動建立一組抽樣名冊。這些被挑選出來的樣本編號所集合而成的樣本點集合，就是一個簡單隨機樣本，如圖 6.1(c) 的 B 欄是利用 EXCEL 在一個 $N=50$ 的母體清冊上，進行兩次簡單隨機抽樣的結果。

　　以亂數形式抽取樣本，每一次執行都會得到不同的結果，這就是亂數（或稱為隨機數）（random number）的特性。進一步的，同一個樣本點可能會被重複抽取到，亦即是一種抽出放回的抽樣程序，如此將可確保每一個樣本點在每一次抽樣時都有相同的機率：1/50。例如圖 6.1(c) 的 B 欄中加上網底的學號 20210020，兩次抽樣都被抽到，而且在第二次抽樣時還被重複抽取出來。

　　簡單隨機抽樣的優點是概念簡單、容易操作，尤其是藉由電腦設備的協助之下，亂數的決定更加容易。但是，如果母體規模龐大，或是母體當中樣本點的異質性較大時，而且簡單隨機抽樣的樣本數不大，便不容易反映母體的特性。

6.2.2　系統隨機抽樣

　　前述簡單隨機抽樣的隨機性，主要是藉由使用亂數來達成。如果樣本點的選取是按照特定系統化步驟來進行，使得每一個樣本點被選取的機率不會受到系統外的因素影響而維持隨機化，稱為系統隨機抽樣（system random sampling）。

　　一般的作法是將母體當中所有的樣本點排列妥當，抽取每隔特定筆數的樣本點形成一個樣本集合，又稱為等距抽樣法（interval sampling）。例如每隔 5 筆選擇一個樣本點，不斷重複此一步驟，直到母體的最末端為止，即可得到一個隨機化樣本。在 EXCEL 軟體的抽樣功能中（如圖 6.1(b) 所示），不僅可以進行簡單隨機抽樣，也可以進行系統隨機抽樣。先前的 50 位學生清冊以每隔 5 筆進行抽樣的結果列於 C 欄（如圖 6.1(c) 所示）。值得注意的是，由於母體清冊的排列方式不變，系統隨機抽樣的起點與間距相同，因此每一次重複進行都會得到相同的結果。

　　系統隨機抽樣法有一個需要注意的地方，就是抽樣的範圍必須完全涵蓋母體

(a) 簡單隨機抽樣對話框

(b) 系統隨機抽樣對話框

(c) 兩次抽樣結果

▎▎ 圖 6.1 以 EXCEL 執行兩種隨機抽樣的對話框與抽樣結果

清冊的第一個樣本點到最後一個樣本點，為達成此一要求，必須決定抽取的間隔（R），公式是 $R=N/n$，也就是以母體數目（N）除以所需要的樣本數（n）。例如若要從一個 $N=50$ 的母體清冊中抽出 10 個樣本點，所設定的間距即為 $R=N/n$ $=50/10=5$。換言之，當所需要的樣本數越大，所採取的間距就越小。

其次，為了避免每一次抽樣都得到相同的結果，起始樣本點應避免從某一個特定的起點開始。有兩種作法可以達成此一目的：第一是在每一次抽樣時將母體清冊的順序以隨機方式排列，或是以隨機的方式在第一個間距（第 1 至 R 筆之間）任選一筆樣本點作為起始樣本，然後再進行系統抽樣。

系統隨機抽樣最常見於電話民調，由於電話號碼清冊當中的號碼數量龐大而且有一定的編碼規律，為了維持隨機性且能簡化抽樣程序（不必使用亂數表），因此採取固定間隔的方式來抽取撥出之電話，但是此一程序仍然會有樣本無法充分反映母體特性的疑慮。

6.2.3　分層隨機抽樣

要由樣本來推知母體的特性，除了隨機選取樣本之外，最重要的是要讓樣本能夠充分的反映母體的結構特性。隨機抽樣的目的是讓每一個個別樣本點都有相同被選擇的機會，但無法確保樣本的結構能夠完全與母體一致。當一個母體本身有明確的結構特性，或是某一個結構因素對於研究結果的影響非常明顯，在進行抽樣時可以人為的手段，設定抽樣的特定比率，使樣本與母體的結構維持一致，個別的樣本點則仍然依循簡單隨機抽樣原理，稱為分層隨機抽樣（stratified random sampling）。

分層隨機抽樣的關鍵程序，是利用一個或多個分層變數將母體清冊分割成不同的子母體，稱為分層（stratum），然後在各分層中進行隨機抽樣。各分層的抽樣機率，最簡單的算法是把所有樣本平均放入各細格中，稱為均等配置法（equal allocation），例如樣本數若為 n，分層數為 k，各細格的抽樣數為 n/k，抽樣機率為 k/n。如果要讓各分層的比例與母體結構相同，則是將各細格的母體比例乘以抽樣機率得到各分層抽樣機率，稱為比例配置法（proportional allocation）。如果要讓各分層在分層變數上有相同的變異數，抽樣機率可利用各分層的變異數進行加權，稱為內曼配置法（Neyman allocation）。如果還要考慮成本因素，則可將成本開根號的倒數進行加權，稱為最適配置法（optimum allocation）。由於分層機率與分層數目多寡有關，因此分層數不宜太多，一般建議不要超過 6 個分層（Cochran, 1963），而且分層變數應取與研究變數有明顯相關的變數，才能發揮分層估計的效果。

例如某一個研究者想要研究小學老師的退休意願，因而計畫抽取一個 $n=1,000$ 的小學老師樣本來進行問卷調查。由於國小性質有公私立之別，而且性別比例懸殊，而退休意願可能與這兩個變數有相關，因此以公私立別與性別作為分層變數。根據教育部統計資料，小學老師共有 103,501 人，男性 33,563 人（32.43%），女

🥧 表 6.1　小學教師人口母體與抽樣數據

公私立別	公立	%	私立	%	合計	%
教師人數	102,581	99.12	920	0.88	103,501	100
男	33,405	32.28	158	0.15	33,563	32.43
抽樣數	323		2		325	
女	69,176	66.84	762	0.73	69,938	67.57
抽樣數	669		8		677	

性 69,938 人（67.57%），公立 102,581 人，私立 920 人，四個分層抽樣機率分別為 .3228、.6684、.0015、.0073，合計 1.0。此時應抽取公立學校男老師 323 名、女老師 669 名、私立學校男老師 2 名、女老師 8 名，如表 6.1 所示。

6.2.4 集群隨機抽樣

還有一種經常使用於大樣本調查的隨機抽樣方式，稱為集群隨機抽樣（cluster random sampling），原理與分層隨機抽樣大致相同，所不同的在於分層的方式與最終樣本的決定略有不同。前述提到的分層隨機抽樣的分層是取決於母體的不同結構特徵，按照母體結構人數比例進行簡單隨機抽樣，但是集群抽樣是以人為的方式來將母體分成較小的一些群落或區塊，例如區分成不同的地理區域，或以班級為單位，稱為基本單位（primary unit）。下一步是利用隨機方法，從這些基本單位中抽取一定比例的集群來進行最終階段的簡單隨機抽樣，獲得最終樣本。換言之，並不是所有的集群都會進行集群內的簡單隨機抽樣。只有被隨機選取的部分集群內部，才會再做簡單隨機抽樣，換言之，集群隨機抽樣是集群抽樣與簡單隨機抽樣的合併，是一種二階段隨機抽樣法（two-stage random sampling）。

舉例來說，如果我們要研究國小學生的家庭環境與學習困擾的關係，打算抽取大臺北地區 1,200 位國小學童參與研究，並決定以班級為單位來進行抽樣，此時，研究者必須遵循簡單隨機抽樣或系統抽樣的原理，將所有的班級數進行編號，此時大臺北地區各個國小每一個班級為集群抽樣的基本單位，以亂數表或其他系統方式來決定哪一些班級被選擇作為樣本，最後再以隨機程序從各班級當中抽出一批樣本。

值得注意的是，如果大臺北地區各鄉鎮具有明顯的社經條件差異，或是某些班級具有特殊學生的設置，甚至於考量不同年級的差別，不論是班級層次或學生層次都可能會有特殊結構而存在異質性，以集群抽樣的多階段方法未必能夠兼顧次母體的差異。此時可以採取分層隨機抽樣的作法，納入分層變數進行集群抽樣，建立一個符合母體特殊結構特質的樣本。例如先將大臺北地區依照行政區域進行分層，各取不同比例的學校作為基本單位，然後進行集群抽樣來決定哪些班級被抽到，最後再決定哪些學生是抽樣的樣本。

一般在實務上，為了節省作業程序，可能會把隨機抽取的集群的全部樣本點（例如該班全班學生）都納入樣本，但欠缺最後的集群內簡單隨機抽樣程序，此時只能稱為部分隨機集群抽樣，或直接稱為集群抽樣，如此一來雖然可以增加更多抽樣數，但同一個班級的學生具有相當程度的同質性，樣本獨立性不足而會造成統計

分析的困擾，一些高階的統計模型〔例如多層次模式（multilevel modeling）〕就是為了因應這些問題而被發展出來。

集群抽樣的主要優點是經濟與便利，但程序相對繁複，如果搭配分層設計，抽樣機率的計算十分複雜，但是不失為確保抽樣品質的一種複合策略，在一些大型的國際評比研究或跨國調查，會採取多階段分層隨機抽樣設計來進行抽樣工作。對於想要從事相關工作者，這些機率抽樣方法的整合運用值得深入學習。

6.2.5　非隨機抽樣

前述是一些常用的隨機抽樣方法，透過這些抽樣設計，研究者可以獲得相當具有代表性的樣本。然而，在真實的研究情境下，完全隨機化的抽樣往往有其困難。最常見的問題是無從獲得母體清冊，因此連最基本的編碼都無法進行。如果是在學校單位做調查，全校學生或老師的名冊或許可以找到，也會有現成的編號，但是一般進行研究時，不僅母體需要進行一些特殊的操作型定義（例如界定什麼是捷運族、藍營或綠營人士），母體範圍更不容易明確辨識，遑論要得到母體清冊；或是母體龐大，抽樣無法及於母體全體，隨機抽樣難以實施。

例如過去在進行電話調查時，往往以電話號碼簿作為母體清冊，使用上相對便捷，但現在大家都使用手機，很少使用家戶住宅桌機，每一個人也可能擁有多個門號，門號清冊更是各公司的業務機密，使得電話調查的母體與清冊都難以獲知，同時擁有手機門號多寡或使用習慣也可能與工作條件或經濟能力有關，即使得到母體清冊，抽樣得到的調查數據，未必能夠反映真實現象。

面對實際研究的限制條件與隨機化的難題，研究者往往必須依循其他有別於隨機抽樣的原則進行抽樣，以非隨機抽樣（non-random sampling）手段來獲得實際可行的研究樣本。其中最簡單的非隨機抽樣方法是從方便性來考量，獲取一個最容易得到的樣本來進行研究，稱為便利性抽樣（accidental sampling），例如大學教授利用修課的學生進行研究；行銷人員在捷運站電梯扶手末端進行攔訪；或是建立網站提供有獎徵答來爭取網友填答問卷。

第二種非隨機抽樣方法稱為判斷抽樣或立意抽樣（purposive sampling），所謂判斷與立意，即是指研究者基於特定的判斷原則與研究需要，所建立的一套研究樣本。這些樣本的挑選，是基於研究者本身的需要來認定，反映特定的母體，即使樣本不是隨機獲得，但研究發現也有特定的推論方向與目的，通常會配合樣本的推薦來獲得其他符合立意目標的樣本，稱為滾雪球抽樣（snowball sampling），是經常被研究者取用的非隨機抽樣設計。

配額抽樣（quota sampling）類似分層隨機抽樣，將母體區分為不同分層，然後抽取特定比例或數目的樣本進行研究，其中缺乏隨機抽樣的程序，因此不能視為機率抽樣。而且配額多寡多半研究者依照研究需要來指定，而非基於母體結構，因此也可以視為是一種立意取樣，只是多了「配額比例」的設計。

對於一些非隨機抽樣方法，研究者可能會採行一些隨機化設計來維持抽樣原則，例如大學教授請其他同事在別的班級施測、搭電扶梯出來的民眾每隔 5 位才問 1 個、到不同的網站平臺 Po 出有獎徵答的消息，但是如果沒有進行隨機程序，樣本的代表性就會存在瑕疵，發表論文就會被挑剔責難，建議研究者盡可能採取隨機抽樣法，才能符合統計學的各項原理與要求，被學術界接納。

📈 6.3 抽樣誤差與中央極限定理

在統計上常聽見一句話：「凡抽樣必有誤差」，意指儘管使用嚴謹的隨機抽樣方法，雖然可以相當程度確保樣本的代表性，但是無法避免抽樣所帶來的誤差。所幸抽樣誤差的發生具有一定的機率特性與數學規律，亦可透過統計程序來加以估算，以下將詳細說明。

6.3.1 抽樣誤差與抽樣分配

抽樣誤差（sampling error）是指樣本統計量與母體期望值的差距。若對某隨機變數 X 進行抽樣測量得到樣本平均數 $\bar{X}$，母體期望值為 μ，抽樣誤差定義如下：

$$error = \bar{X} - \mu \qquad (6\text{-}1)$$

抽樣誤差的發生情形可由抽樣分配（sampling distribution）來估計。抽樣分配是樣本統計量的機率分配，是一種基於古典機率理論所提出的一種理論上存在的先驗分配，主要在描述抽樣過程中，隨機變數 X 的樣本統計量可能存在的波動情形（亦即抽樣誤差），因此以動名詞（sampl-ing）來表述。相對之下，隨機變數 X 在母體中的分布情形，稱為母體分配（population distribution），隨機變數 X 在某次抽樣得到的觀察資料分布情形，稱為樣本分配（sample distribution），這兩者則是靜態的機率分配，性質完全不同。

理論上，從母體當中隨機抽出樣本規模為 n 的隨機樣本個數有無限多個，每一個隨機樣本都是母體內的一個子集合。例如第一次抽樣得到平均數 122，第二次是

(a) 母體分配　　**(b) 樣本分配**　　**(c) 抽樣分配**

圖 6.2　母體、樣本與抽樣分配圖示

127.5，第三次是 124.8……，各樣本分配的平均數以 $\overline{X}_k$ 表示，$k=1\sim m$，m 表示抽樣次數。例如圖 6.2(b) 當中有三個樣本分配，$m=3$。如果母體分配平均數 μ 未知而要以 $\overline{X}$ 去推估 μ，但每次得到的 $\overline{X}$ 不盡相同，因此產生了抽樣誤差。

6.3.2　平均數抽樣分配

　　抽樣分配最直觀的舉例，是描述樣本平均數的抽樣分配：如果從一個母體分配 (μ, σ^2)（如圖 6.2(a) 所示）重複抽取規模為 n 的樣本無數次，這些樣本的平均數形成一個以 $\mu_{\overline{X}}$ 為平均數、以 $\sigma^2_{\overline{X}}$ 為變異數的分配（如圖 6.2(c) 所示），稱為平均數抽樣分配（sampling distribution of the means）。值得注意的是，圖 6.2(a) 的 X 軸為 X，圖 6.2(c) 的 X 軸為 $\overline{X}$，表示兩者雖然都是母體層次的分配，但是隨機變數性質不同：母體分配的隨機變數是原始測量單位下的觀察值 X、抽樣分配的隨機變數是經過數學運算後的樣本統計量 $\overline{X}$。

　　抽樣分配中的 $\overline{X}$ 是一個隨機變數，會隨著反覆抽樣發生變化。如果抽樣規模 n 夠大，$\overline{X}$ 的機率分配服從常態分配，$\overline{X} \sim N(\mu_{\overline{X}}, \sigma^2_{\overline{X}})$。平均數抽樣分配的期望值如公式 6-2 所示，變異數如公式 6-3 所示。

$$\mu_{\overline{X}} = E(\overline{X}) = E\left(\frac{X_1 + ... + X_n}{n}\right) = \frac{E(X_1) + ... + E(X_n)}{n} = \frac{n\mu}{n} = \mu \qquad (6\text{-}2)$$

$$Var(\overline{X}) = E(\overline{X} - \mu_{\overline{X}})^2 = E(\overline{X} - \mu)^2 = \sigma^2_{\overline{X}} \qquad (6\text{-}3)$$

　　因為 $\overline{X} - \mu$ 是抽樣誤差，因此由公式 6-3 可知，抽樣分配的變異數即是「抽樣誤差」的變異數，稱為變異誤（squared standard error; $\sigma^2_{\overline{X}}$）。

進一步的，由於每一個樣本點具有相同的發生機率，每一個樣本點的離散情形期望值即等於母體變異數 σ^2，如公式 6-4 所示。

$$Var(X_1) = Var(X_2) = ... = Var(X_n) = \sigma^2 \tag{6-4}$$

進而導出：

$$\sigma_{\bar{X}}^2 = Var(\bar{X}) = Var\left(\frac{X_1 + ... + X_n}{n}\right) = \frac{Var(X_1 + ... + X_n)}{n^2} = \frac{n\sigma^2}{n^2} = \frac{\sigma^2}{n} \tag{6-5}$$

也就是說，平均數抽樣分配的變異數是母體變異數的 $1/n$，亦即每一個樣本所平均負擔的母體單位變異數。當 n 越小、變異誤越大、抽樣誤差越大。當 n 越大、變異誤越小、抽樣誤差也就越小。當 n 很大時，$\sigma_{\bar{X}}^2$ 趨近 0，抽樣分配收斂成一直線，表示 $\bar{X}$ 都會落在 μ 的位置上而無波動，此即中央極限的名稱由來，而樣本數越大，則誤差小的現象，稱為抽樣誤差大數法則（law of large number for sampling error）。

6.3.3 標準誤

公式 6-5 為變異誤的導出式，開根號後得到標準差，因為是抽樣誤差分配的標準差，因此稱為標準誤（standard error; SE），以 $\sigma_{\bar{X}}$ 表示。

$$\sigma_{\bar{X}} = \frac{\sigma}{\sqrt{n}} \tag{6-6}$$

$\sigma_{\bar{X}}$ 與 $\sigma_{\bar{X}}^2$ 的作用相同，都是在反映抽樣誤差的大小，但標準誤的性質是標準差，應用方式與一般分配的標準差相同。例如可用來進行樣本平均數的 z 轉換，亦即求取 $\bar{X}$ 的標準分數 $z_{\bar{X}}$，如公式 6-7。

$$z_{\bar{X}} = \frac{\bar{X} - \mu_{\bar{X}}}{\sigma_{\bar{X}}} = \frac{\bar{X} - \mu}{\sigma_{\bar{X}}} \tag{6-7}$$

由於公式 6-7 是以抽樣分配為基礎所進行的 z 轉換，因此 $z_{\bar{X}}$ 的分配稱為平均數的 z 抽樣分配（z sampling distribution of the means），若抽樣分配呈常態，則 $z_{\bar{X}} \sim N(0,1)$。因此，$z_{\bar{X}}$ 的數值大小可以利用標準常態分配的機率分布特性來解釋抽樣誤差的機率性質。將公式 6-7 重新整理可以看得更清楚：

$$\bar{X} - \mu_{\bar{X}} = \bar{X} - \mu = z_{\bar{X}}\sigma_{\bar{X}} = \text{error} \tag{6-8}$$

公式 6-8 表示抽樣誤差 $(\bar{X} - \mu) = z_{\bar{X}}\sigma_{\bar{X}}$。若 μ 未知而欲以 $\bar{X}$ 估計 μ 時，估計過程受到抽樣誤差的影響可由 $z_{\bar{X}}\sigma_{\bar{X}}$ 估計。例如區間估計的信賴區間就是利用 $\bar{X} \pm z_{\bar{X}}\sigma_{\bar{X}}$ 建構而得，該區間是以 $\bar{X}$ 去估計 μ 的「值得信賴的區間」，因此 $z_{\bar{X}}\sigma_{\bar{X}}$ 在區間估計時稱為信賴度（confidence range）[1]，在抽樣分配中稱為抽樣誤差，兩者是相同的意義。越小的信賴度，表示區間估計受到抽樣誤差的影響越小，相反的，信賴度越大，表示抽樣誤差越大。

若 $z_{\bar{X}}$ 服從標準常態分配，信賴度與估計錯誤（決策錯誤）的關係可以更清楚的描述。例如當 $z_{\bar{X}} = \pm 1.96$ 時，信賴區間為 $\bar{X} \pm$ 信賴度 $= \bar{X} \pm 1.96\sigma_{\bar{X}}$，基於標準常態分配，此一「值得信賴的區間」發生正確估計的機率是 95%，但有 5% 的機率會發生估計錯誤。當 $z_{\bar{X}} = \pm 2.58$ 時，正確估計的機率提高到 99%，但區間範圍放大到 $\bar{X} \pm 2.58\sigma_{\bar{X}}$，顯示信賴度與估計信心確實具有消長關係。

6.3.4 中央極限定理

6.3.4.1 中央極限定理的定義

從前面的討論中，我們可以整理出平均數抽樣分配的幾個基本特性。第一，樣本平均數抽樣分配的平均數等於母體平均數 $\mu_{\bar{X}} = \mu$；第二，平均數抽樣分配的變異數等於母體變異數除以樣本數 $\sigma_{\bar{X}}^2 = \sigma^2/n$；第三，不論原始母體的形狀是否為常態分配，當抽樣數足夠大時，抽樣分配可利用常態分配來近似。這三個原則稱為中央極限定理（central limit theorem; CLT）。完整定義為：對於母體 (μ, σ^2) 進行隨機抽樣得到的樣本平均數所形成的抽樣分配，若 n 夠大，近似於常態分配 $\bar{X} \sim N(\mu_{\bar{X}}, \sigma_{\bar{X}}^2)$。

所謂「若 n 夠大」，一般經驗是以 30 以上可視為足夠大之樣本，從統計模擬可以看出，不論母體型態為何，若抽樣數 $n \geq 30$，抽樣分配已趨近常態。而且如果母體為常態分配，在更低的抽樣數下（例如 $n \geq 25$）進行重複實驗得到的抽樣分配都會趨近常態。簡而言之，「$n \geq 30$ 為足夠大之樣本」是一個經驗法則，亦有學者指出 $n \geq 25$ 或 $n \geq 30$ 都可以視為足夠大之樣本（例如 Hogg, Tanis, & Zimmerman, 2019）。事實上，CLT 的主要精神在於對抽樣分配期望值與標準誤的估算，如果

---

1 在 EXCEL 的敘述統計報表所列出的信賴區間資訊是提供信賴度的資料，將平均數加減信賴度後即可得到信賴區間。

樣本數真的太低而懷疑抽樣分配的常態性，仍還有其他方式可以補救（例如使用 t 分配）。

中央極限定理起源於法國數學家棣美弗（Abraham de Moivre, 1667-1754）在 1733 年所撰寫的一篇關於投擲銅板來估計分配狀況的文章，後來經過拉普拉斯（Pierre-Simon Laplace, 1749-1827）提出以常態分配漸進二項分配加以擴展後，發展出中央極限定理的今日樣貌，因此又稱為棣美弗——拉普拉斯定理（de Moivre-Laplace theorm），到了今天，CLT 仍被譽為是機率論中的首席定理，深深影響推論統計的發展。

6.3.4.2 母體、樣本與抽樣分配的關係

中央極限定理推導出抽樣分配的期望值與變異數，指出當抽樣數足夠大時，可以常態分配來漸進抽樣分配，我們以圖 6.3 來解釋此一現象。

圖 6.3(a) 是一個呈現正偏態的母體分配，例如某大學學生的智力分配，其中有些學生 IQ 特別高，平均數 $\mu=125$，變異數 $\sigma^2=16^2=256$。圖 6.3(b) 則是從中隨機抽取得到的一個 $n=200$ 的 IQ 樣本分配，假設其平均數為 $\bar{X}=127.5$，變異數仍為 $s^2=16^2=256$，由於這兩個圖的 X 軸標示為 X，顯示這兩個分配都是 IQ 的次數分配，分配中的每一個數值是 IQ 觀察值，而非樣本統計量。而樣本分配的形狀與母體分配的形狀相似，都是正偏態。

圖 6.3(c) 與 (d) 則為抽樣分配的圖示，因為 X 軸顯示為樣本統計量（$\bar{X}$）。其中圖 6.3(c) 為抽取 k 個（$k=100$）$n=200$ 的樣本的平均數所形成的抽樣分配，圖中每一個方塊實體表示一個 $n=200$ 的樣本，總共有 100 個方塊。基於中央極限定理，樣本的 $n=200$，已經遠大於 30，因此其形狀可視為常態分配。其平均數應為 125（$\mu_{\bar{X}}=\mu=125$），變異數為 $16^2/200$（$\sigma^2_{\bar{X}}=1.28$），可見得如果樣本規模很大時，抽樣分配是一個變異數相當小的機率分配。

圖 6.3(d) 為更多個（$k=1,000$）、規模更大（$n=1,000$）的樣本平均數所形成的抽樣分配，此時不僅更趨向常態，分配曲線更趨於平滑，變異數已經趨近為 0，此時抽樣分配的形狀已經接近退化成平均數位置（$\mu_{\bar{X}}=\mu=125$）上的一直線，變異數僅剩 $16^2/1,000$（$\sigma^2_{\bar{X}}=0.256$），抽樣分配所具備的「若 n 放大則收斂成母體平均數的一直線」的特性，即可體會中央極限四個字的命名意涵，因為只要遵循大數法則，抽樣分配的平均數會往中央逼近母體平均數，而且抽樣誤差趨近為 0。

(a) 母體分配
（全體的次數分配）

(b) 樣本分配
（一個 n=200 的樣本的次數分配）

(c) 抽樣分配
（k=100 個、n=200 的樣本）

(d) 抽樣分配
（k=1,000 個、n=1,000 的樣本）

◫▮ 圖 **6.3** 母體、樣本與抽樣分配的關係圖示

6.3.4.3 母體形狀與抽樣分配形狀的關係

除了對比母體、樣本與抽樣分配的關係，中央極限定理隱含了另一個重要的概念，亦即不論母體的形狀為何，只要樣本規模夠大，則抽樣分配為常態分配。不論母體分配是常態分配或偏態分配、均勻分配、指數分配，即使是離散隨機變數下的二項分配、超幾何分配，甚至是任何型態的不規則分配，只要樣本規模夠大，抽樣誤差均呈常態分布。

例如圖 6.4 中除了第一個母體為常態分配之外，其他三個母體分配都不是常態分配，圖 6.4(b) 的母體為正偏態、圖 6.4(c) 的母體為指數分配，兩者均非對稱分配；圖 6.4(d) 為均勻分配，當樣本規模越大，抽樣分配朝中央位置（平均數）收斂的情形越明顯。

值得特別注意的是，圖 6.4(a) 的母體分配雖為常態分配（一般情況下，母體分配假定呈常態），其樣本平均數的抽樣分配雖然都是對稱分配，但是當 n 不夠大的時候，抽樣分配會較標準常態分配更加平坦，此時不宜使用一般常用的標準常態分配來描述其機率密度，而需改採 t 分數的抽樣分配。

圖 6.4 母體分配與抽樣分配的型態關係圖示

6.4 平均數的區間估計

　　一旦掌握了抽樣誤差的機率函數與分配特徵，我們就可以據以進行統計推論與估計。所謂估計（estimation）在指利用樣本統計量去推知母體參數（θ），例如以樣本平均數 $\bar{X}$ 推估母體平均數 μ、以樣本變異數 s^2 推估母體變異數 σ^2、以樣本比例 p 去推估母體比例 π、或以樣本相關係數 r 推估母體相關係數 ρ。由於母體的統計量稱為參數（parameter），因此利用樣本統計量去推估母體的過程又稱為參數估計（parameter estimation），以單一統計量 $\bar{X}$ 去估計參數 μ 稱為點估計（point estimation），如果估計時帶有抽樣誤差訊息，以區間形式而非單一數值來進行母體參數的推估時，稱為區間估計（interval estimation）。在推論統計中，大量使用參數估計的概念來進行統計判斷與決策，因此，估計過程中，樣本是否可以合理推估母體，推論所依據的統計機率模型為何，抽樣誤差如何評估，都是重要議題。

6.4.1 平均數的區間估計（σ 已知）

　　區間估計的重要性，在於能夠整合抽樣誤差與機率分配的訊息來對未知母體參

數進行估計。以最常見的平均數估計來看，基於中央極限定理，平均數抽樣分配在抽樣人數足夠大時呈常態，亦即 $\overline{X} \sim N(\mu_{\overline{X}}, \sigma_{\overline{X}}^2)$，如果母體標準差 σ 可以獲知（抽樣分配條件已知），那麼抽樣標準誤就可以估計，$\sigma_{\overline{X}} = \sigma / \sqrt{n}$。也就是說，如果中央極限定理所需要的條件具備，那麼區間估計所需要的兩項元素：抽樣誤差與常態機率分配也就獲得良好保證。

6.4.1.1 信賴區間與信心水準

研究上最常進行的參數估計，是以樣本平均數 $\overline{X}$ 估計母體平均數 μ。有兩種估計形式：「點估計」直接以 $\overline{X}$ 代表 μ，「區間估計」則考慮抽樣誤差，將平均數往上與往下加上一段信賴度（confidence range; CR），以區間線段形式來推估 μ：

$$\text{點估計：} \qquad \overline{X} \qquad \rightarrow \qquad \mu \qquad\qquad (6\text{-}9)$$

$$\text{區間估計：} \qquad [\overline{X} \pm CR] \qquad \rightarrow \qquad \mu \qquad\qquad (6\text{-}10)$$

$[\overline{X} \pm CR]$ 所涵蓋的範圍，稱為 $\overline{X}$ 對 μ 區間估計的信賴區間（confident interval; CI），區間兩端點稱為信賴區間的下限（lower limit; LL）與上限（upper limit; UL），上下限之間的區間全距（CI range; CIR）就是信賴度的 2 倍。

$$CIR = UL - LL = 2CR \qquad\qquad (6\text{-}11)$$

以白話來說，區間估計就是「以樣本平均數 $\overline{X}$ 為中心的信賴區間來估計母體平均數 μ 在何處」，而信賴區間就是基於中央極限定理所建立的「從 $\overline{X}$ 有信心能正確猜到 μ 的範圍」。至於有多少信心呢？由於信賴區間的計算來自抽樣分配的誤差估計，因此信賴區間所對應的機率水準，就是估計的信心，稱為 $\overline{X}$ 對 μ 區間估計的信心水準（level of confidence），如圖 6.5 所示。

如果對於信賴區間能涵蓋 μ「有信心」的機率是 95%，那麼「沒信心」的機率為 5%，而這個「沒信心」的機率就是估計可能失準的機率。若把「沒信心」的估計錯誤率以 α 表示（如圖 6.5 的深色網底區域），那麼「有信心」的機率水準就是 $1-\alpha$（如圖 6.5 的淺色網底區域），亦即：

$$\text{信心水準} = 1 - \alpha \qquad\qquad (6\text{-}12)$$

圖 6.5 平均數區間估計圖示

　　更具體來說，如果信賴區間能正確估計 μ 的機率是 95%，表示「若抽樣條件不變，估計 100 次的 $[\bar{X}\pm$信賴度$]$（亦即建立 100 個 CI），有 95 次會涵蓋 μ，有 5 次無法涵蓋 μ」。例如圖 6.6 當中，如果抽樣分配中心的虛線代表 μ 的位置，除了第五個平均數 $\bar{X}_5$ 的 CI 沒有涵蓋虛線（沒信心的 CI），其他各個樣本平均數所建立的 CI 都有涵蓋到 μ（有信心的 CI）。（值得注意的是，由於 μ 是未知參數，因此圖 6.6 當中的抽樣分配位置與平均數虛線只是表達猜測意思之示意圖。）

　　圖 6.5 與圖 6.6 當中的常態曲線為平均數抽樣分配，信心水準 $1-\alpha$ 是進行區間

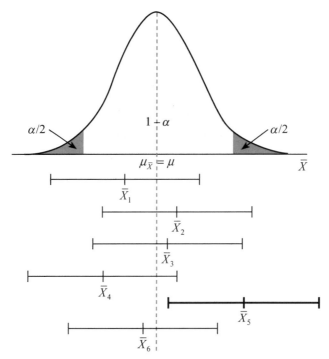

圖 6.6 信賴區間與母體平均數的關係圖示（列舉 6 次為例）

估計有信心正確估計母體平均數 μ 的數值範圍。信賴區間之外的估計錯誤機率為 α，兩側各為 $\alpha/2$。

6.4.1.2 信賴區間的定義

根據公式 6-8 可知，抽樣誤差的影響可由 $z_{\bar{X}}\sigma_{\bar{X}}$ 估計，而 $z_{\bar{X}}$ 表示抽樣分配上距離中心點幾個標準誤的位置，如果配合信心水準（$1-\alpha$）的設定，$z_{\bar{X}}$ 可改以 $z_{\alpha/2}$ 表示，反映抽樣分配上區分「有信心」與「無信心」的兩個臨界值（critical value; CV），可用來計算信賴區間的下限與上限。

$$LL = \bar{X} - z_{\alpha/2}\sigma_{\bar{X}} = \bar{X} - CR \qquad (6\text{-}13)$$

$$UL = \bar{X} + z_{\alpha/2}\sigma_{\bar{X}} = \bar{X} + CR \qquad (6\text{-}14)$$

以 $\bar{X}$ 對 μ 進行區間估計的通式如公式 6-15 所示，或以左右方框 [LL,UL] 表示。

$$(1-\alpha)CI : \bar{X} - z_{\alpha/2}\sigma_{\bar{X}} \leq \mu \leq \bar{X} + z_{\alpha/2}\sigma_{\bar{X}} \qquad (6\text{-}15)$$

一般在學術或實務應用，區間估計最常用的信心水準是 95%，亦即 $1-\alpha=.95$, $\alpha=.05$。如果採取比較低的信心水準，例如 $1-\alpha=.90$，估計錯誤率為 $\alpha=.10$；如果採取較高信心水準，例如 $1-\alpha=.99$ 或 .999，估計錯誤率 $\alpha=.01$ 或 .001。由於抽樣分配在足夠樣本數呈常態，因此在 $1-\alpha=.90$、.95、.99 所相對應的信賴區間為 1.645、1.96 與 2.58 倍的標準誤，因此母體平均數 μ 的區間估計的信賴區間可以表述如下：

$$\mu \text{ 的 90\% 信賴區間（90\% } CI\text{）：} \bar{X} - 1.645\sigma_{\bar{X}} \leq \mu \leq \bar{X} + 1.645\sigma_{\bar{X}} \quad (6\text{-}16)$$

$$\mu \text{ 的 95\% 信賴區間（95\% } CI\text{）：} \bar{X} - 1.96\sigma_{\bar{X}} \leq \mu \leq \bar{X} + 1.96\sigma_{\bar{X}} \quad (6\text{-}17)$$

$$\mu \text{ 的 99\% 信賴區間（99\% } CI\text{）：} \bar{X} - 2.58\sigma_{\bar{X}} \leq \mu \leq \bar{X} + 2.58\sigma_{\bar{X}} \quad (6\text{-}18)$$

舉一個運動場上的例子來看，如果某棒球隊教練記錄了某位投手在某場比賽中的 30 個直球，球速平均為每小時 115(km/hr)，標準差為 9(km/hr)。如果一

般投手直球球速的標準差為 10(km/hr)，請問這位投手直球平均球速的 95% *CI* 為何？此一問題的答案，先求出 $\sigma_{\bar{X}} = 10/\sqrt{30} = 1.826$，信賴度 $CR = z_{.025} \times \sigma_{\bar{X}}$ =1.96×1.826=3.579，或直接代入公式 6-17 求得各項數據：

$$115 - 1.96 \times 1.826 \leq \mu \leq 115 + 1.96 \times 1.826 \Rightarrow 115 - 3.579 \leq \mu \leq 115 + 3.579$$
$$\Rightarrow 111.422 \leq \mu \leq 118.579$$
$$\Rightarrow 95\% \; CI = [111.422, 118.579]$$

範例 6.1 某位研究所所長手中有 25 位研究所新生的年齡，平均數是 24 歲，標準差 2.5 歲。如果根據歷史資料得知一般研究所新生年齡的標準差是 2 歲，那麼從這 25 位學生的平均年齡推估一般研究所新生平均年齡的 95% *CI* 為何？

解答： 步驟一：計算標準誤：（已知 σ=2）

$$\sigma_{\bar{X}} = \frac{\sigma}{\sqrt{n}} = \frac{2}{\sqrt{25}} = \frac{2}{5} = 0.4$$

步驟二：進行信賴度估計：（常態 *z* 分配的 95% 區間臨界值： $z_{.025}$=1.96）

$$CR = z_{.025}\sigma_{\bar{X}} = 1.96 \times 0.4 = 0.784$$

步驟三：建立信賴區間：（信心水準 1–α=.95）

$$24 - 1.96 \times 0.4 \leq \mu \leq 24 + 1.96 \times 0.4 \Rightarrow 24 - 0.784 \leq \mu \leq 24 + 0.784$$
$$\Rightarrow 23.216 \leq \mu \leq 24.784$$
$$\Rightarrow 95\% \; CI = [23.216, 24.784]$$

6.4.2 平均數的區間估計（σ 未知）

前面所介紹的母體平均數區間估計，是利用標準常態分配的機率概念來進行，基本前提是抽樣條件明確（σ 已知）且呈常態分配，否則常態機率函數無法套用在估計過程中。如果母體標準差未知，必須利用樣本標準差來推估母體標準差，而樣本規模若未達 30 人，抽樣分配的常態性也可能會有疑慮，這些情況下都無法利用標準常態分配進行區間估計，必須改用 *t* 分配來進行區間估計。

6.4.2.1　*t* 分數轉換

　　t 分配是指 *t* 分數所形成的分配，就如同 *z* 分數是將隨機變數 *X* 經過 *z* 轉換得到，*z* 分數的分配稱為 *z* 分配，因此 *t* 分數也是將隨機變數 *X* 以相同公式進行 *t* 轉換得出，所不同的是母體標準差以樣本標準差代替，*t* 轉換公式如下：

$$t = \frac{X - \mu}{s} \tag{6-19}$$

　　如果統計量不是隨機變數 *X*，而是樣本平均數 $\overline{X}$，*t* 轉換將把 $\overline{X}$ 轉換成 $t_{\overline{X}}$，所形成的分配稱為樣本平均數的 *t* 抽樣分配（*t* sampling distribution of the sample means），簡稱 *t* 抽樣分配，轉換公式如下：

$$t_{\overline{X}} = \frac{\overline{X} - \mu_{\overline{X}}}{s_{\overline{X}}} = \frac{\overline{X} - \mu}{s_{\overline{X}}} \tag{6-20}$$

　　基於中央極限定理，*t* 抽樣分配的期望值 $\mu_{\overline{X}}$ 為母體期望值 μ，而 *t* 抽樣分配的標準差（標準誤）則由樣本標準差代替母體標準差，稱為估計標準誤（estimated standard error），以 $s_{\overline{X}}$ 表示，是標準誤的不偏估計值，亦即 $s_{\overline{X}} = \hat{\sigma}_{\overline{X}}$。

$$s_{\overline{X}} = \hat{\sigma}_{\overline{X}} = \frac{s}{\sqrt{n}} \tag{6-21}$$

　　若將公式 6-20 重新整理得到公式 6-22，亦即與先前 *z* 抽樣分配相同形式的估計式，可用於以 *t* 分配為基礎的區間估計運算，亦即以 $t_{\overline{X}} s_{\overline{X}}$ 來估計 μ 的區間範圍。

$$\mu_{\overline{X}} = \overline{X} - t_{\overline{X}} s_{\overline{X}} = \mu \tag{6-22}$$

6.4.2.2　*t* 分配

　　t 分數的機率分配模式最早是由一位英國釀酒廠工程師 Willam S. Gosset（1876-1937）於 1908 年推導得出，並以化名 Student 發表，因此又稱為 Student's *t*。原理如下：對於某隨機變數 *X* 的分配若呈常態，$X \sim N(\mu, \sigma^2)$，將 *X* 取 *z* 分數，除以調整項得到 *t* 分數，如公式 6-23。

$$t = \frac{z}{\sqrt{\dfrac{\chi^2_{(n-1)}}{v}}} \tag{6-23}$$

t 公式的調整項為取 z 分數平方（χ^2 值）除以自由度（v）開根號值，t 分配如同常態 z 分配為對稱分配，在自由度很大時呈現常態鐘形分配，但隨自由度降低而趨向於扁平。t 分配的期望值與變異數如公式 6-24 與 6-25 所示。

$$E(t) = 0 \tag{6-24}$$

$$Var(t) = \frac{v}{v-2} \tag{6-25}$$

所謂自由度（degree of freedom; df），是指一組數據在計算統計量的過程中，可以自由變動的數目，或者是說，在進行統計量的運算時，扣除用於計算過程所耗費的參數數目後，所剩餘的獨立觀察值的數量。

以最簡單的平均數估計為例，若某變數的平均數已知，n 個觀察值當中只有 $n-1$ 個自由變動的觀察值，$df=n-1$。例如當 $\bar{X}=5$ 且 $n=3$，若 $x_1=4$、$x_2=8$，第三個觀察值就必定是 $x_3=3$。亦即在 3 個觀察值中，只有 2 個觀察值可以自由變動，所耗費掉的一個自由度是我們所指定的平均數，此一數值成為限制觀察值變化數量的限制條件。在以 t 分數進行平均數估計的過程中，以樣本標準差估計母體標準差，損失一個自由度，故自由度為 $n-1$。

由變異數的期望式（公式 6-25）可以看出，t 分配的變異數隨著自由度的變化而變動，也就是說，t 分配的形狀會隨著自由度的變動而變動。當自由度越大，變異數越趨近於 1，也就是接近標準化常態分配；但當自由度越小，變異數越大於 1，也就是比標準化常態分配更趨於分散扁平，如圖 6.7 所示。t 分配的機率密度變化表，如附錄 B 所示。當自由度等於 30 時，t 統計量的分配即已經非常接近常態分配。

很明顯的，t 與 z 的不同除了以樣本標準差取代母體標準差，主要是 t 分配的機率分配函數會隨自由度的變化而不同，也就是說，t 分配不是「一個」分配，而是「一組」分配。當自由度在 30 以下，t 分配比 z 分配趨向平坦而往兩尾發散，自由度越低則越趨於平坦；當自由度在 30 以上且自由度上升時，t 分配則趨近於 z 分配。

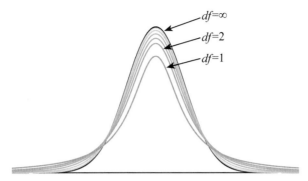

圖 6.7 不同自由度下的 t 分配圖示

6.4.2.3 以 t 抽樣分配為基礎的區間估計

當母體標準差未知且樣本數低於 30 時，無法計算 z 抽樣分配的標準誤，也無法使用標準常態分配來定義機率，替代的作法是使用 t 抽樣分配，進行區間估計的通式如公式 6-26。

$$(1-\alpha)CI : \bar{X} - t_{\alpha/2}s_{\bar{X}} \le \mu \le \bar{X} + t_{\alpha/2}s_{\bar{X}} \tag{6-26}$$

換言之，除了標準誤 $\sigma_{\bar{X}}$ 改為估計標準誤 $s_{\bar{X}}$ 之外，z 值順勢採用 t 值，其他關於區間估計的信心水準、信賴區間的設定方式與解釋方式均無不同。但由於利用 t 分配進行區間估計，必須考慮不同樣本數（不同自由度）下的機率函數的差別，相同的信心水準會有不同的上下限（$t_{\alpha/2}$），因此必須查出不同自由度下的上下限。

事實上，由於當 $n≥30$ 時，t 分配已趨近常態，樣本標準差與母體標準差也十分接近，因此以 t 或 z 分配進行估計所得到的結果相近，但是在 $n<30$ 時，t 分配較常態分配扁平，機率變化明顯不同於常態分配，因此必須使用能夠反映不同自由度下機率變化的 t 分配來進行估計。基本上，實務建議是一律採取 t 抽樣分配來進行區間估計，會得到較符合機率理論的穩健（robust）估計結果。

同樣的，以前述某投手投直球的數據為例，如果只知道他投了 30 顆直球的平均球速每小時 115(km/hr)，標準差為 9(km/hr)，但沒有球速母體標準差的資訊，如何回答這位投手直球平均球速的 95% 信賴區間？

由於 σ 未知，因此必須以 t 抽樣分配進行區間估計，抽樣分配的估計標準誤 $s_{\bar{X}}=9/\sqrt{30}=1.643$。進一步的，由於樣本數 $n=30$，t 分配自由度 $df=n-1=29$，查表得知 $t_{(.025,29)}$ 的雙側臨界值分別為 ±2.045，代入公式 6-26，得知 95% CI 的 $LL=111.64$、$UL=118.36$，$CIR=CR\times2=3.36\times2=6.72$，計算過程如下：

$$115 - 2.045 \times 1.643 \leq \mu \leq 115 + 2.045 \times 1.643 \Rightarrow 115 - 3.36 \leq \mu \leq 115 + 3.36$$
$$\Rightarrow 111.64 \leq \mu \leq 118.36$$
$$\Rightarrow 95\% \ CI = [111.64, 118.36]$$

範例 6.2 如果研究所所長手中掌握了 25 位研究所新生的年齡，得到平均數是 24 歲，標準差 2.5 歲。若母體標準差不詳，那麼以該所 25 位新生學生的平均年齡 24 歲估計一般研究所新生平均年齡的 95% *CI* 為何？

解答： 步驟一：計算標準誤：（σ 未知，求估計標準誤）

$$s_{\bar{X}} = \frac{s}{\sqrt{n}} = \frac{2.5}{\sqrt{25}} = \frac{2.5}{5} = 0.5$$

步驟二：進行信賴度估計：（ *t* 分配 95% 區間臨界值 $t_{(.025,24)} = 2.064$ ）

$$CR = t_{(\alpha/2, df)} \sigma_{\bar{X}} = 2.064 \times 0.5 = 1.032$$

步驟三：建立信賴區間：（信心水準 $1-\alpha = .95$ ）

$$24 - 2.064 \times 0.5 \leq \mu \leq 24 + 2.064 \times 0.5 \Rightarrow 24 - 1.032 \leq \mu \leq 24 + 1.032$$
$$\Rightarrow 22.968 \leq \mu \leq 25.032$$
$$\Rightarrow 95\% \ CI = [22.968, 25.032]$$

本範例可利用 EXCEL 的敘述統計功能來計算信賴區間，請參見本章最後的 EXCEL 小幫手。

6.5 比例（百分比）的區間估計

6.5.1 比例（百分比）數據的特性

前面所提到的估計，都是針對母體平均數的估計，因此僅適用於連續變數。對於離散型態的類別變數所得到的比例數據，必須另行估計標準誤來進行比例的信賴區間估計（estimation of confidence interval for the proportion），由於比例（proportion）通常以百分比或機率來表現，因此又稱為百分比或機率的區間估計。

例如民意調查中的支持意向調查，若有 3 位候選人，調查結果發現 40% 的人支持甲候選人，25% 的人支持乙候選人，10% 的人支持丙候選人，25% 的人未決定；或是 65% 的家長支持小學教英文，35% 反對。這些比例資料實則是柏努利試

驗進行 n 次嘗試的結果，柏努利試驗的兩種結果是指對於某一個選項進行「有」或「無」的兩種反應。「有」的機率表示為 p，「無」的機率表示為 q，而 $q=1-p$，兩者合計為 1.0。

以一個模擬的數據來看，若某校長調查家長對於 A、B、C 三種教科書版本的偏好態度，200 位家長在三種版本的選擇結果如下：

請問您支持使用哪一種版本的教科書？

□A 版本　　130（65%）　　⇒　　$p=.65$　$q=.35$

□B 版本　　40（20%）　　⇒　　$p=.20$　$q=.80$

□C 版本　　30（15%）　　⇒　　$p=.15$　$q=.85$

此時，調查得到的三個比例值：$p_A=.65$、$p_B=.20$、$p_C=.15$，如何對母體比例 π_A、π_B、π_C 進行區間估計呢？

值得注意的是，比例資料在計算 p 與 q 時，是以個別選項的反應為基礎，也就是受測者在每一個二分決策的選擇（與未選擇）的百分比，而不是以所有選項的整體百分比來計算。因此，當一個問題當中的選項為二時，兩個選項的機率恰好互補（第一個選項的 p 為第二個選項的 q，第二個選項的 p 為第一個選項的 q），因此對於兩個選項的估計使用同一個機率分配；但是如果選項超過兩個，那麼每一個選項與其他選項的機率即非互補，使得每一個選項必須使用不同的機率分配。

6.5.2　比例的抽樣分配

從機率的觀點來看，比例資料是柏努利試驗的結果，因此其抽樣分配是一種二項分配，當嘗試次數很大時，二項分配可用常態分配來近似，由於調查資料的樣本數通常成百上千，因此比例區間估計多以標準常態分配為基礎。

對於離散隨機變數 X 若有 k 個離散數值，每一個離散數值的母體比例若為 π，以 n 個觀察值所求得之樣本比例 p 的抽樣分配稱為比例抽樣分配（sampling distribution of the proportion），基於二項機率分配，抽樣分配的平均數（μ_p）與變異數（σ_p^2）如公式 6-27 與 6-28 所示。

$$\mu_p = E(\bar{X}) = \frac{n\pi}{n} = \pi \tag{6-27}$$

$$\sigma_p^2 = Var(\bar{X}) = \frac{n\pi(1-\pi)}{n^2} = \frac{\pi(1-\pi)}{n} \tag{6-28}$$

若母體比例 π 未知，母體變異數亦無法得知，必須使用樣本比例 p 來進行變異數的估計，得到比例估計標準誤（estimated standard error of the proportion; 以 s_p 表示），為比例抽樣分配標準差的估計數，如公式 6-29 所示。

$$s_p = \hat{\sigma}_p = \sqrt{\frac{p(1-p)}{n}} = \sqrt{\frac{pq}{n}} \tag{6-29}$$

6.5.3 比例的區間估計

基於中央極限定理，當 $n \geq 30$ 時，比例抽樣分配亦趨近常態分配，因此可以利用標準常態分配求出特定信心水準下的上下限值，進行樣本比例 p 去估計母體比例 π 的 $(1-\alpha)$ 區間估計，稱為漸進信賴區間（asymptotic confidence interval），如公式 6-30 所示。

$$(1-\alpha)CI : p - z_{\alpha/2}s_p \leq \pi \leq p + z_{\alpha/2}s_p \tag{6-30}$$

由於前述公式來自於機率的 Wald 檢定，因此又稱為華德信賴區間（Wald confidence interval）。如果樣本數偏低（$n<30$），仍應以自由度為 $n-1$ 的 t 分配臨界值 $t_{\alpha/2}$ 來定義信賴區間。但是不論是漸進於標準常態分配或 t 分配，僅有在 p 接近 0.5 時對於 π 會有穩定不偏的估計。當 p 接近 0 或 1 時，漸進法的區間估計偏誤會放大，例如當 $p=0$ 時，標準誤 $s_p=0$，但是抽樣誤差仍然存在，區間估計將失真。

為避免前述的偏誤問題，有各種修正方式。例如 Agresti 與 Coull（1998）提出樣本調整法，將 p 與 q 當中的人數各加 2，亦即全體人數加上 4（大約是 1.96^2），計算出調整後的 p 與 q 來建立調整華德信賴區間（adjusted Wald confidence interval）。此外，高階統計教科書會建議採用二項分配來建立臨界值，稱為精確信賴區間（exact confidence interval）（Clopper & Pearson, 1934）。如果是小樣本時，則建議採用 Wilson（1927）提出的分數信賴區間（score confidence interval），例如 R 軟體內建的 prop.test() 函數所得到的比例信賴區間就是採用 Wilson 公式求得。

$$\text{Wilson's } (1-\alpha)CI : \frac{\left(p + \frac{z_{\alpha/2}^2}{2n} \right) \pm z_{\alpha/2}s_p\sqrt{[p(1-p)+z_{\alpha/2}^2/4n]/n}}{1+z_{\alpha/2}^2/n} \tag{6-31}$$

事實上，如果樣本規模大，各種不同方法所得到結果都會近似於標準常態分配的 Wald 信賴區間。為了簡化比例區間估計的計算，以下範例將以一般基礎統計教科書所介紹的 Wald 漸進信賴區間來說明，在章末的 R 小精靈則示範 Wald、Exact、Wilson 等不同的估計策略。

■範例說明

以先前 200 位家長對於三種教科書版本的支持度的調查數據為例，回答 A、B、C 三種版本的比例標準誤分別為 .03373、.02828、.02525：

A 版本：$p = .65, q = .35$　　$s_p = \sqrt{(.65 \times .35)/200} = \sqrt{.00114} = .03373$

B 版本：$p = .20, q = .80$　　$s_p = \sqrt{(.20 \times .80)/200} = \sqrt{.00080} = .02828$

C 版本：$p = .15, q = .85$　　$s_p = \sqrt{(.15 \times .85)/200} = \sqrt{.00064} = .02525$

由標準誤的大小可知，越接近 .5 抽樣誤差越大，越接近 0 或 1 的機率抽樣誤差越小。進行 95% CI 區間估計分別為 A 版本：[.5839,.7161]、B 版本：[.1446,.2554]、C 版本：[.1005,.1995]，計算過程如下：

A 版本：$p \pm z_{\alpha/2} s_p = .65 \pm 1.96 \times .03373$　　$.5839 \le \pi_A \le .7161$

B 版本：$p \pm z_{\alpha/2} s_p = .20 \pm 1.96 \times .02828$　　$.1446 \le \pi_B \le .2554$

C 版本：$p \pm z_{\alpha/2} s_p = .15 \pm 1.96 \times .02525$　　$.1005 \le \pi_C \le .1995$

由於 A 版本的 95% CI 與其他兩個版本的 95% CI 沒有重疊，表示 B 版本與 C 版本的母體比例在 A 版本的母體比例的「在誤差範圍外」，可解釋為 A 版本的母體比例明顯高於其他兩者的母體比例。相對之下，B 版本與 C 版本的兩者的母體比例信賴區間存在重疊區間，因此兩個母體比例的差異「在誤差範圍內」，而無法確知高低。

範例 6.3　某民意調查公司以電話訪問臺灣地區 18 歲以上的 1,000 位成人，對於是否贊成於離島設置賭場的看法，結果有 40% 贊成、60% 反對，此時全臺灣地區 18 歲以上的成人對於離島設置賭場意見的 95% 區間估計為何？

解答：　步驟一：計算比例的抽樣標準誤 s_p

$$s_p = \hat{\sigma}_p = \sqrt{\frac{pq}{n}} = \sqrt{\frac{.4 \times .6}{1000}} = .0155$$

步驟二：進行信賴度估計：（n 很大，可利用常態 z 分配，95% 區間
臨界值 $z_{.025}=1.96$）

$$CR = z_{\alpha/2}\sigma_p = 1.96 \times 0.0155 = 0.0304$$

步驟三：建立信賴區間：（信心水準 $1-\alpha=.95$）

$$.4 - 1.96\sqrt{\frac{.4 \times .6}{1000}} \leq \pi \leq .4 + 1.96\sqrt{\frac{.4 \times .6}{1000}} \quad \Rightarrow .4 - 0.0304 \leq \pi \leq .4 + 0.0304$$
$$\Rightarrow .37 \leq \pi \leq .43$$
$$\Rightarrow 95\% \ CI = [.37, .43]$$

由數據可知，在 95% 的信心水準下，臺灣 18 歲以上民眾有 37% 到 43% 的人贊成在離島設置賭場。另一種說法是，「臺灣 18 歲以上民眾有 40% 的人贊成在離島設置賭場，在 95% 信心水準下的抽樣誤差為正負 3 個百分點。」我們一般在坊間常常聽到的「抽樣誤差為正負 3 個百分點」，其實就是區間估計的信賴區間的概念。

EXCEL 小幫手

如何使用 EXCEL 來執行平均數的區間估計

1. 建立資料檔案（範例 6.2），點選「資料」→「資料分析」，選擇「敘述統計」

2. 決定分析內容與條件

(1) 選擇輸入範圍：利用滑鼠框選包含變數的名稱與資料的欄位。

(2) 選擇標記：因為類別軸標記在第一列，因此必須勾選。

(3) 輸出選項：勾選摘要統計與平均數信賴度 95%。

3. 得出結果

age		injob	
平均數	24	平均數	0.36
標準誤	0.5	標準誤	0.098
中間值	23.5	中間值	0
眾數	25	眾數	0
標準差	2.500	標準差	0.490
變異數	6.250	變異數	0.240
峰度	-0.301	峰度	-1.762
偏態	0.593	偏態	0.621
範圍	9.5	範圍	1
最小值	20.5	最小值	0
最大值	30	最大值	1
總和	600	總和	9
個數	25	個數	25
信賴度(95.0%)	1.0320	信賴度(95.0%)	0.2022

(1) 摘要統計當中的最後一橫列就是信賴度 $CR=1.032$，年齡變數（age）的母體平均數 95% $CI= 24 \pm 1.032=[22.968, 25.032]$。

(2) 是否在職（injob）（二分變數）的母體比例 95% $CI=.36 \pm .2022=[.1578, .5622]$。

注意：此一結果不是以公式 6-30 的 Wald' CI 求得，而是將二分變數視為連續變數，以公式 6-15 求得的近似值。

(3) 如果要以公式 6-30 求得母體比例的 Wald's 95% CI，可以利用 EXCEL 來計算：Wald's 95% $CI=.36 \pm .1882=[.1718, .5482]$。

Computation of p's CI	
n=	25
p=	0.36
1-p=	0.64
SE=	0.096
CI=	0.1882
Lower=	0.1718
Upper=	0.5482

R 小精靈

使用 R 來進行區間估計

一、母體平均數的區間估計

在 R 軟體計算母體平均數的區間估計，可以使用 BSDA 套件的 z 檢定函數（母體標準差已知）與內建函數 t 檢定（母體標準差未知）來獲得，或自行建立公式來計算，語法與結果如下：

```
> # Chapter 06: Interval estimation
> library(openxlsx)
> data = read.xlsx("Ch06EXCEL.xlsx", 1)   #使用openxlsx讀取工作表1
>
> # CI of mean using z-test
> # install.packages("BSDA")   如未安裝必須先行下載
> library(BSDA)
> # 利用單樣本z-test計算95%CI比較值mu輸入0母體標準差已知為2
> z.test(data$age, mu=0, sigma.x=2,conf.level=.95)


        One-sample z-Test

data:  data$age
z = 60, p-value < 2.2e-16
alternative hypothesis: true mean is not equal to 0
95 percent confidence interval:
 23.21601 24.78399
sample estimates:
mean of x
    24
> # CI of mean using t-test
> # 利用單樣本t-test計算95%CI比較值mu輸入0母體標準差未知
> t.test(data$age, mu=0, conf.level=.95)


        One Sample t-test
data:  data$age
t = 48, df = 24, p-value < 2.2e-16
alternative hypothesis: true mean is not equal to 0
95 percent confidence interval:
 22.96805 25.03195
sample estimates:
mean of x
    24
```

```
> # CI of mean using z formula
> sigma= 2                           #母體標準差
> mean = mean(data$age)              #平均數
> sd   = sd(data$age)                #標準差
> n    = length(data$age)           #樣本數
> SE_z = sigma/sqrt(n)              #母體標準差已知的標準誤
> CR_z = qnorm (0.975)*SE_z         #母體標準差已知的95%信賴度
> lower_z= mean-CR_z                #下限(Lower confidence limit)
> upper_z= mean+CR_z                #上限(Upper confidence limit)
> CI_z = c(lower_z, upper_z)
> CI_z

[1] 23.21601 24.78399

> # CI of mean using t formula
> SE_t = sd/sqrt(n)                 #母體標準差未知的標準誤
> CR_t = qt(0.975, n-1)*SE_t        #母體標準差未知的95%信賴度
> lower_t= mean-CR_t                #下限(Lower confidence limit)
> upper_t= mean+CR_t                #上限(Upper confidence limit)
> CI_t = c(lower_t, upper_t)
> CI_t

[1] 22.96805 25.03195
```

二、母體比例的區間估計

在 R 軟體計算母體比例的區間估計也可以直接用公式來計算，如果以內建函數 prop.test 將得到 Wilson *CI*。若安裝 Hmisc 套件則可以獲得 Wald、Exact、Wilson 三種區間估計結果，語法與結果如下：

```
> # Interval Estimation of population proportion
> library(openxlsx)
> data = read.xlsx("Ch06EXCEL.xlsx", 1)    #使用openxlsx讀取工作表1
> p = mean(data$injob)               #計算injob回答1的比例亦即平均數
> n = length(data$injob)             #計算injob樣本數
> x = p*n                            #計算injob回答1的次數
>
> # CI of proportion using Wald formula
> SE = (p*(1-p)/n)^.5
> WaldCI=p+c(-1,1)*1.96*SE
> WaldCI

[1] 0.17184 0.54816
```

```
> # CI of proportion using Wilson formula in prop.test function
> prop.test(x,n,conf.level=.95, correct=FALSE)

        1-sample proportions test without continuity correction

data: x out of n, null probability 0.5
X-squared = 1.96, df = 1, p-value = 0.1615
alternative hypothesis: true p is not equal to 0.5
95 percent confidence interval:
 0.2024788  0.5548150
sample estimates:
 p
0.36

> # CI of proportion using Hmisc library
> library(Hmisc)                       # 安裝install.packages("Hmisc")
> binconf(x, n, alpha=.05, method="all")  # 求取所有的CI估計結果

           PointEst    Lower         Upper
Exact        0.36     0.1797168     0.5747937
Wilson       0.36     0.2024788     0.5548150
Asymptotic   0.36     0.1718435     0.5481565
```

本章重要概念

樣本 sample	平均數的抽樣分配
母體 population	sampling distribution of means
抽樣 sampling	抽樣誤差 sampling error
簡單隨機抽樣 simple random sampling	標準誤 standard error
系統隨機抽樣 system random sampling	自由度 degree of freedom; df
分層隨機抽樣 stratified random sampling	參數估計 parameter estimation
集群隨機抽樣 cluster random sampling	點估計 point estimation
非隨機抽樣 non-random sampling	區間估計 interval estimation
母體分配 population distribution	信心水準 level of confidence
樣本分配 sample distribution	信賴度 confidence range; CR
抽樣分配 sampling distribution	信賴區間 confident interval; CI
中央極限定理 central limit theorem	

課後習作

一、統計老師喜歡用不同的點名方式來問問題，請回答下列問題：

1. 老師用亂數表隨機抽出學生來問問題，這是何種抽樣方式？

2. 老師以上課當天的日期個位數來出發，每隔 5 號抽一位來問問題，這是何種抽樣方式？

3. 由於班上男女比例不均（1 比 4），老師隨機抽到一位男生後就會隨機抽四位女生來問問題，這是何種抽樣方式？

4. 由於班上同學分成 10 組做作業，老師隨機抽出一組後，從中隨機抽一位來問問題，這是何種抽樣方式？

5. 前述各種抽樣方式在何種情況下，會發生不隨機的狀況？試討論之。

二、全民健康保險的業務資料顯示，臺灣民眾使用某種特殊醫療資源的年齡平均數為 50 歲，標準差為 6 歲。某大型醫院某個月使用該項醫療資源共有 16 位病患，平均年齡為 54 歲，標準差為 9 歲。請利用前述資料回答下列問題：

1. 母體分配為何？其平均數與標準差為何？

2. 樣本分配為何？其平均數與標準差為何？

3. 抽樣分配為何？其平均數與標準差為何？

4. 這三種分配有何關係？哪一個最可能符合常態分配？

5. 中央極限定理與哪一種分配有關？

三、某大型醫院所服務的社區民眾年齡偏高，被地方政府視為高齡社區，某個月使用某特殊醫療資源共有 16 位病患，平均年齡為 54 歲，標準差為 9 歲。請回答下列問題：

1. 假設母體的標準差為 6 歲。以該院該月的病患的年齡數據，推論高齡社區民眾使用該醫療資源的年齡的 95% 信賴區間為何？

2. 假設院長認為母體資料不能作為「高齡社區」的母體資訊，亦即母體狀態不明，此時前一題的 95% 信賴區間為何？

3. 如果該院累積了一年得到 160 位病患的年齡資料，平均仍為 54 歲，標準差亦為 9 歲。那麼前兩題 95% 信賴區間各為何？

4. 請討論前述四個信賴區間的異同。

四、某醫院院長仔細察看使用某特殊醫療資源的 160 位病患的資料後發現，男性占了 80%，性別比例似乎非常不均衡，請問以該院資料推論高齡社區民眾使用該醫療資源的性別比例的 95% 信賴區間為何？

Chapter 7

假設檢定原理

📈 7.1 前言

在前一章中，我們介紹了「抽樣」這個推論統計的重要基本概念，討論為何凡抽樣必有誤差，以及如何利用抽樣誤差來進行「參數估計」。如果瞭解了這些概念與方法，市場調查人員就可以從一群受訪者的意見來推知社會大眾的普遍看法（比例的區間估計），統計老師也就可以從班上學生的學習表現去推知當今大學生的學習狀況（平均數的區間估計），學者專家更得以利用樣本統計量去推估各種重要的參數（例如降雨量、經濟表現、學業成就水準等）。但是，如果只擁有抽樣與估計的知識與技術仍不足以協助我們面對問題、進行決策，尤其是當我們心中有許多問號時，要如何利用手中的數據，以統計方法來進行是非對錯的判斷與決策呢？

舉一個最簡單的例子，任何一瓶飲料都會標示淨重，但是裡面所裝填的容量真如標示所說嗎？常喝無糖綠茶的你決定要進行一項實驗，實際去買一些來測量裝填情形，計算平均裝填容量來回答「市售的 300ml 無糖綠茶是否如實裝填」這個研究問題，可能的結果有兩個：

➲ 結果一：如實裝填。以 $\mu=300$ 表示。
➲ 結果二：不實裝填。以 $\mu \neq 300$ 表示。

這裡的希臘符號 μ 表示「市售 300ml 無糖綠茶裝填容量」的期望值，也就是母體平均數。

由於你曾經學習過抽樣，懂得抽樣必須要有隨機性，因此在不同日期的不同時間到不同便利商店買了 30 瓶同一款標示為 300ml 的無糖綠茶，然後利用實驗室裡的精密儀器測量每一瓶綠茶的淨重，得到平均值是 295ml，也就是比標示容量 300ml 少了 5ml，此時，你會做出什麼結論呢？

從數學上來看，差了 5ml 就是比標示容量來得少，因此可以判定標示不實，亦即結果二成立。但是從統計的角度來看，相差 5ml 未必就「真的」有問題，因為要考慮抽樣誤差的影響。此時，如果我們計算得到標準誤為 3ml，那麼抽樣得到的 30 瓶綠茶所得到的平均容量與標示容量差距和標準誤的比值為：5/3=1.667，亦即「1.667 倍的標準誤」，根據統計檢定判定原理，如果這個比值沒有達到 1.96，結論將會是「如實裝填」，也就是結果一成立。

換言之，對於一個研究問題的檢驗，數學意義與統計意義是不同的概念，數學不談誤差，但統計重視誤差。不僅如此，統計更講究程序，例如你必須先提出研究問題，寫下可能的結果作為待檢驗的假設，然後進行抽樣與測量，基於一定的準則來評估樣本資訊是支持哪一個假設，此一過程，稱為假設檢定（hypothesis testing），而前面提到的兩個「可能的結果」一個稱為虛無假設（如實裝填），另一個則稱為對立假設（不實裝填），兩個假設中若接受了其中一個，另一個就自動不成立，這就是統計假設檢定的結論表達方式。其統計原理主要是建立在前幾章所介紹的機率分配與抽樣理論的概念之上，本章則進一步將其延伸到統計決策上的應用，並提出五個具體步驟，其中包含許多重要概念，將逐一介紹。

步驟一：發展假設
步驟二：評估抽樣條件
步驟三：決定檢定條件
步驟四：計算檢定量
步驟五：進行決策與解釋

7.2 統計假設

什麼是假設（hypothesis）？在學術界有多種不同的定義方法，從研究設計的角度來看，假設是指「研究者對於所關心的現象或問題所抱持的觀點或信念」，或是「研究者對於研究問題所提出有待驗證的假設性看法」，因此又稱為研究假設（research hypothesis）。

從統計的角度來看，假設是關於變數之間關係的陳述（statement），通常可利用統計符號與數學等式來加以表述，稱為統計假設（statistical hypothesis）。統計假設當中應包含「變數」（variable）與「關係」（relationship）兩個主要元素。變數的數目可能只有一個，也可能有兩個或更多，因此可區分為單變量與多變量假設。若論其角色與功能，則有虛無假設與對立假設之分，以下逐一說明。

7.2.1 單變量與多變量假設

顧名思義，單變量假設（univariate hypothesis）只涉及一個變數的關係。例如「無糖綠茶容量為 300ml」。此一假設當中只有「容量」一個變數，而這個變數的關係是「等於 300ml」。

由於單變量假設當中只有一個變數，因此若要以統計符號來表述「無糖綠茶容量為 300ml」，可表述如下：

$$\mu = 300$$

上述帶有母體參數（μ）的數學關係式說明了：我們期望該種無糖綠茶的裝填容量為 300ml，也就是該容量的母體平均數是 300ml。

多變量假設（multivariate hypothesis）涉及兩個或更多變數的關係。例如喝酒會影響駕駛對交通號誌的反應時間，此一假設可寫成更具體的陳述：「酒駕者與未酒駕者對號誌反應時間不同」，假設當中的變數有二：「酒駕與否」與「反應時間」，其中「酒駕與否」被區分為「是」、「否」兩種狀況，因此是一個質性（類別）變數，「反應時間」以秒來計算，因此是一個量化（連續）變數，此一假設是在比較連續變數是否具有組間差異的差異性假設，統計假設表述如下：

$$\mu_1 \neq \mu_2$$

上述統計假設是把連續變數的母體期望值以 μ 表示，另一個類別變數由於帶有兩組（水準數為二），因此分別以 1 與 2 表示兩個不同母體：

- μ_1：酒駕者的號誌反應時間期望值
- μ_2：無酒駕者的號誌反應時間期望值

兩者的關係是「不同」，因此以「$\neq$」表示兩個變數的關係。如果兩個變數都是連續變數，例如「喝酒的量越多，號誌反應時間越長」，此一假設不是在比較組間差異，而是說明「喝酒數量」與「反應時間」兩個連續變數具有正相關，因此需要利用相關係數的母體參數符號（ρ）來表述統計假設：

$$\rho > 0$$

上述假設表示兩個變數的相關大於零（亦即正相關）。如果再增加一個變數「喝完酒的時間」，前述假設可改變為：「喝酒的量越多，以及喝完酒的時間越近，對於號誌反應時間越長」，此時就是具有三個變數的假設關係。

多變量的統計假設由於變數關係複雜，假設表示方式會因為所使用的統計方法的不同而不同，甚至無法利用統計等式來描述假設，可直接以文字來說明假設的內容與關係。我們將在後續章節介紹多變量假設下的統計檢定方法。

在第二章中我們曾經介紹了不同類型的變數，因此，對於變數關係的假設陳述與統計檢定，必須考量到變數的類型。應以何種統計程序來檢驗假設真偽，取決於變數的性質與關係的形式。只要研究者可以掌握「變數」是哪一種變數（到底是類別變數或連續變數），「關係」是哪一種關係（例如是組間差異還是線性關係），配合本章與後續各章所介紹的檢驗程序，就可以清楚決定統計檢定的方法，順利執行假設檢定。

7.2.2 虛無假設與對立假設

　　研究者所關心的假設是以一組描述變數關係的陳述句來形容，在統計假設檢定中，假設則以統計術語來表示。進一步的，在假設檢定的過程中，為了明確說明統計假設的性質與立場，會進一步區分為虛無假設與對立假設。例如「無糖綠茶容量是 300ml」是一種立場、「無糖綠茶容量不是 300ml」則是另一種立場，兩者完全互斥（mutually exclusive），只有一種立場會成立，分別表述如下：

$$H_0：\mu = 300$$
$$H_1：\mu \neq 300$$

　　H_0 稱為虛無假設（null hypothesis），H_1 為對立假設（alternative hypothesis）。所謂「虛無」（英文的 null）就是「空」、「無」，是指假設的敘述當中不具備特殊關係，如同俗語所說「沒有什麼特別」；相對之下，對立假設的「對立」一詞就是指相對於虛無假設具有特殊關係，如同俗語所說「真的有什麼特別」。

　　如果是雙變量的差異比較假設，例如「酒駕者與未酒駕者對號誌反應時間不同」，此一假設主張酒駕與否的號誌反應時間「不同」，是一種「真的有什麼特別」的特殊關係；相對之下，「沒有什麼特別」的虛無假設應為「酒駕者與未酒駕者對號誌反應時間相同」，因此，此一雙變量假設 H_0 與 H_1 表述如下：

$$H_0：\mu_1 = \mu_2$$
$$H_1：\mu_1 \neq \mu_2$$

　　H_0 與 H_1 兩種假設構成了兩種互斥與對立的狀態，在數學關係符號的表現上也是如此：如果 H_0 中的數學等式符號是「＝」，H_1 中的符號即為「≠」；如果 H_0 是使用「≤」，H_1 即為「＞」；如果 H_0 使用「≥」，H_1 為「＜」。綜合而言，數學等號必然存在於 H_0，相對之下，H_1 只使用「≠」、「＜」、「＞」三者之一。

　　虛無與對立假設之所以標示為 H_0 與 H_1，主要是因為習慣上我們將「沒什麼」的保守說法以 0 表示，把「有什麼」的特殊說法以 1 表示，這好比世界人權宣言第 11 條第 1 項的無罪推定原則（presumption of innocence），意指「未經審判證明有罪確定之前，優先推定被控告者無罪」，也就是除非證明他人有做什麼，否則我們都應假定他人沒有做什麼。

　　在統計上也採取相同的立場，除非我們擁有證據證明 H_1 具有統計意義，否則一律先假定 H_0 成立，亦即「保留 H_0」或「接受 H_0」。但如果假設檢定顯示抽

樣所得到統計量具有特殊性，亦即該抽樣統計量不屬於 H_0，研究者即可「拒絕 H_0」，而且基於假設互斥原理，抽樣統計量不屬於 H_0，即屬於 H_1，因此會敘述為「拒絕 H_0、接受 H_1」。

7.2.3 虛無假設分配與對立假設分配

基本上，H_0 與 H_1 分別代表一種母體狀態，各自有其機率分配，而且假設檢定是由樣本統計量來進行檢定，因此 H_0 與 H_1 的機率分配都是抽樣分配：H_0 的抽樣分配稱為虛無假設分配（null hypothesis distribution；簡稱 H_0 分配），H_1 的抽樣分配稱為對立假設分配（alternative hypothesis distribution；簡稱 H_1 分配），H_0 分配與 H_1 分配獨立存在，各自的機率總和（樣本空間）為 1.00。

以 H_0：μ=300 為例，表示 H_0 分配是期望值為 300 之抽樣分配；以 H_1：$\mu \neq 300$ 為例，表示 H_1 分配為期望值不是 300 之抽樣分配。很明顯的，H_0 分配為期望值有明確指出數值，但 H_1 分配的期望值則為一個範圍而無明確數值。因此在繪製假設檢定的圖示時，僅能明確畫出 H_0 分配的期望值（母體平均數），而無法畫出 H_1 分配位置，因為沒有明確的分配期望值（母體平均數）。也因此，在執行假設檢定的過程中，僅會畫出 H_0 分配的機率分配曲線（例如 z 分配或 t 分配），但無法繪製 H_1 分配。

至於 H_0 分配與 H_1 分配的變異情形仍由標準誤來反映，標準誤數值由中央極限定理推導。由於 H_0 分配與 H_1 分配為同屬於一個抽樣程序的兩種假設狀態，共享相同的抽樣條件（例如有相同的樣本量與標準誤），因此 H_0 分配與 H_1 分配的標準誤都取相同的數值。

7.2.4 單尾假設與雙尾假設

由於 H_0 與 H_1 反映的是研究者所關心的研究課題為何，因此隨著研究者關心的問題不同，假設的內容與形式也就會有所不同。其中常見的不同是方向性（directive）的單尾假設與無方向性（non-directive）的雙尾假設兩種對比。

以「無糖綠茶容量是 300ml」為例，H_0：μ=300，表示母體期望值為 300，對立假設是「無糖綠茶容量不是 300ml」，H_1：$\mu \neq 300$，表示母體期望值不是 300，然而「不是 300」可能是高於 300、也可能低於 300，兩邊都有，因此是一種雙尾假設（two-tailed hypothesis），對立狀態並沒有方向性。

相對之下，如果研究者認為廠商裝填綠茶時不可能多給消費者，只會少給，亦即對立主張是「無糖綠茶容量低於 300ml」，H_1：$\mu < 300$，此時稱為單尾假設

（one-tailed hypothesis），而且因為對立假設當中所使用的關係符號是「<」，表示對立的狀態所關心的是分配的左尾（低分端），因此稱為左尾假設。

當然，有左尾假設的表述法，就會有右尾假設的表述法。例如當對立狀態所關心的是「無糖綠茶容量高於 300ml」，$H_1：\mu > 300$，亦即廠商裝填綠茶時很大方，只會多給不會少給，特殊狀態只會發生在高分端，此時就是右尾假設，三種假設狀態列舉如下：

雙尾假設（無方向性）	單尾假設（方向性）	
	左尾假設	右尾假設
$H_0：\mu = 300$	$H_0：\mu_1 \geq 300$	$H_0：\mu_1 \leq 300$
$H_1：\mu \neq 300$	$H_1：\mu < 300$	$H_1：\mu > 300$

再以「酒駕者與未酒駕者對號誌反應時間不同」這個假設來說明，此一對立假設表示酒駕者的反應時間可能高於未酒駕者、也可能低於未酒駕者，亦即兩個母體期望值不同：$H_1：\mu_1 \neq \mu_2$，但沒有方向性，因此是一個雙尾對立假設。但很明顯的，喝了酒當然會造成神經麻痺而降低人類的判斷能力，對於交通號誌的反應時間只會比較長，不會比較短，所以研究者的對立主張應該只關心右尾，$H_1：\mu_1 > \mu_2$，而非左尾，此時就應該以右尾假設進行統計決策。

雙尾假設（無方向性）	單尾假設（方向性）	
	左尾假設	右尾假設
$H_0：\mu_1 = \mu_2$	$H_0：\mu_1 \geq \mu_2$	$H_0：\mu_1 \leq \mu_2$
$H_1：\mu_1 \neq \mu_2$	$H_1：\mu_1 < \mu_2$	$H_1：\mu_1 > \mu_2$

單雙尾假設除了表述形式不同，在統計決策時機率比較方式也不同。兩種假設所對應的統計機率，分別稱為單尾機率（one-tailed probability）與雙尾機率（two-tailed probability），應用雙尾機率所進行的統計考驗稱為雙尾檢定（two-tailed test），應用單尾機率所進行的統計考驗稱為單尾檢定（one-tailed test）。

值得注意的是，單尾檢定的「單尾」是取左尾還是右尾，取決於對立假設的>或<的符號方向。例如當對立假設採取「<」立場時（對立假設帶有<符號時），稱為左尾檢定；相對的，當對立假設採取「>」立場時（對立假設帶有>符號時），稱為右尾檢定。

對於單尾與雙尾假設的使用時機如何決定，最基本的回答方式是端視研究者的研究問題與研究設計而定。當研究者關心的問題顯而易見的具有方向性，即採取單尾假設；當研究者關心的問題並無方向性可言，即採取雙尾假設。但很明顯的，這

種判斷方式過於主觀，因此，有無方向性的決定，應同時提出理論文獻作為支持，以提高說服力與客觀性。換言之，研究者在發展研究假設時，除了關心假設的內容之外，也應兼顧方向性的探討，提出合理的說明，以提高研究的嚴謹性與客觀性，更重要的是可以減少統計決策上的錯誤。

值得一提的是，在假設檢定中，採用雙尾檢定或單尾檢定所得到的統計結論可能有所不同。從檢定的結果來看，要拒絕雙尾假設的 H_0 相對上比較不容易，要拒絕單尾假設的 H_0 相對上比較容易。因此可以說，雙尾假設比較保守而嚴格，相對之下，單尾假設顯得比較特定而寬鬆。因此，如果沒有充分的理論文獻支持，或是沒有合理的推論邏輯，那麼應採雙尾設計，此時研究者能夠「保留一個正確無誤的 H_0 的可能性較高」或「錯誤地拒絕一個正確無誤的 H_0 的可能性較低」，在統計學上稱此種結論為相對較為嚴謹的結果。我們將在後續的章節討論這個觀念。

📈 7.3 檢定量

檢定統計量（test statistic）（簡稱為檢定量），是指將樣本統計量以特定數學關係加以轉換所得到的新統計量，使之得以用於統計決策，因此稱為檢定量。例如 z 分數形式的檢定量稱為 z 檢定量（z test statistic）；t 分數形式的檢定量稱為 t 檢定量（t test statistic）。這兩種檢定量常用於平均數的檢定，本章先加以介紹討論，其他檢定量則在後續章節介紹。

7.3.1 z 檢定量

在先前的章節中，我們曾經介紹過標準分數 z，其原理是將變數觀察值減去平均數除以標準差，得到「距離平均數幾個標準差」的轉換量數，稱為 z 轉換（z-transform）。在本章中，我們則是將 z 轉換的概念應用於假設檢定，主要的程序就是將樣本統計量基於其所屬的抽樣分配進行 z 轉換，得到該樣本統計量的 z 分數，亦即「距離期望值幾個標準誤」，藉以進行假設是否成立的判斷：

$$z_{obt} = \frac{\bar{X} - \mu}{\sigma_{\bar{X}}} = \frac{\bar{X} - \mu}{\frac{\sigma}{\sqrt{n}}} \tag{7-1}$$

符號中的 obt 表示是計算獲得（obtained）的數值，$\sigma_{\bar{X}}$ 為平均數抽樣分配的標準誤。如果抽樣分配呈常態，則 $z_{obt} \sim N(0,1)$，亦即 z_{obt} 的分配為平均數等於 0、變

異數及標準差為 1 的標準常態分配，因此利用 z 檢定量所進行的假設檢定的 z 檢定（z-test），又稱為常態離散檢定（normal deviate test）。

例如今天有某系 100 位學生的智力平均 129 分、標準差 14 分，如果要檢驗該系學生是否為一般大學生智力母體（μ=125, σ=16）的一個隨機樣本，假設如下：

$$\begin{cases} H_0 : \mu = 125 \\ H_1 : \mu \neq 125 \end{cases}$$

由題意與假設可知，此一檢定是一個雙尾考驗（因為 H_1 當中是「$\neq$」關係），智力測驗的標準差 σ=16，樣本數 $n \geq 30$，因此抽樣分配條件明確且可假設呈常態。基於中央極限定理，平均數抽樣分配標準誤為 $16/\sqrt{100} = 1.6$，z_{obt} 計算如下：

$$z_{obt} = \frac{\overline{X} - \mu}{\sigma / \sqrt{n}} = \frac{129 - 125}{16 / \sqrt{100}} = \frac{4}{1.6} = 2.5$$

7.3.2 　t 檢定量

在先前的章節中，曾經說明如果母體標準差 σ 不詳，無法計算抽樣標準誤，替代方法是利用樣本標準差 s 來代替 σ，進行估計抽樣標準誤的計算，此時所進行的標準化轉換雖然也是將樣本統計量（例如平均數 $\overline{X}$）基於其所屬的抽樣分配進行檢定量計算，但所得到的檢定量並不服從標準常態分配，而是服從自由度為 n–1 的 t 分配，因此稱為 t 檢定量（t test statistic）：

$$t_{obt(df)} = \frac{\overline{X} - \mu}{s_{\overline{X}}} = \frac{\overline{X} - \mu}{\dfrac{s}{\sqrt{n}}} \tag{7-2}$$

由於 t 分配在不同自由度的情況下機率分配不同，因此 t 檢定量的表述通常會帶有自由度數值 $t_{(df)}$，以利判讀該檢定量的分配狀態。

以前述的某系 100 位學生智力分配為 129 分、標準差為 14 分的範例來看，如果智力分數的母體標準差不詳，無法計算抽樣分配標準誤，可利用樣本標準差來代替母體標準差，計算檢定量 t_{obt} 如下：

$$t_{obt(99)} = \frac{\overline{X} - \mu}{s / \sqrt{n}} = \frac{129 - 125}{14 / \sqrt{100}} = \frac{4}{1.4} = 2.857$$

由於 t 檢定量的機率分配能夠隨著不同的自由度進行精確估計，因此如果某項

研究的母體標準差即使已知（可計算標準誤 $\sigma_{\bar{x}}$），但研究樣本數低於 30，存在著抽樣分配可能非常態的疑慮，此時可以藉由使用 t 檢定量來進行 t 檢定，確保檢定力不至於流失，因此 t 檢定量被視為穩健統計量（robust statistic）。換言之，當母體標準差不詳，或樣本數未達 30，都建議採取 t 檢定。

一旦計算出檢定量之後，即可進行統計假設何者成立的判斷，此時涉及統計檢定法則的運用，以及尾機率、臨界值、拒絕區、統計顯著性等重要的假設檢定概念，這些程序、觀念以及實際的計算範例在下一節介紹。

7.4 統計檢定法則

7.4.1 尾機率法則

在假設檢定中，z 檢定量服從標準常態分配，t 檢定量服從 t 分配。當某一個抽樣數據的檢定量計算得出後，該檢定量在抽樣分配上的累積機率或尾機率值（以 p 表示）也可以計算得出，利用此一尾機率值來判斷檢定量的統計意義，稱為尾機率法則（p-rule）。

7.4.1.1 尾機率的意義與判定原則

所謂尾機率（tailed probability），是指在一個機率分配上，比某個隨機變數觀察值更極端的機率。由於構成尾機率的事件分布在抽樣分配的尾端而非中央部分，因此稱為「尾部」機率。若 p 為尾機率值，則非尾機率的部分為（$1-p$）。

如果以假設檢定的術語來說，檢定量的尾機率，是指某個檢定量在抽樣分配上，比該檢定量更極端的事件機率。當檢定量絕對值越大，表示檢定量距離抽樣分配的期望值（平均數）越遠，此時尾機率 p 越小（朝 0.00 接近），亦即比該檢定量更極端的事件越少；相反的，當檢定量絕對值越小，表示檢定量距離抽樣分配的期望值（平均數）越近，此時尾機率 p 越大（朝 1.00 接近），亦即比該檢定量更極端的事件越多。如果是雙尾機率檢定時，尾機率分布於抽樣分配的兩側尾端（圖 7.1(b)）；如果是單尾機率檢定時，尾機率分布於抽樣分配的右側或左側（如圖 7.1(a) 與圖 7.1(c)）。

當某個檢定量 z_{obt} 越接近 H_0 分配的中心點（期望值）時，p 很大，亦即比 z_{obt} 更極端的事件越多；反之，當 z_{obt} 越大，離開 H_0 分配期望值的位置越遠，p 很小，亦即比 z_{obt} 更極端的事件越少。

尾機率法則的判斷方式如下：當極端事件機率（檢定量的尾機率）低於研究者所設定的某個水準（以 α 水準表示），亦即得到 $p < \alpha$ 的結果，即可宣稱得到一個

(a) 左尾尾機率　　　　**(b) 雙尾尾機率**　　　　**(c) 右尾尾機率**

◧ 圖 7.1　尾機率圖示

「有統計意義的」或「顯著的」（significant）結論，例如當 $\alpha=.05$，$p<.05$ 即得到「拒絕 H_0、接受 H_1」的顯著結果；相反的，如果檢定量的 p 值沒有低於 α 水準，此時我們將宣稱為得到一個「沒有統計意義」或「不顯著的」（non-significant；簡寫為 $n.s.$）的結果，亦即「保留 H_0」或「接受 H_0」。由於 α 水準決定檢定結果顯著與否，因此又稱為顯著水準（level of significance），一般實務上慣用的 $\alpha=.05$，p 值可稱為顯著性值，檢定過程稱為顯著性檢定（test of significance）。尾機率法則如下：

$$\begin{cases} p \geq \alpha, \text{ 保留 } H_0 & （不顯著的結果）\\ p < \alpha, \text{ 拒絕 } H_0 \text{、接受 } H_1 & （顯著的結果）\end{cases}$$

7.4.1.2　拒絕區的運用

以 $p<\alpha$ 的比較來決定某一個 z_{obt} 是否具有顯著意義而拒絕 H_0，等同於判定抽樣得到的樣本平均數是否過於極端，而不是來自該 H_0 分配的一個隨機樣本（亦即不屬於 H_0 分配的一部分）。以機率分配圖示來表示，α 水準可標示在 H_0 分配的兩側（雙尾檢定時）或單側（單尾檢定時），例如圖 7.2 的深色區域。落入該區域的

(a) 雙尾檢定　　　　　　　**(b) 單尾檢定**

◧ 圖 7.2　拒絕區（深色區域）與尾機率（淺色區域）示意圖

z_{obt} 即被認定不屬於該 H_0 分配的一個隨機樣本，此時即為拒絕 H_0，因此 α 水準的機率範圍又稱為拒絕區（region of rejection）；相反的，對於未落入拒絕區者的檢定量將被認定屬於該 H_0 分配的一個隨機樣本，此時稱為保留 H_0。

　　一般在研究實務上，通常將顯著水準設定為 $\alpha=.05$，亦即拒絕區的面積為 5%，拒絕區以外的機率是 $1-\alpha=.95=95\%$，此時我們將有 95% 的機率（或信心）保留 H_0，只有 5% 的機率拒絕 H_0。換言之，我們有 95% 的機會將抽樣分配中的隨機樣本視為 H_0 的一部分。正因為另外 5% 發生的機率實在不大，因此超過 95% 的部分（落入拒絕區者）則視為是不屬於 H_0 而為 H_1 分配的隨機樣本。因此 $1-\alpha$ 稱為信心水準，表示對於保留 H_0 的信心程度。

　　如果研究者認為要在更極端（更嚴格）的情況下做出某檢定量不屬於 H_0 分配，可以採用更小的顯著水準，例如 $\alpha=.01$ 或 $\alpha=.001$。此時研究者保留 H_0 的機會更高，推翻 H_0 的機率越低，亦即對於 H_0 的信心更強。

　　值得注意的是，在雙尾檢定時，拒絕區需切割為兩半（$\alpha/2$），標示於 H_0 分配的兩側，總和仍為 α。此時計算出來的 z_{obt} 無論為正值或負值，計算尾機率 p 時需考慮 $\pm z_{obt}$ 以外的極端區域機率和（因為 $\pm z_{obt}$ 兩者表示相同的檢定狀態，其尾部機率同屬於假設所關心的「$\neq$」的可能性），然後將所計算出的 p 與 α 相比較是否 $p<\alpha$（拒絕 H_0）或 $p\geq\alpha$（保留 H_0）的結論。如圖 7.2(a)，因為 $\pm z_{obt}$ 以外的極端區域機率和（淺色網底區域）大於拒絕區（深色網底區域），因此結論為保留 H_0。

　　在單尾檢定時，由於 H_1 只關心 > 或 < 其中一種狀況，拒絕區僅需要標示為右側（H_1 採用 > 符號時）或左側（H_1 採用 < 符號時），而求取尾機率 p 時僅計算 z_{obt} 右側或左側更極端的事件機率。圖 7.2(b) 為右尾檢定的範例圖示，由於 z_{obt} 以外的極端區域機率和（淺色網底區域）小於拒絕區（深色網底區域），z_{obt} 落入拒絕區，因此結論為拒絕 H_0。

7.4.2 臨界值法則

7.4.2.1 臨界值的意義與判定原則

　　從拒絕區的概念可以得知，某檢定量落入拒絕區的機率為 α，落入非拒絕區的機率為 $1-\alpha$，區隔拒絕區與非拒絕區的數值稱為臨界值（critical value；簡寫為 CV）。在 z 分配中以 z_{cv} 表示，在 t 分配中以 t_{cv} 表示，因此取尾機率值 p 來與 α 水準相比，就好比拿 z_{obt} 與 z_{cv} 相比。在臨界值以內的檢定量會被判定為屬於 H_0 分配（保留 H_0）（如圖 7.3(a) 當中的 z_{obtA}）；反之，在臨界值以外的檢定量則被判定不屬於 H_0 分配（拒絕 H_0）（如圖 7.3(a) 當中的 z_{obtB}）。

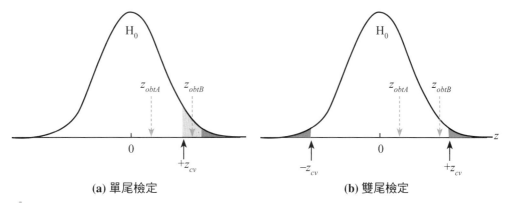

圖 7.3 以臨界值法則進行假設檢定的決策示意圖

在單尾檢定時，拒絕區僅位於一側，因此只有一個臨界值 $+z_{cv}$ 或 $-z_{cv}$，如果是雙尾檢定，拒絕區位於兩側，因此有兩個臨界值 $\pm z_{cv}$。在進行檢定量與臨界值的比較時，為避免混淆，皆取兩者的絕對值來相比較，亦即 $|\pm z_{obt}|$ 與 $|\pm z_{cv}|$ 相比。如果 $|\pm z_{obt}| > |\pm z_{cv}|$，等同於 $p < \alpha$，此時拒絕 H_0、接受 H_1；相對的，如果 $|\pm z_{obt}| \leq |\pm z_{cv}|$，等同於 $p \geq \alpha$，此時保留 H_0，運用此一方法來判定檢定量的顯著性者稱為臨界值法則（cv-rule）。判定原則如下：

$$\begin{cases} |\pm z_{obt}| \leq |\pm z_{cv}|, (p \geq \alpha) \text{ 保留 } H_0 & \text{（不顯著的結果）} \\ |\pm z_{obt}| > |\pm z_{cv}|, (p < \alpha) \text{ 拒絕 } H_0 \text{、接受 } H_1 & \text{（顯著的結果）} \end{cases}$$

7.4.2.2 臨界值的數值特性

在標準常態分配中，特定 α 水準下的臨界值為固定常數，但是在單雙尾不同的設計下，單尾設計的 $|\pm z_{cv}|$ 會低於雙尾臨界值的 $|\pm z_{cv}|$，如表 7.1 所示。在 t 分配中，不同自由度下會有相對應的一組固定臨界值，因此必須透過附錄 B 逐一查表得到臨界值，或利用電腦軟體的函數功能求得（參見前一章的查表說明）。

表 7.1 單雙尾設計下的標準常態分配臨界值（適用於 **z** 檢定）

\multicolumn{2}{c}{α 水準}		\multicolumn{2}{c}{單尾設計}		雙尾設計
數值	符號標示	左側臨界值（<）	右側臨界值（>）	雙側臨界值（≠）
α=.1	†	−1.282	+1.282	±1.645
α=.05	*	−1.645	+1.645	±1.960
α=.01	**	−2.326	+2.326	±2.576
α=.001	***	−3.090	+3.090	±3.291

對於臨界值符號標示，一般慣例上會將 α 水準標示出來，甚至於將自由度的資訊也標示出來。例如對於單尾 z 檢定，α=.05 的檢定臨界值 $+z_{cv}$ 或 $-z_{cv}$ 標示為 $+z_{.05}$ 或 $-z_{.05}$，α=.01 時標示為 $+z_{.01}$ 或 $-z_{.01}$；如果是雙尾 z 檢定，α=.05 下臨界值標示為 $\pm z_{.025}$，α=.01 時標示為 $\pm z_{.005}$。對於單尾 t 檢定，α=.05 且自由度為 10 的臨界值 $+t_{cv}$ 或 $-t_{cv}$ 標示為 $+t_{.05(10)}$ 或 $-t_{.05(10)}$，α=.01 且自由度為 15 時標示為 $+t_{.01(15)}$ 或 $-t_{.01(15)}$；如果是雙尾 t 檢定，α=.05 且自由度為 10 的臨界值標示為 $\pm t_{.025(10)}$，α=.01 且自由度為 15 時標示為 $\pm t_{.005(15)}$。

值得注意的是，在相同的 α 水準下，採取單尾檢定的臨界值的絕對值會比雙尾檢定時的臨界值的絕對值來得低，因此採取單尾設計會比雙尾設計更容易拒絕 H_0，而得到顯著的結果。尤其是當 p 臨界 α 水準兩者相當接近的時候，雙尾或單尾檢定的差異更為明顯。

以圖 7.3 當中的 z_{obtB} 為例，在單尾設計時（圖 7.3(a)）落入拒絕區（拒絕 H_0、接受 H_1），但是在圖 7.3(b) 的雙尾設計時則未落入拒絕區（保留 H_0），因為 p 值非常接近 α 水準，因此可能發生矛盾結果。

由於臨界值可以從查表得知，而尾機率難以求得，因此統計學的教學多以臨界值法則為主。在沒有電腦的時代，尾機率法則無法派上用場，因為每一個 z_{obt} 或 t_{obt} 的數值大小不一，自由度也不同，其尾機率難以計算，更無法由查表求得。所幸常用的臨界值就僅有幾種情形（例如當 α=.05、.01 或 .001 時），因此在電腦不普及的過去，研究者與教學者皆使用臨界值法則來進行顯著性的判定，p 法則僅被視為一個理論作法，或只適用勉強以查表可以找到 p 值的標準常態分配。

在電腦普及而統計軟體發達的今天，前述提到的查表難題與 p 值不可得的困境迎刃而解。由於每一個檢定量的尾機率 p 值可直接由電腦計算得出，此時只要將電腦求出的檢定量與 p 值（有時會標示為顯著值）及顯著水準（例如 α=.05、.01 或 .001）相比，就可以立即得知檢定結果，根本無需進行查表，因此當代的研究實務逐漸全面改以 p 法則來判斷假設檢定的結果，臨界值法則反而僅作為教學上的概念說明釋義或圖解輔助之用。

7.4.3 假設檢定的標示法則（星星法則）

在學術界的論文撰寫規定中，例如 APA（American Psychological Association）的論文寫作格式，對於統計顯著性的表示有一個共通性的作法，亦即將檢定結果得到 $p<\alpha$ 的拒絕 H_0、接受 H_1 結論時，在檢定量右上方標注「＊」符號。當 α=.05 時得到 $p<.05$ 的檢定結果在檢定量右上方標注一個「＊」，例如 z=2.12＊，t=2.25＊。

當 α=.01 時得到 p<.01 的檢定結果則在檢定量右上方標示「**」，例如 z=2.95**，t=2.81**。當 α=.001 時得到 p<.001 的檢定結果則在檢定量右上方標示「***」。如果需要用到異於常規的 α 水準，例如 α=.10，則會標示為「+」或「†」等特殊符號，例如 t=1.50†，而不會使用「*」符號，藉以在論文行文中簡化文字說明，簡單明瞭地表達研究結果。

前述以星號來表述顯著性的作法也廣泛為電腦統計軟體所採用，當研究者利用統計軟體進行假設檢定時，統計報表除了告知檢定量數值大小，同時報告 p 值於一側，在預設情況下更會直接標示顯著性符號，使得使用者可以直接由「*」符號的有無與「*」符號的多寡來判定顯著情形為何，根本無須進行 p 值與 α 值的比較，雖然這只是快速檢視的一種權宜方法，但也不失為一種判定原則（常聽學生開玩笑說他的研究結果得到幾顆星、幾顆星，越多星星的研究越嚴謹越好之意），因此在此將這種判斷法則打趣稱為星星法則（rule of star "*"）。但是在此提醒讀者，這僅是一種快速判斷策略，讀者必須熟悉前述所討論的相關內容，而不是只懂得看星星。此外，代表顯著程度的星星符號必須標示在統計量數值上，而非尾機率值或其他地方，例如 p=.045* 或 p<.01** 都是錯誤的標示方法（因為 p 值不必標示就可目視其顯著與否）。

另外，一項使用電腦軟體判斷顯著性必須值得注意的地方，是對於 p 值的計算，統計軟體多會預設為雙尾機率，此時軟體運算所提供的尾機率值 p，是取檢定量在 $\pm z_{obt}$ 或 $\pm t_{obt}$ 兩側極端區域面積和。如果研究者要改用單尾機率檢定，可以直接把軟體所提供的雙尾機率值 p 除以 2，再與顯著水準（α）相比，就可得到單尾檢定的結果。

7.5 平均數假設檢定

前面所介紹的是假設檢定的判斷原則，如果將這些判斷原則套用在檢驗某樣本平均數的統計意義的 z 檢定量上，據以決定 H_0 與 H_1 何者成立，即為 z 檢定（z-test），套用在 t 檢定量上即為 t 檢定（t-test）。不論是 z 或 t 檢定，還可以進一步區分雙尾檢定與單尾檢定，以下即以模擬數據的範例配合五步驟法來加以說明。

7.5.1 雙尾 z 檢定

如果今天有一批樣本規模為 n 的觀察數據，求得樣本平均數 $\bar{X}$，對於此一樣本

平均數的統計意義的假設檢定，在樣本數足夠大（$n \geq 30$）且抽樣條件已知（σ 已知）的情況下，可進行 z 檢定。

■範例說明

以一個實務上的例子來說，管理學界的碩士班所招收的學生必須都要具備相當的工作經驗，因此學生年齡會比一般研究所來得大些，通常會大個幾歲。如果今天有某位管理研究所所長想要瞭解他們的研究所新生年齡是否真的與一般研究所新生年齡（理論上是 23 歲）有所不同，因而蒐集該研究所新生的年齡資料來進行檢定，此時檢定程序如下：

步驟一：發展假設

根據所長所關心的研究問題：「該研究所新生年齡是否與一般研究所新生年齡（23 歲）有所不同？」如果真實狀況是「相同」，表示「該所新生年齡期望值（母體平均數）是 23 歲」，此即虛無假設（H_0：$\mu = 23$）；如果真實狀況是「不同」，表示「該所新生年齡期望值（母體平均數）不是 23 歲」，此即對立假設（H_1：$\mu \neq 23$），而且根據研究問題以及虛無與對立假設的立場，可知這是一個雙尾假設，以統計等式表述如下：

$$\begin{cases} H_0 : \mu = 23 \\ H_1 : \mu \neq 23 \end{cases}$$

步驟二：評估抽樣條件

如果今天該所所長計算得出該所 25 位新生年齡平均數為 24 歲、標準差為 2.5 歲，如果所長也知道一般研究所新生年齡標準差為 2 歲，依據中央極限定理，可計算出平均數抽樣分配的抽樣標準誤為 0.4 歲：

$$\sigma_{\bar{X}} = \frac{\sigma}{\sqrt{n}} = \frac{2}{\sqrt{25}} = 0.4$$

步驟三：決定檢定條件

檢定條件是指抽樣分配的設定與顯著水準的決定，一旦檢定條件確立，即可找到臨界值與拒絕區。本範例由於抽樣條件明確，標準誤可以計算得出，可進行統計量的 z 轉換，而且如果假設抽樣分配呈常態，可利用標準常態分配進行 z 檢定，因此抽樣分配為 z 分配。顯著水準遵循一般經驗設定為 $\alpha = .05$，表示拒絕 H_0 的機率水準是 5%。由於對立假設是雙尾設計，因此拒絕區位於抽樣分配的兩側，每一側的機率是 $\alpha/2 = .025$，因此雙尾臨界值 $z_{\alpha/2} = z_{.025} = \pm 1.96$。

步驟四：計算檢定量與尾機率

利用 z 轉換公式求出樣本平均數在抽樣分配上的位置，亦即 z 檢定量：

$$z_{obt} = \frac{\bar{X} - \mu}{\sigma_{\bar{X}}} = \frac{24 - 23}{2/\sqrt{25}} = \frac{1}{0.4} = 2.5$$

由附錄 A 進行查表，或以 EXCEL 函數轉換 [1-NORM.S.DIST(2.5,1)]，得知 $z=2.5$ 的（右）尾機率為 .0062。由於本範例是雙尾檢定，因此除了右尾機率也必須加上左尾機率才是完整的尾機率值，亦即 $p=.0062 \times 2 = 0.0124$。

步驟五：進行決策與解釋

基於前述的抽樣條件、檢定量與尾機率狀況，可以進行下列決策：

$\because |z_{obt}=2.5| > |z_{.025}=\pm 1.96|$ 或 $p=.0124 < \alpha=.05$

$\therefore$ 拒絕 H_0、接受 H_1

亦即該研究所的新生平均年齡「顯著不同於」一般研究所新生年齡 23 歲，也可解釋為「這群學生年齡分布並非來自 $\mu=23$ 這個母體」。此一決策的判斷準則以尾機率法則來表述為：$p<.05$。若以臨界值法則來看，可繪製下圖查知檢定量落入拒絕區。若以標示法則可標示為 $z=2.5^*$，這三種判斷法的結論皆為拒絕 H_0、接受 H_1。進一步的，若從樣本平均數（24）高於 23 歲來看，該所學生明顯比較老。

值得注意的是，圖左側標示了 $-z_{obt}=-2.5$，目的是要描述左側的另外一半尾機率可能存在的範圍，事實上，本範例所求出的 z 檢定量是 +2.5。換言之，$-z_{obt}=-2.5$ 並不存在，僅是用來標示雙尾機率值的範圍。

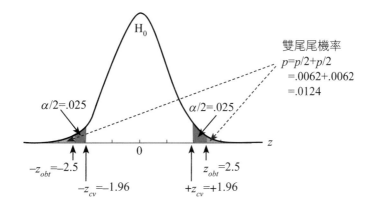

7.5.2 單尾 z 檢定

前述檢定結果的最後一句「該所學生明顯比較老」是有問題的表述，因為這句話只是從平均數高低來解釋，而非以單尾檢定所得到的結論。以下，即以範例來進行說明單尾檢定的程序。

■範例說明

如果研究所所長認為管理研究所入學要求相當工作經驗，因此學生會比較年長一些，他改問：「本所新生年齡是不是大於 23 歲？」此時即需進行單尾檢定，所得到的結論也才能夠支持「該所學生明顯比較老」這個敘述的統計意義。檢定程序說明如下：

步驟一：發展假設

研究問題：「某研究所新生年齡是否比一般研究所新生年齡（23 歲）來得大？」虛無假設是「沒有比較大」，對立假設是「有比較大」，為單尾假設：

$$\begin{cases} H_0 : \mu \le 23 \\ H_1 : \mu > 23 \end{cases}$$

步驟二：評估抽樣條件

抽樣條件為 n=25、$\overline{X}$=24、s=2.5、σ=2、$\sigma_{\overline{X}}$=0.4

$$\sigma_{\overline{X}} = \frac{\sigma}{\sqrt{n}} = \frac{2}{\sqrt{25}} = 0.4$$

步驟三：決定檢定條件

抽樣分配為 z 分配、α=.05、右尾臨界值 $z_{.05}$=+1.645

步驟四：計算檢定量

$$z_{obt} = \frac{\overline{X} - \mu}{\sigma_{\overline{X}}} = \frac{24 - 23}{2 / \sqrt{25}} = \frac{1}{0.4} = 2.5$$

由附錄 A 查表（Beyond z），或以 EXCEL 函數[1-NORM.S.DIST(2.5,1)] 得知 z=2.5 的（右）尾機率 p=.0062。

步驟五：進行決策與解釋

∵ $|z_{obt}$=2.5$| > |z_{.05}$=1.645$|$ 或 p=0.0062 < α=.05

∴拒絕 H_0、接受 H_1

亦即該研究所的新生平均年齡「顯著高於」一般新生年齡 23 歲，或「該研究所學生年齡顯著比一般研究所新生來得老」。檢定圖示如下：

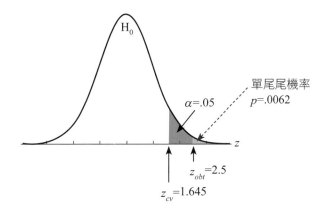

由前述說明可知，由雙尾改成單尾檢定，雖然統計假設不同，但抽樣條件並未改變，尾機率僅需取單尾機率 $p=.0062$，不需乘以 2。因為 $p<.05$，結論仍為拒絕 H_0、接受 H_1。若採臨界值法則，臨界值只取右側 $+z_{.05}=+1.645$（表 7.1 或查附錄 A 表可得），因為 H_1 只主張右尾會發生。由於 $|z_{obt}=2.5|>|+z_{.05}=+1.645|$，落入拒絕區，結論亦為拒絕 H_0、接受 H_1，解釋方式改為「這群學生年齡分布是 $\mu>23$ 這個母體」，此時研究所所長才得以宣稱「我們研究所學生的年齡顯著地比一般研究所新生『來得老』」，或「我們研究所學生確實是挑自需要相當工作資歷而『比較老』的那一類型學生」。

值得注意的是，如果本範例採取較嚴格的顯著水準，例如 $\alpha=.01$，在單尾檢定下的結論仍為拒絕 H_0，因為單右尾機率（$p=.0062$）小於 .01，亦即 $p<.01$。由表 7.1 得知右尾臨界值為 $z_{.01}=+2.326$，z 檢定量仍落入拒絕區。但是如果 $\alpha=.01$ 且在雙尾檢定下，兩側尾機率和（$p=.0124$）大於顯著水準（$\alpha=.01$），或由表 7.1 得知雙尾臨界值為 $z_{.005}=\pm2.576$，$z=2.5$ 將不會落入拒絕區，結論將成為保留 H_0，亦即該研究所的新生平均年齡「沒有顯著高於」23 歲。可見得即使抽樣條件不變，如果改變了檢定條件，所得到的結論會有所不同。

範例 7.1　平均數雙尾假設 z 檢定（σ 已知）

問題：　根據某大學健康中心資料，該校學生平均睡眠時數為 8 小時，標準差為 0.7 小時。若從圖書館隨機挑選 36 位學生詢問其睡眠時數，得到平均數為 7.5 小時、標準差為 1 小時，在顯著水準 α=.05 下，圖書館學生的睡眠時數是否有所不同？

解答：　**步驟一：發展假設**

$$\begin{cases} H_0 : \mu = 8 \\ H_1 : \mu \neq 8 \end{cases}$$

步驟二：評估抽樣條件

n=36、$\overline{X}$=7.5、s=1、σ=0.7、$\sigma_{\overline{X}} = 0.7 / \sqrt{36} = 0.117$

步驟三：決定檢定條件

$\because \sigma$ 已知　　$\therefore$使用 z 分配，α=.05，$z_{cv}=\pm 1.96$

步驟四：計算檢定量

$$z_{obt} = \frac{\overline{X} - \mu}{\sigma_{\overline{X}}} = \frac{7.5 - 8}{\dfrac{0.7}{\sqrt{36}}} = \frac{-0.5}{0.117} = -4.27$$

以 [1-NORM.S.DIST(4.27,1)]*2 得出雙尾尾機率 p=.00002

步驟五：進行決策與解釋

$\because |z_{obt} = -4.27| > |\pm z_{.025} = \pm 1.96|$，$p$=.00002 < α=.05

$\therefore$拒絕 H_0，接受 H_1，亦即圖書館的 36 位學生平均睡眠時間與該校學生平均具有顯著差異。

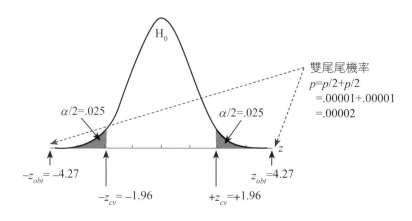

範例 7.2　平均數單尾假設 z 檢定（當 σ 已知）

問題：　根據某大學健康中心資料，該校學生平均睡眠時數為 8 小時，標準差為 0.7 小時。若從圖書館隨機挑選 36 位學生詢問其睡眠時數，得到平均數為 7.5 小時、標準差為 1 小時，若 α=.05，圖書館學生的睡眠時數是否偏低？

解答：　**步驟一：發展假設**

$$\begin{cases} H_0 : \mu \geq 8 \\ H_1 : \mu < 8 \end{cases}$$

步驟二：評估抽樣條件

n=36、$\overline{X}$=7.5、s=1、σ=0.7、$\sigma_{\overline{X}} = 0.7 / \sqrt{36} = 0.117$

步驟三：決定檢定條件

$\because \sigma$ 已知　　$\therefore$ 使用 z 分配，α=.05，左尾臨界值 $z_{.05} = -1.645$

步驟四：計算檢定量

$$z_{obt} = \frac{\overline{X} - \mu}{\sigma_{\overline{X}}} = \frac{\overline{X} - \mu}{\dfrac{\sigma}{\sqrt{n}}} = \frac{7.5 - 8}{\dfrac{0.7}{\sqrt{36}}} = \frac{-0.5}{0.117} = -4.27$$

以 [1-NORM.S.DIST(4.27,1)] 得出單尾尾機率 p=.00001

步驟五：進行決策與解釋

$\because |z_{obt}$=–4.27$| > |z_{.05}$=–1.645$|$，p<.05
$\therefore$ 拒絕 H_0，接受 H_1，圖書館的 36 位學生平均睡眠時間顯著低於該校學生平均。

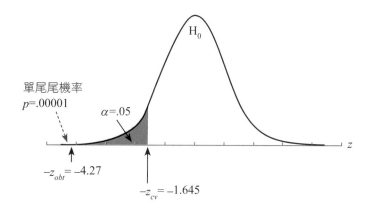

7.5.3 雙尾 *t* 檢定

前面的平均數假設檢定，係以 *z* 檢定量配合 *z* 抽樣分配所進行的 *z* 檢定，其前提是母體標準差 σ 已知，才可依據中央極限定理導出抽樣分配標準誤。如果母體標準差 σ 未知，抽樣分配標準誤必須由樣本標準差 *s* 來推估，也就是以 $s_{\bar{X}}$ 來推估 $\sigma_{\bar{X}}$，稱為平均數抽樣分配的估計標準誤（estimated standard error）。利用估計標準誤所計算得到的 *t* 檢定量，其抽樣分配為服從自由度為 *n*–1 的 *t* 分配，此時所進行的檢定稱為 *t* 檢定。檢定值 $t_{(df)}$ 的尾機率可由特定自由度下的 *t* 分配導出。在 EXCEL 中，可利用 T.DIST.RT(*t,df*) 求得單尾尾機率；利用 T.DIST.2T(*t,df*) 求得雙尾尾機率。

■範例說明

以前面的管理研究所新生年齡研究範例來看，若所長不知道研究所新生年齡的標準差 σ，只能進行 *t* 檢定，檢定程序如下：

步驟一：發展假設

研究問題：「該研究所新生年齡是否與一般研究所新生年齡（23）不同？」此為雙尾假設，以統計等式表述如下：

$$\begin{cases} \text{H}_0: \mu = 23 \\ \text{H}_1: \mu \neq 23 \end{cases}$$

步驟二：評估抽樣條件

該所 25 位新生年齡平均數為 24 歲、標準差為 2.5 歲，研究所新生年齡標準差不詳，估計標準誤為 0.5 歲，本範例的抽樣條件為 *n*=25、$\bar{X}$=24、*s*=2.5、σ 未知、$\hat{\sigma}_{\bar{X}} = s_{\bar{X}} = 0.5$。

$$\hat{\sigma}_{\bar{X}} = s_{\bar{X}} = \frac{s}{\sqrt{n}} = \frac{2.5}{\sqrt{25}} = 0.5$$

步驟三：決定檢定條件

由於母體標準差不詳，無法進行統計量的 *z* 轉換，改以 *t* 分數進行檢定，因此抽樣分配為 *t* 分配。顯著水準遵循一般經驗設定為 α=.05，對立假設是雙尾設計，拒絕區位於抽樣分配的兩側，每一側的機率是 $\alpha/2$=.025，經查對附錄 B 的 *t* 分配臨界值表（*df*=24）下的雙尾臨界值 $\pm t_{.025(24)}$=±2.064，或 EXCEL 函數 T.INV.2T(.05,24) 也可得知雙尾臨界值 2.064。

　　本範例的檢定條件為：抽樣分配為 t 分配、$df=24$、$\alpha=.05$、雙尾臨界值 $t_{.025(24)}=\pm2.064$。

步驟四：計算檢定量

　　利用 t 檢定公式，求出 t 檢定量：

$$t_{obt(24)}=\frac{\bar{X}-\mu}{s_{\bar{X}}}=\frac{24-23}{2.5/\sqrt{25}}=\frac{1}{0.5}=+2$$

　　若以 EXCEL 函數轉換 [T.DIST.2T(2,24)]，得知 $t_{(24)}=+2$ 的雙尾尾機率 $p=.0569$。

步驟五：進行決策與解釋

　　基於前述的抽樣條件、檢定量與尾機率狀況，我們可以進行下列決策：

$\because|t_{obt(24)}=+2|\leq|t_{.025(24)}=\pm2.064|$ 或 $p=0.0569>\alpha=.05$

$\therefore$ 保留 H_0

　　亦即該研究所的新生平均年齡「沒有顯著不同於」一般新生年齡 23 歲，換言之，即使 25 位管理研究所新生平均年齡 24 歲比一般新生年齡 23 歲多了 1 歲，但這個差距並沒有統計意義。然而，由於尾機率已經非常接近 .05，顯示檢定量已經臨界我們所設定的顯著水準 α。

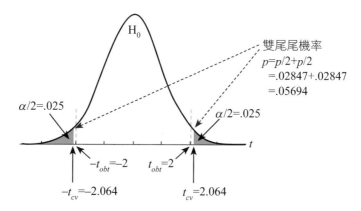

　　值得注意的是，上圖的左側標示了一個 $-t_{obt}=-2$，目的是要描述左側的另外一半尾機率可能存在的範圍，但是事實上，本範例所求出的檢定量是 +2；換言之 $-t_{obt}=-2$ 並不存在，僅是用來標示雙尾機率值的範圍。

7.5.4 單尾 *t* 檢定

同樣的，對於前述檢定結果的最後一句：「即使 25 位管理研究所新生平均年齡 24 歲比一般新生年齡（23 歲）多了一歲，但這個差距並沒有統計意義」，要小心使用，因為該說法並沒有經過單尾檢定，而是來自雙尾檢定的結論。如果本範例改問：「本所新生年齡是不是比一般新生來得大？」同時母體年齡標準差不詳，此時即需進行單尾 *t* 檢定。

由雙尾 *t* 檢定改成單尾 *t* 檢定，抽樣條件並未改變，因此檢定值不會變動，但尾機率僅需取單尾機率 $p=.02847$，由於 $p<.05$，結論將成為拒絕 H_0、接受 H_1，臨界值判斷法也只需設定右側臨界值 $+t_{.05(24)}=+1.711$（由附錄 B 查得）。由於 $|t_{obt(24)}=2| > |+t_{.05}=+1.711|$，*t* 檢定量已經落入拒絕區，亦即「這群學生年齡分布不是 $\mu \leq 23$ 這個母體」，「該研究所學生的年齡顯著比一般研究所新生來得老」。換言之，本範例如果採取單尾 *t* 檢定，將會逆轉雙尾 *t* 檢定的結論。

■範例說明

步驟一：發展假設

研究問題：「某研究所新生年齡是否比一般研究所新生年齡（23 歲）來得大？」虛無假設是「沒有比較大」，對立假設是「有比較大」，此為單尾假設：

$$\begin{cases} H_0 : \mu \leq 23 \\ H_1 : \mu > 23 \end{cases}$$

步驟二：評估抽樣條件

抽樣條件 $n=25$、$\overline{X}=24$、$s=2.5$、σ 未知、$\hat{\sigma}_{\overline{X}} = s_{\overline{X}} = 0.5$

$$\hat{\sigma}_{\overline{X}} = s_{\overline{X}} = \frac{s}{\sqrt{n}} = \frac{2.5}{\sqrt{25}} = 0.5$$

步驟三：決定檢定條件

抽樣分配為 *t* 分配、$df=24$、$\alpha=.05$、右尾臨界值 $t_{.05(24)}=+1.711$

步驟四：計算檢定量與尾機率

$$t_{obt(24)} = \frac{\overline{X} - \mu}{s_{\overline{X}}} = \frac{24-23}{2.5/\sqrt{25}} = \frac{1}{0.5} = +2$$

若以 EXCEL 函數轉換 [1-T.DIST(2,24)]，得知 $t_{(24)}=+2$ 的右尾機率 $p=.02847$。

步驟五：進行決策與解釋

基於前述的抽樣條件、檢定量與尾機率狀況，我們可以進行下列決策：

∵ $|t_{obt(24)}=2| > |t_{.05(24)}=+1.711|$ 或 $p=.02847 < \alpha=.05$

∴拒絕 H_0、接受 H_1

亦即該研究所的新生平均年齡「顯著高於」一般新生年齡 23 歲，或「這群學生年齡分布不是來自 $\mu \leq 23$ 這個母體，而是來自 $\mu > 23$ 的母體。」由下圖可知單尾 t 檢定的檢定量落入拒絕區，表示 25 位管理研究所新生平均年齡與一般新生年齡期望值 23 歲的這一歲之差，具有統計意義。

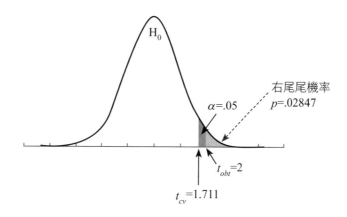

範例 7.3　平均數雙尾假設 t 檢定（當 σ 未知）

問題：　根據某大學健康中心資料，該校學生平均睡眠時數為 8 小時。若從圖書館隨機挑選 36 位學生詢問其睡眠時數，得到平均數為 7.5 小時、標準差為 1 小時，在顯著水準 $\alpha=.05$ 下，圖書館學生的睡眠時數是否有所不同？

解答：　**步驟一：發展假設**

$$\begin{cases} H_0 : \mu = 8 \\ H_1 : \mu \neq 8 \end{cases}$$

步驟二：評估抽樣條件

$n=36$、$\overline{X}=7.5$、$s=1$、σ 未知、$\hat{\sigma}_{\overline{X}} = s_{\overline{X}} = 0.167$

$$\hat{\sigma}_{\overline{X}} = s_{\overline{X}} = \frac{1}{\sqrt{36}} = 0.167$$

步驟三：決定檢定條件

∵σ 未知　∴使用 t 分配、df=35、α=.05

雙尾臨界值 $t_{cv(35)}$=±2.030 [得自 EXCEL 函數 T.INV.2T(0.05,35)]

步驟四：計算檢定量

$$t_{obt(35)} = \frac{\bar{X}-\mu}{s_{\bar{X}}} = \frac{7.5-8}{\frac{1}{\sqrt{36}}} = \frac{-0.5}{0.1667} = -3$$

以 T.DIST(-3,35,1)*2 得出雙尾尾機率 p=.002474*2=.00495

步驟五：進行決策與解釋

∵$|t_{obt(35)} = -3| > |\pm t_{.025(35)} = \pm 2.030|$，$p$=.00495＜$\alpha$=.05

∴拒絕 H_0，接受 H_1，亦即圖書館的 36 位學生平均睡眠時間與該校學生平均具有顯著差異。

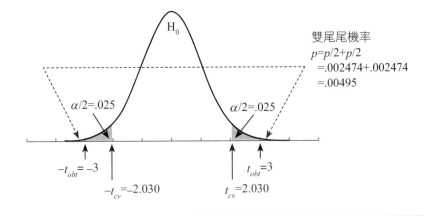

範例 7.4 平均數單尾假設 t 檢定（σ 未知）

問題： 根據某大學健康中心資料，該校學生平均睡眠時數為 8 小時。若從圖書館隨機挑選 36 位學生詢問其睡眠時數，得到平均數為 7.5 小時、標準差為 1 小時，若 α=.05，圖書館學生的睡眠時數是否偏低？

解答： **步驟一：發展假設**

$$\begin{cases} H_0 : \mu \geq 8 \\ H_1 : \mu < 8 \end{cases}$$

步驟二：評估抽樣條件

n=36、$\overline{X}$=7.5、s=1、σ 未知、$\hat{\sigma}_{\overline{X}} = s_{\overline{X}} = 0.167$

步驟三：決定檢定條件

$\because \sigma$ 未知　　$\therefore$ 使用 t 分配、df=35、α=.05

左尾臨界值 $t_{cv(35)}= -1.69$ [得自 EXCEL 函數 T.INV(0.05,35)]

步驟四：計算檢定量

$$t_{obt(35)} = \frac{\overline{X} - \mu}{s_{\overline{X}}} = \frac{7.5 - 8}{\dfrac{1}{\sqrt{36}}} = \frac{-0.5}{0.1667} = -3$$

以 T.DIST(-3,35,1) 得出單尾尾機率 p=.002474

步驟五：進行決策與解釋

$\because |t_{obt(35)} = -3| > t_{.05(35)} = -1.69|$ 或 p=.002474 $< \alpha$=.05

$\therefore$ 拒絕 H_0、接受 H_1，圖書館的 36 位學生平均睡眠時間顯著低於該校學生平均。

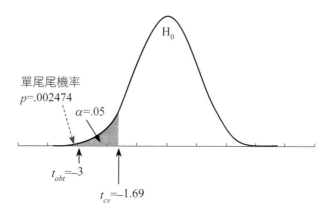

7.6 統計決策原理

不論是人類決策、機器決策或統計決策，「**凡決策必有失誤**」，因此統計決策均應評估決策錯誤的機率。在機率分配的世界中，數值的變化遵循一定的機率原理，只要是包含有不確定的事件（不是百分之一百的定論事件），所做出的決策必然具有錯誤的可能性。此時，當研究者進行一項統計決策時，可能犯下的錯誤稱為統計決策錯誤，可以機率的數值來衡量其大小。

7.6.1 統計決策的結果

從假設檢定的觀點來看，統計決策的結果有兩種可能：保留 H_0 或拒絕 H_0。但是，真實狀況有可能是 H_0 為真，也有可能是 H_0 為偽。將假設檢定結果與真實狀況兩相配合來看，統計決策結果有兩種正確決定與兩種錯誤決定等四種狀況，如表 7.2 所示。

就統計的觀點來看，表 7.2 是由兩個完全互斥狀況所組成，其中當 H_0 為真時（表 7.2 的第一橫列），正確決定與錯誤決定為完全互斥（機率總和為 1.0），如圖 7.4 左側 H_0 分配；當 H_0 為偽、H_1 為真時（表 7.2 的第二橫列），正確決定與錯誤決定亦為完全互斥（機率總和為 1.0），如圖 7.4 右側的 H_1 分配。

7.6.2 正確決策與錯誤決策

從表 7.2 可以看出，當母體的真實狀況是 H_0 為真，而檢定結果亦得到保留 H_0 的結論（宣稱 H_0 為真），就是一個正確決定；如果母體的真實狀況是 H_0 為偽，而檢定結果亦得到拒絕 H_0、接受 H_1 的結論（宣稱 H_0 為偽），那麼也是一個正確的決定。當得到後面這種正確決定時，是研究者能夠正確無誤的透過研究來證明一

表 7.2 統計決策的四種結果

真實狀況	假設檢定結果	
	保留 H_0	拒絕 H_0
H_0 為真	正確決定 正確保留 H_0 （信心水準；$1-\alpha$）	錯誤決定 第一類型錯誤 （假警報；α）
H_0 為偽	錯誤決定 第二類型錯誤 （錯失真相；β）	正確決定 正確拒絕 H_0 （檢定力 power；$1-\beta$）

個特殊母體關係的假設現象,此一結果不僅是對於研究者有利的結論,也是科學發現的契機,因此稱為一個研究的檢定力。相對的,如果真實的狀況是 H_0 為真,而檢定結果也是保留 H_0,此時雖然也是正確決定,但是研究者所提出的對立假設落空,學術上並無法從研究過程當中得到有意義的新知識。但是至少能正確支持虛無假設,是值得信賴的檢定結果。

致力追求正確決策是研究倫理更是研究者的責任,然而假設檢定的統計決策既然是基於機率原則,因而既有正確決策的機會,就有錯誤決策的可能,因此統計決策也是機率問題。具體來說,如果統計決策結果認定男女生存在差異(拒絕 H_0、接受 H_1),但事實上男女生並無差異,那麼拒絕 H_0 就是一個錯誤決策,此種「錯誤拒絕 H_0 的情形」稱為第一類型錯誤(type I error),簡稱型 I 錯誤,此時所得到的顯著結果是個假警報(明明沒有差別卻說有差別),亦即拒絕 H_0 可能犯下的錯誤,其機率亦即顯著水準 α,如圖 7.4(a) 的左側的 H_0 分配在臨界值右側的區域;而當 H_0 為真而被研究者主張為真的正確決定的機率即為 $1-\alpha$,亦即信心水準,如

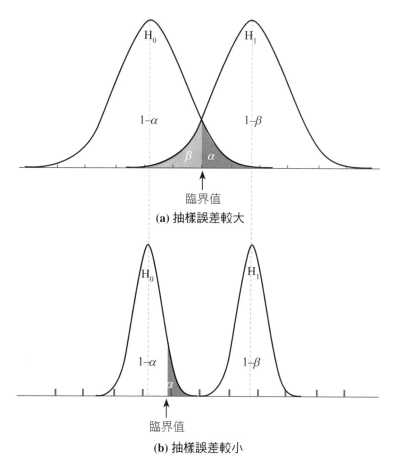

(a) 抽樣誤差較大

(b) 抽樣誤差較小

📊 **圖 7.4** 統計決策的不同結果

圖 7.4(a) 的左側的 H_0 分配在臨界值左側的區域，兩者相加為 1.0。基本上，在假設檢定中同時具有「顯著水準」與「型 I 錯誤率」雙重概念。

如果當真實狀況是 H_0 為偽，但是檢定結果卻選擇保留 H_0，此時「錯誤保留 H_0 的情況」稱為第二類型錯誤（type II error），簡稱型 II 錯誤，例如明明有差別卻說沒有差別，這就是錯失真相的遺憾：因為 H_1 為真卻被研究者說成為偽。型 II 錯誤的機率以 β 表示（如圖 7.4(a) 的 H_1 分配在臨界值左側的淺色網底區域）；而當 H_0 為偽且做出拒絕 H_0、接受 H_1 的正確決定的機率即為 $1-\beta$，稱為統計檢定力（power）（如圖 7.4(a) 的 H_1 分配在臨界值右側的區域），兩者相加為 1.0。

7.6.3　決策錯誤機率的消長關係

一個嚴謹的研究應有較高的信心去正確保留 H_0，亦即 $1-\alpha$ 較高、α 較低，使得犯下型 I 錯誤的機率較小，因此 α 水準應取較小的 $\alpha=.01$ 甚至 .001，但是所付出的代價就是越不容易得到 H_1 為真的結論。如果 H_1 果然是真的，那麼一個較為嚴謹的研究反而較難獲致真相，亦即當 α 設定越小時，檢定力 $1-\beta$ 也越小，犯下型 II 錯誤的機率 β 就越大。這便是為什麼研究者傾向於設定一個較為寬鬆的研究（例如設定 $\alpha=.05$），寧願增加犯型 I 錯誤的機率，也不願意犯型 II 錯誤而錯失真相。

基本上，$1-\alpha$ 與 α 以及 $1-\beta$ 與 β，這兩組機率有完全互斥的消長關係，但是就 $1-\alpha$ 與 $1-\beta$，以及就 α 與 β 這兩組機率關係，雖然不是完全互斥，但也有彼此消長的效應。當其他抽樣與檢定條件不變的情況下，這四組機率的消長僅僅取決於 α 的機率值，而且是由研究者指定的機率值。當 α 降低，臨界值朝 H_0 分配的極端方向移動，研究越趨嚴謹但檢定力下降；若 α 放大，臨界值朝 H_0 分配的期望值方向移動時，研究越趨寬鬆但檢定力提高，對於真相的發現越趨樂觀。

由於提高信心水準來增加研究的嚴謹度將會降低檢定力，因此研究者多會避免採取嚴格的 α 水準，而是藉由其他方法來提升檢定力：第一種方法是增加樣本數 n。從中央極限定理的觀點來看，如果增加樣本數 n，抽樣誤差減低，此時抽樣分配期望值（μ）不變，但是標準誤（$\sigma_{\bar{x}}$）降低，提升了檢定力，如圖 7.4(b)。

第二種方法是擴大檢定效果，簡單來說就是擴大 H_0 分配與 H_1 分配的期望值差異，藉由讓 H_1 分配的中心點往 H_0 分配的反方向平移，藉以拉開兩者的差異，如圖 7.5(a)。在抽樣與檢定條件不變的情況下（n 與 α 不變），檢定效果強度放大（期望差異放大），型 II 錯誤（β）幾乎為 0，檢定力接近 1.0。相對之下，如果檢定效果強度很弱，型 II 錯誤（β）將會大幅提高、檢定力（$1-\beta$）降低，如圖 7.5(b)。

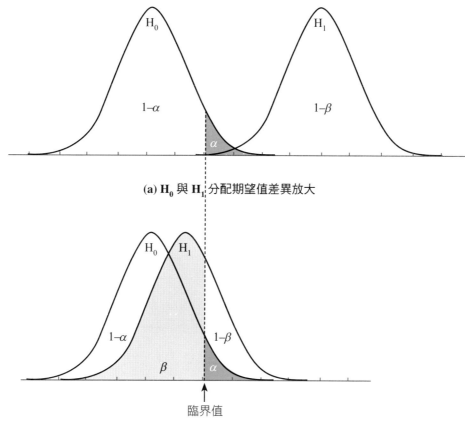

(a) H_0 與 H_1 分配期望值差異放大

(b) H_0 與 H_1 分配期望值差異較小

▌圖 7.5　不同決策關係的機率圖示

　　綜合前述的討論可得知，提高嚴謹度會減損檢定力，但要提高檢定力則會危及嚴謹度，由於兩相矛盾，使得透過 α 調整來得到有利於研究者的結果是一種研究上的道德困境。相對的，透過 n 的提高來達成檢定力的提升，是一種抽樣的手段，會增加研究的成本與難度。透過檢定效果的提高來獲得檢定力提高的結果則需透過實驗手段，會有實施上的難度。例如男生或女生對於社交網站的偏好可能只有一點點差異（性別差異效果小），但是對於上網打電動就可能大大不同（性別差異效果大），但是後者可以說是不同的研究問題，不是研究者關心的問題，因而有實現上的困難。不論是從研究成本的提高或是實現上的困難，都屬於研究實務上的困境。現在問題是，你要選擇面對道德困境還是實務困境呢？

　　從專業倫理與學術倫理的角度來看，答案當然是要避免道德淪喪的困境，因此學者們多會積極尋求研究經費、擴大隨機抽樣、尋找有強烈差異的研究議題、有效控制干擾變數、提升實驗操弄效能，期能發現真相，得到樂觀結果，而且能兼顧對於 H_0 的高度信心。

7.7 結語

前一章提到的「凡抽樣必有誤差」一詞，本章則再增加「凡決策必有錯誤」，這兩句話不僅有相當的重要性，也恰說明了「估計」與「檢定」的罩門都在於誤差與犯錯的程度，也就是說，統計的決策除了受到抽樣所發生的誤差影響之外，另也涉及決策錯誤。亦即統計假設所進行的考驗而得出的結論，可能確實反映了母體的狀態或真實世界的現象，但是也有出錯的可能，假設檢定是否能夠對於統計假設做出正確決定，發生錯誤決策的機率有多少，與統計檢定過程中的機率水準設定方式有關，抽樣「誤」差與決策錯「誤」雖然都是「誤」，但意義迥然不同。學習本章之後，對於統計決策的進行方式以及所涉及的決策錯誤議題，應有初步的體會，因此我們可以往更進階的統計檢定方法邁進。

EXCEL 小幫手

一、如何使用 EXCEL 來執行單樣本平均數 z 檢定

■建立資料檔案

第 7.5.1 節範例資料示範，25 筆年齡資料置於 B1:B26 儲存格。

■計算各種數量

1. 在空白處以函數計算相關的統計量，資料放置於 B2:B26 儲存格中。

2. 計算依變數的平均數：mean =AVERAGE(B2:B26)。

3. 計算樣本數：N =COUNT(B2:B26)。

4. 計算 z_{obt} 值：z =(mean-mu)/(sigma/SQRT(N)。

   註：mean、N 為 2. 與 3. 所計算得到的儲存格資訊，mu 則是虛無假設中的母體比較值，sigma 則是母體標準差。

5. 計算 z 的雙尾臨界值：zcv =NORM.S.INV(alpha)。

   註：雙尾臨界值的 alpha 要輸入 α 的一半，亦即 $\alpha/2$，或 $1-\alpha/2$。單尾臨界值的 alpha，則輸入 α 值。

6. 計算 z_{obt} 的雙尾尾機率值：p =(1-NORM.S.DIST(z,1))*2。

   註：z 需輸入 4. 所計算得到的儲存格資訊。如果是單尾尾機率值則無須乘以 2，亦即拿掉 *2。

■結果

分析結果如下：

結論：

1. 由單樣本平均數 z 檢定的結果得知，雙尾檢定 z_{obt}=+2.50，p=0.0124，達 .05 顯著水準，$p<0.05$，亦即研究所學生的年齡與全國研究生不同。

2. 由單樣本平均數 z 檢定的結果得知，單尾檢定 z_{obt}=+2.50，p=0.0062，達 .05 顯著水準，$p<0.05$，亦即研究所學生的年齡高於全國研究生。

二、如何使用 EXCEL 來執行單樣本平均數 t 檢定

■建立資料檔案

第 7.5.3 節範例資料示範，資料格式同前一個範例：25 筆年齡資料置於 B2:B26 儲存格。

■計算各種數量

1. 在空白處以函數計算相關的統計量，資料放置於 B2:B26 儲存格中。

2. 計算依變數的平均數：mean =AVERAGE(B2:B26)。

3. 計算依變數的標準差：sd =STDEVP.S(B2:B26)。

4. 計算樣本數：N =COUNT(B2:B26)。

5. 計算自由度：df =COUNT(B2:B26)-1。

6. 計算 *t* 值：t =(mean-mu)/(sd/SQRT(N)。

　　註：mean、sd、N 三者需輸入各數量計算得到的儲存格資訊，mu 則是虛無假設中的母體比較值。

7. 計算 *t* 的雙尾臨界值：tcv =T.INV.2R(alpha, df)。

　　註：df 需輸入計算得到的儲存格資訊，alpha 則是輸入顯著水準數值。

8. 計算 *t* 對應的雙尾機率值：p =T.DIST.2T(ABS(t), df)。

　　註：*t* 與 df 需輸入計算得到的儲存格資訊。如果是單尾則使用 T.DIST（左尾）或 T.DIST.RT（右尾）函數來計算單尾尾機率。

■結果

　　分析結果如下：

結論：

1. 由單樣本平均數 *t* 檢定的結果得知，雙尾檢定 $t_{obt(24)}$=+2.00，*p*=0.0569，未達 .05 顯著水準，亦即研究所學生的年齡與全國研究生相同。

2. 由單樣本平均數 *t* 檢定的結果得知，單尾檢定 $t_{obt(24)}$=+2.00，*p*=0.0285，達 .05 顯著水準，*p*<0.05，亦即研究所學生的年齡高於全國研究生。

R 小精靈

使用 R 來進行平均數檢定

在 R 軟體中，進行單一樣本的 *z* 檢定與 *t* 檢定可利用套件 BSDA 與 CAR 來進行雙尾或單尾檢定。語法與結果如下：

```
> #Chapter 07: t-test one-sample test
>
> > library(openxlsx)
> data = read.xlsx("Ch07EXCEL.xlsx", 1)   #使用openxlsx讀取工作表1
> # z-test of one-sample test
> library(BSDA)
> z.test(data$age,mu=23, alternative='two.sided', #雙尾檢定
+         sigma.x=2, conf.level=.95)

        One-sample z-Test

data:  data$age
z = 2.5, p-value = 0.01242
alternative hypothesis: true mean is not equal to 23
95 percent confidence interval:
 23.21601 24.78399
sample estimates:
mean of x
       24

> z.test(data$age,mu=23, alternative='greater',    #單尾檢定
+         sigma.x=2, conf.level=.95)

        One-sample z-Test

data:  data$age
z = 2.5, p-value = 0.00621
alternative hypothesis: true mean is greater than 23
95 percent confidence interval:
 23.34206     NA
sample estimates:
mean of x
       24

> # t-test of one-sample test
> t.test(data$age,mu=23, conf.level=.95,
```

```
+          alternative="two.sided") #雙尾檢定

        One Sample t-test

data:  data$age
t = 2, df = 24, p-value = 0.05694
alternative hypothesis: true mean is not equal to 23
95 percent confidence interval:
 22.96805 25.03195
sample estimates:
mean of x
        24


> t.test(data$age,mu=23, conf.level=.95,
+          alternative = "greater") #單尾檢定

        One Sample t-test

data:  data$age
t = 2, df = 24, p-value = 0.02847
alternative hypothesis: true mean is greater than 23
95 percent confidence interval:
 23.14456     Inf
sample estimates:
mean of x
        24
```

本章重要概念

假設檢定 hypothesis testing	統計顯著性 statistical significance
對立假設 alternative hypothesis	尾機率法則 p-rule
虛無假設 null hypothesis	尾機率 tailed probability
無罪推定原則 presumption of innocence	顯著水準 level of significance
虛無假設分配 null hypothesis distribution	顯著性檢定 test of significance
對立假設分配	拒絕區 region of rejection
alternative hypothesis distribution	臨界值 critical value
雙尾檢定 two-tailed test	臨界值法則 cv-rule
單尾檢定 one-tailed test	星星法則 rule of star
雙尾機率 two-tailed probability	型 I 錯誤 type I error
單尾機率 one-tailed probability	型 II 錯誤 type II error
檢定統計量 test statistic	統計檢定力 power

課後習作

一、請針對下列各題的描述，說明：(1) 虛無假設與對立假設為何？(2) 是雙尾還是單尾檢定？(3) 應使用 z 還是 t 檢定量？(4) 是單樣本還是雙樣本檢定？

　　1. 衛生署抽檢某醫院 16 位使用某特殊醫療資源的病患平均年齡是否為 50 歲？全臺灣民眾使用該資源的平均年齡與標準差可以從資料庫中得知。

　　2. 某計程車司機紀錄 10 次加滿油箱所能駕駛的公里數平均值，是否低於車商所宣傳的 500 公里，母體的標準差無從得知。

　　3. 心理學家檢驗八年級生的平均智力水準是否優於六年級生？智力測驗的標準差都是 16。

　　4. 某中學導師想要瞭解班上的 50 位學生中，有交男女朋友的學生成績是否比較差，還是比較優？學生成績的標準差是變化無章的。

二、衛生署抽檢某醫院 16 位使用某特殊醫療資源的病患平均年齡為 54 歲，此一數據與衛生署所要求的平均年齡 50 歲、標準差 6 歲的標準是否相同的假設檢定各問題如下：

　　1. 抽樣分配的標準誤為何？

　　2. 在 $\alpha=.05$ 的水準下，檢定結果為何？

　　3. 在 $\alpha=.01$ 的水準下，檢定結果為何？

　　4. 此題結論會犯下的決策錯誤為哪一種類型？犯錯機率可否估計？

　　5. 如果希望得到比較容易拒絕 H_0（寬鬆）的檢查結果，那麼抽樣或檢定條件可以如何調整？

三、某計程車司機紀錄 10 次加滿油箱所能駕駛的公里數平均值為 425 公里，標準差為 25 公里，是否低於車商所宣傳的 500 公里的假設檢定（母體的標準差無從得知）各問題如下：

　　1. 抽樣分配的標準誤為何？

　　2. 在 $\alpha=.05$ 的水準下，檢定結果為何？

　　3. 在 $\alpha=.01$ 的水準下，檢定結果為何？

　　4. 此題結論會犯下的決策錯誤為哪一種類型？犯錯機率可否估計？

　　5. 如果希望對於車商的宣傳是否得宜採取嚴格的檢驗態度，那麼抽樣或檢定條件可以如何調整？

Chapter 8

平均數差異檢定

8.1 前言

前一章介紹了假設檢定的基本概念，並說明如何使用 z 檢定與 t 檢定來檢驗樣本平均數的統計意義。然而前一章當中所檢驗的樣本平均數只有一個，亦即針對某一次取樣所得到的樣本統計量，檢驗其所屬的母體狀況，因此稱為單一母體的單樣本假設檢定（one-sample test of hypothesis），本章將進一步討論較複雜的雙樣本假設檢定（two-sample test of hypothesis），探討兩個樣本平均數的差異是否具有統計意義的檢定方式，藉以判定兩個樣本背後的母體狀況。

在學術領域與實務工作中，關心兩者差異的研究課題比比皆是，例如「男女生對於追劇的熱衷程度是否不同？」、「人們在婚前與婚後的金錢使用態度是否不同？」要檢驗這類的研究假設必須抽取兩個隨機樣本求得兩個樣本平均數，利用雙樣本假設檢定程序來判定虛無假設與對立假設何者成立。然而這兩個例子的不同之處，在於前者抽樣得到的「男生」與「女生」是兩個獨立樣本（independent samples），因為抽樣時是分別針對男生母體與女生母體進行抽樣，兩者間不會有任何關聯（除非有特別說明樣本經過了某種配對程序）；但是如果對人們在「婚前」與「婚後」進行問卷調查，瞭解他們的用錢態度的差異，此時所抽樣得到的兩個樣本是具有相關的相依樣本（dependent samples），因此，假設檢定又必須區分成獨立樣本與相依樣本的檢定方式，以滿足抽樣資料的特殊性。換言之，在雙樣本平均數檢定中，會因為母體標準差已知或未知，以及抽樣設計是獨立樣本或是相依樣本設計，而有不同的檢定方式，本章將會逐一加以介紹。

從研究設計的角度來看，當假設檢定所檢驗的樣本平均數從一個增加到兩個，其實是增加了一個分組變數，將用於計算平均數的連續變數區分成兩組，進行兩次取樣，得到兩套樣本統計量後進行差異比較，此時分組變數可視為自變數，連續變數可視為依變數。例如比較不同性別對於追劇的熱衷程度，「性別」是自變數、「追劇熱衷度」是依變數。在探討婚姻對於金錢觀的影響，「婚前婚後」是自變數、「金錢態度」是依變數。

本章首先介紹自變數為二分類別變數（$k=2$）的平均數差異檢定（significant test of mean differences），由於樣本有兩組，此時依變數會因為兩個組的不同，各自計算出一個平均數與標準差。這兩個平均數的平均數差異檢定，可以利用 z 與 t 檢定來進行。如果分組變數的組數超過 2，或是自變數的數目大於 1，平均數「們」的比較就無法使用差異形式的平均數檢定，而必須改用「變異數」形式的模型分析，我們將在後續章節介紹複雜形式的平均數檢定。

8.2 雙樣本平均數檢定原理

8.2.1 檢定程序與參數意涵

雙樣本假設檢定的程序，首先是研究者必須從兩個母體（例如 P_A 與 P_B，$P_A \sim (\mu_A, \sigma_A^2)$、$P_B \sim (\mu_B, \sigma_B^2)$）分別抽取一個隨機樣本，求取平均數 $\bar{X}_A$ 與 $\bar{X}_B$，計算差異量 $\bar{X}_A - \bar{X}_B$，求取此一差異量在抽樣分配上的位置是幾個標準誤（SE）的距離，得到檢定量，藉以判定所檢定的效果 $\bar{X}_A - \bar{X}_B$ 的統計顯著性，做出虛無與對立假設需被保留或拒絕的結論。

在假設檢定中，被檢定的效果可以是任何一種統計量，稱為 參數估計值（parameter estimate），以 $\hat{\theta}$ 表示，反映統計量背後某種母體參數 θ 的狀態。在平均數差異檢定中，兩個樣本平均數的差異就是參數估計值 $\hat{\theta} = \widehat{\mu_A - \mu_B}$，所檢定的虛無假設是兩個母體期望值差異 $\widehat{\mu_A - \mu_B}$ 是否為 0，而檢定量即為 $\hat{\theta}$ 與其標準誤（$SE_{\hat{\theta}}$）的比值。至於檢定量的機率分配是 z 或 t 分配，取決於抽樣條件是否明確。

$$檢定量 = \frac{\hat{\theta}}{SE_{\hat{\theta}}} = \frac{\widehat{\mu_A - \mu_B}}{SE_{\widehat{\mu_A - \mu_B}}} = \frac{\bar{X}_A - \bar{X}_B}{SE_{\bar{X}_A - \bar{X}_B}} \tag{8-1}$$

8.2.2 平均數差異檢定的假設表述

雙樣本假設檢定的統計假設可利用關係式或參數式來表述，關係式反映兩個母體平均數的關係，參數式反映所檢定的參數內容為何，如下所示：

雙尾檢定

關係式：$H_0 : \mu_A = \mu_B$　　　　　參數式：$H_0 : \mu_A - \mu_B = 0$

$\quad\quad\quad H_1 : \mu_A \neq \mu_B$　　　　　　　　　　$H_1 : \mu_A - \mu_B \neq 0$

單尾檢定（右尾）

關係式：$H_0 : \mu_A \leq \mu_B$　　　　　參數式：$H_0 : \mu_A - \mu_B \leq 0$

$\quad\quad\quad H_1 : \mu_A > \mu_B$　　　　　　　　　　$H_1 : \mu_A - \mu_B > 0$

單尾檢定（左尾）

關係式：$H_0 : \mu_A \geq \mu_B$　　　　　參數式：$H_0 : \mu_A - \mu_B \geq 0$

$\quad\quad\quad H_1 : \mu_A < \mu_B$　　　　　　　　　　$H_1 : \mu_A - \mu_B < 0$

關係式的優點是可以利用數學運算符號明確說明兩個樣本的母體狀態關係，而

參數式則可直接表述統計所檢定的效果內容（亦即參數）為何。

值得一提的是，參數式當中數學等式符號右側的數字 0，其實是參數的一種狀況，若以期望值型態來表示則為 $\mu_0=0$。這裡的「μ_0」，是指研究者所關心的參數狀態，在檢定中作為比較的強度數量。例如小學六年級學生的身高比五年級學生高了 2 公分，此時對立假設寫成 $\mu_A-\mu_B>2$，也就是 $\mu_A-\mu_B>\mu_0(=2)$。在雙樣本假設檢定中，μ_0 為平均數差異抽樣分配的期望值。一般而言，如果沒有特別聲明，$\mu_0=0$，亦即檢定母體平均數差異是否為 0。但是如果研究者主張兩個母體平均數差異期望值為特定值，即需指定 μ_0 的數值，例如在雙尾檢定時，$H_0：\mu_A-\mu_B=\mu_0$，$H_1：\mu_A-\mu_B\neq\mu_0$。也因此可知，以關係式的形式來表達 $H_0：\mu_A=\mu_B$ 無法擴充到 $\mu_0\neq0$ 的雙樣本平均數差異假設檢定，因此假設的表述以參數式來表達為佳。

8.2.3 平均數差異分數的抽樣分配

假設檢定的理論核心是檢定量所使用的抽樣分配為何，尤其是抽樣分配的標準誤是 z 檢定量或 t 檢定量的分母項，必須被正確估計。前幾章所討論的平均數抽樣分配都只是單一樣本平均數的抽樣分配，標準誤可以直接由中央極限定理來推導，但本章所涉及的抽樣分配則是平均數差異抽樣分配（sampling distribution of the mean differences），如圖 8.1 右側的常態分配所示。

平均數差異抽樣分配是指反覆抽樣估計 m 次 $\bar{X}_A$ 與 $\bar{X}_B$ 的差異分數 $(\bar{X}_A-\bar{X}_B)$，當估計次數趨近無限大（$m\to\infty$）所得到的機率分配。如果抽取的樣本數 n_A 與 n_B

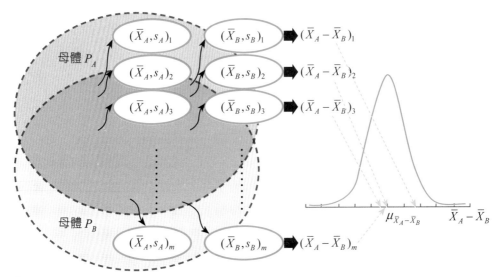

██ 圖 8.1 平均數差異的抽樣分配概念圖示

足夠大，差異分數 $(\bar{X}_A - \bar{X}_B)$ 所形成的機率分配呈常態，平均數為 $\mu_{\bar{X}_A - \bar{X}_B}$，變異數為 $\sigma^2_{\bar{X}_A - \bar{X}_B}$，亦即 $(\bar{X}_A - \bar{X}_B) \sim N(\mu_{\bar{X}_A - \bar{X}_B}, \sigma^2_{\bar{X}_A - \bar{X}_B})$。

在雙樣本平均數假設檢定中，其抽樣過程是取兩個樣本計算其平均數差異分數來進行比較，此時不同的平均數可能計算來自不同的受試者，亦有可能計算自同一個樣本的重複測量，或是具有配對關係的不同樣本。根據機率原理，當不同的平均數來自於不同的獨立樣本，兩個樣本的抽樣機率亦相互獨立，此時稱為獨立樣本設計（independent sample design）。

但是，如果不同的平均數來自於同一個樣本的同一群人（例如某班學生的期中考與期末考成績），即重複量數設計（repeated measure design），也就是具有前測（pre-test）與後測（post-test）的研究設計，或是來自具有配對關係的不同樣本（例如夫妻兩人的薪資多寡），即配對樣本設計（matched group design），樣本抽取的機率為非獨立、相依的情況。在計算抽樣分配的標準誤時，必須特別考量到重複計數或相配對的關係，以不同的公式進行檢定。

8.2.4 獨立樣本設計的標準誤估計

在一般雙尾設計下，雙樣本平均數考驗的虛無假設為「兩個母體差異期望值（平均數）為 0」，亦即 $\mathrm{H}_0: \mu_1 - \mu_2 = \mu_0 = 0$。在 H_0 成立的情況下，母體差異期望值為 0，亦即母體期望值相同：$\mu_1 = \mu_2 = \mu_0$，變異數也相同 $\sigma_1^2 = \sigma_2^2 = \sigma^2$。當所抽取的兩個樣本為獨立事件而彼此沒有關聯的獨立樣本設計下，平均數差異分數抽樣分配的變異數 $(\sigma^2_{\bar{X}_1 - \bar{X}_2})$ 為來自同一個母體進行兩次抽樣的抽樣誤差累積而成，如公式 8-2 所示。開根號之後得到差異分數標準誤（standard error of the difference），以 $\sigma_{\bar{X}_1 - \bar{X}_2}$ 表示，如公式 8-3 所示。

$$\sigma^2_{\bar{X}_1 - \bar{X}_2} = \sigma^2_{\bar{X}_1} + \sigma^2_{\bar{X}_2} = \frac{\sigma_1^2}{n_1} + \frac{\sigma_2^2}{n_2} = \sigma^2\left(\frac{1}{n_1} + \frac{1}{n_2}\right) \tag{8-2}$$

$$\sigma_{\bar{X}_1 - \bar{X}_2} = \sqrt{\sigma^2_{\bar{X}_1} + \sigma^2_{\bar{X}_2}} = \sqrt{\left(\frac{\sigma_1^2}{n_1} + \frac{\sigma_2^2}{n_2}\right)} = \sqrt{\sigma^2\left(\frac{1}{n_1} + \frac{1}{n_2}\right)} = \sigma\sqrt{\left(\frac{1}{n_1} + \frac{1}{n_2}\right)} \tag{8-3}$$

如果母體標準差可知，兩次抽樣有相同的抽樣條件，抽樣變異誤為兩個樣本的變異誤和；如果母體標準差不詳，兩個樣本的抽樣條件不明，σ_1 與 σ_2 未知，此時母體變異數需以樣本變異數 s_1^2 與 s_2^2 估計之，差異分數抽樣分配的估計變異誤以 $s^2_{\bar{X}_1 - \bar{X}_2}$ 表示，如公式 8-4。差異分數抽樣分配的估計標準誤（estimated standard error）則為變異誤的開方，如公式 8-5 所示。

$$s^2_{\bar{X}_1-\bar{X}_2} = s^2_{\bar{X}_1} + s^2_{\bar{X}_2} = \frac{s^2_1}{n_1} + \frac{s^2_2}{n_2} \tag{8-4}$$

$$s_{\bar{X}_1-\bar{X}_2} = \sqrt{s^2_{\bar{X}_1} + s^2_{\bar{X}_2}} = \sqrt{\frac{s^2_1}{n_1} + \frac{s^2_2}{n_2}} \tag{8-5}$$

當使用差異分數估計標準誤 $s_{\bar{X}_1-\bar{X}_2}$ 進行檢定時，無法確保抽樣分配具有常態性，因此不能使用標準常態 z 分配而需使用 t 分配，自由度也是由兩次抽樣估計累加而得，每次的自由度是樣本數減 1，累加得到自由度是總樣本數（N）減 2，如公式 8-6 所示。

$$\begin{aligned} df_{\bar{X}_1-\bar{X}_2} &= df_{\bar{X}_1} + df_{\bar{X}_2} = (n_1-1)+(n_2-1) \\ &= n_1+n_2-2 = N-2 \end{aligned} \tag{8-6}$$

8.2.5 變異數同質問題

由於平均數差異檢定的虛無假設假定不同樣本取自相同母體，因此即使 σ^2_1 與 σ^2_2 未知而以樣本變異數 s^2_1 與 s^2_2 分別估計，但是「理論上」仍應假設兩者是針對同一母體的兩次估計，兩個樣本的變異數 s^2_1 與 s^2_2 應假設具有同質性，稱為變異數同質假設（assumption of homogeneity of variance），在同質假設維繫的情況下，母體變異數可以公式 8-7 估計。

$$\begin{aligned} \hat{\sigma}^2 = s^2_p &= \left(\frac{df_1}{df_1+df_2}\right) \times s^2_1 + \left(\frac{df_2}{df_1+df_2}\right) \times s^2_2 = \frac{df_1 s^2_1 + df_2 s^2_2}{df_1+df_2} \\ &= \left(\frac{n_1-1}{n_1+n_2-2}\right) \times s^2_1 + \left(\frac{n_2-1}{n_1+n_2-2}\right) \times s^2_2 = \frac{SS_1+SS_2}{N-2} \end{aligned} \tag{8-7}$$

公式 8-7 是把 s^2_1 與 s^2_2 以兩次抽樣的自由度為加權數求取加權平均，也就是兩次抽樣的離均差平方和相加後除以總自由度求取綜合變異數，稱為母體變異數綜合估計數（pooled estimate of σ^2），以 $\hat{\sigma}^2$ 或 s^2_p 表示。有了 s^2_p 即可估計「假設 $\sigma^2_1 = \sigma^2_2$」下的平均數差異分數抽樣分配變異誤，如公式 8-8，開根號即為估計標準誤，如公式 8-9。

$$s^2_{\bar{X}_1-\bar{X}_2} = s^2_{\bar{X}_1} + s^2_{\bar{X}_2} = \frac{s^2_1}{n_1} + \frac{s^2_2}{n_2} = s^2_p\left(\frac{1}{n_1}+\frac{1}{n_2}\right) \tag{8-8}$$

$$s_{\bar{X}_1-\bar{X}_2} = \sqrt{s_{\bar{X}_1}^2 + s_{\bar{X}_2}^2} = \sqrt{\frac{s_1^2}{n_1}+\frac{s_2^2}{n_2}} = \sqrt{s_p^2\left(\frac{1}{n_1}+\frac{1}{n_2}\right)} = s_p\sqrt{\left(\frac{1}{n_1}+\frac{1}{n_2}\right)} \tag{8-9}$$

但如果樣本變異數 s_1^2 與 s_2^2 明顯不同，變異數同質假設無法維繫，此時 s_p^2 不是母體變異數 σ^2 的不偏估計數。換言之，當變異數同質假設遭到違反時，應採用公式 8-4 與公式 8-5 來估計兩組變異數為異質情況下的 $s_{\bar{X}_1-\bar{X}_2}^2$ 與 $s_{\bar{X}_1-\bar{X}_2}$，自由度則必須進行修正。自由度的修正是以各次抽樣的抽樣變異誤為權數，進行加權調和平均數計算，如公式 8-10。

$$df_{\bar{X}_1-\bar{X}_2}^* = \cfrac{1}{\cfrac{(s_{\bar{X}_1}^2)^2}{(s_{\bar{X}_1}^2+s_{\bar{X}_2}^2)^2}\times\cfrac{1}{df_1}+\cfrac{(s_{\bar{X}_2}^2)^2}{(s_{\bar{X}_1}^2+s_{\bar{X}_2}^2)^2}\times\cfrac{1}{df_2}}$$
$$= \cfrac{(s_{\bar{X}_1}^2+s_{\bar{X}_2}^2)^2}{\cfrac{(s_{\bar{X}_1}^2)^2}{df_1}+\cfrac{(s_{\bar{X}_2}^2)^2}{df_2}} = \cfrac{(s_1^2/n_1+s_2^2/n_2)^2}{\cfrac{(s_1^2/n_1)^2}{n_1-1}+\cfrac{(s_2^2/n_2)^2}{n_2-1}} \tag{8-10}$$

值得注意的是，由於 t 分配的自由度均為整數，因此當 $df_{\bar{X}_1-\bar{X}_2}^*$ 具有小數時，取四捨五入值。如果兩次抽樣的變異誤相同，變異數異質的平均數差異抽樣分配自由度為兩次抽樣的自由度之調和平均，與未調整前相同：$df^*=df=n_1+n_2-2$，但是當兩次抽樣的變異誤相差越大，df^* 的修正幅度就越大。至於決定抽樣變異誤的因素有樣本變異數及樣本數兩者，因此當兩次抽樣的樣本變異數及樣本數差異很懸殊時，df^* 的修正變化就很明顯：樣本變異數大而樣本數少的自由度加權大，樣本變異數小而樣本數多的自由度加權小。

為了示範樣本變異數在同質與異質情況下的 t 檢定程序，本章後續的示範將同時列舉兩種假設條件下的分析過程與結果。至於實務上在執行獨立樣本 t 檢定時，應採行何者，可先進行變異數同質性檢驗，最常用的方法是 Levene's 檢定，有興趣的讀者可以參考邱皓政與林碧芳（2022）的統計學專書。

8.2.6 相依樣本設計的標準誤估計

8.2.6.1 雙樣本檢定法

在相依設計下進行雙樣本平均數檢定，檢定效果仍為兩次抽樣的平均數差異，所不同的是兩個樣本來自於重複測量或配對設計，因此樣本之間具有一定程度的相關，但人數必然相等，$n_1 = n_2 = n$，此時的 n 可以為人數或配對數。

基於虛無假設 $H_0：\mu_1=\mu_2$ 的立場，兩次抽樣來自同一個母體，因此不僅期望值相同，變異數也應相同，$\sigma_1^2 = \sigma_2^2 = \sigma^2$，而同一個母體所抽出的兩個具有相關的相依樣本，相依程度以相關係數 ρ 表示（希臘符號 ρ 表示此相關係數為母體參數）。此時，平均數差異分數抽樣分配的變異誤，為兩次抽樣的抽樣誤差相加之後，需扣除兩者相依部分的重複計算，如公式 8-11 所示。

$$\sigma_{\bar{X}_1-\bar{X}_2}^2 = \sigma_{\bar{X}_1}^2 + \sigma_{\bar{X}_2}^2 - 2\rho\sigma_{\bar{X}_1}\sigma_{\bar{X}_2} = \frac{\sigma_1^2}{n} + \frac{\sigma_2^2}{n} - 2\rho\sqrt{\frac{\sigma_1^2}{n}}\sqrt{\frac{\sigma_2^2}{n}}$$
$$= 2\sigma^2\left(\frac{1-\rho}{n}\right) = 2(1-\rho)\frac{\sigma^2}{n} \tag{8-11}$$

標準誤如公式 8-12 所示：

$$\sigma_{\bar{X}_1-\bar{X}_2} = \sqrt{\sigma_{\bar{X}_1}^2 + \sigma_{\bar{X}_2}^2 - 2\rho\sigma_{\bar{X}_1}\sigma_{\bar{X}_2}} = \sqrt{2(1-\rho)}\frac{\sigma}{\sqrt{n}} \tag{8-12}$$

在母體標準差或母體相關係數未知的情況下，不僅母體變異數 σ_1^2 與 σ_2^2 需以樣本變異數 s_1^2 與 s_2^2 來估計，差異分數抽樣分配的估計變異誤也需扣除相依所發生的重複部分，而相依程度則由樣本相關係數（以 r 表示）來估計，如公式 8-13 所示，估計標準誤則如公式 8-14 所示。

$$s_{\bar{X}_1-\bar{X}_2}^2 = s_{\bar{X}_1}^2 + s_{\bar{X}_2}^2 - 2rs_{\bar{X}_1}s_{\bar{X}_2} = \frac{s_1^2 + s_2^2 - 2rs_1s_2}{n} \tag{8-13}$$

$$s_{\bar{X}_1-\bar{X}_2} = \sqrt{s_{\bar{X}_1}^2 + s_{\bar{X}_2}^2 - 2rs_{\bar{X}_1}s_{\bar{X}_2}} = \sqrt{\frac{s_1^2 + s_2^2 - 2rs_1s_2}{n}} \tag{8-14}$$

值得注意的是，雖然相依設計也進行兩次抽樣，得到樣本數同為 n 的兩個樣本，觀察值的個數理應為 $2n$，但是因為相依設計，每一個人實施兩次，或兩個配對觀察值屬於一組配對，因此自由度只計算一次；換言之，相依設計的平均數差異分數的抽樣分配，自由度為 $n-1$，而非 n_1+n_2-2，足足比獨立設計少了一半。

8.2.6.2 差異分數檢定法

事實上，相依樣本設計下的兩個樣本資料取得具有配對關係或重複測量關係，因此兩個樣本實則可以視為一組樣本，可仿照單一樣本檢定方法來進行分析。這是基於相依設計中，由於受試者是相同的一組人，或具備配對關係，因此兩個樣本得

分呈現配對分數,可直接相減得到差異分數(D score),$D = x_1 - x_2$,然後針對差異分數抽樣分配進行估計,計算出統計檢定量,即可進行單一樣本平均數檢定,此一方法稱為直接差異分數檢定法(direct-difference method),直接考驗 D 分數所形成的樣本統計量背後的母體特徵。但由於差異分數的母體 D 並不存在,無法使用 z 檢定,一律使用 t 檢定,自由度為 $n-1$。

對於兩個樣本配對分數的差異分數 D 本身是一個樣本數為 n 的樣本分配,平均數為 $\bar{D}$,變異數為 s_D^2,差異分數的抽樣分配平均數則為 $\mu_{\bar{D}}$,變異誤為 $s_{\bar{D}}^2$。差異分數估計變異誤(公式 8-15)與標準誤(公式 8-16)如下:

$$s_{\bar{D}}^2 = \frac{s_D^2}{n} \tag{8-15}$$

$$s_{\bar{D}} = \frac{s_D}{\sqrt{n}} \tag{8-16}$$

8.2.7　獨立與相依設計的異同

由公式 8-11 與 8-13 可知,如果兩個相依樣本之間完全沒有相關,$\rho = 0$ 或 $r = 0$,相依樣本設計與獨立樣本設計的變異誤計算公式相同。公式 8-11 即成為 $\sigma_{\bar{X}_1 - \bar{X}_2}^2 = \sigma_{\bar{X}_1}^2 + \sigma_{\bar{X}_2}^2 = 2\sigma_{\bar{X}}^2$,也就是單一樣本抽樣變異誤的 2 倍,亦即當相依樣本之間的相關若為 0,以相依設計進行分析無異於獨立樣本設計。但是隨著兩個樣本相依程度提高,$\rho \to 1$ 或 $r \to 1$,抽樣誤差逐漸降低,在完全正相關($\rho = 1$ 或 $r = 1$)的情況下,抽樣標準誤為 0,平均數差異分數的抽樣分配退化成一直線。也就是說,相依設計可以削減抽樣誤差,相關越高,削減程度越大。

但是,如果兩個樣本的相關為負值,那麼相依設計在扣減抽樣誤差的效果就完全相反,變異誤不減反增,最高可能增加 1 倍。所幸相依樣本得分的相關絕大多數皆為正值,相關為負的情形並不多見,即使存在,也很容易察知,因此採取相依設計多半可以得到扣減誤差項的效果。

一般而言,在相同的平均數差異下,使用相依樣本公式所得到的 t 值會大於獨立樣本 t 值,使得相依樣本的統計檢定力高於獨立樣本檢定。這就是許多實驗研究者喜歡使用相依樣本設計的原因,不但抽樣誤差變小,實施上更省事(若自變數有 k 個水準,採重複量數實驗的樣本數目需求較獨立設計少 k 倍)。關於前述各節所討論的標準誤公式,整理於表 8.1。

表 8.1 雙樣本平均數檢定的抽樣分配標準誤與自由度

檢定設計	獨立設計	相依設計
σ 已知	$\sigma_{\bar{X}_1-\bar{X}_2} = \sqrt{\sigma^2\left(\dfrac{1}{n_1}+\dfrac{1}{n_2}\right)} = \sigma\sqrt{\dfrac{1}{n_1}+\dfrac{1}{n_2}}$	$\sigma_{\bar{X}_1-\bar{X}_2} = \sqrt{\sigma_{\bar{X}_1}^2 + \sigma_{\bar{X}_2}^2 - 2\rho\sigma_{\bar{X}_1}\sigma_{\bar{X}_2}}$ $= \sqrt{2(1-\rho)\dfrac{\sigma^2}{n}} = \dfrac{\sigma}{\sqrt{n}}\sqrt{2(1-\rho)}$
σ 未知	假設 $\sigma_1^2 = \sigma_2^2$ $s_{\bar{X}_1-\bar{X}_2} = \sqrt{s_p^2\left(\dfrac{1}{n_1}+\dfrac{1}{n_2}\right)} = s_p\sqrt{\dfrac{1}{n_1}+\dfrac{1}{n_2}}$ $s_p^2 = \dfrac{df_1 s_1^2 + df_2 s_2^2}{df_1 + df_2} = \dfrac{(n_1-1)s_1^2 + (n_2-1)s_2^2}{n_1+n_2-2}$ $df = n_1 + n_2 - 2$ 假設 $\sigma_1^2 \neq \sigma_2^2$ $s_{\bar{X}_1-\bar{X}_2} = \sqrt{\dfrac{s_1^2}{n_1}+\dfrac{s_2^2}{n_2}}$ $df^* = \dfrac{[s_1^2/n_1 + s_2^2/n_2]^2}{\dfrac{(s_1^2/n_1)^2}{n_1-1}+\dfrac{(s_2^2/n_2)^2}{n_2-1}}$	$s_{\bar{X}_1-\bar{X}_2} = \sqrt{\dfrac{s_1^2 + s_2^2 - 2rs_1 s_2}{n}}$ $s_{\bar{D}} = \sqrt{\dfrac{s_D^2}{n}} = \dfrac{s_D}{\sqrt{n}}$ $df = n-1$

8.3 獨立雙樣本平均數差異檢定

8.3.1 平均數差異檢定量

對於雙樣本平均數差異假設檢定，當母體標準差 σ 已知，可直接求得平均數差異分數抽樣標準誤 $\sigma_{\bar{X}_1-\bar{X}_2}$，此時以 z 檢定來檢驗兩個樣本平均數差異的顯著性即可，稱為平均數差異 z 檢定。z 檢定量的計算式為公式 8-17。

$$z_{obt} = \frac{(\bar{X}_1 - \bar{X}_2) - \mu_0}{\sigma_{\bar{X}_1-\bar{X}_2}} \tag{8-17}$$

若虛無假設為 H_0：$\mu_1-\mu_2=0$ 時，μ_0 即為 0。z 檢定量的除項（標準誤），在獨立設計時以公式 8-3 為分母，在相依設計時以公式 8-12 的 $\sigma_{\bar{X}_1-\bar{X}_2}$ 為分母。

如果母體標準差 σ 未知，兩個樣本的抽樣條件不明，必須求得差異分數估計標準誤 $s_{\bar{X}_1-\bar{X}_2}$ 後，以 t 檢定來檢驗兩個獨立樣本平均數差異的顯著性，稱為獨立雙

樣本平均數差異 t 檢定，如公式 8-18 所示。

$$t_{obt(df)} = \frac{(\bar{X}_1 - \bar{X}_2) - \mu_0}{s_{\bar{X}_1 - \bar{X}_2}} \qquad (8\text{-}18)$$

由於 t 檢定所使用的標準誤，會因為變異數同質假設是否維繫，區分成不同「假設變異數同質」與「不假設變異數同質」的兩種計算型態，而自由度也可能需要校正，以正確的標準誤進行 t 檢定。

8.3.2　獨立樣本平均數差異雙尾 z 檢定（σ 已知）

本節以前章所使用的範例來擴充說明。如果今天管理研究所所長除了擁有自己班上的 25 位新生年齡平均數與標準差（$\bar{X}_1=24$、$s_1=2.5$），同時也知道心理研究所的 25 位新生年齡平均數與標準差（$\bar{X}_2=22.5$、$s_2=2$），而一般研究所新生年齡的標準差若為 2（亦即 $\sigma=2$），那麼「管理研究所與心理研究所新生年齡是否相同」的研究問題應如何檢定呢？以下以五步驟法來說明檢定過程與結果。

步驟一：發展假設

本範例的研究問題為「管理研究所與心理研究所的新生年齡是否相同？」如果真實狀況是「相同」，表示「管理研究所與心理研究所的新生年齡期望值（母體平均數）相同」，或者「管理研究所與心理研究所的新生年齡期望值（母體平均數）差異為 0」；如果真實狀況是「不同」，表示「管理研究所與心理研究所的新生年齡期望值（母體平均數）不同」，或者「管理研究所與心理研究所的新生年齡期望值（母體平均數）差異不為 0」。由題意可知為雙尾假設：

$$\begin{cases} \text{H}_0 : \mu_1 = \mu_2 \quad \text{or} \quad \mu_1 - \mu_2 = 0 \\ \text{H}_1 : \mu_1 \neq \mu_2 \quad \text{or} \quad \mu_1 - \mu_2 \neq 0 \end{cases}$$

μ_1：管理研究所新生年齡期望值（母體平均數）

μ_2：心理研究所新生年齡期望值（母體平均數）

步驟二：評估抽樣條件

管理研究所的新生人數 $n_1=25$，年齡平均數與標準差（$\bar{X}_1=24$、$s_1=2.5$）

心理研究所的新生人數 $n_2=25$，年齡平均數與標準差（$\bar{X}_2=22.5$、$s_2=2$）

一般研究所新生年齡的標準差為 2，母體標準差已知 $\sigma=2$，抽樣標準誤：

$$\sigma_{\bar{X}_1 - \bar{X}_2} = \sqrt{\sigma^2 \left(\frac{1}{n_1} + \frac{1}{n_2} \right)} = \sqrt{2^2 \times \left(\frac{1}{25} + \frac{1}{25} \right)} = \sqrt{0.32} = 0.566$$

步驟三：決定檢定條件

本範例抽樣條件明確，標準誤可以計算得出，可進行統計量的 z 轉換，抽樣分配為 z 分配。顯著水準設定為 $\alpha=.05$，雙尾臨界值 $z_{\alpha/2}=z_{.025}=\pm 1.96$。

步驟四：計算檢定量與尾機率

$$z_{obt} = \frac{(\bar{X}_1 - \bar{X}_2) - \mu_0}{\sigma_{\bar{X}_1 - \bar{X}_2}} = \frac{(24-22.5)-0}{\sqrt{0.32}} = \frac{1.5}{0.566} = 2.65$$

由查表或以 EXCEL 的 [1-NORM.S.DIST(2.65,1)]*2，求得雙尾尾機率 $p=.004*2= .008$。

步驟五：進行決策與解釋

基於前述的抽樣條件、檢定量與尾機率狀況，可以進行下列決策：

$\because |z_{obt}=2.65| > |z_{.025}=\pm 1.96|$ 或 $p=.008 < \alpha=.05$

$\therefore$ 拒絕 H_0、接受 H_1

亦即 $\mu_1 \neq \mu_2$ 或 $\mu_1 - \mu_2 \neq 0$，可解釋為「兩個研究所新生年齡期望值具有顯著差異」或「兩個研究所新生年齡期望值差異不等於 0」。由於結論為拒絕 H_0，因此本範例結論有可能犯下型 I 決策錯誤，亦即兩個研究所新生年齡其實沒有差異而被我們誤判為有差異，其機率為 5%。檢定結果如圖 8.2。

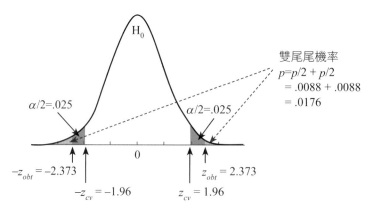

圖 8.2 獨立樣本平均數差異雙尾 z 檢定結果圖示

8.3.3 獨立樣本平均數差異單尾 z 檢定（σ 已知）

　　若將前一範例改為單尾檢定，亦即將研究問題改為：「管理研究所的新生年齡是否高於心理研究所？」若抽樣條件維持相同，僅有假設表述方式必須加以調整，改採單尾 z 檢定，檢定過程如下：

步驟一：發展假設

$$\begin{cases} H_0 : \mu_1 \leq \mu_2 & \text{or} \quad \mu_1 - \mu_2 \leq 0 \\ H_1 : \mu_1 > \mu_2 & \text{or} \quad \mu_1 - \mu_2 > 0 \end{cases}$$

　　μ_1：管理研究所新生年齡期望值（母體平均數）

　　μ_2：心理研究所新生年齡期望值（母體平均數）

步驟二：評估抽樣條件

　　管理研究所的新生人數 $n_1=25$，年齡平均數與標準差（$\overline{X}_1=24$、$s_1=2.5$）

　　心理研究所的新生人數 $n_2=25$，年齡平均數與標準差（$\overline{X}_2=22.5$、$s_2=2$）

　　一般研究所新生年齡的標準差為 2，母體標準差已知 $\sigma=2$，抽樣標準誤：

$$\sigma_{\overline{X}_1 - \overline{X}_2} = \sqrt{\sigma^2 \left(\frac{1}{n_1} + \frac{1}{n_2} \right)} = \sqrt{2^2 \times \left(\frac{1}{25} + \frac{1}{25} \right)} = \sqrt{0.32} = 0.566$$

步驟三：決定檢定條件

　　母體標準差已知，抽樣分配為 z 分配，$\alpha=.05$，右尾臨界值 $z_{.05}=+1.645$

步驟四：計算檢定量與尾機率

$$z_{obt} = \frac{(\overline{X}_1 - \overline{X}_2) - \mu_0}{\sigma_{\overline{X}_1 - \overline{X}_2}} = \frac{(24 - 22.5) - 0}{0.566} = \frac{1.5}{0.566} = 2.65$$

　　以 EXCEL 的 [1-NORM.S.DIST(2.65,1)] 求得單尾尾機率 $p=.004$

步驟五：進行決策與解釋

　　$\because |z_{obt}=2.65| > |z_{.05}=1.645|$ 或 $p=.004 < \alpha=.05$

　　$\therefore$ 拒絕 H_0、接受 H_1

　　亦即 $\mu_1 > \mu_2$ 或 $\mu_1 - \mu_2 > 0$，解釋為「管理研究所新生年齡期望值顯著高於心理研究所」或「管理研究所與心理研究所新生年齡期望值差異大於 0」。本範例結論可能犯下型 I 錯誤，機率為 5%。檢定結果如圖 8.3。

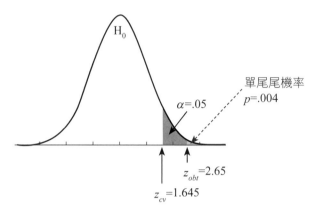

圖 8.3 獨立樣本平均數差異單尾 **z** 檢定結果圖示

範例 8.1 獨立樣本平均數差異的雙尾假設檢定（σ 已知）

問題： 某位研究者認為人們使用 Uber 搭車是因為辦公地點的影響，因此隨機詢問 16 位身邊上班族每週 Uber 搭車的次數，其中 8 人在市區工作，另外 8 人在郊區工作。

地區別								平均數	標準差	變異數
市區	4	6	3	3	1	3	2	2	3	1.51	2.28
郊區	5	6	5	4	3	4	3	4	4.25	1.04	1.08

請問：如果母體變異數為 2（一般人使用 Uber 搭車的變異數）

1. 基於雙尾檢定：市區使用 Uber 的次數與郊區是否相同？

2. 基於單尾檢定：市區使用 Uber 的次數比起郊區是否較低？

解答： **步驟一：發展假設**

雙尾 $\begin{cases} H_0 : \mu_1 = \mu_2 & \text{or} & \mu_1 - \mu_2 = 0 \\ H_1 : \mu_1 \neq \mu_2 & \text{or} & \mu_1 - \mu_2 \neq 0 \end{cases}$

單尾 $\begin{cases} H_0 : \mu_1 \geq \mu_2 & \text{or} & \mu_1 - \mu_2 \geq 0 \\ H_1 : \mu_1 < \mu_2 & \text{or} & \mu_1 - \mu_2 < 0 \end{cases}$

μ_1：市區搭 Uber 次數期望值（母體平均數）

μ_2：郊區搭 Uber 次數期望值（母體平均數）

步驟二：評估抽樣條件

$n_1=8$、$\overline{X}_1=3$、$s_1=1.51$、$s_1^2=2.28$；$n_2=8$、$\overline{X}_2=4.25$、$s_2=1.04$、$s_2^2=1.08$

母體變異數已知 $\sigma^2=2$，抽樣標準誤：

$$\sigma_{\bar{X}_1 - \bar{X}_2} = \sqrt{\sigma^2 \left(\frac{1}{n_1} + \frac{1}{n_2} \right)} = \sqrt{2 \times \left(\frac{1}{8} + \frac{1}{8} \right)} = \sqrt{0.5} = 0.707$$

步驟三：決定檢定條件

∵ $\sigma^2 = 2$　∴使用 z 分配、$\alpha = .05$、雙尾臨界值 $z_{.025} = \pm 1.96$、左尾臨界值 $z_{.05} = -1.645$

步驟四：計算檢定量

$$z_{obt} = \frac{(\bar{X}_1 - \bar{X}_2) - \mu_0}{\sigma_{\bar{X}_1 - \bar{X}_2}} = \frac{(3 - 4.25) - 0}{0.707} = \frac{-1.25}{0.707} = -1.768$$

以 EXCEL 的 [1-NORM.S.DIST(1.768,1)]*2 求得雙尾尾機率 $p = .0771$

以 EXCEL 的 [1-NORM.S.DIST(1.768,1)] 求得單尾尾機率 $p = .0385$

步驟五：進行決策與解釋

1. 雙尾檢定結果

    ∵ $|z_{obt} = -1.768| \leq |\pm z_{cv} = \pm 1.96|$ 或 $p = .0771 > \alpha = .05$ ∴保留 H_0，亦即市區使用 Uber 的次數與郊區無顯著差異。結論可能犯型 II 錯誤。

2. 單尾檢定結果

    ∵ $|z_{obt} = -1.768| > |z_{cv} = -1.645|$ 或 $p = .0385 < \alpha = .05$ ∴拒絕 H_0、接受 H_1，亦即市區使用 Uber 的次數顯著低於郊區。結論可能犯型 I 錯誤，機率為 5%。

3. 以 EXCEL 分析結果：以 EXCEL 執行分析的結果，列於表 8.2。

表 8.2　以 EXCEL 執行獨立樣本 z 檢定結果

z 檢定：兩個母體平均數差異檢定

	市區	郊區
平均數	3	4.25
已知的變異數	2	2
觀察值個數	8	8
假設的均數差	0	
z	-1.7678	
P(Z<=z) 單尾	0.0385	
臨界值：單尾	1.6449	
P(Z<=z) 雙尾	0.0771	
臨界值：雙尾	1.9600	

8.3.4 獨立樣本平均數差異雙尾 t 檢定（σ 未知）

關於「管理研究所與心理研究所的新生年齡是否相同？」這個研究假設的回答，如果母體標準差未知，此時即為 t 檢定。檢定過程與結果說明如下：

步驟一：發展假設

$$\begin{cases} H_0 : \mu_1 = \mu_2 & \text{or} \quad \mu_1 - \mu_2 = 0 \\ H_1 : \mu_1 \neq \mu_2 & \text{or} \quad \mu_1 - \mu_2 \neq 0 \end{cases}$$

μ_1：管理研究所新生年齡期望值（母體平均數）

μ_2：心理研究所新生年齡期望值（母體平均數）

步驟二：評估抽樣條件

管理研究所的新生人數 n_1=25，年齡平均數與標準差（$\overline{X}_1$=24、s_1=2.5）

心理研究所的新生人數 n_2=25，年齡平均數與標準差（$\overline{X}_2$=22.5、s_2=2）

母體標準差不詳，抽樣標準誤與自由度計算如下：

1. 假設變異數同質

$$s_p^2 = \frac{df_1 s_1^2 + df_2 s_2^2}{df_1 + df_2} = \frac{24 \times 2.5^2 + 24 \times 2^2}{24 + 24} = 5.125$$

$$s_{\overline{X}_1 - \overline{X}_2} = \sqrt{s_p^2 \left(\frac{1}{n_1} + \frac{1}{n_2} \right)} = \sqrt{5.125 \left(\frac{1}{25} + \frac{1}{25} \right)} = 0.64$$

$$df_{\overline{X}_1 - \overline{X}_2} = n_1 + n_2 - 2 = 25 + 25 - 2 = 48$$

2. 假設變異數異質

$$s_{\overline{X}_1 - \overline{X}_2} = \sqrt{\frac{s_1^2}{n_1} + \frac{s_2^2}{n_2}} = \sqrt{\frac{2.5^2}{25} + \frac{2^2}{25}} = 0.64$$

$$df_{\overline{X}_1 - \overline{X}_2}^* = \frac{[s_1^2 / n_1 + s_2^2 / n_2]^2}{\frac{(s_1^2 / n_1)^2}{n_1 - 1} + \frac{(s_2^2 / n_2)^2}{n_2 - 1}} = \frac{(2.5^2 / 25 + 2^2 / 25)^2}{\frac{(2.5^2 / 8)^2}{25 - 1} + \frac{(2^2 / 25)^2}{25 - 1}} = \frac{0.1681}{0.00367} = 45.8 \approx 46$$

步驟三：決定檢定條件

$\because \sigma$ 未知　　$\therefore$ 使用 t 分配、α=.05

雙尾臨界值，df=48：$t_{.025(48)}$= ± 2.011（EXCEL 函數 T.INV.2T(0.05,48)）

雙尾臨界值，df=46：$t_{.025(46)}$= ± 2.013（EXCEL 函數 T.INV.2T(0.05,46)）

步驟四：計算檢定量

1. 假設變異數同質

$$t_{obt(48)} = \frac{(\bar{X}_1 - \bar{X}_2) - \mu_0}{s_{\bar{X}_1 - \bar{X}_2}} = \frac{(24 - 22.5) - 0}{0.64} = \frac{1.5}{0.64} = 2.344$$

以 EXCEL 的 T.DIST.2T(2.344,48) 求得雙尾尾機率 p=.0233

2. 假設變異數異質

$$t_{obt(46)} = \frac{(\bar{X}_1 - \bar{X}_2) - \mu_0}{s_{\bar{X}_1 - \bar{X}_2}} = \frac{(24 - 22.5) - 0}{0.64} = \frac{1.5}{0.64} = 2.344$$

以 EXCEL 的 T.DIST.2T(2.344,46) 求得雙尾尾機率 p=.0235

步驟五：進行決策與解釋

1. 假設變異數同質

∵ $|t_{obt(48)}=2.344| > |t_{.025(48)}=\pm 2.011|$ 或 p=.0233 $< \alpha$=.05 ∴拒絕 H_0、接受 H_1

2. 假設變異數異質

∵ $|t_{obt(46)}=2.344| > |t_{.025(46)}=\pm 2.013|$ 或 p=.0235 $< \alpha$=.05 ∴拒絕 H_0、接受 H_1

在變異數同質與異質兩種情況下結論相同，亦即 $\mu_1 \neq \mu_2$ 或 $\mu_1 - \mu_2 \neq 0$，「兩個研究所新生年齡期望值具有顯著差異」或「兩個研究所新生年齡期望值差異不等於 0」。可能犯下型 I 決策錯誤，機率為 5%。檢定結果如圖 8.4。

(a) 變異數同質　　　　　　　　　(b) 變異數異質

◫ 圖 8.4 獨立樣本平均數差異雙尾 t 檢定結果圖示

8.3.5 獨立樣本平均數差異單尾 t 檢定（σ 未知）

同樣的，當母體標準差未知時，對於平均數差異的 t 檢定可以進行單尾檢定，藉以回答「管理研究所的新生年齡是否高於心理研究所？」的研究問題，檢定過程與結果說明如下：

步驟一：發展假設

$$\begin{cases} H_0: \mu_1 \leq \mu_2 & or \quad \mu_1 - \mu_2 \leq 0 \\ H_1: \mu_1 > \mu_2 & or \quad \mu_1 - \mu_2 > 0 \end{cases}$$

μ_1：管理研究所新生年齡期望值（母體平均數）

μ_2：心理研究所新生年齡期望值（母體平均數）

步驟二：評估抽樣條件（與雙尾檢定相同）

管理研究所的新生人數 $n_1=25$，年齡平均數與標準差（$\overline{X}_1=24$、$s_1=2.5$）

心理研究所的新生人數 $n_2=25$，年齡平均數與標準差（$\overline{X}_2=22.5$、$s_2=2$）

母體標準差不詳，抽樣標準誤與自由度計算如下：

1. 假設變異數同質

   母體變異數綜合估計數 $s_p^2 = 5.125$

   平均數差異抽樣分配標準誤 $s_{\overline{X}_1-\overline{X}_2} = 0.64$、$df_{\overline{X}_1-\overline{X}_2} = 48$

2. 假設變異數異質

   平均數差異抽樣分配標準誤 $s_{\overline{X}_1-\overline{X}_2} = 0.64$、$df^*_{\overline{X}_1-\overline{X}_2} = 45.8 \approx 46$

步驟三：決定檢定條件

$\because \sigma$ 未知 $\therefore$ 使用 t 分配、$\alpha=.05$

右尾臨界值，$df=48$：$t_{.05(48)}=1.677$（EXCE L函數 T.INV(0.95,48)）

右尾臨界值，$df=46$：$t_{.05(46)}=1.679$（EXCEL 函數 T.INV(0.95,46)）

步驟四：計算檢定量與尾機率

1. 假設變異數同質

$$t_{obt(48)} = \frac{(\overline{X}_1 - \overline{X}_2) - \mu_0}{s_{\overline{X}_1-\overline{X}_2}} = \frac{(24-22.5)-0}{0.64} = \frac{1.5}{0.64} = 2.344$$

以 EXCEL 的 1-T.DIST(2.344,48,1) 求得單尾尾機率 $p=.0116$

2. 假設變異數異質

$$t_{obt(46)} = \frac{(\overline{X}_1 - \overline{X}_2) - \mu_0}{s_{\overline{X}_1-\overline{X}_2}} = \frac{(24-22.5)-0}{0.64} = 2.344$$

以 EXCEL 的 1–T.DIST.2T(2.344,46,1) 求得雙尾尾機率 p=.0117

步驟五：進行決策與解釋

1. 假設變異數同質

   ∵$|t_{obt(48)}$=2.344$| > |t_{.05(48)}$=1.677$|$ 或 p=.0116 $< \alpha$=.05

   ∴拒絕 H_0、接受 H_1

2. 假設變異數異質

   ∵$|t_{obt(46)}$=2.344$| > |t_{.05(46)}$=1.679$|$ 或 p=.0117 $< \alpha$=.05

   ∴拒絕 H_0、接受 H_1

在變異數同質與異質兩種情況下，得到的結論都相同，亦即 $\mu_1 > \mu_2$：「管理研究所新生年齡期望值顯著高於心理研究所」，或 $\mu_1 - \mu_2 > 0$：「管理研究所與心理研究所新生年齡期望值差異大於 0」。本範例結論可能犯下型 I 錯誤，機率為 5%。檢定結果如圖 8.5。

(a) 變異數同質　　　　　　　　　　**(b) 變異數異質**

圖 8.5 獨立樣本平均數差異單尾 *t* 檢定結果圖示

範例 8.2　　獨立樣本平均數差異的雙尾假設檢定（σ 未知）

問題：　某位研究者認為人們使用 Uber 搭車是因為辦公地點的影響，因此隨機詢問 16 位身邊上班族每週 Uber 搭車的次數，其中 8 人在市區工作，另外 8 人在郊區工作。

地區別								平均數	標準差	變異數
市區	4	6	3	3	1	3	2	2	3	1.51	2.28
郊區	5	6	5	4	3	4	3	4	4.25	1.04	1.08

請問：如果母體變異數未知（一般人使用 Uber 搭車的變異數不詳）

1. 基於雙尾檢定：市區使用 Uber 的次數與郊區是否相同？

2. 基於單尾檢定：市區使用 Uber 的次數比起郊區是否較低？

解答： **步驟一：發展假設**

雙尾 $\begin{cases} H_0: \mu_1 = \mu_2 & \text{or} \quad \mu_1 - \mu_2 = 0 \\ H_1: \mu_1 \neq \mu_2 & \text{or} \quad \mu_1 - \mu_2 \neq 0 \end{cases}$

單尾 $\begin{cases} H_0: \mu_1 \geq \mu_2 & \text{or} \quad \mu_1 - \mu_2 \geq 0 \\ H_1: \mu_1 < \mu_2 & \text{or} \quad \mu_1 - \mu_2 < 0 \end{cases}$

μ_1：市區搭 Uber 次數期望值（母體平均數）

μ_2：郊區搭 Uber 次數期望值（母體平均數）

步驟二：評估抽樣條件

$n_1 = 8$、$df_1 = 7$、$\overline{X}_1 = 3$、$s_1 = 1.51$、σ_1 未知

$n_2 = 8$、$df_2 = 7$、$\overline{X}_2 = 4.25$、$s_2 = 1.04$、σ_2 未知

1. 假設變異數同質

$$s_p^2 = \frac{df_1 s_1^2 + df_2 s_2^2}{df_1 + df_2} = \frac{7 \times 2.28 + 7 \times 1.08}{14} = 1.68$$

$$s_{\overline{X}_1 - \overline{X}_2} = \sqrt{s_p^2 \left(\frac{1}{n_1} + \frac{1}{n_2} \right)} = \sqrt{1.68 \left(\frac{1}{8} + \frac{1}{8} \right)} = 0.648$$

$$df_{\overline{X}_1 - \overline{X}_2} = n_1 + n_2 - 2 = 8 + 8 - 2 = 14$$

2. 假設變異數異質

$$s_{\overline{X}_1 - \overline{X}_2} = \sqrt{\frac{s_1^2}{n_1} + \frac{s_2^2}{n_2}} = \sqrt{\frac{1.51^2}{8} + \frac{1.04^2}{8}} = 0.648$$

$$df_{\overline{X}_1 - \overline{X}_2}^* = \frac{(s_1^2 / n_1 + s_2^2 / n_2)^2}{\dfrac{(s_1^2 / n_1)^2}{n_1 - 1} + \dfrac{(s_2^2 / n_2)^2}{n_2 - 1}} = \frac{(1.51^2 / 8 + 1.04^2 / 8)^2}{\dfrac{(1.51^2 / 8)^2}{8 - 1} + \dfrac{(1.04^2 / 8)^2}{8 - 1}} = \frac{0.1766}{0.0142} = 12.44 \approx 12$$

步驟三：決定檢定條件

$\because \sigma$ 未知　$\therefore$ 使用 t 分配、$df = 14$、$df^* = 12$、$\alpha = .05$

雙尾臨界值 $t_{.025(14)} = \pm 2.145$（T.INV.2T(0.05,14)）、$t_{.025(12)} = \pm 2.179$（T.INV.2T(0.05,12)）

左尾臨界值 $t_{.05(14)} = -1.761$（T.INV(0.05,14)）、$t_{.05(12)} = -1.782$（T.INV(0.05,12)）

步驟四：計算檢定量與尾機率

1. 假設變異數同質

$$t_{obt(14)} = \frac{(\bar{X}_1 - \bar{X}_2) - \mu_0}{s_{\bar{X}_1 - \bar{X}_2}} = \frac{(3 - 4.25) - 0}{0.648} = \frac{-1.25}{0.648} = -1.93$$

以 EXCEL 的 T.DIST.2T(1.93,14) 求得雙尾尾機率 p=.0741

以 EXCEL 的 T.DIST.RT(1.93,14) 求得左尾尾機率 p=.0371

2. 假設變異數異質

$$t_{obt(12)} = \frac{(\bar{X}_1 - \bar{X}_2) - \mu_0}{\sqrt{\dfrac{s_1^2}{n_1} + \dfrac{s_2^2}{n_2}}} = \frac{(3 - 4.25) - 0}{\sqrt{\dfrac{1.51^2}{8} + \dfrac{1.04^2}{8}}} = \frac{-1.25}{0.648} = -1.93$$

以 EXCEL 的 T.DIST.2T(1.93,12) 求得雙尾尾機率 p=.0776

以 EXCEL 的 T.DIST.RT(1.93,12) 求得單左尾機率 p=.0388

步驟五：進行決策與解釋

1. 雙尾檢定結果

A：假設變異數同質

∵$|t_{obt(14)}| = -1.93| \leq |\pm t_{.025(14)} = \pm 2.145|$ 或 p=.0741 > .05

∴保留 $H_0 : \mu_1 = \mu_2$，亦即市區使用 Uber 的次數與郊區無顯著差異。

結論：可能犯型 II 錯誤。

B：假設變異數異質

∵$|t_{obt(12)} = -1.93| \leq |\pm t_{.025(12)} = \pm 2.179|$，$p$=.0776 > .05

保留 $H_0 : \mu_1 = \mu_2$，亦即市區使用 Uber 的次數與郊區無顯著差異。

結論：可能犯型 II 錯誤。

2. 單尾檢定結果

A：假設變異數同質

∵$|t_{obt(14)} = -1.93| > |t_{.05(14)} = -1.761|$ 或 p=.0371 < .05

∴拒絕 H_0、接受 $H_1 : \mu_1 < \mu_2$，亦即市區使用 Uber 的次數顯著低於郊區。

結論：可能犯型 I 錯誤，機率為 5%。

B：假設變異數異質

∵$|t_{obt(12)} = -1.93| > |t_{.05(12)} = -1.782|$ 或 p=.0388 < .05

∴拒絕 H_0、接受 H_1：$\mu_1 < \mu_2$，亦即市區使用 Uber 的次數顯著低於郊區。

結論：可能犯型 I 錯誤，機率為 5%。

3. 以 EXCEL 分析結果：以 EXCEL 執行分析的結果，列於表 8.3。

表 8.3 以 EXCEL 執行獨立樣本 *t* 檢定結果

t 檢定：兩個母體平均數差的檢定，假設變異數相等	市區	郊區	t 檢定：兩個母體平均數差的檢定，假設變異數不相等	市區	郊區
平均數	3	4.25	平均數	3	4.25
已知的變異數	2	2	已知的變異數	2	2
觀察值個數	8	8	觀察值個數	8	8
Pooled 變異數	1.6786				
假設的均數差	0		假設的均數差	0	
自由度	14		自由度	12	
t 統計	-1.9296		t 統計	-1.9296	
P(T<=t) 單尾	0.0371		P(T<=t) 單尾	0.0388	
臨界值：單尾	1.7613		臨界值：單尾	1.7823	
P(T<=t) 雙尾	0.0742		P(T<=t) 雙尾	0.0776	

綜合各項檢定結果得知，本範例若以雙尾檢定或單尾檢定得到不同的結論，但是在變異數同質或不同假設下進行檢定並無差別：雙尾檢定保留 H_0，單尾檢定則是拒絕 H_0、接受 H_1。這是因為本範例的 *t* 檢定量已經非常接近臨界值，以單尾或雙尾檢定所採用的臨界值並不相同，造成兩種檢定結論上的差異。變異數同質假設的影響不大，主要是因為本範例的兩個樣本變異數差異並不大，樣本數相同，標準誤沒有變化，而自由度修正幅度很小，檢定條件的影響有限，因此結論並沒有發生改變。

8.3.6 各項檢定之比較

本節分別以 *z* 檢定與 *t* 檢定來示範兩個樣本平均數差異的假設檢定，並區分成雙尾與單尾檢定兩種狀況，而 *t* 檢定下又區分為變異數同質或異質兩種假設條件，顯示在抽樣條件維持不變的情況下，檢定過程若採取不同立場或檢定條件，所進行的假設檢定有多種不同的變化，本節的分析結果整理於表 8.4。

⏺ 表 8.4　研究生年齡研究的獨立樣本平均數差異檢定結果整理表

	(a) 差異量	(b) 標準誤	(c) 自由度	(d) 臨界值	(e) 檢定量	(f) 尾機率	(g) 結論（$\alpha=.05$）
z 檢定							
雙尾	1.5	0.566	–	±1.960	2.650	.0040	拒絕 H_0、接受 H_1
單尾	1.5	0.566	–	+1.645	2.650	.0080	拒絕 H_0、接受 H_1
t 檢定							
雙尾							
變異數同質	1.5	0.640	48	±2.011	2.344	.0233	拒絕 H_0、接受 H_1
變異數異質	1.5	0.640	46	±2.013	2.344	.0235	拒絕 H_0、接受 H_1
單尾							
變異數同質	1.5	0.640	48	+1.677	2.344	.0116	拒絕 H_0、接受 H_1
變異數異質	1.5	0.640	46	+1.679	2.344	.0117	拒絕 H_0、接受 H_1

8.3.6.1 抽樣條件的比較

　　由表 8.4 可知，由於各範例所使用的樣本都相同，抽樣條件不變，因此每一種檢定的平均數差異均為 1.5（第 (a) 欄）。在標準誤部分（第 (b) 欄），由於不同檢定所使用的抽樣分配不同，z 檢定使用 z 分配、t 檢定使用 t 分配，因此標準誤不會一樣，但在單尾或雙尾檢定下並不會變動，z 分配標準誤為 0.566、t 分配標準誤為 0.640，因為雙尾或單尾檢定所使用的抽樣分配相同，單雙尾設計並不會影響抽樣條件。

　　值得注意的是，獨立樣本 t 檢定在變異數同質與異質的條件下，抽樣分配存在差異：不僅標準誤的運算公式不同，自由度的定義也不一樣。在標準誤部分，當變異數同質時，可以利用母體變異數綜合估計數（s_p^2）來估計母體變異數 σ^2，但變異數異質時，無法計算 s_p^2，而直接以兩個樣本的變異數來進行運算。但是，由公式 8-7 可知，s_p^2 的運算是以自由度為加權數對兩個樣本變數求取加權平均，在兩個樣本的自由度相同的情況下（亦即兩樣本的樣本數相同），雖然標準誤的運算公式不同，但標準誤數值相同，這就是為何欄位 (b) 當中，在變異數同質與異質的條件下的標準誤數值均為 0.640。至於欄位 (c) 的自由度就會因為是變異數同質（df=48）或異質（df^*=46）而存差異，除非兩個樣本的變異數與樣本數都相同，自由度才會相同（因為 df^* 的計算是以樣本變異數與樣本數進行加權整合求得）。

8.3.6.2 檢定條件的比較

在檢定條件部分，由於假設檢定的進行必須要由研究者依照研究問題與研究需要來設定檢定條件，因此當所使用的抽樣分配的機率形式不同（例如 z 或 t 分配）、虛無假設與對立假設的設定方法改變（例如雙尾或單尾）或選擇不同的顯著水準（例如 $\alpha=.05$ 或 $\alpha=.01$），都會造成檢定條件的改變，進而造成檢定結果的變化。

檢定條件的差異可以從表 8.4 的 (c) 欄與 (d) 欄看出：當使用的 z 分配時，標準常態分配只有單一形式，無須考慮自由度的差異，只有在雙尾或單尾不同的假設形式下，基於特定的 α 水準所參酌的臨界值會存在差異，但是 t 分配則會因為自由度不同而有不同的機率分配，因此進行檢定時的臨界值也就不同。

不論是基於何種分配的檢定，在相同的 α 水準下，採用雙尾檢定的臨界值都會比單尾檢定來得高，因此較不容易拒絕虛無假設，如果是對立假設為真，採取雙尾檢定相對於單尾檢定能夠正確拒絕虛無假設的能力較低，亦即檢定力較低。這就是為何許多研究會採行單尾檢定的原因。但是單尾假設的提出需要有文獻支持或合理說明，而非可以任意使用。為了避免濫用單尾檢定，一般統計軟體均預設以雙尾檢定來進行決策分析。

8.3.6.3 檢定量與結果比較

假設檢定最主要的運算步驟是計算檢定量，而 z 與 t 檢定量均是取檢定效果（平均數差異）與標準誤的比值來定義檢定量，如果抽樣條件不變、標準誤相同，檢定量就不會發生變化，如表 8.4 的 (e) 欄所示。

由於檢定量的分布情形具有特定的機率特性，因此檢定量的意義必須放在抽樣分配之上才得以顯現：當 z 與 t 檢定量數值為正，表示向右偏離檢定中心值；當 z 與 t 檢定量數值為負，表示向左偏離檢定中心值；當 z 與 t 檢定量數絕對值越大，表示偏離檢定中心值的程度越大、檢定效果越強。但是值得一提的是，檢定量的數值未必能夠反映效果的統計意義，而是尾機率：當尾機率越小、表示偏離度越大、檢定效果越強，越能夠推翻虛無假設；當尾機率越大、表示偏離度越小、檢定效果越弱，越難以推翻虛無假設。

值得一提的是，z 與 t 檢定量的高低強弱在單尾與雙尾檢定下有明顯的差別，這個差異無法從檢定量的正負或絕對數值來判定，但是尾機率的差異則十分明顯。由如表 8.4 的 (f) 欄可以看出，相同的檢定值，在單尾檢定的尾機率是雙尾檢定的二分之一，如果尾機率非常接近 α 水準，就可能造成檢定結果的翻轉。以本節的各個範例來說，各檢定的尾機率 p 都小於 .05，結論均為拒絕虛無假設、接受對立

假設，這是因為我們皆以 α=.05 來設定顯著水準進行決策，由於尾機率介於 .0088 至 .0235 之間，如果顯著水準改用 α=.01，就會有幾個檢定得到不同的結論，尤其是較嚴格的雙尾檢定，尾機率是單尾檢定的 2 倍，當尾機率臨界顯著水準時，更容易受到 α 水準設定方式的影響而造成檢定結論的改變；正說明了假設檢定的使用必須詳加規劃檢定條件。

8.4 相依雙樣本平均數差異檢定

前面的例子是獨立樣本設計，兩個樣本之間沒有任何的關聯，即使有關聯也是隨機所造成的，並不影響平均數差異的假設檢定。如果兩個樣本來自相依母體，樣本觀察值由重複測量或配對設計得到，樣本觀察值之間具有一定的相關，此時必須進行相依樣本平均數差異檢定。

8.4.1 雙樣本檢定法

所謂雙樣本檢定法，是將相依樣本資料比照獨立樣本設計，以兩群樣本來進行分析，所不同的是標準誤的計算上，把兩次抽樣的相關期望值（ρ）或樣本間相關（r）納入考慮：

$$\sigma \text{ 與 } \rho \text{ 已知：} \sigma^2_{\bar{X}_1-\bar{X}_2} = \sigma^2_{\bar{X}_1} + \sigma^2_{\bar{X}_2} - 2\rho\sigma_{\bar{X}_1}\sigma_{\bar{X}_2}$$

$$\sigma \text{ 與 } \rho \text{ 未知：} s^2_{\bar{X}_1-\bar{X}_2} = s^2_{\bar{X}_1} + s^2_{\bar{X}_2} - 2rs_{\bar{X}_1}s_{\bar{X}_2}$$

一般而言，母體的 σ 與 ρ 無法得知，但可以從樣本資料估計相關係數與標準誤，進而使用相依樣本的平均數差異分數抽樣分配標準誤公式，進行 t 檢定量的計算。

為了銜接先前的範例，我們仍以研究所新生的年齡為例。現在假設，兩個研究所當中的各 25 位學生，其實是 25 對兄弟或姊妹，也就是說，原來的管理所與心理所當中的每一個人，都是另一個所的兄弟姊妹；換言之，樣本之間有配對關係。以下，即以五步驟法進行 t 檢定的示範說明。

步驟一：發展假設

本範例的研究問題為「管理研究所與心理研究所的新生配對樣本年齡是否相同？」或是「管理研究所與心理研究所兩所的新生配對樣本年齡差異為 0」。由題意來看，本範例為雙尾假設，以統計等式表述如下：

$$\begin{cases} H_0 : \mu_1 = \mu_2 \quad \text{or} \quad \mu_1 - \mu_2 = 0 \\ H_1 : \mu_1 \neq \mu_2 \quad \text{or} \quad \mu_1 - \mu_2 \neq 0 \end{cases}$$

μ_1：管理研究所新生年齡期望值（母體平均數）

μ_2：心理研究所新生年齡期望值（母體平均數）

步驟二：評估抽樣條件

由於沒有改變資料結構，因此兩所的 25 位新生年齡平均數與標準差依然不變為 $\overline{X}_1$=24、s_1=2.5 與 $\overline{X}_2$=22.5、s_2=2，兩個研究所的平均數差異仍為 1.5，兩個配對樣本的相關係數 r=.30，相依樣本差異分數估計標準誤為 0.539：

$$s_{\overline{X}_1 - \overline{X}_2} = \sqrt{\frac{s_1^2}{n} + \frac{s_2^2}{n} - 2r\frac{s_1 s_2}{n}} = \sqrt{\frac{2.5^2 + 2^2 - 2 \times .3 \times 2.5 \times 2}{25}} = \sqrt{0.29} = 0.539$$

$$df_{\overline{X}_1 - \overline{X}_2} = n - 1 = 25 - 1 = 24$$

步驟三：決定檢定條件

由於母體標準差與母體相關係數未知，抽樣條件不明，抽樣分配為 t 分配。顯著水準設定為 α=.05，雙尾臨界值 $t_{.025(24)}$=±2.064。

步驟四：計算檢定量與尾機率

$$t_{obt(24)} = \frac{\overline{X}_1 - \overline{X}_2}{s_{\overline{X}_1 - \overline{X}_2}} = \frac{24 - 22.5}{0.539} = \frac{1.5}{0.539} = 2.78$$

以 EXCEL 的 T.DIST.2T(2.78,24) 求得雙尾尾機率 p=.0104

步驟五：進行決策與解釋

∵$|t_{obt(24)}$=+2.78$| > |t_{.025(24)}$=±2.064$|$ 或 p=.0104 $< \alpha$=.05

∴拒絕 H_0、接受 H_1

亦即「管理研究所與心理研究所兩所的新生配對樣本的年齡差異期望值不為 0」，此結論可能犯型 I 錯誤，機率為 5%。

8.4.2 差異分數檢定法

差異分數檢定法是相依設計的一種簡化分析法，原理是將兩組重複測量或配對測量樣本進行差異分數的計算，改以單一樣本平均數檢定策略來進行分析。例如：先前的範例，先計算每一對手足的年齡差異，然後針對配對分數的差異分數 D，檢

定其平均數 $\bar{D}$ 是否為 0，此時得到 $\bar{D}$ 的即為兩個樣本平均數差異 $\bar{X}_1 - \bar{X}_2$，而單一樣本平均數的抽樣標準誤則由差異分數的標準差（s_D=2.7）估計求得，$s_{\bar{D}}$=0.539，與前面所使用的相依樣本平均數差異分數標準誤公式求值相同，因此 t 檢定亦為 2.78，結論完全相同，計算過程如下：

步驟一：發展假設

研究問題原為「管理研究所與心理研究所的新生配對樣本年齡是否相同？」改成差異分數後則為：「管理研究所與心理研究所的新生配對樣本年齡差異期望值是否為 0？」此為雙尾假設，以統計等式表述如下：

$$\begin{cases} H_0 : \mu_D = 0 \\ H_1 : \mu_D \neq 0 \end{cases} \quad \mu_D : 管理與心理研究所新生年齡差異期望值（母體平均數）$$

步驟二：評估抽樣條件

兩所 50 位新生的 25 筆配對分數的平均數為 1.5 歲、標準差 2.7 歲，估計標準誤為 0.539 歲：

$$s_{\bar{D}} = \sqrt{\frac{s_D^2}{n}} = \sqrt{\frac{2.7^2}{25}} = \sqrt{0.29} = 0.539 \text{，} df_{\bar{D}} = n - 1 = 25 - 1 = 24$$

步驟三：決定檢定條件

母體標準差與相關係數不詳，以 t 分數進行檢定，抽樣分配為 t 分配。df=24、α=.05、雙尾臨界值 $t_{.025}$=±2.064

步驟四：計算檢定量與尾機率

$$t_{obt(24)} = \frac{\bar{D}}{s_{\bar{D}}} = \frac{1.5}{\sqrt{0.29}} = \frac{1.5}{0.539} = 2.78$$

以 EXCEL 的 T.DIST.2T(2.78,24) 求得雙尾尾機率 p=.0104

步驟五：進行決策與解釋

$\because |t_{obt(24)}=+2.78| > |t_{.025(24)}=\pm2.064|$ 或 p=.0104 $< \alpha$=.05

$\therefore$ 拒絕 H_0、接受 H_1。

亦即「管理研究所與心理研究所的新生配對樣本年齡差異期望值不為 0」，此結論可能犯型 I 錯誤，機率為 5%。

本節範例的數據說明了：獨立與相依樣本設計的自由度不同，獨立樣本 t 檢定自由度大，抽樣分配常態性假設較易維持，但相依樣本考驗自由度小，抽樣分配常態性假設較不容易維持。如果從臨界值法則來看，小樣本時的獨立樣本與相依樣本設計，因為自由度不同，所使用的臨界值會有所差異，df 越大者，臨界值越低，越容易得到顯著的結果。雙樣本設計的臨界值會低於相依樣本的臨界值，較容易拒絕 H_0。但是當樣本規模大於 30 時，臨界值的差異就不明顯了。

範例 8.3 相依樣本平均數差異的雙尾假設檢定（當 σ、ρ 未知）

問題： 某位研究者認為人們使用 Uber 搭車是因為辦公地點的影響，因此隨機詢問 8 位身邊上班族（由甲至辛）當他們在市區辦公室與郊區辦公室工作時，每週 Uber 搭車的次數。

地區別	甲	乙	丙	丁	戊	己	庚	辛	平均數	標準差	變異數
市區	4	6	3	3	1	3	2	2	3	1.51	2.28
郊區	5	6	5	4	3	4	3	4	4.25	1.04	1.08
差異 D	–1	0	–2	–1	–2	–1	–1	–2	–1.25	0.707	0.50

請問：如果母體變異數未知（一般人使用 Uber 搭車的變異數不詳）

1. 基於雙尾檢定：市區使用 Uber 的次數與郊區是否相同？

2. 基於單尾檢定：市區使用 Uber 的次數比起郊區是否較低？

解答： **步驟一：發展假設**

雙尾 $\begin{cases} H_0 : \mu_1 = \mu_2 & or \quad \mu_1 - \mu_2 = 0 \\ H_1 : \mu_1 \neq \mu_2 & or \quad \mu_1 - \mu_2 \neq 0 \end{cases}$

單尾 $\begin{cases} H_0 : \mu_1 \geq \mu_2 & or \quad \mu_1 - \mu_2 \geq 0 \\ H_1 : \mu_1 < \mu_2 & or \quad \mu_1 - \mu_2 < 0 \end{cases}$

μ_1：市區搭 Uber 次數期望值（母體平均數）

μ_2：郊區搭 Uber 次數期望值（母體平均數）

步驟二：評估抽樣條件

n_1=8、$\overline{X}_1$=3、s_1=1.51; n_2=8、$\overline{X}_2$=4.25、s_2=1.04

σ_1、σ_2、ρ 未知，利用樣本資料求得兩個樣本間相關 r=.9129，標準誤如下：

$$s_{\bar{X}_1-\bar{X}_2} = \sqrt{\frac{s_1^2}{n}+\frac{s_2^2}{n}-2r\frac{s_1 s_2}{n}} = \sqrt{\frac{2.28+1.08-2\times.9129\times2.28\times1.08}{8}} = \sqrt{0.0625} = 0.25$$

$$s_{\bar{D}} = \sqrt{\frac{s_D^2}{n}} = \sqrt{\frac{0.5}{8}} = \sqrt{0.0625} = 0.25 \; , \; df_{\bar{X}_1-\bar{X}_2} = df_{\bar{D}} = n-1 = 8-1 = 7$$

步驟三：決定檢定條件

∵ σ_1、σ_2、ρ 未知　∴使用 t 分配、df=7、α=.05

雙尾臨界值 $t_{.025(7)=}\pm2.3646$（T.INV.2T(0.05,7)）

左尾臨界值 $t_{.05(7)}=-1.8946$（T.INV(0.05,7)）

步驟四：計算檢定量與尾機率

1. 雙樣本比較法

$$t_{obt(7)} = \frac{(\bar{X}_1-\bar{X}_2)-\mu_0}{s_{\bar{X}_1-\bar{X}_2}} = \frac{(3-4.25)-0}{0.25} = \frac{-1.25}{0.25} = -5.00$$

2. 差異分數檢定法

$$t_{obt(7)} = \frac{(\bar{X}_1-\bar{X}_2)-\mu_0}{s_{\bar{D}}} = \frac{-1.25}{0.25} = -5.00$$

以 EXCEL 的 T.DIST.2T(5,7) 求得雙尾尾機率 p=.0016

以 EXCEL 的 T.DIST.RT(5,7) 求得左尾尾機率 p=.0008

步驟五：進行決策與解釋

1. 雙尾檢定結果

∵ $|t_{obt(7)}=-5|>|\pm t_{.025(7)}=\pm2.3646|$ 或 p=.0016 < .05

∴ 拒絕 H_0、接受 H_1，亦即市區使用 Uber 的次數顯著不同於郊區。

結論：可能犯型 I 錯誤。

2. 單尾檢定結果

∵ $|t_{obt(7)}=-5|>|-t_{.025(7)}=-1.8946|$ 或 p=.0008 < .05

∴ 拒絕 H_0、接受 H_1，亦即市區使用 Uber 的次數顯著低於郊區。

結論：可能犯型 I 錯誤，機率為 5%。

3. 以 EXCEL 分析結果

以 EXCEL 執行分析的結果，列於表 8.5。

⬤ 表 8.5 以 EXCEL 執行相依樣本 *t* 檢定結果

t 檢定：成對母體平均數差異檢定

	市區	郊區
平均數	3	4.25
變異數	2.2857	1.0714
觀察值個數	8	8
皮耳森相關係數	0.9129	
假設的均數差	0	
自由度	7	
t 統計	-5	
P(T<=t) 單尾	0.0008	
臨界值：單尾	1.8946	
P(T<=t) 雙尾	0.0016	
臨界值：雙尾	2.3646	

8.5 *t* 檢定的基本假設

8.5.1 常態性假設

雙樣本平均數檢定中，兩個平均數來自於兩個樣本，除了樣本本身的抽樣分配需為常態化之外，兩個平均數差異的抽樣分配也必須符合常態化（normality）假設，此一概念來自於中央極限定理，因此為一理論性的假設，在兩個樣本數各大於 30 的情況下皆可維繫，但是如果有任一樣本數未達 30，則需注意抽樣分配的常態性。

常態性的違反，會導致整個統計檢定的失效，所得到的結果是偏失不可信，所幸 *t* 分配在不同自由度下提供不同的機率分配，使得採取 *t* 檢定能夠滿足不同抽樣條件下的機率分配模式，而且當自由度越大（樣本數越多）時，*t* 分配即漸進於常態分配，亦即 *t* 分配涵蓋了標準常態 *z* 分配的機率模式，*z* 檢定為 *t* 檢定的一種特例，因此坊間的統計軟體（例如：EXCEL 與 SPSS）多直接進行 *t* 檢定，而不提供 *z* 檢定，這也是為何 *t* 檢定量被稱為是穩健統計量（robust statistic）。

8.5.2 變異數同質假設

獨立樣本 *t* 檢定的功能在比較不同樣本的平均數差異，每一個常態性樣本的平均數要能夠相互比較，除了需符合常態分配假設外，必須具有相似的離散狀況，也就是母體的變異數必須具有同質性，稱為變異數同質性（homogeneity of variance）

假設。如果母體的變異數異質，表示兩個樣本在平均數差異之外，另外存有差異的來源，致使變異數呈現異質的情況。變異數同質性假設若不能成立，會使得平均數的比較存有混淆因素。

　　在本章的各節當中，如果涉及變異數同質議題的討論時，並沒有對於兩個樣本的變異數是否相同進行檢驗，而是直接示範當變異數為同質與異質兩種假設下的檢定過程與結果。事實上，在執行研究時，只需要執行其中一項檢驗即可，但前提是要先經過變異數是否同質的檢定。變異數同質性檢驗（homogeneity test for variance）最常用的方法是 Levene（1960）在其 *Robust Tests for Equality of Variance* 一書中所提出的檢定方法。關於其原理與應用範例，可參考邱皓政與林碧芳（2022）的統計學第 10 章之介紹。

EXCEL 小幫手

一、如何使用 EXCEL 來執行獨立樣本平均數差異 z 檢定

■建立資料檔案

以範例 8.1 資料為例。

■打開資料分析對話框,選擇「z 檢定:兩個母體平均數差異檢定」

■決定分析內容與條件

1. 選擇變數 1 的範圍：利用滑鼠框選包含第一個類別的名稱與資料欄位。
2. 選擇變數 2 的範圍：利用滑鼠框選包含第二個類別的名稱與資料欄位。
3. 選擇標記：因為選擇第一個類別與第二個類別時第一列為變數名稱，因此必須勾選。
4. 在假設的均數差填入 0，以設定 $u_0=0$。
5. 變數 1 與 2 之變異數填入母體變異數數值，本範例提供的 $\sigma^2=2$。
6. 設定 α 水準，本範例使用 $\alpha=.05$。

■得出結果

z 檢定：兩個母體平均數差異檢定			
	市區	郊區	
平均數	3	4.25	
已知的變異數	2	2	
觀察值個數	8	8	
假設的均數差	0		
z	-1.7678		
P(Z<=z) 單尾	0.0385		
臨界值：單尾	1.6449		
P(Z<=z) 雙尾	0.0771		
臨界值：雙尾	1.9600		

由報表得知，z_{obt}=−1.7678，z_{obt} 檢定絕對值低於雙尾臨界值 z_{cv}=1.96，雙尾尾機率 p=.0771，大於 α=.05，未達 .05 顯著水準，表示在市區與郊區工作使用 Uber 的次數相同。但是，若以單尾假設進行檢定，z_{obt} 檢定絕對值高於單尾臨界值 z_{cv}=1.6449，單尾尾機率 p=.0385，達 .05 顯著水準，表示在郊區工作者使用 Uber 的次數高於市區工作者。

二、如何使用 EXCEL 來執行獨立樣本平均數差異 *t* 檢定

■建立資料檔案

以範例 8.2 資料為例，資料內容同前。

■打開資料分析對話框，選擇「*t* 檢定：兩個母體平均數差的檢定」

1. 如果假設變異數同質，選擇「假設變異數相等」。
2. 如果假設變異數異質，選擇「假設變異數不相等」。

■決定分析內容與條件

1. 選擇變數 1 的範圍：利用滑鼠框選包含第一個類別的名稱與資料欄位。
2. 選擇變數 2 的範圍：利用滑鼠框選包含第二個類別的名稱與資料欄位。
3. 選擇標記：因為選擇第一個類別與第二個類別時第一列為變數名稱，因此必須勾選。
4. 在假設的均數差填入 0，以設定 $u_0=0$。
5. 設定 α 水準，本範例使用 $\alpha=.05$。

■得出結果

1. 變異數同質下的檢定結果

	H	I	J	K	L
	t 檢定：兩個母體平均數差的檢定，假設變異數相等				
		市區	郊區		
平均數		3	4.25		
變異數		2.2857	1.0714		
觀察值個數		8	8		
Pooled 變異數		1.6786			
假設的均數差		0			
自由度		14			
t 統計		-1.9296			
P(T<=t) 單尾		0.0371			
臨界值：單尾		1.7613			
P(T<=t) 雙尾		0.0742			
臨界值：雙尾		2.1448			

　　由報表得知，$t_{(14)}=-1.9296$，t 統計絕對值低於雙尾臨界值 $t_{cv}=2.1448$，雙尾尾機率 $p=.0742$，大於 $\alpha=.05$，未達 .05 顯著水準，表示在市區與郊區工作使用 Uber 的次數相同。若以單尾假設進行檢定，t 統計絕對值高於單尾臨界值 $t_{cv}=1.7613$，單尾尾機率 $p=.0371$，達 .05 顯著水準，表示在郊區工作者使用 Uber 的次數高於市區工作者。

2. 變異數異質下的檢定結果

M	N	O	P	Q	R
t 檢定：兩個母體平均數差的檢定，假設變異數不相等					
	市區	郊區			
平均數	3	4.25			
變異數	2.2857	1.0714			
觀察值個數	8	8			
假設的均數差	0				
自由度	12				
t 統計	-1.9296				
P(T<=t) 單尾	0.0388				
臨界值：單尾	1.7823				
P(T<=t) 雙尾	0.0776				
臨界值：雙尾	2.1788				

由報表得知，$t_{(12)}=-1.9296$，t 統計絕對值低於雙尾臨界值 $t_{cv}=2.1788$，雙尾尾機率 $p=.0776$，大於 $\alpha=.05$，未達 .05 顯著水準，表示在市區與郊區工作使用 Uber 的次數相同。若以單尾假設進行檢定，t 統計絕對值高於單尾臨界值 $t_{cv}=1.7823$，單尾尾機率 $p=.0388$，達 .05 顯著水準，表示在郊區工作者使用 Uber 的次數高於市區工作者。

三、如何使用 EXCEL 來執行相依樣本平均數差異 t 檢定

■建立資料檔案

以範例 8.3 資料為例，資料內容同前。

■打開資料分析對話框，選擇「t 檢定：成對母體平均數差異檢定」

■決定分析內容與條件

1. 選擇變數 1 的範圍：利用滑鼠框選包含第一組配對的名稱與資料欄位。
2. 選擇變數 2 的範圍：利用滑鼠框選包含第二組配對的名稱與資料欄位。
3. 選擇標記：因為選擇第一組配對與第二組配對時第一列為變數名稱，因此必須勾選。
4. 在假設的均數差填入 0，以設定 $u_0=0$。
5. 設定 α 水準，本範例使用 $\alpha=.05$。

■得出結果

	P	Q	R	S
t 檢定：成對母體平均數差異檢定				
		市區	郊區	
平均數		3	4.25	
變異數		2.2857	1.0714	
觀察值個數		8	8	
皮耳森相關係數		0.9129		
假設的均數差		0		
自由度		7		
t 統計		-5		
P(T<=t) 單尾		0.0008		
臨界值：單尾		1.8946		
P(T<=t) 雙尾		0.0016		
臨界值：雙尾		2.3646		

　　由報表得知，$t_{(7)}=-5$，t 統計絕對值高於雙尾臨界值 $t_{cv}=2.3646$，雙尾尾機率 $p=.0016$，低於 $\alpha=.05$，達 .05 顯著水準，表示在市區與郊區工作使用 Uber 的次數不同。以單尾假設進行檢定，t 統計絕對值也高於單尾臨界值 $t_{cv}=1.8946$，單尾尾機率 $p=.0008$，達 .05 顯著水準，表示在郊區工作者使用 Uber 的次數高於市區工作者。

R 小精靈

使用 R 來進行雙樣本平均數檢定

　　在 R 軟體中，進行雙樣本的 z 檢定與 t 檢定，同樣是利用套件 BSDA 與 CAR 來進行雙尾或單尾檢定。語法與結果如下：

```
> # Chapter 08: Two-sample test of the mean differences
>
> data = read.xlsx("Ch08EXCEL.xlsx", 1)   #使用openxlsx讀取工作表1
>
> # z-test of independent two-sample means
> # install.packages("BSDA")
> library(BSDA)
> z.test(data$city,data$suburb, mu=0, alternative='two.sided',
  #雙尾z檢定
+         sigma.x=2^.5,sigma.y=2^.5, conf.level=.95)

        Two-sample z-Test

data:  data$city and data$suburb
z = -1.7678, p-value = 0.0771
alternative hypothesis: true difference in means is not equal to 0
95 percent confidence interval:
 -2.6359038  0.1359038
sample estimates:
mean of x mean of y
     3.00      4.25


> z.test(data$city,data$suburb, mu=0, alternative='less', #單尾z檢定
+         sigma.x=2^.5,sigma.y=2^.5, conf.level=.95)

        Two-sample z-Test

data:  data$city and data$suburb
z = -1.7678, p-value = 0.03855
alternative hypothesis: true difference in means is less than 0
95 percent confidence interval:
       NA -0.08691285
sample estimates:
mean of x mean of y
     3.00      4.25
```

```
> # t-test of independent two-sample means
> t.test(data$city,data$suburb, mu=0, alternative='two.sided',
  #雙尾t檢定
+         var.equal=TRUE, conf.level=.95)        #變異數同質
```

　　　　Two Sample t-test

data: data$city and data$suburb
t = -1.9296, df = 14, p-value = 0.07417
alternative hypothesis: true difference in means is not equal to 0
95 percent confidence interval:
 -2.6393895 0.1393895
sample estimates:
mean of x mean of y
　　　3.00　　　4.25

```
> t.test(data$city,data$suburb, mu=0, alternative='two.sided',
  #雙尾t檢定
+         var.equal=FALSE, conf.level=.95)        #變異數不同質
```

　　　　Welch Two Sample t-test

data: data$city and data$suburb
t = -1.9296, df = 12.38, p-value = 0.07689
alternative hypothesis: true difference in means is not equal to 0
95 percent confidence interval:
 -2.6566379 0.1566379
sample estimates:
mean of x mean of y
　　　3.00　　　4.25

```
> t.test(data$city,data$suburb, mu=0, alternative='less',
  #單尾t檢定
+         var.equal=TRUE, conf.level=.95)        #變異數同質
```

　　　　Two Sample t-test

data: data$city and data$suburb
t = -1.9296, df = 14, p-value = 0.03709
alternative hypothesis: true difference in means is less than 0
95 percent confidence interval:
　　-Inf -0.109026
sample estimates:
mean of x mean of y
　　　3.00　　　4.25

```
> t.test(data$city,data$suburb, mu=0, alternative='less',
  #單尾t檢定
+           var.equal=FALSE, conf.level=.95)                    #變異數不同質

        Welch Two Sample t-test
```

data: data$city and data$suburb
t = -1.9296, df = 12.38, p-value = 0.03844
alternative hypothesis: true difference in means is less than 0
95 percent confidence interval:
　　-Inf -0.09838478
sample estimates:
mean of x mean of y
　　　3.00　　　4.25

```
> # t-test of dependent two-sample means
> t.test(data$city,data$suburb, mu=0, alternative='two.sided',
  #雙尾t檢定
+           paired=TRUE, conf.level=.95)

        Paired t-test
```

data: data$city and data$suburb
t = -5, df = 7, p-value = 0.001565
alternative hypothesis: true mean difference is not equal to 0
95 percent confidence interval:
 -1.8411561 -0.6588439
sample estimates:
mean difference
　　-1.25

```
> t.test(data$city,data$suburb, mu=0, alternative='less',
  #單尾t檢定
+           paired=TRUE, conf.level=.95)

        Paired t-test
```

data: data$city and data$suburb
t = -5, df = 7, p-value = 0.0007826
alternative hypothesis: true mean difference is less than 0
95 percent confidence interval:
　-Inf -0.7763553
sample estimates:
mean difference
　　-1.25

本章重要概念

單樣本假設檢定　　　　　　　　　　　差異分數標準誤
　one-sample test of hypothesis　　　　standard error of the difference

雙樣本假設檢定　　　　　　　　　　　變異數同質性 homogeneity of variance
　two-sample test of hypothesis　　　　變異數同質性檢驗

獨立樣本設計 independent sample design　homogeneity test for variance

重複量數設計 repeated measure design

差異分數抽樣分配
　sampling distribution of the difference

課後習作

一、心理學家針對 80 年次與 60 年次臺灣民眾各 36 位進行智力測驗，分別得到平均智力為 135 與 127，測驗得分的標準差都是 16，此時新一代的智力是否優於老世代者的假設檢定的各問題如下：

1. 抽樣分配是何種設計，標準誤為何？

2. 在 α=.05 的水準下，檢定結果為何？

3. 如果 72 位民眾其實是來自 36 個家庭的父子配對，父與子的智力相關係數為 .8，此時抽樣分配是何種設計，標準誤為何？

4. 在 α=.05 的水準下，假設檢定結果為何？

5. 這兩種設計的差異為何？對於結論的影響為何？試討論之。

二、某中學導師發現班上的 50 位學生中，有補習的 25 位學生比另外 25 位學生的平均成績高 10 分，有補習者的標準差為 5 分，沒有補習者的標準差高達 20 分。關於補習是否提高成績的假設檢定的各問題如下：

1. 假設有無補習者的標準差是來自同一個母體而假設相等，此時抽樣標準誤為何？在 α=.05 的水準下，檢定結果為何？

2. 假設有無補習者的標準差差異太過於明顯而不得假設來自同一個母體，此時抽樣標準誤為何？在 α=.05 的水準下，檢定結果為何？

3. 請討論這兩種檢定條件與檢驗結果的差異為何？

三、某社會學家調查 16 位女性學者的發表論文篇數平均值為 6 篇，詳細資料如下表，其中有 8 位是沒有小孩的學者，另外 8 位則有小孩。請回答各項問題：

									平均數	標準差
無小孩	7	7	7	4	8	9	10	6	7.25	1.832
有小孩	3	7	8	0	4	6	8	2	4.75	2.964
									6.00	2.708

1. 若不分有無小孩，16 位女性學者的發表論文篇數平均數是否與一般教授平均水準（4.5 篇）有所不同？

2. 分別就有無小孩兩者來看，女性學者的發表論文篇數平均數是否與一般教授平均水準（4.5 篇）有所不同？

3. 有無小孩兩種女性學者的論文發表篇數差異是否具有顯著意義？

4. 如果表格中的兩種狀態的各 8 位女性學者的資料實際上是同一個學者在生小孩前後的資料，那麼上一題的結果如何？

5. 請比較這四個題目的檢定方式與檢驗結果的異同。

Chapter 9

變異數分析

9.1 前言

在前兩章當中，我們花費相當篇幅介紹了假設檢定的概念，並以單樣本與雙樣本兩種平均數檢定分析程序說明假設檢定的應用方式。但是在真實的研究情境中，所涉及的平均數比較可能不限於兩個。因此，我們是不是應該繼續討論三個或更多個樣本平均數的差異檢定？如果有更多的樣本平均數要進行假設檢定，統計程序是如何進行呢？而且這麼多的平均數是怎麼得來的？研究設計與分析架構是如何設定的呢？這一系列的問題都與本章所要討論的統計方法有關。

在學術領域，如果一個研究涉及多個樣本平均數的比較，通常是基於實驗設計的要求，例如今天某位學者認為睡眠品質不良主要是因為缺乏運動所導致，因此主張「運動可以改善睡眠品質」，這位學者在校園裡面招募了一群學生作為實驗的受試者，這些受試者被隨機分派到不同的實驗情境，接受有氧運動、慢跑運動、日常生活三種不同程度運動訓練的實驗處理（experimental treatment）後，測量受試者晚上的睡眠時數，接下來的工作，就是要利用統計檢定來比較三種不同實驗情境下，受試者「平均睡眠時數」是否顯著不同，藉以回答「運動可以改善睡眠品質」的研究假設是否被支持，此時，因為平均數數目超過兩個，無法利用平均數差異 z 或 t 檢定，而必須改用能夠分析多個平均數的「變異情形」的統計方法。

回顧統計發展史，變異數分析（analysis of variance; ANOVA）就是為了因應實驗研究對於多重樣本平均數變異情形的分析需求而發展出來，而且為了確保平均數變異分析符合統計假設的要求，實驗設計必須具有一定的隨機性，稱為隨機實驗研究（randomized experimental study），但由於 ANOVA 的分析邏輯清晰、應用彈性大，後來廣泛應用於不同的研究設計（例如調查研究）或實務應用中，雖然這些研究設計可能不如隨機實驗研究那麼嚴謹，但是分析原理相同。因此，在介紹 ANOVA 之前，必須先對實驗設計的概念與內容有所說明，否則不容易理解以 ANOVA 進行假設檢定的各項重要概念與分析程序。

9.2 實驗設計的概念

所謂實驗設計（experimental design）是指研究者提出實驗構想，將受試者安排分派到不同實驗情境接受實驗操弄後，對於所關注的結果現象進行測量得到實驗數據進行統計分析的完整計畫（Kirk, 2013）。這裡所談到的實驗（experiment），並不是機率理論的隨機實驗，而是研究者利用實地的探索與客觀的試驗來找出人類事物因果關係的解釋證據的一連串活動，也是學者專家為解決研究問題「採取行

動」與「觀察結果」的一套客觀程序（Babbie, 2004）。

9.2.1 實驗流程與變數安排

實驗研究涉及一連串的實驗活動，如圖 9.1 所示。以前面所提到的運動與睡眠研究為例，首先研究者必須招募到一定數量的受試者（subject）參與研究，又稱為實驗參與者（participant），受試者的數量就是樣本數（sample size）。這些受試者未必是經由隨機抽樣得到（因為數量並不大），但必須符合研究者所欲推論的對象（例如健康成人）的相關要求。

接下來的重要工作，是將受試者隨機分派（random assignment）到不同的實驗情境，亦即進行實驗分組。由於受試者是「隨機」被分派到不同的組別，因此應該具備類似的背景條件而沒有特殊差異。然後，不同組別的受試者接受不同的實驗處理，例如實驗組 A 的受試者接受研究者安排的有氧運動、實驗組 B 受試者進行慢跑運動，但是對照組則是一般日常活動而無特別安排的運動。這些活動稱為實驗操弄（manipulation）。

圖 9.1 運動與睡眠研究的實驗流程

　　前面的流程中，最關鍵的要素是各組受試者除了接受不同的實驗操弄，並沒有其他的差異，因此最後實驗結果的測量數據（睡眠時數）的變異來源（source）（簡稱變源），可以歸因於實驗處理以及受試者個人的隨機差異，而無其他系統性因素，稱為完全隨機設計（completely randomized design）。如果有其他可能對於研究過程與觀察數據造成干擾的因素（例如接受運動的時數長短、時間點等），則要加以控制。因此，不同實驗組別稱為自變數（independent variable; IV）（以 X 表示），不同狀況的實驗數據就是依變數（dependent variable; DV）（以 Y 表示）或稱為應變數。藉由操弄自變數、測量依變數，並適切地控制無關變數，掌握了足夠數量的實驗數據，我們即可利用統計程序來檢驗因果關係的影響。

9.2.2　隨機實驗的因子設計

　　實驗設計除了牽涉到 IV 與 DV 的決定之外，另一個重要的決策是受試者獲得與分派的方法，分派的結果決定了 IV 的形式與內容。一般來說，受試者是以隨機方式分配到不同的實驗組（experimental group）與控制組（control group），接受不同的實驗操弄，因此被視為自變數中的不同水準（level），由於控制組並沒有接受特殊的實驗處理，或接受一個不會產生任何效果的操弄（例如藥物實驗對於控制組注射沒有藥物的食鹽水或維他命安慰劑），其作用是與實驗組進行對照，因此又被稱為對照組，對照組也是自變數中的一個水準，作為對比參照之用。

　　值得注意的是，受試者一旦被隨機分派到各水準，各水準當中的受試者都是獨立的個體，此種分派是一種獨立樣本設計（independent sample design），因為 IV 當中每一個水準的受試者彼此獨立無關。如果不是隨機分派，而是將同一組受試者分派到每一個水準，接受各種實驗處理後在 DV 進行多次測量，稱為重複量數設計（repeated measure design），此時某一個 IV 下的各水準樣本是同一批受試者，觀察值具有相依性而非獨立，稱為相依樣本設計（dependent sample design）。如果是相依設計，在 ANOVA 屬於較為特殊的樣本分派方式，分析方法自然會有不同，我們將在基本的獨立樣本設計的 ANOVA 介紹完畢之後，再討論相依設計。

　　在實驗設計中，IV 又稱為影響依變數的因子（factor），也就是實驗者所操弄的條件。如果實驗當中只有一個 IV，稱為單因子設計（single factor design）；如果有多個 IV，稱為多因子設計（factorial design）。反過來說，有幾個因子就有幾個 IV。例如當研究者將受試者分派到三個運動量組來探討運動「型態」對於睡眠時數的影響，是一個單因子實驗。如果把其中一半的受試者安排在白天運動、另一半在晚上運動，同時探討運動「型態」與運動「時段」兩個因子對於睡眠時數的影

響，就是一個二因子實驗：第一個 IV 是運動型態，可稱為 A 因子；第二個 IV 是運動時段，可稱為 B 因子。

實驗因子的水準數以 k 表示。$k=2$ 表示 IV 有兩組（兩個水準），$k=3$ 表示 IV 有三組（三個水準）。如果一個實驗只有單一因子且水準數為 $k=2$，可以利用前一章介紹的雙樣本假設 z 或 t 檢定來比較兩組樣本平均數的差異。但是，如果實驗當中的 IV 水準數超過 2（$k > 2$），或是 IV 的數目不止一個，例如雙因子設計時，A 因子水準數 $k \geq 2$，B 因子水準數 $l \geq 2$，所構成的樣本平均數至少為 4（$k \times l \geq 4$），以雙樣本檢定無法檢驗那麼多個平均數的差異，而是計算平均數的「變異數」，與誤差變異數進行比較，獲得檢定量之後來進行假設檢定。由於變異數的比值服從 F 分配，因此平均數的變異數分析可以利用 F 分配來進行假設檢定。

9.3 變異數分析的原理

變異數分析的概念出自於 Fisher 於 1935 年所出版的《實驗設計》一書，是最經典的實驗研究教科書。當初 ANOVA 的主要功能在於分析農業實驗數據中，造成資料產生變異的不同來源的影響因素，後來發展成為今日可以處理不同型態實驗設計的資料檢驗技術，也成為統計學學習最重要的一個環節。

實驗研究的基本精神是操弄自變數（IV）、觀察依變數（DV），IV 反映的是不同的實驗處理，是一種質性變數或類別變數；DV 則涉及受試者的反應或行為頻率測量，則多為連續變數。不同實驗狀況下的受試者在 DV 上的得分，可以求出一個組平均值，反映了接受實驗處理後的 DV 強度大小。如果實驗有效，各組平均數應存在著明顯的差異，亦即組平均之間的變異數將會很大，可據以證明實驗效果存在；相反的，如果實驗組受試者在接受完實驗處理後，DV 的平均數沒有顯著不同於對照組的平均數，組平均之間的變異數很小且趨近於 0，則表示實驗效果並不存在。在統計學上，這種假設檢定程序可以利用平均數的變異數與抽樣誤差的變異數的比值，以 F 分配來進行假設檢定，因此稱為變異數分析（analysis of variance; ANOVA）。

變異數分析有多種不同的變形。例如當研究者所使用的 IV 只有一個，稱為單因子變異數分析（oneway ANOVA），此時研究者僅關心一個 IV 對於 DV 的影響；如果研究者想同時考慮多個 IV 的影響，此時即需使用多因子變異數分析（factorial analysis of variance），本節將以一個虛擬的運動與睡眠研究數據為例來說明單因子變異數分析的資料格式與分析原理，模擬資料列於表 9.1。

🕐 表 9.1 運動型態對睡眠時數影響的假想研究數據

各組受試者 編號 ID	運動型態（IV）			全體
	日常組	慢跑組	有氧組	
1	6.5	7.4	8.0	
2	7.3	6.8	7.7	
3	6.6	6.7	7.1	
4	7.4	7.3	7.6	
5	7.2	7.6	6.6	
6	6.8	7.4	7.2	
7	7.1	7.4	8.2	
8	7.9	8.1	8.5	
9	8.2	8.2	9.4	
10	7.7	8.0	8.7	
11	7.5	7.6	9.5	
12	7.6	8.0	9.3	
n	12	12	12	36
$\bar{Y}$	7.32	7.54	8.18	7.68
s^2	0.26	0.23	0.99	0.601
SS	2.897	2.549	10.842	21.042

模擬資料的情境如下：今天有一個研究者招募了 36 位大學生參加運動與睡眠研究（$N=36$），這 36 位學生被隨機分派到三種不同運動型態的組別：有氧組、慢跑組、日常組，經過一個禮拜後，紀錄學生某日晚上的睡眠時數。此範例是一個典型的單因子設計實驗，DV（Y）為睡眠時數，IV（X）為運動型態，含有三個水準（有氧組、慢跑組、日常組），其中日常組作為對照組。從 36 位學生的原始資料中，可以計算出四個平均數：三個組平均數 $\bar{Y}_1$、$\bar{Y}_2$、$\bar{Y}_3$ 與一個總平均數（grand mean，以 $\bar{Y}_G$ 表示）。變異數分析所要檢驗的，就是這三個組平均數（group mean）是否具有顯著差異，如果檢定結果證實組間差異存在，那麼這位研究者的假設便獲得支持。

9.3.1 一般線性模式

變異數分析的統計原理可利用一般線性模式（general linear model）來說明。在單因子設計下，有 k 個水準的 IV 以 X_j（$j=1, ..., k$）表示；DV 觀察值記為 Y_{ij}，表示第 j 組的第 i 個受試者在 DV 的得分，各組人數為 n_j，$i=1, ..., n_j$，若各組人數相等，$n_j=n$，總樣本數 $N=k \times n$，稱為平衡設計（balanced design）。如果各組人數是

不相等的非平衡設計，總樣本數 N 無法由組數乘以各組人數求得。

由於各組受試者為隨機分派，因此各組內每一個受試者的依變數得分 Y_{ij} 為各組期望值 μ_j 加上抽樣誤差：$\mu_j+\varepsilon_{ij}$。而各組依變數期望值 μ_j 的期望值為 μ，亦即 Y 的總平均數。Y_{ij} 的一般線性模式表示如下：

$$\begin{aligned} Y_{ij} &= \mu_j + \varepsilon_{ij} \\ &= \mu + (\mu_j - \mu) + \varepsilon_{ij} \\ &= \mu + \alpha_j + \varepsilon_{ij} \end{aligned} \tag{9-1}$$

■ **實驗效果** α_j

一般線性模型中的 α_j 反映實驗效果，也稱為自變數效果，是整個實驗最主要的參數，其定義是 IV 各水準的平均數與總平均數的期望差異。

$$\alpha_j = \mu_j - \mu \tag{9-2}$$

由於各水準的實驗效果有正值（高於總平均）或負值（低於總平均），但總和必為 0，因此實驗效果 α_j 具有總和為 0 之限制條件。

$$\sum_{j=1}^{k} \alpha_j = 0 \tag{9-3}$$

■ **抽樣誤差** ε_{ij}

對於第 j 組當中每一位受試者而言，Y_{ij} 的變化反映抽樣導致的隨機變化，亦即抽樣誤差，以 ε_{ij} 表示。

$$\varepsilon_{ij} = Y_{ij} - \mu_j = Y_{ij} - \mu - \alpha_j \tag{9-4}$$

由於 ε_{ij} 是抽樣誤差，因此其分布是以 0 為平均數、以 σ_ε^2 為變異數的隨機常態分配，$\varepsilon_{ij} \sim N(0, \sigma_\varepsilon^2)$，因此又稱為隨機效果（random effect）。

9.3.2 變異數分析的虛無與對立假設

在單因子變異數分析中，IV 對於 DV 的影響反映在各組於 DV 分數的平均數變化上，此時統計假設可利用期望值 μ_j 或實驗效果參數 α_j 來表示：

$$關係式 \begin{cases} H_0 : \mu_j = \mu & \forall j \\ H_1 : \mu_j \neq \mu & \exists j \end{cases} \qquad 參數式 \begin{cases} H_0 : \alpha_j = 0 \\ H_1 : \alpha_j \neq 0 \end{cases}$$

以運動與睡眠研究為例，虛無假設為「三種運動型態下的睡眠時數相等」，亦即 $\mu_j = \mu$，$\forall j$ 表示所有的每一個 j 皆必須相等，參數式則為「實驗效果為 0」，亦即 $\alpha_j = 0$。只要三種不同運動型態下的睡眠量期望值 μ_1、μ_2、μ_3 任一個不等於 μ，亦即 $\mu_j \neq \mu$，$\exists j$ 表示任何一個 j，即可推翻虛無假設，此時「三種運動型態下的睡眠時數不相等」或「實驗效果不為 0」的對立假設即成立。

如果不是採用變異數分析，而以最直觀的方法是將各平均數進行兩兩比較，分別進行多次 t 檢定，如此一來會有兩個重大問題：第一是型 I 誤差率膨脹問題，因為進行多次考驗，研究者犯下錯誤推翻虛無假設的機率（型 I 錯誤）也就倍增，如果單一個 t 檢定的顯著水準設為 $\alpha = .05$，三次比較的型 I 錯誤機率即躍升至 .15。

其次，使用多次 t 檢定來考驗三個以上平均數差異的缺失，是忽視多個平均數整體效果（overall effect）的檢驗。雖然三個樣本平均數代表三個可能存在的母體，但是在對立假設（三個樣本平均數母體至少有一個 μ_j 不等於 μ）的顯著性被證明之前，應相信三個不同的水準所測得的三個平均數來自同一個母群，三個母體平均數均相同為 μ（$H_0 : \mu_j = \mu$）。反映 IV 的不同水準在 DV 上的影響效果 α_j 在分析時不應被切割比較，一旦 α_j 的整體效果檢驗被證明具有顯著意義之後，才可進一步的針對不同水準進行事後的兩兩配對比較，也就是所謂事後比較的概念。

9.3.3 變異拆解與變異數估計

變異數分析的假設檢定主要是在判斷自變數效果 α_j 是否為 0，如果 $\alpha_j = 0$ 被拒絕，表示 IV 確實對於 DV 的高低變動會有影響，而 DV 的變動則以離均差平方和（SS）來計算。以下逐一針對幾個重要的 SS 統計量進行說明。

■總離均差平方和（SS_{total}）

在不區分組別的情況下，依變數的全體觀察值 Y_{ij} 的變異情形以離均差平方和形式表示，稱為總離均差平方和（total sum of squares；以 SS_{total} 表示，簡寫為 SS_t）；也可直接由 DV 的變異數 s_Y^2 乘以總人數減 1 得出：

$$SS_t = \sum_{j=1}^{k} \sum_{i=1}^{n} (Y_{ij} - \bar{Y}_G)^2 = s_Y^2(N-1) \tag{9-5}$$

SS_t 是以全體 N 個樣本來計算變異性,過程中必須估計總平均數,失去一個自由度,因此 $df_t = N-1$。在考慮分組的情況下,SS_t 可以切割成「導因於 IV 的變異」與「導因於 IV 以外的變異」兩部分,說明介紹如下:

■組間離均差平方和(SS_b)

IV 的不同組別(水準)所造成的 DV 差異,以離均差平方和來表示稱為組間離均差平方和(sum of squares between groups,以 SS_b 表示):

$$SS_b = \sum_{j=1}^{k} n_j(\bar{Y}_j - \bar{Y}_G)^2 \tag{9-6}$$

SS_b 為各組平均數距離總平均數的平方和,顯示各組平均數之間的離散程度。公式 9-6 中帶有一個權數 n_j,表示每一個組平均數的離均差需就各組所包含的人數予以加權。SS_b 是計算 k 個平均數對應總平均數的變異程度,因此 SS_b 的自由度為 $k-1$。

■組內離均差平方和(SS_w)

導因於 IV 以外的變異是個體之間的隨機差異,亦即抽樣誤差,以離均差平方和來表示稱為組內離均差平方和(sum of squares within groups,以 SS_w 表示):

$$SS_w = \sum_{j=1}^{k} \sum_{i=1}^{n} (Y_{ij} - \bar{Y}_j)^2 = \sum_{j=1}^{k} SS_j \tag{9-7}$$

SS_w 是計算 k 組各自的內部變異性,也即是將各組的離均差平方和 SS_j 加總而得。每一組需要對應自己的組平均數因而用掉一個自由度,因此 SS_w 的自由度為 $N-k$。

由於依變數的變化被切割成「導因於 IV 的變異」與「導因於 IV 以外的變異」兩部分,因此 SS_t、SS_b、SS_w 三者以及其自由度,均具有公式 9-8 與 9-9 的加總原則,稱為變異拆解的可加性(additivity)。

$$SS_t = SS_b + SS_w \tag{9-8}$$

$$df_t = df_b + df_w \tag{9-9}$$

■均方（**MS**）

將 SS 除以 df 就是變異數，又稱為均方（mean square），記為 MS。在不考慮分組的情況下，全體觀察值的變異數為 $s_t^2 = SS_t / df_t$，此一統計量為母體變異數的不偏估計數，以 $\hat{\sigma}_t^2$ 表示，定義於公式 9-10。

$$MS_t = \frac{SS_t}{df_t} = \frac{\sum \sum (Y_{ij} - \bar{Y}_G)^2}{N-1} = s_t^2 = \hat{\sigma}_t^2 \tag{9-10}$$

同理，將 SS_b 除以自由度即為組間均方（公式 9-11）。由於 SS_b 在計算時各項均以各組人數進行加權，因此其性質是加權變異數，反映 IV 效果強度，以 $\hat{\sigma}_b^2$ 表示。

$$MS_b = \frac{SS_b}{df_b} = \frac{\sum n_j (\bar{Y}_j - \bar{Y}_G)^2}{k-1} = s_b^2 = \hat{\sigma}_b^2 \tag{9-11}$$

最後，組內均方由公式 9-12 定義，為抽樣造成的隨機變異，被視為誤差，也就是三組樣本的合成變異誤，亦即誤差變異數，簡稱 MSE，以 $\hat{\sigma}_w^2$ 表示。

$$MS_w = \frac{SS_w}{df_w} = \frac{\sum \sum (Y_{ij} - \bar{Y}_j)^2}{N-k} = s_w^2 = \hat{\sigma}_w^2 \tag{9-12}$$

9.3.4 **F** 分配與 **F** 檢定

9.3.4.1 **F** 分配的原理

簡單來說，F 分配（F distribution）是 F 統計量（F statistic）的機率分配，而 F 統計量是兩個卡方統計量（chi-square statistic，簡稱 χ^2 值）的單位比值。χ^2 值的定義是一系列 z 值的平方和，且 χ^2 值的分配會隨著不同樣本數變化而變化，亦即帶有自由度 $df=n-1$，因此 F 分配可表達為公式 9-13，F 統計量又稱為 F 比率（F ratio），簡稱 F 值。由於公式 9-13 分子與分母的數值形式與變異數相同，因此 F 分配可作為變異數比值的分配。

$$F_{(df_1, df_2)} = \frac{\chi_1^2 / df_1}{\chi_2^2 / df_2} \tag{9-13}$$

F 分配是英國統計學家 Sir Ronald Aylmer Fisher 爵士（1890-1962）於 1924 年推導得出，後來 Snedecor（1934）將此分配以 Fisher 的縮寫 F 分配命名以推崇其貢獻，因此又稱為 Snedecor's F distribution 或 Fisher-Snedecor 分配。

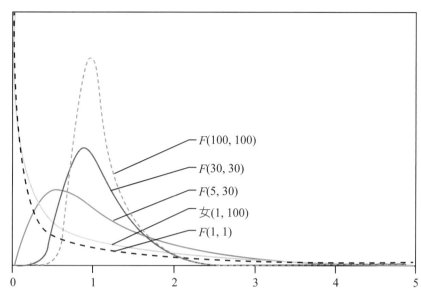

圖 9.2 不同自由度的 *F* 分配圖示

　　不論是 χ^2 值或變異數，均為大於 0 的統計量，比值亦恆為正，因此 *F* 分配為沒有負值的正偏態分配。進一步的，*F* 統計量的分子與分母各有一個自由度，因此 *F* 分配是帶有兩個自由度參數的機率分配，如果某一個隨機變數 *X* 服從 *F* 分配，以 $X \sim F(df_1, df_2)$ 表示。當公式 9-13 的分子或分母自由度變化時，*F* 分配的形狀會隨之改變，因此呈現一系列的 *F* 機率分配：當自由度小時，*F* 分配呈現正偏態，帶有右長尾而趨近於 0，自由度越大，則越趨近常態分配，如圖 9.2 所示，機率密度對照表列於附錄 C。

9.3.4.2 ANOVA 當中的 *F* 檢定

　　由於 *F* 統計量是兩個變異數的比值，因此可以套用到 ANOVA 當中來進行組間變異數與組內變異數的比較與檢定。其中代表抽樣誤差的組內變異數 MS_w 為抽樣分配的變異誤，代表實驗效果的組間變異數 MS_b 則為實驗效果的估計數。依照假設檢定原理，若將效果除以抽樣誤差得到檢定量，由於此一比值為變異數的比值，服從 *F* 分配，*F* 檢定量公式如 9-14 所示。

$$F_{obt(df_b, df_w)} = \frac{\hat{\sigma}_b^2}{\hat{\sigma}_w^2} = \frac{MS_b}{MS_w} = \frac{SS_b/df_b}{SS_w/df_w} \tag{9-14}$$

　　由於 $\hat{\sigma}_b^2$ 反映自變數的整體效果，因此對其進行的 *F* 檢定即為實驗效果的整體考驗（overall test）。當 F_{obt} 值越大，表示研究者關心的組平均數的分散情形較誤差變異來得大，若大於顯著水準為 α 的臨界值 F_{cv}，或尾機率小於 α，亦即 $p < \alpha$，

即可獲得拒絕 H_0、接受 H_1 的結論。

從公式 9-14 的 F 檢定量的計算式可以看出，F 檢定所檢驗的是實驗效果是否大於誤差效果，因此 ANOVA 的統計假設不論是以單尾或雙尾方式來表述，進行 F 檢定時均採單右尾檢定，可利用 EXCEL 的 F.DIST.RT(F,df_1,df_2) 求得尾機率值。前述各公式與數據可以整理成表 9.2 的 ANOVA 摘要表。

表 9.2 單因子變異數分析摘要表

變源	SS	df	MS	F	η^2
組間	SS_b	$k-1$	SS_b/df_b	MS_b/MS_w	$SS_b/(SS_b + SS_w)$
組內（誤差）	SS_w	$N-k$	SS_w/df_w		
全體	SS_t	$N-1$	SS_t/df_t		

9.3.5 效果量的計算

在變異數分析當中，F 檢定目的在檢驗自變數效果的統計意義，判定假設真偽，但無法說明自變數效果的強弱，此時可利用效果量（effect size）來反映實驗效果的實務意義（practical significance）。較常用的有 ω^2（omega square）量數與 η^2（eta square）量數。

■ω^2 量數

ω^2 量數的原理是計算組間變異（σ_α^2）與總變異（$\sigma_\alpha^2 + \sigma_\varepsilon^2$）的比值，可解釋為依變數的母體變異能被自變數解釋的比例，又稱為組內相關係數（intraclass correlation, ICC）。

$$\omega^2 = \frac{\sigma_\alpha^2}{\sigma_\alpha^2 + \sigma_\varepsilon^2} \tag{9-15}$$

由於 σ_α^2 與 σ_ε^2 是未知的母體參數，必須由樣本進行估計，求得 $\hat{\omega}^2$：

$$\hat{\omega}^2 = \frac{SS_b - (k-1)MS_w}{SS_t + MS_w} = \frac{(k-1)(F-1)}{(k-1)(F-1) + nk} \tag{9-16}$$

$\hat{\omega}^2$ 量數介於 0 到 1 之間，越接近 1 表示 IV 效果越強，或 IV 與 DV 的關聯程度越高。

■η^2 量數

η^2（eta square）量數是計算組間離均差平方和占總離均差平方和的比例。由於計算過程中不需要估計母體變異，計算上相對簡易，類似於迴歸分析當中的 R^2。公式如下：

$$\hat{\eta}^2 = \frac{SS_b}{SS_b + SS_w} = \frac{SS_b}{SS_t} \tag{9-17}$$

對於 $\hat{\omega}^2$ 與 $\hat{\eta}^2$ 的強弱大小，Cohen（1988, p. 284-288）建議判斷準則：

$$.059 > \quad \hat{\omega}^2 \text{ or } \hat{\eta}^2 \quad \geq .01 \quad 低度效果量$$
$$.138 > \quad \hat{\omega}^2 \text{ or } \hat{\eta}^2 \quad \geq .059 \quad 中度效果量$$
$$\hat{\omega}^2 \text{ or } \hat{\eta}^2 \quad \geq .138 \quad 高度效果量$$

■範例說明

以下將以表 9.1 的運動研究資料為例，進行 F 檢定各項數據的計算過程說明。範例中共有 36 個觀察值，被區分成三組，經過實驗操弄之後，在依變數上可計算出三個組平均數 $\overline{Y}_1$、$\overline{Y}_2$、$\overline{Y}_3$ 與一個總平均數，SS_t、SS_b、SS_w 三者計算如下：

$$SS_t = \sum\sum(Y_{ij} - \overline{Y}_G)^2$$
$$= (6.5 - 7.68)^2 + ... + (9.4 - 7.68)^2 = 21.042$$
$$SS_b = \sum n_j(\overline{Y}_j - \overline{Y}_G)^2$$
$$= 12(7.32 - 7.68)^2 + 12(7.54 - 7.68)^2 + 12(8.18 - 7.68)^2 = 4.754$$
$$SS_w = \sum\sum(Y_{ij} - \overline{Y}_j)^2 = SS_1 + SS_2 + SS_3$$
$$= (6.5 - 7.32)^2 + ... + (9.4 - 8.18)^2 = 2.897 + 2.549 + 10.842 = 16.288$$

由於 21.042=4.754+16.288，顯示 $SS_t=SS_b+SS_w$ 的可加性確實存在。自由度也可基於可加性導出如下：

$$df_t = df_b + df_w$$
$$N - 1 = (k - 1) + (N - k)$$
$$36 - 1 = (3 - 1) + (36 - 3)$$
$$35 = 2 + 33$$

得到 SS 與 df 數據後，可導出均方（變異數估計數）數值如下：

$$MS_t = \frac{SS_t}{df_t} = \frac{21.042}{35} = 0.601$$

$$MS_b = \frac{SS_b}{df_b} = \frac{4.754}{2} = 2.377$$

$$MS_w = \frac{SS_w}{df_w} = \frac{16.288}{33} = 0.494$$

最後可計算組間與組內變異數比值得到檢定量 $F_{(2,33)}=4.816$，結果整理於表 9.3 之摘要表：

$$F_{obt} = F_{(2,33)} = \frac{MS_b}{MS_w} = \frac{SS_b/df_b}{SS_w/df_w} = \frac{4.754/2}{16.288/33} = \frac{2.377}{0.494} = 4.816$$

📊 表 9.3 運動研究的單因子變異數分析摘要表

變源	SS	df	MS	F	p	F_{cv}	η^2
組間	4.754	2	2.377	4.816	.015	3.29	.226
組內（誤差）	16.288	33	0.494				
全體	21.042	35	0.601				

以 EXCEL 的函數 F.DIST.RT(4.816,2,33) 求得右尾機率 $p=.015$，小於 $\alpha=.05$，$p<\alpha$，表示 F_{obt} 檢定量達顯著水準。以臨界值法則來判斷時，查表得到在 $\alpha=.05$、自由度為 2 與 33，臨界值 $F_{.05(2,33)}=3.29$，$F_{obt}=4.816 > F_{cv}=3.29$，因此落入拒絕區，也就是拒絕 H_0、接受 H_1，亦即不同運動型態下的睡眠時數顯著不同（如圖 9.3）。

以本範例的數據來計算，得到效果量 $\eta^2=.226$，表示依變數變異量有 22.6% 可被自變數解釋，屬於高度的效果量。

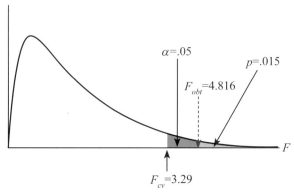

📊 圖 9.3 以臨界值法則與尾機率法則進行 F 檢定結果圖示

$$\hat{\eta}^2 = \frac{SS_b}{SS_b + SS_w} = \frac{4.754}{4.754 + 16.288} = \frac{4.754}{21.042} = .226$$

範例 9.1 獨立樣本單因子變異數分析假設檢定

問題： 某餐廳有四家分店，各有若干顧客填寫滿意度問卷，得分越高表示越滿意。數據如下，請問四家分店的顧客滿意度是否有顯著差異？

	分店 **1**	分店 **2**	分店 **3**	分店 **4**	全體
	94	75	70	68	
	90	68	73	70	
	85	77	76	72	
	80	83	78	65	
		88	80	74	
			68	65	
			65		
n	4	5	7	6	22
M	87.25	78.20	72.86	69.00	75.64
s^2	36.92	58.70	30.14	13.60	70.72
SS	110.75	234.80	180.86	68.00	1485.09

解答： **步驟一：發展假設**

$$\begin{cases} H_0 : \mu_j = \mu \quad \forall j \\ H_1 : \mu_j \neq \mu \quad \exists j \end{cases} \quad \text{或} \quad \begin{cases} H_0 : \alpha_j = 0 \quad \forall j \quad j = 1, ..., 4 \\ H_1 : \alpha_j \neq 0 \quad \exists j \end{cases}$$

步驟二：評估抽樣條件

IV：分店（k=4），DV：顧客滿意度

組平均數：87.25、78.20、72.86、69.00。總平均數：75.64

各組樣本數：4、5、7、6。總樣本數：22

步驟三：決定檢定條件

∵四個樣本平均數的變異檢定

∴使用 F 分配，df_b=4–1=3，df_w=N–k=22–4=18

$F_{cv} = F_{.05(3,18)} = 3.16$、$\alpha$=.05

步驟四：計算檢定量

$$SS_t = \sum\sum(Y_{ij} - \overline{Y}_G)^2 = (94 - 75.64)^2 + ... + (65 - 75.64)^2 = 1485.09$$

$$SS_b = \sum n_j(\overline{Y}_j - \overline{Y}_G)^2 = 4(87.25 - 75.64)^2 + 5(78.20 - 75.64)^2$$
$$+ 7(72.86 - 75.64)^2 + 6(69 - 75.64)^2$$
$$= 890.68$$

$$SS_w = \sum\sum(Y_{ij} - \overline{Y}_j)^2 = (94 - 87.25)^2 + ... + (65 - 69.00)^2$$
$$= SS_1 + SS_2 + SS_3 + SS_4 = 110.75 + 234.80 + 180.86 + 68.00$$
$$= 594.41$$

or　$SS_t = s_t^2 \times df_t = 70.72 \times (22-1) = 1485.09$

$SS_b = SS_t - SS_w = 1485.09 - 594.41 = 890.68$

$SS_w = SS_t - SS_b = 1485.09 - 890.69 = 594.41$

$$F_{obt} = F_{(3,18)} = \frac{MS_b}{MS_w} = \frac{SS_b/df_b}{SS_w/df_w} = \frac{890.68/3}{594.41/18} = \frac{296.90}{33.02} = 8.99$$

$$\hat{\eta}^2 = \frac{SS_b}{SS_b + SS_w} = \frac{890.68}{890.68 + 594.41} = \frac{890.68}{1485.09} = .60$$

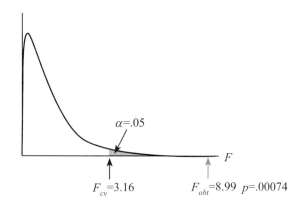

$\alpha = .05$

$F_{cv} = 3.16$ 　　 $F_{obt} = 8.99$　$p = .00074$

步驟五：進行決策與解釋

∵ $F_{obt(3,18)} = 8.99 > F_{cv(3,18)} = 3.16$

以 F.DIST.RT(8.99,3,18) 查得尾機率 $p = .00074$，$p < .05$

∴拒絕 H_0、接受 H_1，亦即四家分店的顧客滿意度具有顯著差異。$\hat{\eta}^2$ =.60，表示顧客滿意度的變異量有高達 60% 可被分店解釋，屬於非常強的效果量。

表 9.4 顧客滿意度單因子變異數分析摘要表

變源	SS	df	MS	F	p	F_{cv}	η^2
組間	890.68	3	296.90	8.99	.00074	3.16	.60
組內（誤差）	594.41	18	33.02				
全體	1485.09	21	70.72				

註：尾機率 p 值由 EXCEL 函數 F.DIST.RT(F, df_1, df_2) 求得。臨界值 F_{cv} 由 EXCEL 函數 F.INV($.95, df_1, df_2$) 求得。

9.4 相依樣本變異數分析

9.4.1 受試者分派與樣本設計

在實驗設計中，將一群受試者分派到不同的組別有兩種主要不同形式：若將受試者隨機打散到各因子的不同水準，稱為獨立樣本設計或受試者間設計（between-subject design），此時 IV 當中的每一個水準的受試者彼此獨立無關。如果同一個受試者同時經歷某個因子的不同條件，或是在實驗前後分別對同一個受試者的 DV 進行多次測量，稱為重複量數設計（repeated measure design），又稱為受試者內設計（within-subject design），因為 DV 數據是在同一個受試者之「內」進行重複測量。此時各組 DV 數據具有相依性而非獨立，因此稱為相依樣本設計（dependent sample design）。

另一種相依樣本設計是使用分層配對的方式，將不同組別的受試者依照某一個因子來加以配對，使得不同組別的受試者，在某一個因子上具有相類似的分布條件，各配對自成一個區組（block），例如運動對於睡眠時數的影響，可能受到受試者個人體型差異的干擾，肥胖與纖瘦者受到運動的影響可能會有不同，此時研究者可以讓每一組的受試者依照體重來加以配對。此種設計稱為配對樣本設計（matched sample design），可進行類似於重複量數設計的受試者內效果分析。

換言之，重複量數設計與配對樣本設計皆屬相依樣本設計，其共同特徵是不同組別受試者的 DV 觀察分數間具有相關；相對之下，獨立樣本設計各組受試者在 DV 上的觀察分數並不會被預期存在相關，即使有相關也是隨機發生的現象，因此會予以忽略。最後，如果一個實驗當中同時包含受試者間設計與受試者內設計的實驗因子，稱為混合設計（mixed design）。

　　事實上，獨立或相依設計的概念，在前面章節中即已經討論過，所不同的是本章所涉及的樣本平均數數量超過 2，無法檢驗平均數「差異」而需檢驗平均數「變異」，此時統計檢定的效果不是「差異」而是「變異數」。以下，將針對相依樣本設計下的 ANOVA 程序進行說明。

9.4.2 相依設計的資料特性

　　上節中，36 位學生被隨機分配到三個實驗組，每一個實驗組的學生都是不同的，也就是說，自變數的三個不同類別（或水準）的分數由不同的樣本來求得，此為獨立樣本設計。如果三個水準的 DV 觀察值由同一群樣本（重複量數設計）或是具有配對關係的樣本（配對樣本設計）來計算，則為相依樣本設計。在相依設計下的變異數分析，對於依變數的影響有一個特別的變異來源：導因於受試者（配對區組）的變異源。

　　如果將前面的範例更改為該研究者為了節省受試者只找了 12 位學生，這 12 位學生先經歷一段日常活動組之後測量睡眠時間（日常組），再參與慢跑運動的實驗處理後測得第二次睡眠時數（慢跑組），最後參與有氧運動的實驗處理後測得第三次睡眠時數（有氧組）。同一批受試者接受三次測量，因此為重複量數設計，所得到的數據整理成表 9.5。

　　表 9.5 的下緣具有三個水準的組平均數，組平均數的變異反映自變數（實驗操弄）的影響，亦即 SS_b。其性質與獨立樣本設計原理相同。但是由於帶有重複測量的設計，使得表中的橫列上產生了一組新的平均數，該平均數反映了該受試者（或配對區組）的平均水準，也就是同一個受試者（或同一個配對區組）在依變數上的水準高低平均值。相依樣本設計的特點就在於多了右側的這一群基於受試者間平均數差異造成的變異量。該組平均數的變化與實驗處理無關，而是受試者的變化。

　　相依設計最大特色，是在於不同水準下的觀察值具有相關，例如日常組與慢跑組的相關達 .748，慢跑組與有氧組的相關達 .647，如表 9.6 所示，表示在各組當中有較長的睡眠時數者，在其他組也有類似的趨勢。各水準內的觀察值是隨機抽樣而得，因此稱為隨機區組設計（randomized block design）。各水準之間觀察值所具有的正相關，在計算抽樣誤差會扣除重複相當程度的誤差變異，使得檢定力提高，這就是為何許多研究者會偏好相依設計的原因。

表 9.5 運動對睡眠影響研究數據（重複量數設計）

受試者／區組 ID	運動型態（IV）			k	$\bar{Y}_i$
	日常組	慢跑組	有氧組		
1	6.5	7.4	8.0	3	7.30
2	7.3	6.8	7.7	3	7.27
3	6.6	6.7	7.1	3	6.80
4	7.4	7.3	7.6	3	7.43
5	7.2	7.6	6.6	3	7.13
6	6.8	7.4	7.2	3	7.13
7	7.1	7.4	8.2	3	7.57
8	7.9	8.1	8.5	3	8.17
9	8.2	8.2	9.4	3	8.63
10	7.7	8.0	8.7	3	8.13
11	7.5	7.6	9.5	3	8.23
12	7.6	8.0	9.3	3	8.33
n	12	12	12	36	
$\bar{Y}_j$	7.32	7.54	8.18		7.68
s^2	0.26	0.23	0.99		0.601
SS	2.897	2.549	10.842		21.042

表 9.6 三組重複測量之間的描述統計與相關係數

IV	DV 平均數	DV 標準差	(1) 日常組	(2) 慢跑組	(3) 有氧組
(1) 日常組	7.32	0.51	1		
(2) 慢跑組	7.54	0.48	.748	1	
(3) 有氧組	8.18	0.99	.665	.647	1

9.4.3 相依設計的一般線性模式

相依樣本與獨立樣本設計的最大差異，在於各水準之間具有相關，各水準間的相關可能來自於受試者重複測量、配對的樣本、或是在第三個變數有同樣性質。若 IV 有 k 個水準，依變數為 Y_{ij}，但是因為是相依樣本設計，各水準間的樣本具有相關性，因此每一組有 n 個樣本時，整個實驗就會有 n 個區組，也就是 $i=1, ..., n$。以一般線性模式來表示如公式 9-18 所示。

$$Y_{ij} = \mu + \alpha_j + \pi_i + \varepsilon_{ij} \tag{9-18}$$

上式所描述的相依樣本一般線性模式比獨立樣本設計（公式 9-1）多了一項 π_i，代表受試者之間的個別差異（區組差異）。換言之，在相依設計下，有兩個獨立的平均數所造成的變異源：α_j 表示自變數的組間變異（實驗效果），為第 j 組平均數的離均差；π_i 表示受試者間變動（區組差異），為第 i 個受試者（區組）平均數的離均差。

$$\alpha_j = \mu_j - \mu \tag{9-19}$$

$$\pi_i = \mu_i - \mu \tag{9-20}$$

α_j 與 π_i 兩項的離均差和為 0，也就是 $\sum \alpha_j = 0$、$\sum \pi_i = 0$，這兩者是相依樣本設計下的 ANOVA 模型限制式。

受試者之間的變動為隨機效果，假設呈常態 $N(0, \sigma_\pi^2)$。抽樣誤差為 ε_{ij}，反映了同一個水準內每一位受試者的變異扣除 IV 效果與受試者效果後的隨機變化量，亦為隨機效果，也假設呈常態 $N(0, \sigma_\varepsilon^2)$。由於 ε_{ij} 與 π_i 兩個隨機效果都不是自變數影響的結果，兩者共同形成了組內變異量，其中 π_i 為抽樣造成的隨機個別差異，ε_{ij} 則是扣除個別差異後的隨機波動，稱為殘差（residual）。ε_{ij} 不僅與 α_j 獨立，也與 π_i 獨立。

9.4.4 相依設計的變異拆解與變異數估計

相依設計由於多了一項影響源，造成依變數的影響有三個重要的變異來源：導因於自變數（實驗效果）、導因於受試者間（抽樣效果）、導因於其他誤差。以變異量來表示就是 SS_b、$SS_{b.s}$（$SS_{between.subject}$ 的縮寫）、$SS_{residual}$（以 SS_r 表示）。組內變異 $SS_w = SS_r + SS_{b.s}$，SS_b、SS_r 與 $SS_{b.s}$ 三項的總和即為總離均差平方和，關係如下：

$$SS_t = SS_b + SS_w = SS_b + [SS_{b.s} + SS_r] \tag{9-21}$$

$$SS_w = SS_{b.s} + SS_r \tag{9-22}$$

■SS_t、SS_b、SS_w

相依樣本設計的變異拆解，在總體、組間與組內變異部分的分割原理與獨立樣

本設計相同。總離均差平方和 SS_t 反映的是依變數的每一個數值與總平均數的離散情形。組間離均差平方和 SS_b 反映的是各組平均數的離散程度。至於 SS_w，雖然內容上混雜了受試者間變異，在相依樣本設計中已經不作為 F 檢定量的分母項，但是其計算過程與獨立樣本設計無異，反映各組內部的離散性，可作為推導 $SS_{b.s}$ 與 SS_r 的基礎。SS_t、SS_b、SS_w 三者的公式以及自由度公式皆與獨立樣本設計相同，如公式 9-5 至9-9。

■ $SS_{b.s}$、SS_r

在相依設計中，SS_w 必須繼續進行拆解，以得到 $SS_{b.s}$ 與 SS_r。其中 $SS_{b.s}$ 是各受試者間的平均數離散程度，計算方法與 SS_b 相同，也是直接計算各受試者間平均數與總平均數的離均差平方和。計算過程中，也必須以每一個受試者（區組）橫跨的水準數 k 來加權，自由度為樣本數減 1：

$$SS_{b.s} = \sum k(\overline{Y}_{i.} - \overline{Y}_G)^2 \tag{9-23}$$

$$df_{b.s} = n - 1 \tag{9-24}$$

殘差變異 SS_r 可以直接以 SS_w 與 $SS_{b.s}$ 求得，亦即組內變異扣除區組間平均數的變異。

$$\begin{aligned} SS_r &= \sum\sum[(Y_{ij} - \overline{Y}_{.j}) - (\overline{Y}_{i.} - \overline{Y}_G)]^2 \\ &= SS_w - SS_{b.s} \end{aligned} \tag{9-25}$$

$$df_r = (n-1)(k-1) \tag{9-26}$$

整合前述各項的自由度，合成關係如下：

$$df_t = df_b + df_{b.s} + df_r \tag{9-27}$$

■ $MS_{b.s}$、MS_r

基於變異數的計算原理，將 SS_b、$SS_{b.s}$ 與 SS_r 各除以自由度即得到均方。其中 MS_t 與 MS_b 兩者的公式與獨立樣本相同，至於 $MS_{b.s}$ 與 MS_r 兩項的算式分別如公式 9-28 與 9-29 所示。

$$MS_{b.s} = \frac{SS_{b.s}}{df_{b.s}} = \frac{\sum k(\overline{Y}_{i.} - \overline{Y}_G)^2}{n-1} = s_{b.s}^2 = \hat{\sigma}_{b.s}^2 \qquad (9\text{-}28)$$

$$MS_r = \frac{SS_r}{df_r} = \frac{\sum\sum(Y_{ij} - \overline{Y}_{.j} - \overline{Y}_{i.} - \overline{Y}_G)^2}{(n-1)(k-1)} = s_r^2 = \hat{\sigma}_\varepsilon^2 \qquad (9\text{-}29)$$

9.4.5 相依樣本 F 檢定與摘要表

相依樣本變異數分析也是利用 F 檢定來進行假設檢定，但是與獨立樣本設計所不同的是，相依樣本設計有兩個需要估計的平均數變異數：MS_b 與 $MS_{b.s}$，前者為自變數效果的組間差異，後者為受試者差異效果，反映自變數效果的 F 檢定量的分母為殘差變異數 MS_r，F 檢定量如公式 9-30，ANOVA 摘要表如表 9.7。

$$F_{obt} = F_{(df_b, df_r)} = \frac{\hat{\sigma}_b^2}{\hat{\sigma}_\varepsilon^2} = \frac{MS_b}{MS_r} = \frac{SS_b/df_b}{SS_r/df_r} \qquad (9\text{-}30)$$

表 9.7 相依樣本設計單因子變異數分析摘要表

變源	SS	df	MS	F	$\hat{\eta}^2$
組間	SS_b	$k-1$	SS_b/df_b	MS_b/MS_r	$SS_b/(SS_b+SS_r)$
組內	SS_w	$N-k$	SS_w/df_w		
受試者間（$b.s$）	$SS_{b.s}$	$(n-1)$	$SS_{b.s}/df_{b.s}$		
殘差（r）	SS_r	$(n-1)(k-1)$	SS_r/df_r		
全體	SS_t	$N-1$	SS_t/df_t		

相依樣本設計的 F 檢定係以殘差項作為抽樣誤差，因此效果量 $\hat{\eta}^2$ 的分母（誤差項）也不再是 SS_w，而是殘差項 SS_r，亦即總變異量扣除受試者間變異：$SS_t - SS_{b.s}$，又稱為淨效果量（partial effect size），如公式 9-31。

$$\hat{\eta}^2 = \frac{SS_b}{SS_b + SS_r} = \frac{SS_b}{SS_t - SS_{b.s}} \qquad (9\text{-}31)$$

■範例說明

現以實際資料來說明，12 位學生在三次實驗嘗試下所測量得到所有睡眠數據的 SS_t、SS_b、SS_w 計算如下。值得注意的是，雖然受試者為 12 位（$n=12$），但是由

於重複三次（$k=3$），全體觀察數目為 36（$N=n \times k=36$），全體自由度與獨立樣本設計相同：$df_t=36-1=35$。各項計算結果如下：

$$SS_t = \sum\sum(Y_{ij} - \overline{Y}_G)^2 = (6.5-7.68)^2 + ... + (9.4-7.68)^2 = 21.042$$

$$SS_b = \sum n_j(\overline{Y}_{.j} - \overline{Y}_G)^2 = 12(7.32-7.68)^2 + 12(7.54-7.68)^2 + 12(8.18-7.68)^2 = 4.754$$

$$SS_w = \sum\sum(Y_{ij} - \overline{Y}_j)^2 = (6.5-7.32)^2 + ... + (9.4-8.18)^2$$
$$= SS_1 + SS_2 + SS_3 = 2.897 + 2.549 + 10.842 = 16.288$$

$$SS_{b.s} = \sum k(\overline{Y}_{i.} - \overline{Y}_G)^2 = 3(7.3-7.68)^2 + 3(7.27-7.68)^2 + ... + 3(8.33-7.68)^2 = 11.536$$

$$SS_r = SS_w - SS_{b.s} = 16.288 - 11.536 = 4.752$$

$$F_{obt} = \frac{MS_b}{MS_r} = \frac{SS_b/df_b}{SS_r/df_r} = \frac{4.754/2}{4.752/22} = \frac{2.377}{0.216} = 11.005$$

以附錄 C 查表得到臨界值 $F_{.05(2,22)}=3.44$，$F_{.01(2,22)}=5.72$，$F_{obt}=9.005$ 高於兩者，顯示 F 檢定量達到 .05 與 .01 的顯著水準，表示受試者在三個實驗水準下的睡眠時數具有顯著差異。若以 EXCEL 的 F.DIST.RT(9.003,2,22) 求出 $F_{(2,22)}=9.005$ 的尾機率，得到 $p=.0005$，$p<.001$。也就是說，運動型態的不同水準會影響睡眠時數。

以本範例的數據所計算得到的效果量 $\hat{\eta}^2=.500$，表示組間變異的解釋力達到 50%，分析結果整理於摘要表（表 9.8）。

表 9.8 相依設計單因子變異數分析摘要表

變源	SS	df	MS	F	p	F_{cv}	$\hat{\eta}^2$
組間	4.754	2	2.377	9.005	.0005	3.44	.500
組內	16.288	33	0.494				
受試者間（$b.s$）	9.436	11	1.049				
殘差（r）	4.752	22	0.216				
全體	21.042	35	0.601				

註：尾機率 p 值由 EXCEL 函數 F.DIST.RT(F,df_1,df_2) 求得。臨界值 F_{cv} 由 EXCEL 函數 F.INV(.95,df_1,df_2) 求得。

$$\hat{\eta}^2 = \frac{SS_b}{SS_b + SS_r} = \frac{4.754}{4.754+4.752} = \frac{4.754}{9.506} = .500$$

由這些檢定結果可知，相依設計的 F 值由獨立樣本設計的 4.816，增加到相依樣本設計的 9.005；效果量為 .500，也遠比獨立設計的效果量 .226 為高，實驗效果

更加顯著，顯示考慮了受試者間的變異來源，減少了 F 檢定量的分母（殘差），提高了檢定值與效果量。

範例 9.2　相依樣本單因子變異數分析假設檢定

問題：　某餐廳有三種新研發的湯品，今天邀請 5 位顧客試吃並評定其偏好程度（1 至 10 分），得分越高表示顧客越偏好該道湯品。請問三種湯品的顧客偏好度是否有顯著差異？

顧客	湯品 1	湯品 2	湯品 3	平均
1	5	8	8	7
2	4	7	4	5
3	6	8	7	7
4	6	7	5	6
5	4	5	3	4
n	5	5	5	15
M	5.00	7.00	5.40	5.80
s^2	1.00	1.50	4.30	2.743
SS	4.00	6.00	17.20	38.40

解答：　**步驟一：發展假設**

$$\begin{cases} H_0 : \mu_j = \mu \quad \forall j \\ H_1 : \mu_j \neq \mu \quad \exists j \end{cases} \quad 或 \quad \begin{cases} H_0 : \alpha_j = 0 \quad j = 1,...,3 \\ H_1 : \alpha_j \neq 0 \end{cases}$$

步驟二：評估抽樣條件

IV：湯品（$k=3$），DV：偏好程度

組平均數：5、7、5.4。總平均數：5.8

重複量數設計：樣本數 5。總觀察數：15

步驟三：決定檢定條件

∵三個樣本平均數的變異檢定，五個受試者間區組

∴使用 F 檢定，$\alpha=.05$，$df_b=3-1=2$，$df_r=(n-1)(k-1)=8$

$F_{cv}=F_{.05(2,8)}=4.46$

步驟四：計算檢定量

$$SS_t = \sum\sum(Y_{ij} - \overline{Y}_G)^2 = (5-5.8)^2 + (4-5.8)^2 + ... + (3-5.8)^2 = 38.4$$

$$SS_b = \sum n_j(\overline{Y}_j - \overline{Y}_G)^2 = 5(5-5.8)^2 + 5(7-5.8)^2 + 5(5.4-5.8)^2 = 11.2$$

$$SS_w = \sum\sum(Y_{ij} - \overline{Y}_{.j})^2$$
$$= (5-5)^2 + \dots + (4-5)^2 + (8-7)^2 + \dots + (5-7)^2$$
$$\quad + (8-5.4)^2 + \dots + (3-5.4)^2$$
$$= 27.2$$

$$SS_{b.s} = \sum k(\overline{Y}_{i.} - \overline{Y}_G)^2 = 3(7-5.8)^2 + 3(5-5.8)^2 + \dots + 3(4-7.8)^2 = 20.4$$
$$SS_r = SS_w - SS_{b.s} = 27.2 - 20.4 = 6.8$$
$$F_{obt} = F_{(2,8)} = \frac{MS_b}{MS_r} = \frac{SS_b/df_b}{SS_r/df_r} = \frac{11.2/2}{6.8/8} = \frac{5.6}{0.85} = 6.59$$
$$\hat{\eta}^2 = \frac{SS_b}{SS_b + SS_r} = \frac{11.2}{11.2 + 6.8} = \frac{11.2}{18} = .62$$

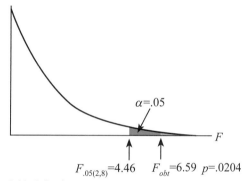

$F_{.05(2,8)}=4.46$　　$F_{obt}=6.59$　$p=.0204$

步驟五：進行決策與解釋

∵ $|F_{obt(2,8)}=6.59| > |F_{cv(2,8)}=4.46|$

以 F.DIST.RT(6.59,2,8) 查得尾機率 $p=.0204$，$p<.05$

∴ 拒絕 H_0、接受 H_1，亦即三種湯品的偏好程度具有顯著差異。$\hat{\eta}^2$ =.62，表示湯品偏好的變異量有高達 62% 可被不同湯品解釋，屬於非常強的效果量。

🥧 表 9.9 湯品偏好的相依樣本變異數分析摘要表

變源	SS	df	MS	F	p	F_{cv}	$\hat{\eta}^2$
組間	9.2	2	5.60	6.59	.0204	4.46	.62
組內	27.2	12	2.27				
受試者間（b.s）	20.4	4	5.10				
殘差（r）	6.8	8	0.85				
全體	38.4	14	2.74				

註：尾機率 p 值由 EXCEL 函數 F.DIST.RT(F,df_1,df_2) 求得。臨界值 F_{cv} 由 EXCEL 函數 F.INV(.95,df_1,df_2) 求得。

9.5 多重比較

當變異數分析 F 檢定值達顯著水準，即推翻了平均數相等的虛無假設，亦即表示至少有兩組平均數之間有顯著差異存在。但是究竟是哪幾個平均數之間顯著有所不同，必須進一步進行多重比較（multiple comparison）來檢驗。

9.5.1 以 t 檢定為基礎的多重比較

多重比較的具體作法是進行各組平均數的兩兩比較，因此最直接的方法就是採用 t 檢定的概念來進行。最常用的方法為最小顯著差異法（least significant difference; LSD）為 Fisher 所提出，比較原理是取 t 值差距檢定（Studentized range test），自由度為 $N–k$。檢定公式如下：

$$t = \frac{\overline{Y}_j - \overline{Y}_k}{\sqrt{MS_w\left(\frac{1}{n_j} + \frac{1}{n_k}\right)}}$$

(9-32)

由公式 9-32 可知，LSD 法是以整個分析的變異誤作為分母項，來納入所有水準下的合成誤差，而不是像雙樣本 t 檢定僅考慮兩個組的誤差。換句話說，t 檢定的合成標準誤改由 F 檢定的組內均方代替，這是假設各組變異數均同質的情況下的估計數，因此，LSD 法又稱為 Fisher 擔保 t 檢定（Fisher's protected t-test），表示 t 檢定是以 F 檢定達到顯著之後所進行的後續考驗，同時也在 F 檢定的誤差估計下所進行。LSD 法在變異誤的估計上雖作了處理，但有一個缺點是並沒有因為是多次的比較而調整檢定的顯著水準，無法消除多次比較所導致的型 I 錯誤率提高問題，是較為粗糙的多重比較程序。

另一種類似策略是 Tukey 所提出的誠實顯著差異（honestly significant difference; HSD）檢定。所謂誠實，就是在凸顯 LSD 法並沒有考慮到實驗與族系面誤差的問題。起初 HSD 法是在常態性、同質性假設成立且各組人數相等的前提下，以族系錯誤率的控制為原則的多重比較程序，後來 Kramer 則將 Tukey 的方法加以延伸至各組樣本數不相等的情況下，稱為 Tukey-Kramer 法，其多重比較是透過 Q 分數來進行。公式如下：

$$Q = \frac{\overline{Y}_j - \overline{Y}_k}{\sqrt{\frac{MS_w}{2}\left(\frac{1}{n_j} + \frac{1}{n_k}\right)}}$$

(9-33)

Q 分數所形成的分配機率分配變化與 t 分配相似，但是 Q 分配形狀不僅隨自由度改變而改變，亦會隨平均數個數的不同而改變，因此 HSD 法必須另行參照 Q 分配的機率函數來決定是否拒絕 H_0。然而因為 HSD 值另外參酌 Q 分配，因此可以將型 I 錯誤以實驗面誤差機率處理，但是代價是檢定力降低。以 HSD 法所得到的顯著性，會比沒有考慮型 I 錯誤膨脹問題的檢定方法來的高（例如若比較次數為三次，HSD 法的 p 值會是 LSD 法的 3 倍），不容易拒絕 H_0。

由於本書並未提供 Q 分配機率對照表，EXCEL 也未提供 Q 分配的函數功能，因此並不加以示範。

■範例說明

以運動研究的資料為例，三個水準的睡眠時數 (1) 日常組（$\overline{Y}_1=7.32$）、(2) 慢跑組（$\overline{Y}_2=7.54$）、(3) 有氧組（$\overline{Y}_3=8.18$）的 LSD 法兩兩多重比較結果如下：

(3) 有氧組：(1) 日常組　$t_{3:1}=\dfrac{8.18-7.32}{\sqrt{.494\left(\dfrac{1}{12}+\dfrac{1}{12}\right)}}=\dfrac{0.86}{0.287}=2.997$，$p=.0051$

(2) 慢跑組：(1) 日常組　$t_{2:1}=\dfrac{7.54-7.32}{\sqrt{.494\left(\dfrac{1}{12}+\dfrac{1}{12}\right)}}=\dfrac{0.22}{0.287}=0.767$，$p=.4485$

(3) 有氧組：(2) 慢跑組　$t_{3:2}=\dfrac{8.18-7.54}{\sqrt{.494\left(\dfrac{1}{12}+\dfrac{1}{12}\right)}}=\dfrac{0.64}{0.287}=2.230$，$p=.0327$

由於誤差項取用的是 ANOVA 的組內變異（MS_w），因此自由度 $df_w=33$，在 $\alpha=.05$ 條件下進行 t 檢定的臨界值 $t_{cv}=2.035$，上述三個 t 檢定尾機率由 EXCEL 的 T.DIST.2T(t,33) 函數求得為 .0051、.4485、.0327。不論由臨界值法則或尾機率法則來判斷，這三組比較當中有兩組具有顯著差異：(3) 有氧組與 (1) 日常組（$p<.01$）、(3) 有氧組與 (2) 慢跑組（$p<.05$），但是 (2) 慢跑組與 (1) 日常組之間則無顯著差異。

9.5.2 以 F 檢定為基礎的多重比較

相較於 LSD 法與 HSD 法是以 t 檢定為基礎，雪費法（Scheffé's method）是以 F 檢定為基礎的多重比較技術。雪費法對分配常態性與變異一致性兩項假定之違反頗不敏感，且所犯型 I 錯誤機率較小。可以說是各種方法中最嚴格、檢定力最低的

一種多重比較，而且直接採用 F 檢定，與 ANOVA 作法一致，使用上非常方便，因此廣為使用。公式如下：

$$F = \frac{\dfrac{(\overline{Y}_j - \overline{Y}_k)^2}{k-1}}{MS_w\left(\dfrac{1}{n_j} + \dfrac{1}{n_k}\right)} \tag{9-34}$$

■範例說明

同樣以運動研究的資料為例，三組睡眠時數的兩兩多重比較結果如下：

(3) 有氧組：(1) 日常組　$F_{3:1} = \dfrac{(8.18 - 7.32)^2 / 2}{0.494\left(\dfrac{1}{12} + \dfrac{1}{12}\right)} = \dfrac{0.3698}{0.0823} = 4.493$ ，$p = .0188$

(2) 慢跑組：(1) 日常組　$F_{2:1} = \dfrac{(7.54 - 7.32)^2 / 2}{0.494\left(\dfrac{1}{12} + \dfrac{1}{12}\right)} = \dfrac{0.0242}{0.0823} = 0.294$ ，$p = .7471$

(3) 有氧組：(2) 慢跑組　$F_{3:2} = \dfrac{(8.18 - 7.54)^2 / 2}{0.494\left(\dfrac{1}{12} + \dfrac{1}{12}\right)} = \dfrac{0.2048}{0.0823} = 2.488$ ，$p = .0984$

前述各個 F 檢定量的自由度為 (2,33)，以 EXCEL 的 F.DIST.2T(F,2,33) 函數求得各尾機率為 .0188、.7471、.0984，由此可判定，(3) 有氧組與 (1) 日常組的 $F_{obt(2,33)} = 4.493$，$p<.05$，具顯著差異，但是 (2) 慢跑組與 (1) 日常組（$F_{obt(2,33)} = 0.294$, $p>.05$）與 (3) 有氧組與 (2) 慢跑組（$F_{obt(2,33)} = 2.488$, $p>.05$）則無顯著差異。顯示以 Scheffé 法得到的檢定結果較 LSD 法為保守，亦即較不容易拒絕 H_0。

事實上，Scheffé 法執行前不一定要執行 F 整體考驗，因為如果 F 檢定不顯著，Scheffé 檢定亦不會顯著，但是如果 F 整體考驗顯著，那麼 Scheffé 檢定則可以協助研究者尋找出整體考驗下的各種組合效果。更具體來說，Scheffé 檢定的顯著水準是設計成可以檢定組別平均的每一種線性組合，從最簡單到最複雜的比較模式，樣本人數相等或不等均可，所以 Scheffé 檢定可以廣泛的適用於成對比較與各種複雜比較。

9.6 二因子變異數分析

前面所介紹的 ANOVA 包含了一個 IV 與一個 DV，也就是說，影響 DV 產生高低變化的變異來源只有一個研究者所操弄的變源，但是有可能存在其他的影響因子，因此實驗當中可以納入第二個 IV，甚至更多的 IV，稱為多因子變異數分析（factorial analysis of variance）。當因子數目越多，分析越複雜。以二因子變異數分析為例，某個實驗若有兩個 IV，分別稱為 A 因子與 B 因子，這兩個因子個別對於 DV 所造成的影響稱為主要效果（main effect），另外還有一個 A 與 B 因子聯合起來對於 DV 所產生的影響來源，稱為交互效果（interaction effect）（或稱為交互作用）。當因子數目越多，需要檢測的效果越多。本節僅介紹帶有兩個 IV 的二因子變異數分析（two-way analysis of variance）的基本原理，由於分析程序複雜，因此不介紹範例，讀者可參考更進階的統計專書，例如：邱皓政（2020）所著之《量化研究方法（二）：統計原理與分析技術》。

9.6.1 二因子 ANOVA 的一般線性模式

對於一個二因子實驗設計，A 因子有 k 個水準，各水準以 a_j 表示，$j=1, ..., k$；B 因子有 l 個水準，各水準以 b_p 表示，$p=1, ..., l$，兩個因子共可產生 $k \times l$ 個小組，稱為細格（cell）。若 A 與 B 兩因子均為獨立設計時，稱為完全獨立二因子變異數分析，一般線性模式如公式 9-35 所示。若有其中一個因子為相依設計時（例如：B 因子為相依設計），稱為混合設計（mixed design）二因子變異數分析，其一般線性模式如公式 9-36 所示。如果 A 與 B 兩個因子均為相依設計時，稱為完全相依二因子變異數分析，一般線性模式如公式 9-37 所示。

完全獨立設計 $\qquad Y_{ijp} = \mu + \alpha_j + \beta_p + \alpha_j\beta_p + \varepsilon_{ijp}$ （9-35）

混合設計 $\qquad Y_{ijk} = \mu + \alpha_j + \beta_p^* + \alpha_j\beta_p^* + \pi_i + \varepsilon_{ijp}$ （9-36）

完全相依設計 $\qquad Y_{ijk} = \mu + \alpha_j^* + \beta_p^* + \alpha_j^*\beta_p^* + \pi_i + \varepsilon_{ijp}$ （9-37）

三個公式中，A 因子主要效果以 α_j 表示，B 因子主要效果以 β_p 表示，$\alpha_j\beta_p$ 反映交互效果。A 因子的 k 個水準的期望值（母體平均數）為 μ_j，B 因子的 l 個水準的期望值為 μ_p，交互效果由 $k \times l$ 個細格平均數構成，期望值為 μ_{jp}。每個細格有 i

個參與者（$i=1, ..., n$），ε_{ijp} 為誤差項，服從常態分配，$\varepsilon_{ijp} \sim N(0, \sigma_\varepsilon^2)$。

由公式 9-36 與 9-37可知，當實驗當中帶有相依因子，一般線性模式中會增加一個受試者效果（區組效果）π_i。進一步的，公式 9-36 中的 B 因子是相依設計，因此 B 因子效果 β_p^* 增加 * 註記，交互效果項 $\alpha_j\beta_p^*$ 也有 * 註記，表示這兩個效果都會受到相依設計的影響。公式 9-37 的 A 與 B 因子都是相依設計，因此主要效果與交互效果都有 * 註記，表示各效果都會受到相依設計的影響。各項效果的統計假設表述如下：

	關係式	參數式
A 主要效果	$\begin{cases} H_0: \mu_j = \mu & \forall j \\ H_1: \mu_j \neq \mu & \exists j \end{cases}$	$\begin{cases} H_0: \alpha_j = 0 \\ H_1: \alpha_j \neq 0 \end{cases}$
B 主要效果	$\begin{cases} H_0: \mu_p = \mu & \forall p \\ H_1: \mu_p \neq \mu & \exists p \end{cases}$	$\begin{cases} H_0: \beta_p = 0 \\ H_1: \beta_p \neq 0 \end{cases}$
AB 交互效果	$\begin{cases} H_0: \mu_{jp} = \mu & \forall jp \\ H_1: \mu_{jp} \neq \mu & \exists jp \end{cases}$	$\begin{cases} H_0: \alpha_j\beta_p = 0 \\ H_1: \alpha_j\beta_p \neq 0 \end{cases}$

9.6.2 二因子變異數分析的變異拆解

基本上，多因子變異數分析係從單因子變異數分析延伸而來，因此變異數拆解的原理相仿。也是將依變數（Y）的總變異切割成「導因於 IV 的變異」與「導因於誤差的變異」兩部分，分別由組間離均差平方和（SS_b）與組內離均差平方和（SS_w）來估計，兩者相加就是依變數的總離均差平方和 $SS_t = SS_b + SS_w$。

由於二因子設計帶有兩個 IV，SS_b 必須進一步拆解成 SS_A、SS_B 與 SS_{AB} 三個部分，分別反映 A、B、A×B 三個效果。

$$SS_b = SS_A + SS_B + SS_{AB} \tag{9-38}$$

SS_A、SS_B 與 SS_{AB} 三者如公式 9-39 至 9-41 所示（假設各細格人數均為 n）。

$$SS_A = \sum_{j=1}^{k} nl(\overline{Y}_{j.} - \overline{Y}_G)^2 \tag{9-39}$$

$$SS_B = \sum_{p=1}^{l} nk(\overline{Y}_{.p} - \overline{Y}_G)^2 \tag{9-40}$$

$$SS_{AB} = \sum_{j=1}^{k}\sum_{p=1}^{l} n[(\overline{Y}_{jp} - \overline{Y}_G) - (\overline{Y}_{j.} - \overline{Y}_G) - (\overline{Y}_{.p} - \overline{Y}_G)]^2$$
$$= \sum_{j=1}^{k}\sum_{p=1}^{l} n(\overline{Y}_{jp} - \overline{Y}_{j.} - \overline{Y}_{.p} + \overline{Y}_G)^2 \tag{9-41}$$

二因子 ANOVA 如果涉及相依設計，組內離均差平方和（SS_w）當中會多一項「導因於受試者間（抽樣效果）」，由 $SS_{b.s}$ 估計，組內變異進一步拆解如下：

$$SS_w = SS_{b.s} + SS_r \tag{9-42}$$

受試者間離均差平方和（$SS_{b.s}$）仍為各受試者（或各配對區組）的個別差異，殘差變異 SS_r 則可直接以 SS_w 減去 $SS_{b.s}$ 求得，亦即組內變異扣除受試者（區組）平均數的變異，或由各細格內求得。

$$SS_r = \sum\sum[(Y_{ijp} - \overline{Y}_{jp}) - (\overline{Y}_{i.} - \overline{Y}_G)]^2$$
$$= SS_w - SS_{b.s} \tag{9-43}$$

9.6.3 二因子變異數分析的 F 檢定

二因子變異數分析的整體效果考驗與單因子變異數分析概念相同。反映 IV 效果的組間變異數有三種來源：MS_A 為 A 因子效果變異數估計值，以 $\hat{\sigma}_A^2$ 表示；MS_B 為 B 因子效果變異數估計值，以 $\hat{\sigma}_B^2$ 表示；MS_{AB} 為交互效果變異數估計值，以 $\hat{\sigma}_{AB}^2$ 表示。在完全獨立設計時，將各效果除以誤差變異（MS_w）將得到 F_A、F_B、F_{AB} 三個 F 檢定量，除了 F 檢定量，各項效果亦可計算淨效果量 $\hat{\eta}^2$，亦即各效果的離均差平方和除以各項效果加誤差的離均差平方和，計算公式列於表 9.10。

$$F_A = \frac{\hat{\sigma}_A^2}{\hat{\sigma}_w^2} = \frac{MS_A}{MS_w} = \frac{SS_A/df_A}{SS_w/df_w} \tag{9-44}$$

$$F_B = \frac{\hat{\sigma}_B^2}{\hat{\sigma}_w^2} = \frac{MS_B}{MS_w} = \frac{SS_B/df_B}{SS_w/df_w} \tag{9-45}$$

表 9.10　二因子完全獨立設計變異數分析摘要表

變源	SS	df	MS	F	$\hat{\eta}^2$
組間	SS_b	$kl-1$			
A	SS_A	$k-1$	SS_A/df_A	MS_A/MS_w	$SS_A/(SS_A+SS_w)$
B	SS_B	$l-1$	SS_B/df_B	MS_B/MS_w	$SS_B/(SS_B+SS_w)$
A×B	SS_{AB}	$(k-1)(l-1)$	SS_{AB}/df_{AB}	MS_{AB}/MS_w	$SS_{AB}/(SS_{AB}+SS_w)$
組內	SS_w	$kl(n-1)$	SS_w/df_w		
全體	SS_t	$N-1$	SS_t/df_t		

$$F_{AB} = \frac{\hat{\sigma}_{AB}^2}{\hat{\sigma}_w^2} = \frac{MS_{AB}}{MS_w} = \frac{SS_{AB}/df_{AB}}{SS_w/df_w} \tag{9-46}$$

　　如果是混合設計且 A 因子是獨立設計、B 因子是相依設計，與獨立設計有關的效果項（SS_A），抽樣誤差來源是受試者間的個別差異，A 因子主要效果的 F 檢定量是以受試者間變異數（$MS_{b.s}$）作為誤差項；與相依設計有關的效果項（SS_{B^*} 與 SS_{AB^*}）稱為受試者內效果（within-subject effect），F 檢定量以殘差均方（MS_r）作為誤差項。F 檢定量公式如公式 9-47 至 9-49 所示，摘要表如 9.11 所示。

表 9.11　二因子混合設計變異數分析摘要表

變源	SS	df	MS	F	$\hat{\eta}^2$
組間	SS_b	$kl-1$			
A	SS_A	$k-1$	SS_A/df_A	$MS_A/MS_{b.s}$	$SS_A/(SS_A+SS_{b.s})$
B*	SS_{B^*}	$l-1$	SS_{B^*}/df_{B^*}	MS_{B^*}/MS_r	$SS_{B^*}/(SS_{B^*}+SS_r)$
A×B*	SS_{AB^*}	$(k-1)(l-1)$	SS_{AB^*}/df_{AB^*}	MS_{AB^*}/MS_r	$SS_{AB^*}/(SS_{AB^*}+SS_r)$
組內	SS_w	$kl(n-1)$	SS_w/df_w		
受試者間（$b.s$）	$SS_{b.s}$	$l(n-1)$	$SS_{b.s}/df_{b.s}$		
殘差（r）	SS_r	$k(n-1)(l-1)$	SS_r/df_r		
全體	SS_t	$N-1$	SS_t/df_t		

註：標示 * 者為相依設計因子。

$$F_A = \frac{\hat{\sigma}_A^2}{\hat{\sigma}_{b.s}^2} = \frac{MS_A}{MS_{b.s}} = \frac{SS_A/df_A}{SS_{b.s}/df_{b.s}} \tag{9-47}$$

$$F_{B*} = \frac{\hat{\sigma}_{B*}^2}{\hat{\sigma}_r^2} = \frac{MS_{B*}}{MS_r} = \frac{SS_{B*}/df_{B*}}{SS_r/df_r} \tag{9-48}$$

$$F_{AB*} = \frac{\hat{\sigma}_{AB*}^2}{\hat{\sigma}_r^2} = \frac{MS_{AB*}}{MS_r} = \frac{SS_{AB*}/df_{AB*}}{SS_r/df_r} \tag{9-49}$$

最後，如果是完全相依設計，A、B、A×B 三項效果的 F 檢定均以殘差均方（MS_r）作為誤差項，摘要表如 9.12 所示。

不論是完全獨立、混合設計、或是完全相依設計二因子 ANOVA，這些統計量與檢定值均不易以人工計算而可由 EXCEL 或 SPSS 等軟體獲得，因此研究者只要熟悉統計原理，計算部分可以交由電腦來進行運算，然後據以做出結論即可，本節不做具體的示範。

表 9.12 二因子完全相依設計變異數分析摘要表

變源	SS	df	MS	F	$\hat{\eta}^2$
組間	SS_b				
A*因子	SS_{A*}	$k-1$	SS_{A*}/df_{A*}	MS_{A*}/MS_r	$SS_{A*}/(SS_{A*}+SS_r)$
B*因子	SS_{B*}	$l-1$	SS_{B*}/df_{B*}	MS_{B*}/MS_r	$SS_{B*}/(SS_{B*}+SS_r)$
A*×B*	SS_{A*B*}	$(k-1)(l-1)$	SS_{A*B*}/df_{A*B*}	MS_{A*B*}/MS_r	$SS_{A*B*}/(SS_{A*B*}+SS_r)$
組內	SS_w	$kl(n-1)$	SS_w/df_w		
受試者間（b.s）	$SS_{b.s}$	$n-1$	$SS_{b.s}/df_{b.s}$		
殘差（r）	SS_r	$(n-1)(kl-1)$	SS_r/df_r		
全體	SS_t	$N-1$	SS_t/df_t		

註：標示 * 者為相依設計因子。

9.7 ANOVA 的基本假設

由本章的介紹可知，變異數分析的統計原理以依變數的變異量拆解為核心，因此 ANOVA 的正確應用涉及到幾個基本的統計假設，介紹於後。

9.7.1 常態性假設

ANOVA 與 t 檢定一樣，依變數都是連續變數，因此 ANOVA 也必須在依變數具有常態化的前提下來進行考驗。更具體來說，變異數分析是將依變數的變異拆解成組間與組內變異，組間變異反映的是自變數效果，在特定的實驗中為一恆定值，因此沒有分配可言，但是組內變異反映了誤差，是一個隨機變數，其分配應為以 0 為平均數的常態分配，當誤差項需為常態的假設，即表示依變數也需為常態分配。如果誤差常態假設違反，最直接影響的是第一類型錯誤率擴增問題，此時宜將 α 調整得更為嚴格，以避免過高的型 I 錯誤。

9.7.2 可加性假設

ANOVA 的另一個基本假設是變異數的拆解必須是在一個合理的基礎上來進行，也就是各拆解項具有獨立、直交的特性，因此可以進行加減乘除四則運算，稱為可加性（additivity）。在複雜的變異數分析中（例如多因子ANOVA），各效果項之間未必是完全獨立而帶有若干的相互關聯，也因此衍生出型 I、II、III、IV 平方和的概念，以不同的分割策略來落實可加性。

9.7.3 變異同質假設

ANOVA 與 t 檢定相似，目的在比較不同樣本的平均數差異，每一個常態化樣本的平均數要能夠相互比較，必須具有相似的離散狀況，也就是母體的變異數必須具有等分散性（homoscedasticity）假設，稱為變異數同質（homogeneity of variance）假設。如果各個樣本的變異數不同質，表示各個樣本在平均數差異之外，另外存有非隨機的變異來源，致使變異數呈現不同質的情況。各組的變異數必須相近，如此才能確保平均數的差異是反映各組本質上類似，但平均數不同的樣本集中趨勢狀態的差異。變異數同質性假設若不能成立，會使得平均數的比較存有混淆因素。

9.7.4　球面性假設

在相依設計的變異數分析中，由於各水準具有區組配對的安排，因此各組人數一定相等，在沒有特殊的原因下，各組變異數應相近，因此，在相依樣本設計多無變異數同質假設違反問題，但是卻有另一個球面性或環狀性（sphericity）假設問題。

所謂球面性或環狀性是指不同水準的同一個受試者（區組）在依變數上的得分，兩兩配對相減所得差異的變異數必須相等（同質），亦即共變數同質。事實上，此一假設也是各水準變異同質假設的延伸。也就是說，相同的受試者在不同水準間的重複測量或不同的受試者在不同水準間的配對，其變動情形應具有一致性。此項假設的違反，將會使 F 檢定產生正向性偏誤（positively biased）（Cohen, 1988），提高犯下型 I 錯誤的機率。

9.7.5　型 I 錯誤率問題

在變異數分析中，由於所涉及的平均數比較數目較多，變異拆解相對複雜，除了以 F 檢定進行整體效果的考驗之外，還可能必須進行事後的多重比較。因此實驗數據的分析除了必須建立在前述的幾個基本假設之上，還有另一個重要的議題，就是如何設定適當的型 I 錯誤率。

在實驗設計的統計檢定中，型 I 錯誤率可以區分為實驗、族系與比較三種類型。所謂實驗錯誤率（experiment-wise error rate; EWE），是指假設檢定是在整個實驗的型 I 錯誤率維持一定（例如 $\alpha=.05$）的情況下，導出每次下結論的型 I 錯誤率為何。其次，族系錯誤率（family-wise error rate; FWE）則是將實驗當中每一種特定類型的假設檢定的型 I 錯誤率維持一定，導出每一種類型的檢定之下的各次結論的型 I 錯誤率。至於比較錯誤率（comparison-wise error rate），則是指每一次檢定均設定為相同的型 I 錯誤率（例如每一個檢定都是 $\alpha=.05$）。

在前一章介紹 z 與 t 檢定時，我們將每一次的檢定都選擇 $\alpha=.05$ 來進行虛無假設是否保留或拒絕的判定，這就是一種比較錯誤率的概念。一旦要比較的平均數越來越多，數據越來越複雜，檢定的次數越來越多時，就不能只利用比較錯誤率來進行決策判斷，而 ANOVA 優於 t 檢定之處，即是 ANOVA 能夠視狀況選擇實驗錯誤率或族系錯誤率來進行統計檢定，確保型 I 錯誤率能維持在一定水準。

當使用實驗或族系錯誤率時，為了維持整體的 α 水準為 .05，必須降低每一次進行假設是否成立的判定的 α 水準。例如一個帶有四個平均數比較的 F 檢定達到顯著水準之後，必須進一步進行 $C_2^4 = 6$ 次的這個「家族」的多重配對比較，此

時，特定族系錯誤率 α_{FW} 下各次檢定的 α 水準公式如 9-50 所示。

$$\alpha_{FW} = 1 - (1 - \alpha)^k \qquad (9\text{-}50)$$

公式 9-50 中，k 為進行比較的次數，α 為單一檢定的顯著水準。如果一個實驗需進行 10 次多重比較，整個族系的顯著水準要維持在 .05，那麼單一比較的顯著水準 α 即為 .05=1– $(1–\alpha)^{10}$，α=.0051。另一種快速算法是將 α_{FW} 水準除以比較次數 k，$\alpha=\alpha_{FW}/k$=.05/10=.005，得到的數值會近似於前述公式的數據，利用公式 9-50 所進行的型 I 錯誤率調整所進行的比較稱為 Bonferroni 程序。

EXCEL 小幫手

使用 **EXCEL** 來執行單因子變異數分析

一、使用 **EXCEL** 執行獨立樣本 **ANOVA**

■建立資料檔案

	A	B	C	D	E	F
1	受試者/	運動型態分組（IV）				
2	ID	日常組	慢跑組	有氧組		
3	1	6.5	7.4	8		
4	2	7.3	6.8	7.7		
5	3	6.6	6.7	7.1		
6	4	7.4	7.3	7.6		
7	5	7.2	7.6	6.6		
8	6	6.8	7.4	7.2		
9	7	7.1	7.4	8.2		
10	8	7.9	8.1	8.5		
11	9	8.2	8.2	9.5		
12	10	7.7	8	8.7		
13	11	7.5	7.6	9.6		
14	12	7.6	8	9.4		
15	n	12	12	12		
16	mean	7.317	7.542	8.175	7.678	
17	var.s	0.263	0.232	0.986	0.601	
18	SS	2.897	2.549	10.842	21.042	

■打開資料分析對話框，選擇「單因子變異數分析」

■決定分析內容與條件

單因子變異數分析	? ✕
輸入	
輸入範圍(I):	$B$2:$D$14	確定
分組方式: ⦿ 逐欄(C) ◯ 逐列(R)	取消
☑ 類別軸標記是在第一列上(L)	說明(H)
α(A): 0.05	
輸出選項	
⦿ 輸出範圍(O): $G$1	
◯ 新工作表(P):	
◯ 新活頁簿(W)	

1. 選擇輸入範圍：利用滑鼠框選包含三個組的名稱與資料的欄位。
2. 選擇標記：因為類別軸標記在第一列，因此必須勾選。

■得出結果

單因子變異數分析

摘要

組	個數	總和	平均	變異數
日常組	12	87.8	7.31667	0.26333
慢跑組	12	90.5	7.54167	0.23174
有氧組	12	98.1	8.175	0.98568

ANOVA

變源	SS	自由度	MS	F	P-值	臨界值
組間	4.75389	2	2.37694	4.81567	0.01462	3.28492
組內	16.2883	33	0.49359			
總和	21.0422	35				

二、使用 EXCEL 來執行相依樣本 ANOVA

■建立資料檔案（同前）

■打開資料分析對話框，選擇「雙因子變異數分析：無重複試驗」

■決定分析內容與條件

1. 選擇輸入範圍：利用滑鼠框選包含 ID、三次測量的名稱與資料的欄位。

2. 選擇標記：因為類別軸標記在第一列，因此必須勾選。

■得出結果

雙因子變異數分析：無重複試驗						
摘要	個數	總和	平均	變異數		
1	3	21.9	7.3	0.57		
2	3	21.8	7.26667	0.20333		
3	3	20.4	6.8	0.07		
4	3	22.3	7.43333	0.02333		
5	3	21.4	7.13333	0.25333		
6	3	21.4	7.13333	0.09333		
7	3	22.7	7.56667	0.32333		
8	3	24.5	8.16667	0.09333		
9	3	25.9	8.63333	0.56333		
10	3	24.4	8.13333	0.26333		
11	3	24.7	8.23333	1.40333		
12	3	25	8.33333	0.89333		
日常組	12	87.8	7.31667	0.26333		
慢跑組	12	90.5	7.54167	0.23174		
有氧組	12	98.1	8.175	0.98568		
ANOVA						
變源	SS	自由度	MS	F	P-值	臨界值
列	11.5356	11	1.04869	4.85424	0.00081	2.25852
欄	4.75389	2	2.37694	11.0026	0.00049	3.44336
錯誤	4.75278	22	0.21604			
總和	21.0422	35				

R 小精靈

使用 R 進行單因子變異數分析

一、在 R 當中執行獨立樣本 ANOVA

　　在 R 軟體中，進行 ANOVA 與其他的統計量或檢驗（例如效果量、多重比較、同質性檢驗）會涉及多種套件，例如 car、effectsize、asbio，必須逐一安裝。語法與結果如下：

```
> # Chapter 09: ANOVA Comparing more than two means
>
> library(openxlsx)
> data1 = read.xlsx("Ch09EXCEL.xlsx", 1)          #使用openxlsx讀取工作表1
> library(car)                                     #使用car套件執行分析
> data1$x <- recode(data1$group,"1='日常組';2='慢跑組';3='有氧組'")
> tapply(data1$sleep,data1$x, mean)               #各組平均數

  日常組      有氧組      慢跑組
 7.316667    8.175000    7.541667

> tapply(data1$sleep,data1$x, var)                #各組變異數

  日常組      有氧組      慢跑組
 0.2633333   0.9856818   0.2317424

> leveneTest(sleep~factor(x),data=data1,center='mean')
  #Levene變異數同質檢定

Levene's Test for Homogeneity of Variance (center = "mean")
      Df    F value    Pr(>F)
group  2    4.8428     0.01432 *
      33
---
Signif. codes: 0 '***' 0.001 '**' 0.01 '*' 0.05 '.' 0.1 ' ' 1

> bartlett.test(sleep~factor(x),data=data1)       #bartlett變異數同質檢定

        Bartlett test of homogeneity of variances

data:  sleep by factor(x)
Bartlett's K-squared = 7.3239, df = 2, p-value = 0.02568
```

```
> # oneway ANOVA independent sample design
> ANOVA1 <- aov(sleep~factor(x),data=data1)          #執行ANOVA
> summary(ANOVA1)                                      #列出ANOVA摘要表
```

	Df	Sum Sq	Mean Sq	F value	Pr(>F)
factor(x)	2	4.754	2.3769	4.816	0.0146 *
Residuals	33	16.288	0.4936		

Signif. codes: 0 '***' 0.001 '**' 0.01 '*' 0.05 '.' 0.1 ' ' 1

```
> # install.packages("effectsize")                    #計算效果量
> library(effectsize)
> omega_squared(ANOVA1, partial=TRUE, ci=0.95)
```

For one-way between subjects designs, partial omega squared is equivalent to
omega squared. Returning omega squared.
Effect Size for ANOVA

Parameter	Omega2	95% CI
factor(x)	0.17	[0.00, 1.00]

- One-sided CIs: upper bound fixed at [1.00].

```
> eta_squared(ANOVA1, partial=TRUE, ci=0.95)
```

For one-way between subjects designs, partial eta squared is equivalent to eta
squared. Returning eta squared.
Effect Size for ANOVA

Parameter	Eta2	95% CI
factor(x)	0.23	[0.03, 1.00]

- One-sided CIs: upper bound fixed at [1.00].

```
>
> # install.packages("asbio")        #使用asbio套件進行多重比較
> library(asbio)
> library(tcltk)
> pairw.anova(data1$sleep,factor(data1$x),method="lsd",conf.level=.95)
```

95% LSD confidence intervals

	LSD	Diff	Lower	Upper	Decision Adj.	p-value
mu日常組-mu有氧組	0.58353	-0.85833	-1.44187	-0.2748	Reject H0	0.0052

mu日常組-mu慢跑組	0.58353	-0.225	-0.80853	0.35853	FTR H0	0.43836
mu有氧組-mu慢跑組	0.58353	0.63333	0.0498	1.21687	Reject H0	0.03429

```
> pairw.anova(data1$sleep,factor(data1$x),method="tukey")
```

95% Tukey-Kramer confidence intervals

	Diff	Lower	Upper	Decision Adj.	p-value
mu日常組-mu有氧組	-0.85833	-1.56212	-0.15454	Reject H0	0.014034
mu日常組-mu慢跑組	-0.225	-0.92879	0.47879	FTR H0	0.715053
mu有氧組-mu慢跑組	0.63333	-0.07046	1.33712	FTR H0	0.084587

```
> pairw.anova(data1$sleep,factor(data1$x),method="scheffe")
```

95% Scheffe confidence intervals

	Diff	Lower	Upper	Decision Adj.	P-value
mu日常組-mu有氧組	-0.85833	-1.5935	-0.12317	Reject H0	0.019029
mu日常組-mu慢跑組	-0.225	-0.96016	0.51016	FTR H0	0.737224
mu有氧組-mu慢跑組	0.63333	-0.10183	1.3685	FTR H0	0.102919

```
> #將事後多重比較當中的各組平均數與標準誤進行繪圖
> plot(pairw.anova(data1$sleep,factor(data1$x),method="lsd",conf=.95))
```

Bars are means. Errors are SEs.

The population means of factor levels with the same letter are not significantly different at alpha = 0.05 using the Fisher LSD method.
（相同字母者無統計上顯著差異）

```
> plot(pairw.anova(data1$sleep,factor(data1$x),method="scheffe",
conf=.95))
```

Bars are means. Errors are SEs.

The population means of factor levels with the same letter are not significantly different at alpha = 0.05 using the Scheffe method.
相同字母者無統計上顯著差異

二、在 R 當中執行相依樣本 ANOVA

在 R 當中進行相依樣本單因子 ANOVA，其資料格式當中必須將受試者視為一個變數，增加一個受試者變數來區分受試者，然後進行 ANOVA 分析。語法與結果如下：

```
> #************************
> # PART2 dependent sample oneway ANOVA
> data2 = read.xlsx("Ch09EXCEL.xlsx", 2)      #使用openxlsx讀取工作表2
> data2$x <- recode(data1$group,"1='日常組';2='慢跑組';3='有氧組'")
> # oneway ANOVA dependent sample design
> ANOVA2 <- aov(sleep~factor(x)+factor(subject),data=data2)
    #增加受試者變數
> model.tables(ANOVA2,type="means")

Tables of means
Grand mean

7.677778


 factor(x)
factor(x)
日常組  有氧組  慢跑組
 7.317   8.175   7.542
```

```
 factor(subject)
factor(subject)
    1     2     3     4     5     6     7     8     9    10    11    12
7.300 7.267 6.800 7.433 7.133 7.133 7.567 8.167 8.633 8.133 8.233 8.333
```

```
> summary(ANOVA2)
```

	Df	Sum Sq	Mean Sq	F value	Pr(>F)
factor(x)	2	4.754	2.377	11.003	0.000488 ***
factor(subject)	11	11.536	1.049	4.854	0.000805 ***
Residuals	22	4.753	0.216		

Signif. codes: 0 '***' 0.001 '**' 0.01 '*' 0.05 '.' 0.1 ' ' 1

```
> # compute the effect size
> # install.packages("effectsize")
> library(effectsize)
> omega_squared(ANOVA2, partial=TRUE, ci=0.95)
```

Effect Size for ANOVA (Type I)

Parameter	Omega2 (partial)	95% CI
factor(x)	0.36	[0.08, 1.00]
factor(subject)	0.54	[0.02, 1.00]

- One-sided CIs: upper bound fixed at [1.00].

```
> eta_squared(ANOVA2, partial=TRUE, ci=0.95)
```

Effect Size for ANOVA (Type I)

Parameter	Eta2 (partial)	95% CI
factor(x)	0.50	[0.22, 1.00]
factor(subject)	0.71	[0.39, 1.00]

- One-sided CIs: upper bound fixed at [1.00].

本章重要概念

實驗研究 experimental study	混合設計 mixed design
變異數分析 analysis of variance	均方 mean square
隨機分派 random assignment	整體考驗 overall test
實驗設計 experimental design	等分散性 homoscedasticity
獨立樣本設計 independent sample design	球面性 sphericity
受試者間設計 between-subject design	實驗錯誤率 experiment-wise error rate
重複量數設計 repeated measure design	族系錯誤率 family-wise error rate
受試者內設計 within-subject design	比較錯誤率 comparison-wise error rate
配對樣本設計 matching group design	多重比較 multiple comparison
相依樣本設計 dependent sample design	

課後習作

一、請針對下列各題的描述，說明 (1) 自變數與依變數為何？(2) 是獨立還是相依設計？(3) 各組樣本數與總樣本數為何？(4) 是否需要執行事後多重比較？

1. 隨機訪問某便利商店在直營店與加盟店各 50 位顧客，對於咖啡豆口味的好感。

2. 研究人員調查未婚女性、已婚但無子女，以及已婚且育有子女者各 8 位，對於食品安全的重視程度。

3. 某系學生 50 位從大一到大四的簡報能力逐年上升。

4. 接受情緒管理訓練後，25 位員工受到顧客抱怨的情形明顯改善。

二、管理學院跨校辯論比賽向來激烈，A、B、C 三校之間的競爭尤為慘烈。在一次辯論賽中，三校各派出 3 位選手與賽，分別擔任一辯、二辯、結辯，每一位參賽者獲得一個個人成績（0-10 分），並以 3 個人的平均分數作為團體成績，分數如下表。請回答下列問題：

辯手次序	校別		
	A 校	B 校	C 校
一辯	10	3	9
二辯	7	3	7
結辯	10	6	8
總分	27	12	24
平均數	9	4	8
變異數	3	3	1

1. 以獨立樣本設計檢驗三所學校的團體平均有無顯著差異。（α=.05）

2. 請完成獨立樣本單因子變異數分析的摘要表。

3. 請進行多重比較檢驗具有差異的學校。

三、辯論比賽的進行一定會考慮對手強弱而在各辯位配對上絞盡腦汁，因此分析成績時必須考慮配對效果，請將前一題的數據重新以下列方式進行分析：

1. 以相依設計來進行三校成績有無顯著差異的檢驗。（α=.05）

2. 請完成相依樣本單因子變異數分析摘要表。

3. 請進行多重比較檢驗具有差異的學校。

4. 請比較獨立與相依樣本設計的檢定結果。

Chapter **10**

相關與迴歸

10.1 前言

　　如果說實驗設計是最能夠掌握因果關係的利器，那麼調查、觀察、次級資料分析等非實驗研究方法，就是最貼近真實世界、最能捕捉事物間複雜關係的研究手法。從前面各章可以體會，基於實驗設計的隨機分派與嚴格控制的優越條件，變異數分析不論從單因子設計到多因子設計，都可以透過不同來源下的變異拆解，循序漸進地進行假設檢定，判斷科學命題的是非、決定誰對誰錯。相對之下，從真實世界當中所蒐集到的各種非實驗數據，雖然沒有經過因果操弄，但卻是實地觀察所得，內容豐富且數量龐大，如果是連續型態的資料，不但可以利用各種相關分析（correlation analysis）來「描述」變數之間的互動關聯，更可以利用迴歸分析（regression analysis）來進行變數間關係的「解釋」、「預測」與「控制」等各式各樣的運用。

　　舉一個最簡單的例子，人們經常會問，人到中年為何會發胖？體重增加與什麼因素有相關？是飲食、體質，還是年齡問題？雖然實驗方法可以針對這些議題進行操弄研究，但最快的方法是編製一份與體重有關的生活經驗問卷量表去蒐集人們的經驗數據，透過相關與迴歸分析，我們很快就可以描繪出與體重有關的變數關係圖表，得到體重高低有統計意義的相關變數，甚至於預測在什麼情況下或什麼人的體重會增加，進而擬定瘦身養生的建議方案。

　　事實上，對於人類生活周遭各種問題的回答，從相關與迴歸所建立的描述解釋說法以及預測控制模型，比起實驗研究得到的因果論證來得更實用，對於實務問題的解決更有效率。這就是為什麼在自然科學以外的社會科學領域，相關與迴歸受歡迎的程度遠勝於實驗設計下的變異數分析。

　　本章將告別實驗設計典範下的變異數分析家族，邁向非實驗數據的線性關係分析的世界。首先從本章的相關分析開始，討論變數之間的關聯如何呈現、如何分析，然後介紹迴歸分析的概念與應用。到了科技高度發達的今天，各種數據俯拾即是、隨手可得，我們確實不一定需要走進實驗室才能從事科學活動，只要有心、懂得相關與迴歸，在每天活動的生活場域中，仍然可以握有豐富的研究素材，得以發揮科學精神，探究事物的規律與道理。

10.2 線性關係：相關與迴歸的基礎

10.2.1 從散布圖來瞭解線性關係

相關與迴歸主要是應用於探討兩個或兩個以上的連續變數之間關聯情形的分析與預測。兩個連續變數之間的共變關係可能有多種形式，其中最簡單也是最常見的關聯型態是呈現直線般的線性關係（linear relationship），亦即兩個變數的關係呈現直線般的共同變化，數據的分布可以被一條最具代表性的直線來表達關聯情形。例如：上課認真程度與考試成績高低，當上課越認真，考試成績也會越好，兩個變數的關係是同方向的變動關係，如圖 10.1 所示。

圖中橢圓形區域內的數值散布點，是每一位學生在兩個變數上的成對觀察值（paired raw scores），其散布情形顯示出兩個變數的關聯情形，稱為散布圖（scatter plot）。當橢圓形區域越狹長，表示兩個變數的關係越密切，如果收縮成一直線，就是完全線性關係；反之，如果成對觀察值越分散，橢圓形區域逐漸變成圓形區域，兩個變數的線性關係就越微弱。

圖 10.1 當中所標示的直線是由成對觀察值估計所得，直線存在的前提，是上課認真程度與考試成績的線性關係具有統計意義，亦即相關係數具有統計意義，我

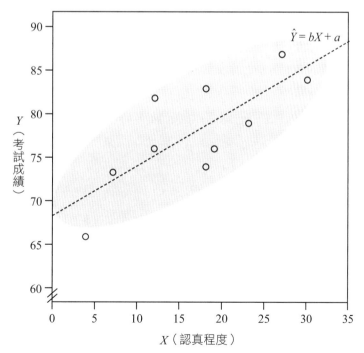

圖 10.1 上課認真程度與考試成績的散布圖

們才能主張兩個變數的觀察值確實會沿著直線 $\hat{Y} = bX + a$ 呈現相同方向的變動，當斜率為正值時，顯示兩個變數具有正向的關聯，當斜率為負值時則為負向關聯。利用這條直線，就可以進行迴歸預測。這就是為何方程式當中的 Y 帶有一個帽子「^」（hat），表示該直線的 Y 數值是預測值，而非真實的觀測數值，必須是在相關係數具有統計意義的前提下，這條直線才有存在的價值。

10.2.2 從變異、共變到線性關係

相關與迴歸主要是應用於探討兩個或兩個以上的連續變數之間關聯的分析與預測。單獨一個連續變數 X 與 Y 的變異情形可以變異數表示（如公式 10-1 與 10-2）。X 與 Y 之間的共同變化程度則以共變數（covariance）描述，如公式 10-3。

$$Var(X) = \frac{\Sigma(X-\bar{X})(X-\bar{X})}{N-1} = \frac{\Sigma(X-\bar{X})^2}{N-1} = \frac{SS_X}{N-1} \tag{10-1}$$

$$Var(Y) = \frac{\Sigma(Y-\bar{Y})(Y-\bar{Y})}{N-1} = \frac{\Sigma(Y-\bar{Y})^2}{N-1} = \frac{SS_Y}{N-1} \tag{10-2}$$

$$Cov(X,Y) = \frac{\Sigma(X-\bar{X})(Y-\bar{Y})}{N-1} = \frac{SP_{XY}}{N-1} \tag{10-3}$$

由公式 10-1 與 10-2 可知，單獨一個連續變數的變異只關心自身的離均差，離均差平方和（SS）就是總面積，除以自由度 $N–1$ 後得到變異數，亦即「單位正方形面積」。至於公式 10-3 當中的兩個連續變數 X 與 Y 共同變異，則同時考慮兩個變數的離散情形，故需各取離均差 $X-\bar{X}$ 與 $Y-\bar{Y}$ 來反映兩者的離散性，兩個離均差相乘之後加總，得到積差和（sum of the cross-product; SP），除以 $N–1$ 後所得到的離散量數為「單位長方形面積」的形式，可作為兩個變數共同變化程度的估計值。變異數與共變數、SS 與 SP 的關係，可利用矩陣形式表示，如表 10.1。

🔵 表 10.1 兩個連續變數的變異數與共變數及 SS 與 SP 矩陣

	變異數與共變數矩陣		SS/SP 矩陣	
	X	Y	X	Y
X	$Var(X)$		$SS_X = \Sigma(X-\bar{X})(X-\bar{X})$	
Y	$Cov(X,Y)$	$Var(Y)$	$SP_{XY} = \Sigma(X-\bar{X})(Y-\bar{Y})$	$SS_Y = \Sigma(Y-\bar{Y})(Y-\bar{Y})$

如果將共變數除以兩個變數的標準差，亦即將共變數標準化，即得到標準化的相關係數（coefficient of correlation），如公式 10-4，用來描述兩個連續變數之間的線性關係強度。若相關係數由樣本計算得到，以小寫 r 表示，若以母體資料求得則以希臘字母 ρ（rho）表示。當相關係數越大，表示線性關聯越強，反之則表示線性關聯越弱，此時可能是變數間沒有關聯，或是呈現非線性關係。

$$r = \frac{Cov(X,Y)}{s_X s_Y} = \frac{\Sigma(X-\overline{X})(Y-\overline{Y})}{\sqrt{\Sigma(X-\overline{X})^2 \Sigma(Y-\overline{Y})^2}} = \frac{SP_{XY}}{\sqrt{SS_X SS_Y}} \tag{10-4}$$

10.3 積差相關的原理

10.3.1 積差相關係數

以公式 10-4 來估計線性關係的概念是由 Pearson 所提出，因此稱為皮爾森積差相關係數（Pearson's product moment correlation coefficient），簡稱 Pearson's r。由公式可知，相關係數是共變數經過標準化後的結果（除以兩個變數的標準差），因此相關係數不受兩個變數單位的影響，數值介於 ± 1 之間，相關係數絕對值越接近 1，表示線性關係越強。

相關係數之所以帶有負值，主要在於共變數會有可能為負。共變數的正負號代表兩個變數的共同變動呈現正向或負向關係。共變數若要為正值，兩個離均差必須同時為正值或負值，也就是兩個變數需同時在平均數的左側或右側，表示兩個變數有同方向的變動關係。相反的，要得到一個負的共變數時，兩個離均差必須同時一為正值、一為負值，也就是兩個變數有反方向的變動關係。

基本上，把共變數除以兩個變數的標準差而得出相關係數，這是一種統計量的標準化轉換。基於同樣的概念，也可以先把 X 與 Y 變數進行標準化，得到 z_X 與 z_Y 後，再計算配對分數 z_X 與 z_Y 的乘積加總後，除以人數減 1，亦可得到相關係數，如公式 10-5 所示。

$$r = \frac{\Sigma z_X z_Y}{N-1} \tag{10-5}$$

假設今天某教授調查 10 位學生的上課認真程度（X）與考試成績（Y），如表 10.2 所示。其中 X 與 Y 的平均數與變異數分別為 $\overline{X}=17$、$s_X^2=70$ 與 $\overline{Y}=78$、$s_Y^2=39.111$，SS_X、SS_Y 與 SP_{XY} 分別為 630、352、367。將這三個數值除以 $N-1$，即可

表 10.2　10 位學生學習資料與描述統計量

ID	認真程度 X	考試成績 Y	$(X-\bar{X})^2$	$(Y-\bar{Y})^2$	$(X-\bar{X}) \times (Y-\bar{Y})$	z_X	z_Y	$z_X z_Y$	象限
1	4	66	169	144	156	−1.554	−1.919	2.981	III
2	27	87	100	81	90	1.195	1.439	1.720	I
3	18	83	1	25	5	0.120	0.800	0.096	I
4	7	73	100	25	50	−1.195	−0.800	0.956	III
5	30	84	169	36	78	1.554	0.959	1.491	I
6	12	82	25	16	−20	−0.598	0.640	−0.382	II
7	18	74	1	16	−4	0.120	−0.640	−0.076	IV
8	23	79	36	1	6	0.717	0.160	0.115	I
9	19	76	4	4	−4	0.239	−0.320	−0.076	IV
10	12	76	25	4	10	−0.598	−0.320	0.191	III
總和	170	780	630	352	367	0	0	7.014	
平均數	17	78							
變異數	70	39.11							
標準差	8.367	6.254							

得到變異數與共變數，其中共變數為 367/9=40.778。將共變數除以兩個變數的標準差，即得到相關係數 r=.779，或以公式 10-4 與 10-5，均可求出相關係數。

$$r = \frac{Cov(X,Y)}{s_X s_Y} = \frac{40.778}{\sqrt{70} \times \sqrt{39.111}} = \frac{40.778}{8.367 \times 6.254} = \frac{SP_{XY}}{\sqrt{SS_X SS_Y}} = \frac{367}{\sqrt{630 \times 352}}$$

$$= \frac{\Sigma z_X z_Y}{N-1} = \frac{7.014}{9} = .779$$

10.3.2 線性相關的四象限圖示

在利用公式來計算相關係數時，可以發現當 X 與 Y 兩個變數的數值的離均差或標準分數均為正數或均為負數時，表示兩者具有相同的變動方向，相對的，當 X 與 Y 兩個變數的數值的離均差或標準分數均為一正一負時，表示兩者有相反的變動方向。當同方向配對分數乘積和大於反方向配對分數乘積和，即得到正相關；當反方向配對分數乘積和大於同方向配對分數乘積和，即得到負相關。此一關係可以利用圖 10.2 的兩個平面關係圖來表示，其中圖 10.2(a) 是以原始分數的尺度來標示

(a) 以原始測量單位進行標示　　　　　　　**(b)** 以標準分數進行標示

📊 圖 10.2　以平面關係的概念反映相關強度的圖示

X 與 Y 兩變數，圖 10.2(b) 則以標準分數來標示 X 與 Y 兩變數。

在圖 10.2(a) 當中，若以 $\overline{X}$ 與 $\overline{Y}$ 兩者為輔助線（如虛線所示），可將 X 與 Y 兩個變數的數值平面分割成 I、II、III、IV 四個象限；同樣的，在圖 10.2(b) 當中，以 z_X 與 z_Y 為 0 軸線，可將 z_X 與 z_Y 的數值平面分割成四個象限：

第 I 象限	$X > \overline{X}$ 且 $Y > \overline{Y}$	$z_X z_Y > 0$	同方向變動
第 II 象限	$X < \overline{X}$ 且 $Y > \overline{Y}$	$z_X z_Y < 0$	反方向變動
第 III 象限	$X < \overline{X}$ 且 $Y < \overline{Y}$	$z_X z_Y > 0$	同方向變動
第 IV 象限	$X > \overline{X}$ 且 $Y < \overline{Y}$	$z_X z_Y < 0$	反方向變動

利用四象限標示法，當第 I、III 象限累積的乘積和大於第 II、IV 象限累積的乘積和，表示同方向變動的強度大於反方向變動的強度，此時將得到正的相關係數；反之，當第 I、III 象限累積的乘積和小於第 II、IV 象限累積的乘積和，表示反方向變動的強度大於同方向變動的強度，此時將得到負的相關係數。

將表 10.2 的配對數據繪製在圖 10.2 上，可以明顯的看出第 I、III 象限的配對數據（各有 4 個與 3 個）多於第 II、IV 象限的配對數據（各有 1 個與 2 個），同方向變動的配對分數乘積和大於反方向變動的配對分數乘積和，因此本範例的相關係數必為正值。

第 I 象限	4 個	ID=2、3、5、8
第 II 象限	1 個	ID=6
第 III 象限	3 個	ID=1、4、10
第 IV 象限	2 個	ID=7、9

　　以四象限標示法能看出各配對點與相關方向的關係，尤其以圖 10.2(b) 的標準分數標示法，更能清楚看出配對觀察值乘積的強度。以唯一落入第 II 象限的 ID=6 為例，認真程度與考試成績的原始配對點為（12,82），離均差乘積為 –20，標準分數配對點則為（–0.598,0.64），兩者乘積為 –0.382，表示這位學生的用功程度比平均數低，但是考試成績卻比平均數高，不符合同方向變動的趨勢，但此一乘積強度並不強。

　　相對之下，落入第 III 象限的 ID=1，原始配對點為（4,66），離均差乘積為 156，兩個變數的標準分數雖均為負值（–1.554,–1.919），表示該名學生用功程度遠低於平均（達 –1.554 個標準差），考試成績遠低於平均（達 –1.919 個標準差），但兩者乘積為 2.981，顯示同方向變動的趨勢乘積強度很強。將這些標準分數乘積加總除以 $N–1$ 後，可得到同方向變動乘積和大於反方向變動乘積和的正相關係數。

10.3.3　相關係數的矩陣表示

　　從前述的數學關係式來看，變異數是共變數的一個特殊狀況，也就是連續變數自己與自己的共變，因此自己與自己的相關係數也就成為 1.00。因此一般在統計報表的呈現上，以矩陣的方式來列出各變數之間的共變數時，就包含了變異數的數值，因此又稱為變異數與共變數矩陣（variance and covariance matrix）。以矩陣的方式來列出相關係數值，對角線上會出現 1.0，稱為相關矩陣（correlation matrix），如表 10.3 所示。

　　值得注意的是，一般研究報告如果僅呈現相關係數矩陣時，會將各變數的平均數與標準差也一併列於表中以利察考。因為從相關係數無法得知個別變數的變異情形，但是若提供變異數／共變數矩陣，即可由對角線的變異數數值開根號得到各變數的標準差。

　　另外，若以文氏圖（Venn diagram）的面積概念來表示相關強度，圖 10.3 當中的兩個圓形範圍可視為 X 與 Y 變數的變異數，兩者重疊區域即為共同變化的部

表 10.3 兩個變數的描述統計與矩陣係數

	描述統計量		變異數與共變數矩陣		相關係數矩陣	
	平均數	標準差	X	Y	X	Y
X	17	8.367	70.000		1.000	
Y	78	6.254	40.778	39.111	.779	1.000

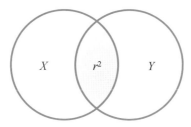

分。如果經過標準化，兩個變數的變異數均為 1.00，重疊區域即為相關係數的平方，亦即 r^2，此一區域可解釋為兩者共變部分占 X 變數的變異的百分比，或是兩者共變部分占 Y 變數的變異的百分比；換言之，r^2 決定各變數被另一個變數解釋的比例，因此 r^2 又稱為決定係數（coefficient of determination）。

10.3.4 積差相關係數的特性

由於相關係數為一標準化係數，其值不受變數單位與集中性的影響，介於 −1 與 +1 之間。區分成五種情形：完全正相關（perfect positive correlation）、完全負相關（perfect negative correlation）、正相關（positive correlation）、負相關（negative correlation）與零相關（zero correlation）。相關係數值越接近 ±1 時，表示變數的線性關係越明顯，如圖 10.4 所示。

在完全正負相關的情況下，每一個配對觀察值均落在同一條直線上（圖 10.4(a) 與 (b)）。一般研究中所觀察到的相關則為非完全線性關係，亦即配對觀察值並未完全落在同一條直線上（圖 10.4(c) 與 (d)），但仍可利用相關係數來描述線性關聯強度。零相關則無法從圖形當中看出兩個變數的共同變動關係，其中圖 10.4(e) 與 (f) 是當 X 或 Y 有任一為常數所呈現的分布情形。圖 10.4(g) 表示兩個變數呈現均勻的分散狀態，無法判定關聯性，圖 10.4(h) 則是非線性關係時所呈現的相關情形，這四種狀況都可能出現零相關的結果。

值得注意的是，相關係數為標準化係數，係數數值非呈等距關係，因此係數數值不能被視為等距尺度，係數的加減乘除沒有意義，僅可以順序尺度的概念來說明數值的相對大小。此外，相關係數的解釋與應用，必須經過顯著性考驗來決定係數的統計意義，一旦顯著之後，研究者即可依據表 10.4 來解釋係數的強度，賦予實務意義。以前面的上課認真程度與考試成績的關係來看，相關係數達 .779，是一個非常高的正相關，表示兩者關聯很高、線性關係很強。

圖 10.4　各種不同的相關情形圖示

表 10.4　相關係數的強度大小與意義

相關係數範圍（絕對值）	變數關聯程度
1.00	完全相關
.70 至 .99	高度相關
.40 至 .69	中度相關
.10 至 .39	低度相關
.10 以下	微弱或無相關

10.4　相關係數的統計意義

10.4.1　相關係數的統計假設

　　相關係數的假設檢定與先前介紹的作法原理相同，亦即以樣本統計量 r 所獲得的母體 ρ_{XY} 是否為另一個母體 ρ_0 相同（H_0）或不同（H_1）進行顯著性檢定。一般來說，研究者所關心的是樣本相關是否顯著不等於 0，也就是說從樣本得到的 r 是否來自於相關為 0 的母體，即 $\rho_0=0$。如果研究者想要從樣本得到的 r 是否來自於某一相關不為 0（例如 .5）的母體，則虛無假設為 H_0：$\rho_{XY}=.5$。

$$\begin{cases} H_0：\rho_{XY} = \rho_0 \\ H_1：\rho_{XY} \neq \rho_0 \end{cases}$$

10.4.2　相關係數的顯著性考驗

　　相關係數數值雖可以反映兩個連續變數關聯情形的強度大小，但相關係數是否具有統計上的意義，則必須透過 t 檢定來判斷其顯著性，公式如 10-6 所示。

$$t_{obt} = \frac{r - \rho_0}{s_r} = \frac{r - \rho_0}{\sqrt{\dfrac{1 - r^2}{N - 2}}} \tag{10-6}$$

　　公式 10-6 中，分子為樣本統計量的相關係數 r 與母體相關係數 ρ_0 的差距，分母為抽樣標準誤 s_r。分子與分母兩者相除後，得到 t 檢定量，配合 t 分配，即可進行判定其顯著性。相關係數的 t 檢定的自由度為 $N–2$，因為兩個變數各取一個平均數來估計變異數，因此損耗兩個樣本點。當 t_{obt} 的尾機率小於 α 水準（如 .05）或 $|t_{obt}| > |t_{cv}|$，即可判定具有顯著差異，推翻 H_0、接受 H_1。

以上課認真程度與考試成績的相關為例（$r=.779$），為檢驗該係數是否顯著不等於 0，必須推翻 H_0：$\rho_{XY}=0$。檢定值計算如下：

$$t_{obt(8)} = \frac{.779-0}{\sqrt{\dfrac{1-.779^2}{10-2}}} = \frac{.779}{\sqrt{.049}} = \frac{.779}{0.222} = 3.518$$

當 $df=8$，$\alpha=.05$ 的雙尾臨界值 $t_{cv}=\pm 2.306$，$|t_{obt(8)}|=3.518| > |t_{.025(8)}|=\pm 2.306|$，由臨界值法則判斷得出 t 檢定值落入拒絕區。或是由尾機率法則：$t_{obt(8)}=3.518$ 的尾機率 $p=.0079$，$p<.05$，[t 值的雙尾尾機率可由 EXCEL 的 T.DIST.2T(3.518,8) 求得]，因此推翻 H_0、接受 H_1，得到結論為「樣本相關係數 $r=.779$ 顯著不等於 0」，或是「樣本相關係數 $r=.779$ 並非來自 $\rho=0$ 的母體」。

10.4.3 相關係數的區間估計

由於公式 10-6 的分母是相關係數抽樣分配的標準誤，因此除了利用 t 檢定來判定相關係數的統計意義，也可利用區間估計的信賴區間 $(1-\alpha)CI$ 是否涵蓋 ρ_0 來判定相關係數的統計意義或進行兩個相關係數的比較，如公式 10-7 所示。

$$(1-\alpha)CI = r \pm t_{\alpha/2} \times s_r \tag{10-7}$$

以上課認真程度與考試成績的相關 $r=.779$ 為例，標準誤為 0.222，$df=8$，$\alpha=.05$ 的雙尾臨界值 $t_{cv}=\pm 2.306$，95% CI 計算如下：

$$95\% \ CI = .779 \pm 2.306 \times 0.222 = .779 \pm 0.512 = [.267, 1.291]$$

由於本範例的樣本數（$n=10$）非常小，標準誤非常大，因此相關係數的 95% CI 信賴度高達 .512，但由於信賴區間 [.267,1.291] 沒有涵蓋 0，因此可以主張由樣本相關係數所估計的母體相關係數不為 0，此一結論的信心水準是 95%，亦即有 5% 無法正確估計的機率。

📈 10.5 線性迴歸的原理

10.5.1 線性方程式的性質

假設現在有一個 X 與 Y 的二維空間，在空間上任意畫出一直線，此時在直線

(a) 完全線性關係　　　　**(b) 非完全線性關係**

圖 10.5 完全與非完全線性關係圖示

上的每一個點，其在 X 與 Y 軸的座標具有完全對應的關係，此時 X 與 Y 稱為完全線性關係，相關係數為 1.0，如圖 10.5(a) 所示。此一直線以線性函數來表示如下：

$$Y = f(X) = b_0 + b_1 X \tag{10-8}$$

上式中有 X 與 Y 兩個隨機變數，變數的函數關係由 b_0 與 b_1 兩個係數所定義：b_0 為 $X=0$ 時 Y 的高度，稱為截距（intercept）；b_1 為 X 變動每單位時 Y 的變動量，稱為斜率（slope），如公式 10-9 所示。

$$b_1 = \frac{\Delta Y}{\Delta X} = \frac{y_2 - y_1}{x_2 - x_1} \tag{10-9}$$

在完全線性關係下，只要 $b_1 \neq 0$，Y 的變化可以完全被 $b_0 + b_1 X$ 所反映。X 的值域空間內的任何一個數值都可以找到對 Y 的唯一對應點，亦即 IF $X = x_0$，THEN $Y = y_0$。在給定 x_0 的情況下，必然發生一個且唯一一個投射值 y_0，因此 y_0 是 x_0 預測值 $\hat{y}_0$，也是必然可以觀察到的數值 y_0，兩者相差為 0。但是如果有任何一個函數投射值與實際觀察值不相等，亦即 $y_0 - \hat{y}_0 \neq 0$，完全線性關係就不存在。例如圖 10.5(b)，每一個配對觀察值的 X 數值所對應的實際觀察值 Y，不等於函數的投射值 $\hat{Y}$。在真實世界中，兩個連續變數之間的關係多是非完全線性關係，因此如何找出最能代表反映觀察關係的方程式，即成為迴歸分析的最主要任務。

10.5.2 迴歸模型

10.5.2.1 迴歸方程式

在非完全線性關係中，雖然所有配對觀察值無法連接成一直線，但只要 X 與 Y 變數的相關夠強，仍可以找到一條最能適配觀察值的線性方程式，使得每一個 X_i 對 Y 軸的投影下的 $Y_i - \hat{Y}_i$ 具有最小距離，亦即估計誤差最小化，此一利用誤差平方和最小化 $\min \Sigma (Y_i - \hat{Y}_i)^2$ 所獲得的最適方程式，稱為最小平方方程式（least square equation），由於此方程式為 X 對 Y 的最佳預測方程式，因此稱為最小平方迴歸線（least square regression line），此種分析稱為一般最小平方迴歸（ordinal least square regression，簡稱 OLS 迴歸），所建立的線性方程式稱為迴歸方程式或迴歸模型（regression model）。在母體中 X 與 Y 兩個變數的迴歸模型如公式 10-10。

$$Y_i = \beta_0 + \beta_1 X_i + \varepsilon_i \tag{10-10}$$

截距與斜率以希臘字母 β 表示，意指是母體當中的狀態。ε_i 為迴歸誤差（errors of regression），亦即圖 10.5(b) 當中預測值 $\hat{Y}$ 與觀察值 Y 的垂直距離，誤差的分配假設呈常態，$\varepsilon_i \sim N(0, \sigma_\varepsilon^2)$。

如果從樣本資料推論母體所存在的迴歸關係，迴歸方程式如公式 10-11 所示：

$$Y_i = b_0 + b_1 X_i + e_i = \hat{\beta}_0 + \hat{\beta}_1 X_i + \hat{\varepsilon}_i \tag{10-11}$$

b_0、b_1、e 分別為母體迴歸模型的截距、斜率與誤差估計值，亦即 $b_0 = \hat{\beta}_0$、$b_1 = \hat{\beta}_1$、$e = \hat{\varepsilon}$。迴歸線上的 Y 預測值（predicted value）由樣本方程式求得如下，稱為預測方程式（prediction equation）：

$$\hat{Y}_i = b_0 + b_1 X_i \tag{10-12}$$

將公式 10-11 與 10-12 相減得到公式 10-13：

$$Y_i - \hat{Y}_i = e_i \tag{10-13}$$

e 為迴歸模型的估計殘差（residual），假設呈常態，$e \sim N(0, s_e^2)$，s_e 稱為估計標

準誤（estimated standard error）：

$$s_e = \sqrt{\frac{\sum(Y_i - \hat{Y}_i)^2}{N - p - 1}} = \sqrt{\frac{SS_e}{df_e}} = \sqrt{\frac{\sum e_i^2}{df_e}} \tag{10-14}$$

SS_e 為殘差平方和，亦即 $\sum e^2$。自由度（df_e）為樣本數減去自變數的數目（p）減 1：$df_e = N - p - 1$。在簡單迴歸時，$p = 1$，因此 $df_e = N - 1 - 1 = N - 2$。

值得注意的是，對於兩個連續變數 X 與 Y 可建立兩個迴歸方程式：以 X 預測 Y 的方程式（regress Y on X, or $X \rightarrow Y$）（公式 10-12），以及以 Y 預測 X 的方程式（regress X on Y, or $Y \rightarrow X$）（公式 10-15）。

$$\hat{X}_i = b_0^* + b_1^* Y_i \tag{10-15}$$

換言之，同一組 X 與 Y 變數只有一個相關係數 r，但有兩個可能的斜率，三者關係如公式 10-16，因此 r^2 又稱為兩變數關係的決定係數（coefficient of determination）。

$$r^2 = b_1 \times b_1^* \tag{10-16}$$

基於函數表示的慣例，對於一組 X 與 Y 變數的線性關係，習慣上以公式 10-12 來建立方程式，亦即假設 Y 被 X 所決定，而不是 X 被 Y 決定。在經濟學將迴歸模型中被決定的變數稱為內生變數（endogenous variable），決定內生變數的變數稱為外生變數（exogenous variable）；以實驗設計的術語來說，外生變數就是自變數，內生變數就是依變數。基於抽樣原理，OLS 迴歸以 X 變數樣本統計量來解釋 Y 變數樣本統計量，因此 X 又稱為預測變數（predictor）或解釋變數（explanatory variable），Y 則為結果變數（outcome）、被解釋變數（explained variable）或應變數。這些名詞的慣用方式在不同領域有不同的偏好，本章為了維持與先前實驗設計的表述一致，將 X 稱為自變數（IV）、Y 稱為依變數（DV）。

10.5.2.2 迴歸係數的估計與意義

基於最小平方法，以 X 去解釋預測 Y（$X \rightarrow Y$）的線性方程式斜率計算式如下：

$$b_1 = \frac{Cov(X,Y)}{s_X^2} = \frac{\sum(X - \bar{X})(Y - \bar{Y})}{\sum(X - \bar{X})^2} = \frac{SP_{XY}}{SS_X} \tag{10-17}$$

從公式可知，斜率反映每單位 X 的變異當中所包含的共變量多寡。在簡單迴歸中，斜率 b_1 亦可從相關係數推導而出：

$$b_1 = r \frac{s_Y}{s_X} \tag{10-18}$$

由於迴歸線必通過兩個變數平均數配對點 $(\overline{X}, \overline{Y})$，因此求取截距時可以將 b_1、$\overline{X}$、$\overline{Y}$ 三者代入方程式求得：

$$b_0 = \overline{Y} - b_1 \overline{X} \tag{10-19}$$

b_0 與 b_1 兩者都是帶有測量單位的統計量，數值沒有特定的範圍。截距 b_0 反映「當 X 變數為 0 時，Y 變數的預測值」，斜率 b_1 反映「X 變數每變動一個測量單位時，在 Y 變數上變動 b_1 個測量單位」，b_1 係數的正負號代表 X 變數對 Y 變數變動的影響方向，解釋方式如下：

$b_1 > 0$ ⇒ X 變數每「增加」一個單位時，在 Y 變數上「增加」多少個單位。
$b_1 < 0$ ⇒ X 變數每「增加」一個單位時，在 Y 變數上「減少」多少個單位。
$b_1 = 0$ ⇒ X 變數的增減在 Y 變數上「沒有」變化。

10.5.2.3 標準化迴歸係數

由於 b_0 與 b_1 兩者均為帶有原始測量單位的未標準化係數（un-standardized coefficient），如果將 b_1 乘以 X 變數的標準差再除以 Y 變數的標準差，即可去除單位的影響，得到標準化迴歸係數（standardized regression coefficient），以 b_1' 表示：

$$b_1' = b_1 \frac{s_X}{s_Y} \tag{10-20}$$

b_1' 係數的性質類似相關係數，數值範圍通常介於 0 到 ±1 之間，但在一些特殊情形下，b_1' 絕對值可能大於 1。

從數學運算的觀點來看，迴歸係數的標準化是將 X 與 Y 變數轉換成 z 分數後進行迴歸分析所得到的標準化迴歸方程式（standardized regression equation）係數，標準化後的方程式截距為 0，如公式 10-21 所示。在有些軟體中（例如 SPSS），將 b_1' 稱為 beta 係數。

$$\hat{z}_Y = b_1' z_X \qquad (10\text{-}21)$$

b_1' 數值大小反映 X 對 Y 影響程度的標準化單位，解釋為「X 每變動一個『標準差』時，在 Y 變數變動多少個『標準差』」，b_1' 係數的正負號亦代表 X 變數對 Y 變數變動的影響方向，解釋方式如下：

$b_1' > 0 \ \Rightarrow \ X$ 變數每「增加」一個標準差時，在 Y 變數「增加」多少個標準差。

$b_1' < 0 \ \Rightarrow \ X$ 變數每「增加」一個標準差時，在 Y 變數「減少」多少個標準差。

$b_1' = 0 \ \Rightarrow \ X$ 變數的增減在 Y 變數上「沒有」變化。

在標準化迴歸方程式中，由於 X 與 Y 變數經過了標準化再進行迴歸分析，因此任何一組 X 與 Y 變數的關係都有相同的標準化單位，對於係數的解釋不受原始測量單位的影響，因此可以相互比較強度大小。相對之下，未標準化係數除非 X 與 Y 變數測量單位相同，否則無法比較大小意義。標準化後的斜率係數具有與相關係數相類似的性質。在簡單迴歸中，由於僅有一個 IV，因此 $b_1' = r$。

10.5.3 迴歸分析範例

現在以前一章所使用的認真程度與考試成績範例資料，來說明簡單迴歸分析的估計過程。表 10.5 列出了 10 位學生努力程度與考試成績的觀察數據，以及用於計算迴歸方程式的相關資訊，預測方程式的斜率與截距的計算過程如下：

$$b_1 = \frac{SP_{XY}}{SS_X} = \frac{367}{630} = r\frac{s_Y}{s_X} = .779 \times \left(\frac{6.254}{8.367}\right) = 0.583$$
$$b_0 = \overline{Y} - b_1\overline{X} = 78 - 0.583 \times 17 = 68.1$$

預測方程式如下：

$$\hat{Y} = 0.583X + 68.1$$

由於 $b_1 = 0.583$，亦即「上課認真程度每增加 1 分，考試成績增加 0.583 分」；$b_0 = 68.1$ 解釋為「當上課認真程度為 0 分時，考試成績為 68.1 分」。

由於 X 變數的 0 沒有實際測量值，也沒有實務上的意義，因此 b_0 的解釋意義不高。斜率（0.583）經過標準化後得到 $b_1' = 0.779$：

表 10.5 10 位學生的認真程度與考試成績數據

ID	X	Y	$X-\bar{X}$	$Y-\bar{Y}$	$(X-\bar{X})^2$	$(Y-\bar{Y})^2$	$(X-\bar{X})(Y-\bar{Y})$
1	4	66	−13	−12	169	144	156
2	27	87	10	9	100	81	90
3	18	83	1	5	1	25	5
4	7	73	−10	−5	100	25	50
5	30	84	13	6	169	36	78
6	12	82	−5	4	25	16	−20
7	18	74	1	−4	1	16	−4
8	23	79	6	1	36	1	6
9	19	76	2	−2	4	4	−4
10	12	76	−5	−2	25	4	10
總和	170	780	0	0	630	352	367
平均數	17	78			(SS_X)	(SS_Y)	(SP_{XY})
變異數	70	39.111					
標準差	8.367	6.254					

$$b_1' = b_1 \times \frac{s_X}{s_Y} = 0.583 \times \frac{8.367}{6.254} = 0.779$$

亦即當「上課認真程度每增加 1 個標準差，考試成績增加 .779 個標準差」，標準化迴歸方程式如下，其中 0.779 即等於 X 與 Y 的相關係數 $r = b_1' = 0.779$：

$$\hat{z}_Y = 0.779 z_X$$

10.6 迴歸模型評估

10.6.1 迴歸解釋力（R^2）

最常用來評估迴歸模型優劣（解釋力）的統計量是 R^2（R square），其原理類似於 ANOVA 中的變異拆解。係將 Y 變數的總變異 SS_t 拆解成迴歸變異 SS_{reg}（迴歸離均差平方和）與殘差變異 SS_e（殘差平方和）兩部分，其中 SS_{reg} 占 SS_t 的比例即為 R^2。各項離均差平方和，如公式 10-22 至 10-24 所示（下標 i 省略）。

$$SS_t = \Sigma(Y - \bar{Y})^2 \tag{10-22}$$

$$SS_{reg} = \Sigma(\hat{Y} - \bar{Y})^2 \tag{10-23}$$

圖 10.6 迴歸分析各離均差概念圖示（以 ID=2 為例）

$$SS_e = \Sigma(Y - \hat{Y})^2 \qquad (10\text{-}24)$$

由於個別觀察值的總離均差 $(Y - \overline{Y})$ 等於迴歸效果 $(\hat{Y} - \overline{Y})$ 加上殘差 $(Y - \hat{Y})$，如圖 10.6 所示，因此 SS_t、SS_{reg} 與 SS_e 三者也具有加成關係：

$$SS_t = \Sigma(Y - \overline{Y})^2 = \Sigma(\hat{Y} - \overline{Y})^2 + \Sigma(Y - \hat{Y})^2 \qquad (10\text{-}25)$$
$$= SS_{reg} + SS_e$$

將公式 10-25 同除以 SS_t 後得到公式 10-26，R^2 的定義如公式 10-27 所示。

$$1 = \frac{SS_{reg}}{SS_t} + \frac{SS_e}{SS_t} = \frac{\Sigma(\hat{Y} - \overline{Y})^2}{\Sigma(Y - Y)^2} + \frac{\Sigma(Y - \hat{Y})^2}{\Sigma(Y - \overline{Y})^2} \qquad (10\text{-}26)$$

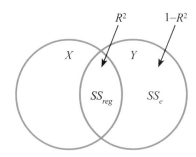

圖 10.7 以文氏圖解釋 R^2 的意義圖示

$$R^2 = 1 - \frac{SS_e}{SS_t} = \frac{SS_{reg}}{SS_t} \tag{10-27}$$

公式 10-27 的 R^2 反映 DV 的變異被 IV 解釋的比例，因此 R^2 又稱為解釋變異（explained variance）。當 $R^2=0$ 表示自變數 X 對依變數 Y 完全沒有解釋力，解釋變異為 0；當 $R^2=1$ 時表示 IV 能夠 100% 完全解釋 DV 的變異，解釋力最大。R^2 的意義如圖 10.7 所示。值得注意的是，不論變數性質、個數或測量單位相同或不同時，迴歸分析的模型解釋力都可以 R^2 來比較，亦即任何一個迴歸模型其 R^2 越大，DV 變異被 IV 解釋的比例越大，模型解釋力越強。

將 R^2 開方後可得 R，稱為多元相關（multiple correlation），為依變數觀察值 Y 與預測值 $\hat{Y}$ 的相關係數，如公式 10-28 所示。

$$R = \rho_{Y\hat{Y}} \tag{10-28}$$

以表 10.6 所列出的範例數據可知，殘差變異量為 138.208，迴歸解釋變異量為 210.792，而 SS_t=352，計算出 R^2=.607。亦即 Y 的變異中有 60.7% 可被 X 變數解釋，解釋力非常高。若將 R^2 開根號得到多元相關 R=.779，此為 Y 與 $\hat{Y}$ 的相關，恰等於 r_{XY}，亦即 $R=r=b_1'$。

$$R^2 = \frac{SS_{reg}}{SS_t} = 1 - \frac{SS_e}{SS_t} = 1 - \frac{138.208}{352} = \frac{213.792}{352} = .607$$

$$s_e = \sqrt{\frac{SS_e}{df_e}} = \sqrt{\frac{\Sigma e_i^2}{df_e}} = \sqrt{\frac{138.208}{8}} = 4.156$$

● 表 10.6　認真程度與考試成績迴歸分析結果

ID	X	Y	$\hat{Y}$	e	e^2	e'
1	4	66	70.427	–4.427	19.598	–1.130
2	27	87	83.825	3.175	10.081	0.810
3	18	83	78.583	4.417	19.510	1.127
4	7	73	72.175	0.825	0.681	0.211
5	30	84	85.573	–1.573	2.474	–0.401
6	12	82	75.087	6.913	47.790	1.764
7	18	74	78.583	–4.583	21.004	–1.169
8	23	79	81.495	–2.495	6.225	–0.637
9	19	76	79.165	–3.165	10.017	–0.808
10	12	76	75.087	0.913	0.834	0.233
總和	170	780	780	0	138.208	0
平均數	17	78	78	0		0
標準差	8.367	6.254	4.874	3.919		1

10.6.2　殘差分析與標準化殘差

R^2 除了反映迴歸模型可以解釋 DV 變異的比例，同時也是迴歸模型無法解釋的殘差之外的部分，各觀察值的殘差大小是決定模型解釋力的主要因素。換言之，對於迴歸模型解釋力的檢視，也可以從殘差分析來進行。

由表 10.6 的資訊可知，經過迴歸估計的結果，殘差絕對值最大者（6.913）為 ID=6 的學生，亦即圖 10.6 當中距離迴歸線垂直距離最遠的觀察值。殘差絕對值最小者（0.825）為 ID=4 的學生，在圖 10.6 上是距離迴歸線垂直距離最近的觀察值。換言之，當以迴歸方程式去預測 ID=6 的依變數得分有最大的預測誤差，對 ID=4 則有最小的預測誤差。

殘差數值大小雖然可以用來比較，但因為殘差數值範圍並沒有一定的規律，殘差的絕對值大小並沒有太大的解釋意義。如果將殘差進行標準化，得到標準化殘差（standardized residuals; e'），除了可以檢視何者殘差特別明顯，也可利用 z 檢定原理來檢視殘差的統計顯著性。標準化殘差的計算公式如下：

$$e_i' = \frac{Y_i - \hat{Y}_i}{SD_e} = \frac{Y_i - \hat{Y}_i}{\sqrt{\dfrac{SS_e}{N-1}}} \tag{10-29}$$

　　標準化殘差 e' 由殘差除以殘差的標準差（SD_e）來獲得。e' 沒有特定測量單位，服從標準化常態分配，$e'{\sim}N(0,1)$。

　　e' 的解釋與檢定方式與常態化標準分數 z 值相同，在誤差分配服從常態的假設成立的前提下，e' 在 ± 1.96 內的機率應為 .95，在 ± 2.58 內的機率應為 .99，超過這些臨界值的標準化殘差可視為模型中的離群值。相對的，未標準化殘差則帶有與 Y 變數一樣的測量單位，解釋方式與 Y 變數相同。

　　從表 10.6 可得知殘差的標準差 SD_e=3.919，可用於計算標準化殘差 e'。值得注意的是，殘差的標準差 SD_e 並非估計標準誤 s_e，兩者的性質雖然相似，但 SD_e 的自由度為 $N–1$，s_e 的自由度為 $N–p–1$，所計算得出的數值不同。

　　表 10.6 的範例資料中，標準化殘差最大值為 1.764（ID=6），沒有超過 ± 1.96 絕對值，亦即未達 .05 顯著水準，顯示迴歸分析的結果並不存在特別不尋常的殘差。

$$e'_{ID=6} = \frac{82 - 75.087}{\sqrt{\dfrac{138.208}{10-1}}} = \frac{6.913}{3.919} = 1.764$$

10.7 迴歸分析的假設檢定

10.7.1 迴歸模型的顯著性考驗

　　前面已經說明了迴歸模型的變異拆解原理，其中誤差平方和 SS_e 除以自由度即得到估計變異誤（MSE），亦即 $s_e^2 = MSE = SS_e/df_e$，可用來估計母體變異誤 $\hat{\sigma}_e^2$。迴歸效果變異數估計數 $\hat{\sigma}_{reg}^2$ 則由迴歸均方（MS_{reg}）估計。兩個變異數的比值可以 F 檢定進行顯著性考驗。此時 H_0 為「迴歸可解釋變異量為 0」，亦即 $H_0 : \rho^2 = 0$。如果無法推翻 H_0，則 R^2 即使再高，也沒有統計上的意義。F 檢定量如公式 10-30 所示，摘要表列於表 10.7。

📊 表 10.7 迴歸模型的變異數分析摘要表

變源	SS	df	MS	F
迴歸	SS_{reg}	p	SS_{reg}/df_r	MS_{reg}/MS_e
誤差	SS_e	$N–p–1$	SS_e/df_e	
全體	SS_t	$N–1$	SS_t/df_t	

表 10.8　範例資料的迴歸效果顯著性檢定摘要表

變源	SS	df	MS	F	p	F_{cv}
迴歸	210.792	1	210.792	12.375	.0079	5.318
誤差	138.208	8	17.276			
全體	352	9	39.111			

註：F 值的尾機率可由 EXCEL 函數 F.DIST.RT(12.375,1,8) 求得，臨界值 $F_{.05(1,8)}$ 可由附錄 D 查表或以函數 F.INV.RT(.05,1,8) 查得。

$$F_{obt(df_{reg},df_e)} = \frac{\hat{\sigma}_{reg}^2}{\hat{\sigma}_e^2} = \frac{MS_{reg}}{MS_e} = \frac{SS_{reg} / df_{reg}}{SS_e / df_e} = \frac{SS_{reg} / p}{SS_e / (N-p-1)} \qquad (10\text{-}30)$$

以表 10.8 範例資料得到的迴歸模型解釋力檢定結果為 $F_{(1,8)}$=12.375，尾機率 p=.0079，由於 p<.01，顯示迴歸模型的 R^2 達到 .01 的顯著水準，因此拒絕 H_0、接受 H_1，表示迴歸模型的解釋力 R^2 顯著不為 0，具有統計意義。F 檢定摘要表如表 10.8 所示。

$$F_{obt} = \frac{213.792 / 1}{138.208 / 8} = \frac{213.792}{17.276} = 12.375$$

10.7.2　迴歸係數的顯著性考驗與區間估計

迴歸係數的統計意義（係數是否為 0）可經過 t 檢定來檢驗，$H_0：\beta$=0。由於迴歸方程式的斜率係數是作為估計自變數對依變數的影響力之用，因此其標準誤也從估計誤差來推估。t 檢定如公式 10-31 所示，其中 s_b 為迴歸係數標準誤，反映迴歸係數 b 的隨機變動情形，自由度 df=N–p–1。

$$t_{obt(df=N-p-1)} = \frac{b}{s_b} = \frac{b}{\sqrt{\dfrac{s_e^2}{SS_X}}} \qquad (10\text{-}31)$$

值得注意的是，迴歸係數 b 的顯著性考驗必須在 R^2 的 F 檢定之後進行，因為 R^2 的 F 檢定可以說是整個迴歸模型效果的整體檢定，至於迴歸係數的顯著性檢定則是模型解釋力具有統計意義下的事後檢定。如果 R^2 的效果不顯著，則後續針對迴歸係數的統計檢定則無須進行。在多個自變數的多元迴歸，整體與事後檢定的區別會更為明顯。現以範例數據來說明，斜率顯著性檢定結果如下：

$$t_{obt(8)} = \frac{b}{s_b} = \frac{b}{\sqrt{\dfrac{s_e^2}{SS_x}}} = \frac{0.583}{\sqrt{\dfrac{4.156^2}{630}}} = \frac{0.583}{0.166} = 3.518$$

以 EXCEL 函數 T.DIST.2T(3.518,8) 求得雙尾尾機率 p=.0079，由於尾機率 p<.05，表示斜率具有統計意義。（值得注意的是，此一尾機率與 F 檢定的尾機率相同，表示簡單迴歸下對於迴歸模型的檢定與斜率係數的檢定所檢定的內容相同，兩者具有相同的統計意義。）

同樣基於抽樣原理，對於迴歸係數 b 可進行區間估計，利用迴歸模型的迴歸係數標準誤 s_b，可用以推估母體迴歸係數出現的範圍。公式如下：

$$(1-\alpha)CI = b \pm t_{(\alpha/2,df)} \times s_b \tag{10-32}$$

以表 10.5 的範例數據來看，若令 α=.05，df_e=N–p–1=10–1–1=8，臨界 95% CI 上下界為 $t_{(.025,8)}$=±2.306，因此 b 係數的 95% 信賴區間為：

$$95\% \ CI : 0.583 \pm 2.306 \times .166 = 0.583 \pm 0.383 = [0.200, 0.966]$$

由於 b 係數的 95% CI 並未涵蓋 0，因此可以得知 b 係數具有顯著不等於 0 的統計性質，此一結果與先前使用 t 檢定來檢驗 b 係數的統計顯著性結果相同。

範例 10.1　**NBA 球員的體格**

下表是美國職籃（NBA）湖人隊 14 位球員的基本資料，如果身高與體重的相關係數 r=.922，請建立以身高去預測體重的迴歸模型，並說明何者殘差最特殊。

編號	1	2	3	4	5	6	7	8	9	10	11	12	13	14	M	SD	Var	SS
年齡	26	34	29	28	27	26	34	32	24	30	35	27	34	32	29.86	3.634	10.209	171.7
身高 (X)	185	185	190	190	196	196	198	198	203	203	206	208	208	213	198.5	8.812	77.654	1009.5
體重 (Y)	80	81	82	95	93	84	108	98	100	111	111	115	120	122	100	10.765	218	2834

解答：　1. 繪製散布圖，並標示 X 與 Y 的平均數作為參考。

　　　　2. 估計線性方程式

$$b_1 = \frac{SP_{XY}}{SS_X} = \frac{1560}{1009.5}$$

$$= r\frac{s_Y}{s_X} = .922 \times \left(\frac{14.765}{8.812}\right) = 1.545$$

$$b_0 = \overline{Y} - b_1\overline{X} = 100 - 1.545 \times 198.5 = -206.746$$

$$\hat{Y} = 1.545X - 206.746$$

3. 計算 s_e 與 R^2

先將每一個 X 代入方程式得到預測值 $\hat{Y}$，將 Y 減去 $\hat{Y}$ 得到殘差，結果如表 10.10。

$$s_e = \sqrt{\frac{SS_e}{df_e}} = \sqrt{\frac{\sum(Y-\hat{Y})^2}{N-p-1}} = \sqrt{\frac{423.302}{14-1-1}} = 5.939$$

$$R^2 = \frac{SS_{reg}}{SS_t} = 1 - \frac{SS_e}{SS_t} = 1 - \frac{423.302}{2834} = \frac{2410.698}{2834} = .851$$

$R^2=.851$ 表示體重變異有 85.1% 可被身高解釋。

4. 進行迴歸模型的顯著性檢定

$$F_{obt} = \frac{SS_{reg}/df_{reg}}{SS_e/df_e} = \frac{2410.698/1}{423.302/12} = \frac{2410.698}{35.275} = 68.34$$

F.DIST.RT(68.34,1,12) 求得 $p=2.68 \times 10^{-6}$。

$p<.001$，表示模型解釋力具有統計意義。

迴歸模型變異數分析摘要表，如表 10.9。

表 10.9 NBA 範例的迴歸效果顯著性檢定摘要表

變源	SS	df	MS	F	p
迴歸	2410.698	1	2410.698	68.34	<.001
誤差	423.302	12	35.275		
全體	2834	13	218		

5. 進行斜率的顯著性檢定與 95% CI

$$t_{obt(12)} = \frac{b}{s_b} = \frac{b}{\sqrt{\dfrac{s_e^2}{SS_x}}} = \frac{1.545}{\sqrt{\dfrac{5.939^2}{1009.5}}} = \frac{1.545}{0.187} = 8.267$$

T.DIST.2T(8.267,12) 求得 $p=2.68 \times 10^{-6}$。$p<.001$，表示斜率係數具有統計意義。

令 $\alpha=.05$，$df_e=12$，$t_{(.025,12)}=\pm 2.179$，斜率的 95% 信賴區間：

$$95\%\ CI : 1.545 \pm 2.179 \times 0.187 = 1.545 \pm 0.407 = [1.138, 1.953]$$

斜率 95% CI 並未涵蓋 0，表示斜率係數顯著不等於 0。

6. 殘差分析

殘差（絕對值）最大者：No=6, $e=84-96.137=-12.137$

標準化殘差最大者：

$$No=6,\ e' = \frac{Y_i - \hat{Y}_i}{SD_e} = \frac{84-96.137}{\sqrt{423.302/13}} = \frac{84-96.137}{5.706} = -2.127$$

$e'=z=-2.127$ 絕對值大於 1.96，達 $\alpha=.05$ 顯著水準，表示 No.6 球員的體重不尋常，低於迴歸趨勢（如表 10.10）。

⬤ 表 10.10　NBA 範例迴歸分析結果

No	X	Y	$\hat{Y}$	e	e'
1	185	80	79.138	0.862	0.151
2	185	81	79.138	1.862	0.326
3	190	82	86.865	−4.865	−0.853
4	190	95	86.865	8.135	1.426
5	196	93	96.137	−3.137	−0.550
6	**196**	**84**	**96.137**	**−12.137**	**−2.127**
7	198	108	99.227	8.773	1.537
8	198	98	99.227	−1.227	−0.215
9	203	100	106.954	−6.954	−1.219
10	203	111	106.954	4.046	0.709
11	206	111	111.590	−0.590	−0.103
12	208	115	110.681	0.319	0.056
13	208	120	110.681	5.319	0.932
14	213	122	122.407	−0.407	−0.071
M	198.500	100	100	0	0
SD	8.812	10.765	10.618	5.706	1
Var	77.654	218	185.438	32.562	1

7. 以 EXCEL 分析得到的結果報表

摘要輸出

迴歸統計	
R 的倍數	0.922
R 平方	0.851
調整的 R 平方	0.838
標準誤	5.939
觀察值個數	14

ANOVA

	自由度	SS	MS	F	顯著值
迴歸	1	2410.698	2410.698	68.340	2.683E-06
殘差	12	423.302	35.275		
總和	13	2834	218.000		

	係數	標準誤	t 統計	P-值	下限 95%	上限 95%
截距	-206.746	37.140	-5.567	0.000	-287.666	-125.825
X	1.545	0.187	8.267	0.000	1.138	1.953

📈 10.8 迴歸分析的基本假設

1. 固定自變數假設（fixed variable）

在迴歸分析中，自變數是研究者在進行研究之初，依照文獻或理論所挑選出來能夠解釋依變數的主要變數，藉由實驗或調查得到觀察數據，建立迴歸方程式，由於 IV 用來解釋 DV，性質類似於實驗研究的實驗處理與操弄，IV 的數據被視為已知或固定的數值，藉以觀察 DV 的變化，無須受到統計分配的限制。如果一個研究可以被重複驗證，IV 的特定數值應可以被重複獲得，也因此得到相同的迴歸模型。

2. 線性關係假設（linear relationship）

由於迴歸分析是基於相關為基礎的延伸應用，因此必須建立在變數之間具有線性關係的假設之上。非線性的變數關係，需將數據進行數學轉換才能視同線性關係來進行迴歸分析，或是改用多項式方程式等非線性模型來處理。若為類別自變數，則需以虛擬變數的方式，將單一的類別自變數依各水準分成多個二分自變數，以視同連續變數的形式來進行。

3. 常態性假設（normality）

在迴歸分析的一個重要假設，是誤差需呈常態。也就是說，預測值 $\hat{Y}$ 與實際 Y 之間的誤差應呈隨機常態分配，$\varepsilon \sim N(0, \sigma_\varepsilon^2)$，稱為誤差常態假設。對於方程式 $Y_i = \beta_0 + \beta_1 X_i + \varepsilon_i$，各項均非隨機變數，僅有誤差 ε 為常態化隨機變數，故 Y 也應呈常態分配。

4. 誤差獨立性假設（independence）

誤差項除了應呈隨機化的常態分配，不同的 X 所產生的誤差之間應相互獨立無相關，誤差也需與 IV 獨立，稱為誤差獨立假設。在集群抽樣所得到的同一個集群的 DV 觀察值可能具有高度組內同質性，減損迴歸模型的檢定力，稱為設計效果（design effect）。或是在時間序列資料中的 DV 觀察值具有時間相依特性，迴歸分析得到的誤差項可能存在前後期的自我相關，造成標準誤偏誤而降低統計檢定力。設計效果或殘差自我相關現象，都是誤差不獨立所衍生的問題。

5. 誤差等分散性假設（homoscedasticity）

基於誤差獨立與常態假設，特定 X 數值下的估計殘差除了應呈隨機常態分配，且其變異量應相等，稱為誤差等分散性，如圖 10.8(a)，亦即獨立同分布假設（independent and identically distributed; i.i.d. 假設）。不相等的誤差變異量（即誤

差異分散性，heteroscedasticity），如圖 10.8(b)，反映出不同水準的 X 與 Y 的關係不同，不應以單一的迴歸方程式去預測 Y，當研究數據具有極端值存在時，或非線性關係存在時，誤差異分散性的問題就容易出現。違反假設時，對於參數的估計檢定力也就不足。

(a) 誤差具等分散性　　　　　　　　(b) 誤差具異分散性

圖 10.8　誤差等分散性與誤差異分散性圖示

EXCEL 小幫手

使用 EXCEL 來執行相關與迴歸分析

一、EXCEL 的相關分析

■建立資料檔案

■打開資料分析對話框,選擇「相關係數」

■決定分析內容與條件

1. 選擇輸入範圍：利用滑鼠框選包含自變數以及依變數名稱與資料的欄位。
2. 選擇標記：因為類別軸標記在第一列上，因此必須勾選。

■得出結果

　　由報表可知，認真程度與考試成績的相關係數為 .779。但由於利用 EXCEL 進行相關分析，並未附上相關係數的 t 檢定值，必須另外利用函數來進行 t 檢定。

1. 在資料庫空白處以函數計算相關的參數。
2. 計算 t 值（函數=(r-ρ)/SQRT((1-0.78^2)/(10-2)) ）。
3. 計算 t 的臨界值（函數=TINV(alpha, df)）。
4. 計算 t 對應的機率值（函數=TDIST(t 的絕對值, df, tails)）。

結果如下：

由檢定結果得知，認真程度與考試成績的相關 $r=.779$，$t_{(8)}=3.518$，$p<.05$，達 .05 的顯著水準，表示認真程度與考試成績具有顯著相關。

二、EXCEL 的簡單迴歸

■建立資料檔案

■打開資料分析對話框，選擇「迴歸」

■決定分析內容與條件

1. 選擇 Y 範圍：利用滑鼠框選包含依變數名稱與資料的欄位。

2. 選擇 X 範圍：利用滑鼠框選包含自變數名稱與資料的欄位。

3. 選擇標記：因為選擇 X 與 Y 變數時第一列為變數名稱，因此必須勾選。

4. 選擇殘差：勾選殘差可獲得每一個觀察值的殘差資料與圖示。

■得出結果

摘要輸出								
迴歸統計								
R 的倍數	0.779335							
R 平方	0.607364							
調整的 R	0.558284							
標準誤	4.15644							
觀察值個數	10							

ANOVA								
	自由度	SS	MS	F	顯著值			
迴歸	1	213.7921	213.7921	12.3751	0.007871			
殘差	8	138.2079	17.27599					
總和	9	352						

	係數	標準誤	t 統計	P-值	下限 95%	上限 95%	下限 95.0%	上限 95.0%
截距	68.09683	3.106866	21.91817	1.98E-08	60.93238	75.26127	60.93238	75.26127
attention	0.58254	0.165597	3.517825	0.007871	0.200673	0.964406	0.200673	0.964406

殘差輸出			
觀察值	頁測為 grad	殘差	標準化殘差
1	70.42698	-4.42698	-1.1297
2	83.8254	3.174603	0.81011
3	78.58254	4.41746	1.127269
4	72.1746	0.825397	0.210629
5	85.57302	-1.57302	-0.40141
6	75.0873	6.912698	1.764015
7	78.58254	-4.58254	-1.16939
8	81.49524	-2.49524	-0.63675
9	79.16508	-3.16508	-0.80768
10	75.0873	0.912698	0.232907

由報表可知，係數四捨五入之後的簡單迴歸方程式如下：

$$\hat{Y} = b_0 + b_1 X = 68.10 + 0.58X$$

模型解釋力 R^2 =.607，解釋力的顯著性檢定 $F_{(1,8)}$=12.375，p<.001，自變數迴歸係數 b 的 t 檢定為 3.518，達 .05 的顯著水準。每一個觀察值的依變數預測值、殘差、標準化殘差也列於表格中。讀者可自行比對這些結果在書中的解釋與說明。

R 小精靈

使用 R 來進行相關與迴歸

一、R 的相關分析

在 R 軟體中進行相關分析可利用套件 haveb 與 psych。語法與結果如下：

```
> #Chapter 07: t-test one-sample test
> > # Chapter 10: Correlation and Regression
> # install.packages("haven")
> # install.packages("psych")
>
> library(openxlsx)
> data1 = read.xlsx("Ch10EXCEL.xlsx", 1)   #使用openxlsx讀取工作表1
> library(haven)
> library(psych)
> #compute the correlation coefficients
> data1.cor<-cor(data1)
> data1.cor<-cor(data1[,-c(1)])
> lowerMat(data1.cor)

          attnt  grade
attention 1.00
grade     0.78   1.00

> data1.cov<-cov(data1[,-c(1)])
> lowerMat(data1.cov)

          attnt    grade
attention 70.00
grade     40.78    39.11

>
> cor.test(data1$attention,data1$grade, method="pearson")

        Pearson's product-moment correlation

data:  attention and grade
t = 3.5178, df = 8, p-value = 0.007871
alternative hypothesis: true correlation is not equal to 0
95 percent confidence interval:
 0.2939452 0.9451742
sample estimates:
```

```
        cor
0.7793355
```

二、R 的迴歸分析

在 R 軟體中進行迴歸分析可直接使用內建函數 lm。語法與結果如下：

```
> #*****************************
> #Part2 linear regression aalysis
> model1 <- lm(grade~attention, data=data1)     #simple regression
> summary(model1)

Call:
lm(formula = grade ~ attention, data = data1)

Residuals:
   Min      1Q    Median      3Q      Max
-4.5825  -2.9976  -0.3738   2.6091   6.9127

Coefficients:
            Estimate   Std. Error   t value    Pr(>|t|)
(Intercept)  68.0968     3.1069      21.918    1.98e-08 ***
attention     0.5825     0.1656       3.518    0.00787 **
---
Signif. codes:  0 '***' 0.001 '**' 0.01 '*' 0.05 '.' 0.1 ' ' 1

Residual standard error: 4.156 on 8 degrees of freedom
Multiple R-squared:  0.6074,       Adjusted R-squared:  0.5583
F-statistic: 12.38 on 1 and 8 DF,  p-value: 0.007871

>
```

本章重要概念

相關分析 correlation analysis

迴歸分析 regression analysis

散布圖 scatter plot

相關係數 coefficient of correlation

線性關係 linear relationship

變異數與共變數矩陣
　　variance and covariance matrix

相關矩陣 correlation matrix

文氏圖 Venn diagram

決定係數 coefficient of determination

簡單迴歸 simple regression

最小平方方程式 least square equation

最小平方迴歸線
　　least square regression line

一般最小平方迴歸
　　ordinal least square regression

未標準化係數 un-standardized coefficient

標準化迴歸係數
　　standardized regression coefficient

估計標準誤 standard error of estimate

殘差 residual

標準化殘差 standardized residual

誤差異分散性 heteroscedasticity

獨立同分布假設
　　independent and identically distributed;
　　i.i.d.

課後習作

一、A、B、C 三所學校的管理學院派出 3 位菁英參加管院盃新生辯論比賽，參賽者除了獲得個人成績（0-10 分）之外，也接受觀眾以網路票選受歡迎程度（0-10 分），同時主辦單位也提供了各選手的性別（女記為 0；男記為 1）與辯手經驗（年），數據如下表。請回答下列問題：

ID	學校 School	性別 Gender	辯手次序 Order	經驗 Exper	網路票選 Internet	個人成績 Score
1	A	0	1	5	7	10
2	A	0	2	4	6	7
3	A	1	3	6	9	10
4	B	1	1	1	4	3
5	B	1	2	0	3	3
6	B	0	3	2	9	6
7	C	0	1	3	5	9
8	C	1	2	3	4	7
9	C	0	3	3	7	8
平均數		0.44	2.00	3.00	6.00	7.00
標準差		0.53	0.87	1.87	2.18	2.65
變異數／ 共變數矩陣	性別	0.28				
	辯手次序	0.00	0.75			
	經驗	−0.25	0.25	3.50		
	網路票選	−0.50	1.125	2.625	4.75	
	個人成績	−0.63	0.25	4.50	3.50	7.00

1. 變異數／共變數矩陣中的資料，哪些是變異數？哪些是共變數？

2. 請繪製「網路票選」與「個人成績」的散布圖，判斷兩者之間有無線性關係？

3. 請計算「網路票選」與「個人成績」的相關係數，並以 t 檢定判斷相關係數是否顯著不等於 0。

4. 請利用 I、II、III、IV 象限的圖示來說「經驗」與「個人成績」之間的關係，並指出特殊的配對觀察值為何？

二、管院盃新生辯論比賽的結果備受管理學界師生關注，尤其是經驗因素與個人成績的好壞具有明顯的關聯，因此明年如果要選派選手時，可能會參酌辯手的經驗因素來選拔新生。以下是本年度選手的辯手經驗（年）與個人成績資料，並以迴歸分析得到個人成績預測（$\hat{Y}$）。請回答下列問題：

ID	經驗 (X) Exper	個人成績 (Y) Score	個人成績預測 (Ŷ) Score_pre
1	5	10	9.57
2	4	7	8.29
3	6	10	10.86
4	1	3	4.43
5	0	3	3.14
6	2	6	5.71
7	3	9	7.00
8	3	7	7.00
9	3	8	7.00
平均數 Mean	3.00	7.00	7.00
標準差 Std	1.87	2.65	2.41
變異數 Var	3.50	7.00	5.79
離均差平方和 SS	28.00	56.00	46.29

1. 如果經驗與個人成績的相關係數為 .909，請計算出以經驗去預測個人成績的迴歸預測方程式。

2. 請繪製經驗與個人成績的散布圖，並繪出最小平方方程式。

3. 請解釋截距與斜率所代表的意義。

4. 請以 t 檢定檢驗斜率是否顯著不等於 0。

5. 請計算標準化迴歸係數，並說明它所代表的意義，並與斜率數值相比較其差異。

6. 9 位辯手中，個人成績得滿分（10）的 2 位，若以經驗去預測他們的個人成績，預測分數已列於表中。請以迴歸方程式來驗證其計算過程，並說明殘差為何？為何這 2 位的預測分數會不同？

7. 請計算估計標準誤。

8. 請計算模型解釋力 R^2。

9. 請檢驗迴歸模型解釋力是否具有統計意義，並列出變異數分析摘要表。

10. 如果明年有一位新生辯論經驗是 2.5 年，那麼他的預測成績會得幾分？

Chapter 11

多元迴歸

11.1 前言

在很多學者眼中，多元迴歸像是仙女棒，再繁多的研究變數或再複雜的統計模型，只要揮舞著線性方程式就可以一點就通；多元迴歸更像許多實務應用人士的衛星導航裝置，沒有了線性方程式，就不知道明天是不是會更好，未來要怎麼走下去。多元迴歸無論在學術界或實務領域，都具有舉足輕重的地位，打開統計軟體的分析選單，最長一串的分析選項就屬迴歸功能工具列。

雖然多元迴歸有著萬般神奇妙用，但畢竟也不是萬靈丹，更怕被走火入魔者或有心人士錯用、濫用，造成學術災難。很諷刺的是，如果聽到哪一篇文章被批評是「垃圾進、垃圾出」（garbage in, garbage out），十之八九都是用多元迴歸做出來的論文。如果在學術會議上被問到為什麼不用調整 R^2 來報告預測力？有沒有注意到多元共線性的問題多嚴重？那麼多半又是多元迴歸在惹禍。如果以水可載舟也可覆舟來形容多元迴歸，實在是貼切不過，要想利用多元迴歸來求知解惑、探求真理者，一定要懂得這些關於多元迴歸的重要概念與相關叮嚀，最重要的是需從根本打起，把這章學好。

本章其實不是新章節，而是前面關於線性關係分析的延伸。許多重要概念已經在前面章節中說明，本章則是簡單迴歸的進一步擴大應用。如果對於本章的基本概念不清楚，多半可以在前兩章當中溫故知新。因為前面一章所討論的迴歸分析是只有一個 IV 的簡單迴歸，本章則包含 p 個 IV，因此稱為多元迴歸或複迴歸（multiple regression）：

$$簡單迴歸模型：Y = \beta_0 + \beta_1 X + \varepsilon \tag{11-1}$$

$$多元迴歸模型：Y = \beta_0 + \beta_1 X_1 + \beta_2 X_2 + \beta_3 X_3 + ... + \beta_p X_p + \varepsilon \tag{11-2}$$

例如學生考試成績的高低除了與上課認真程度有關之外，可能還與課前預習與課後複習的程度多寡有關，或是學生是否花費太多時間在課外活動或打工有關。如果僅考慮一個 IV 可能無法充分解釋考試成績的變異，因此必須採用多元迴歸來同時關心多個可能的影響變數的作用。

不論是簡單或多元迴歸模型，其原理、功能與作用均相同，都在解釋與預測，但是由於變數複雜，因此難度增加許多。為減少學習上的負擔，本章將避免過多的數理推導證明，而將重點放在概念澄清。

📈 11.2 多元迴歸方程式

迴歸分析係利用線性關係來進行解釋與預測，因此又稱為線性迴歸（linear regression）。如果研究者使用單一 IV 去解釋預測 DV，稱為簡單迴歸，但通常一個研究中，影響 DV 的變數不只一個，此時需建立一套包含多個 IV 的多元迴歸模型，同時納入多個 IV 來對 DV 進行解釋與預測。

11.2.1 多元迴歸係數

延續線性迴歸的基本原理，多元迴歸方程式亦是利用最小平方法，導出最能夠解釋 Y 變異的線性方程式。不論 IV 有多少個，迴歸方程式都是由斜率（如果有 p 個 IV，就有 p 個斜率值）與截距建構而成。但是，雖然多元迴歸與簡單迴歸一樣，只有斜率與截距兩種參數，但是由於多重 IV 與 DV 之間的關係複雜，統計運算程序的說明需要大量篇幅來交代。為簡化說明，本章僅以包含兩個 IV 的多元迴歸模型來說明多元迴歸的運算原理，以樣本資料估計得到的多元迴歸預測方程式如下所示：

$$\hat{Y} = b_0 + b_1 X_1 + b_2 X_2 \tag{11-3}$$

斜率係數的計算公式如下（各項下標 1 與 2 表示 X_1 與 X_2）：

$$b_1 = \frac{SS_2 SP_{y1} - SP_{12} SP_{y2}}{SS_1 SS_2 - SP_{12}^2} \tag{11-4}$$

$$b_2 = \frac{SS_1 SP_{y2} - SP_{12} SP_{y1}}{SS_1 SS_2 - SP_{12}^2} \tag{11-5}$$

值得注意的是，多元迴歸的斜率係數與簡單迴歸的斜率係數雖然性質相同，但是解釋方式不同。由公式 11-4 與 11-5 可知，多元迴歸方程式的斜率係數在分子與分母部分均扣除了 IV 之間的共同變異，因此斜率係數是各 IV 對於 DV 的「淨」解釋力，亦即當其他 IV 維持不變的情況下，各 IV 對 DV 的邊際影響力（marginal effect）或淨影響力（partial effect）。

至於截距項的計算原理相同，由於線性方程式必通過各變數平均數配對點，因此截距可以將斜率與各變數平均數代入方程式求得：

$$b_0 = \bar{Y} - b_1 \bar{X}_1 - b_2 \bar{X}_2 \qquad (11\text{-}6)$$

假設今天某市場調查人員想要從家庭「人口數」與「社經地位」兩方面去預測「家庭開銷」（千元），即為一個帶有兩個 IV（p=2）去預測一個 DV（家庭開銷）的多元迴歸。假設 10 個家庭的模擬資料如表 11.1 所示。兩個 IV 與 DV 共三個變數的描述統計，以及涉及多元迴歸的計算有關的數據列於表 11.2。基於這些數據，多元迴歸方程式當中的兩個斜率與截距值計算結果分述如下：

表 11.1 10 個家庭的人口數、社經地位與家庭開銷（千元）的模擬資料

家庭編號	人口數 X_1	社經地位 X_2	家庭開銷 Y	迴歸結果 $\hat{Y}$	e	e^2	e'
1	3	1	15	16.913	−1.913	3.660	−0.685
2	5	7	34	31.776	2.224	4.947	0.796
3	4	3	22	23.457	−1.457	2.122	−0.521
4	6	5	30	34.768	−4.768	22.729	−1.707
5	2	2	16	13.034	2.966	8.799	1.062
6	4	4	25	24.345	0.655	0.430	0.235
7	5	8	30	32.664	−2.664	7.096	−0.954
8	8	6	45	45.190	−0.190	0.036	−0.068
9	7	5	44	39.535	4.465	19.936	1.599
10	6	9	39	38.319	0.681	0.463	0.244
Sum	50	50	300	300	0	70.218	0
M	5	5	30	30	0		0
SD	1.826	2.582	10.687	10.316	2.793		1
SS	30	60	1028	957.782	70.218		9

表 11.2 10 個家庭模擬資料的描述統計量

變數	描述統計 平均數	標準差	SS 與 SP X_1	X_2	Y	共變數與變異數 X_1	X_2	Y	相關係數 X_1	X_2	Y
X_1 人口數	5	1.826	30			3.333			1.000		
X_2 社經地位	5	2.582	27	60		3.000	6.667		.636*	1.000	
Y 家庭開銷	30	10.687	167	182	1028	18.556	20.222	114.222	.951**	.733*	1.000

註：* p <.05，** p <.01。

$$b_1 = \frac{SS_2 SP_{y1} - SP_{12} SP_{y2}}{SS_1 SS_2 - SP_{12}^2} = \frac{60 \times 167 - 27 \times 182}{30 \times 60 - 27^2} = \frac{5106}{1071} = 4.768$$

$$b_2 = \frac{SS_1 SP_{y2} - SP_{12} SP_{y1}}{SS_1 SS_2 - SP_{12}^2} = \frac{30 \times 182 - 27 \times 167}{30 \times 60 - 27^2} = \frac{951}{1071} = 0.888$$

$$b_0 = \overline{Y} - b_1 \overline{X}_1 - b_2 \overline{X}_2 = 30 - 4.768 \times 5 - .0.888 \times 5 = 1.723$$

將各係數組成線性方程式,得到迴歸預測方程式如下:

$$\hat{Y} = 1.723 + 4.768 X_1 + 0.888 X_2$$

各係數的意義解釋如下:

b_0:當人口數為 0 人、社經地位為 0 分,家庭開銷 1.723 千元。

b_1:當社經地位的條件不變,人口數每增加 1 人,家庭開銷增加 4.768 千元。

b_2:當人口數的條件不變,社經地位每增加 1 分,家庭開銷增加 0.888 千元。

11.2.2 標準化迴歸係數

若將斜率係數去除單位效果,亦即乘以 IV 的標準差,除以 DV 的標準差,可得到標準化迴歸係數,其中人口數的 $b_1' = 0.814$,社經地位的 $b_2' = 0.215$,顯示人口數的淨解釋力遠高於社經地位,運算式與數據如下:

$$b_1' = b_1 \frac{s_1}{s_y} = 4.768 \times \frac{1.826}{10.687} = 0.814 \tag{11-7}$$

$$b_2' = b_2 \frac{s_2}{s_y} = 0.888 \times \frac{2.582}{10.687} = 0.215 \tag{11-8}$$

標準化迴歸預測方程式如下:

$$\hat{z}_Y = b_1' z_{X_1} + b_2' z_{X_2} = 0.814 z_{X_1} + 0.215 z_{X_2} \tag{11-9}$$

各標準化迴歸係數的意義解釋如下:

b_1':當社經地位的條件不變下,人口數每增加 1 個標準差,家庭開銷增加 0.814 個標準差。

b_2':當人口數的條件不變下,社經地位每增加 1 個標準差,家庭開銷增加 0.215 個標準差。

值得注意的是，b' 係數是一個標準化的係數，僅適合線性強度的描述與各 IV 淨解釋大小的相互比較，但無法用於加減乘除運算的統計量。如果要檢定各變數的統計意義或進行區間估計，則必須使用未標準化的迴歸係數。

此外，雖然 b' 係數的性質是與相關係數相似的標準化係數，但是由於迴歸係數的計算過程中經過了統計移除（partial-out）程序扣除掉其他 IV 的共同變異，因此 b' 係數是「淨」標準化係數，相對之下，相關係數則是 零階（zero-order）標準化係數，兩者係數並不相同。例如人口數（X_1）與家庭開銷（Y）的相關 $r=.951$，而 $b_1'=0.814$；社經地位（X_2）與家庭開銷（Y）的相關 $r=.733$，而 $b_2'=0.215$，顯示兩者雖然都是標準化係數，但是數值差異相當大，主要是因為兩個 IV 之間的相關很高所導致的統計移除比例很大所致。

11.2.3 估計標準誤與殘差分析

一旦導出迴歸預測方程式後，即可以將各 IV 數值代入方程式得到預測值 $\hat{Y}$，將實際觀測到的 Y 減去 $\hat{Y}$ 得到殘差（e）。殘差與殘差平方列於表 11.1 的右側欄位，殘差平方後加總即得到殘差平方和 $SS_e=70.218$。殘差平方和除以自由度後開根號即為估計標準誤：

$$s_e = \sqrt{\frac{SS_e}{df_e}} = \sqrt{\frac{\Sigma e^2}{N-p-1}} = \sqrt{\frac{70.218}{7}} = 3.167 \qquad (11\text{-}10)$$

至於個別觀察值的殘差狀況也可以加以檢視，用以判別何者具有偏離迴歸方程式的特殊情形。例如由表11.1當中殘差最大的是第 4 個家庭，該家庭有 6 個人口、社經地位為 5 分，代入迴歸方程式得到的預測開銷是 34.768 千元，但實際觀察到的開銷金額為 30 千元，殘差為 −4.768千元，負值表示該家庭的實際開銷低於方程式的預測（期望值），顯示該家庭相對來說是比較節省開銷的家庭。

若將殘差進行標準化，可得到標準化殘差 e'，以第 4 個家庭為例，計算如下：

$$e_4' = \frac{Y-\hat{Y}}{\sqrt{\dfrac{SS_e}{N-1}}} = \frac{30-34.768}{\sqrt{\dfrac{70.218}{10-1}}} = \frac{-4.768}{2.793} = -1.707 \qquad (11\text{-}11)$$

由於 $e_4'=-1.707$ 取絕對值後並沒有超過 1.96，未達 .05 顯著水準，亦即第 4 個家庭的家庭開銷預測值雖然低於預期，但並無統計意義。值得注意的是，如果採用單尾檢定的概念，左尾臨界值為 −1.645，此時結論就成為「第 4 個家庭的開銷預測

值顯著低於迴歸預期」。

📊 11.3 模型解釋力

11.3.1 多元相關

在多元迴歸中，對於 DV 進行解釋的變數不只一個，這一組 IV 的線性整合與 DV 之間的關係，稱為多元相關（multiple correlation；以 R 表示），亦即 DV 的迴歸預測值（$\hat{Y}$）與實際觀測值（Y）的相關，計算式如下：

$$R = \hat{\rho}_{Y\hat{Y}} = \frac{Cov(Y, \hat{Y})}{s_Y s_{\hat{Y}}} = \frac{\Sigma(Y - \overline{Y})(\hat{Y} - \overline{\hat{Y}})}{\sqrt{\Sigma(Y - \overline{Y})^2}\sqrt{\Sigma(\hat{Y} - \overline{\hat{Y}})^2}} = \frac{SP_{Y\hat{Y}}}{\sqrt{SS_Y SS_{\hat{Y}}}} \qquad (11\text{-}12)$$

以範例資料所求得的多元相關 $R=.965$，顯示兩者相關非常高，表示將 IV 進行線性整合後的預測分數與觀察分數非常的接近。

$$R = \frac{SP_{Y\hat{Y}}}{\sqrt{SS_Y SS_{\hat{Y}}}} = \frac{957.782}{\sqrt{1028 \times 57.782}} = .965$$

若將預測值 $\hat{Y}$（置於 X 軸）與觀察值 Y（置於 Y 軸）配對點繪於散布圖，如圖 11.1 所示。圖中特別標示的配對觀察值就是第 4 個家庭的開銷預測值（34.768 千元）與實際觀察值（30 千元），此一配對觀察值是 10 個家庭當中垂直距離迴歸方程式最遠者，表示該觀察值是最特殊的迴歸離群值（regression outlier）。

在簡單迴歸時，由於僅有一個 IV，因此對於 DV 的解釋僅有一個預測來源，此時多元相關 R 恰等於 IV 與 DV 的相關係數 r，亦即 $r=R$。在多元迴歸時，多元相關 R 為一組 IV 的線性整合與 DV 的相關係數，個別 IV 與 DV 的相關係數不會等於多元相關，亦即 $r_p \neq R$。

依變數預測值（ X 變數線性組合數值）

圖 11.1 多元迴歸分析預測值與觀察值散布圖

11.3.2 迴歸模型解釋力 R^2

多元迴歸的模型解釋力 R^2，除了可以將多元相關 R 取平方求出，也可以利用變異拆解原理，將 Y 變數的總變異（ SS_t ）切割成迴歸變異（ SS_{reg} ）與殘差變異（ SS_e ），計算出迴歸變異所占的比例。迴歸變異的估計式與 R^2 的計算式如下：

$$SS_{reg} = \sum(\hat{Y} - \bar{Y})^2 = b_1 SP_{y1} + b_2 SP_{y2} \tag{11-13}$$

$$R^2 = 1 - \frac{SS_e}{SS_t} = \frac{SS_{reg}}{SS_t} \tag{11-14}$$

由表 11.1 的範例數據可獲得 SS_e=70.218，完整的總體變異量拆解關係式與 R^2 的數值分別如下。由於 R^2=.932，表示 DV 的變異有 93.2% 能夠被兩個 IV 所解釋。

$$SS_{reg} = 4.768 \times 167 + 0.888 \times 182 = 957.782$$
$$SS_t = SS_{reg} + SS_e = 957.782 + 70.218 = 1028$$
$$R^2 = 1 - \frac{SS_e}{SS_t} = 1 - \frac{70.218}{1028} = 1 - .068 = \frac{957.782}{1028} = .932$$

11.3.3 調整迴歸模型解釋力 $adjR^2$

以 R^2 來評估整體模型解釋力的一個問題，是 R^2 無法反映模型的複雜度。如果

研究者不斷增加自變數,雖然不一定會明顯的增加模型解釋力,但是 R^2 並不會減低,因為 R^2 為 IV 數目的非遞減函數,導致研究者為了提高模型解釋力,不斷投入 IV,每增加一個 IV,殘差估計損失一個自由度,最後導致模型當中 IV 過多而失去簡效性(parsimony)。

為了處罰增加自變數所損失的簡效性,在 R^2 公式中將自由度的變化作為分子與分母項的除項加以控制,得到調整 R^2(adjusted R^2),可以反映因為 IV 數目變動的簡效性損失的影響,如公式 11-15。

$$adjR^2 = 1 - \frac{SS_e / df_e}{SS_t / df_t} = 1 - \frac{SS_e / (N-p-1)}{SS_t / (N-1)} \tag{11-15}$$

從公式 11-15 可以看出,當 IV 數目(p)越多,$adjR^2$ 越小。如果研究者的目的在比較不同模型的解釋力大小時,各模型的 IV 數目的差異會造成簡效程度不同,宜採用調整 R^2。另外,當樣本數越大,對於簡效性處罰的作用越不明顯。一般來說,如果樣本數較少時,IV 數目對於 R^2 估計的影響越大,應採用 $adjR^2$ 來描述模型的解釋力。如果樣本數越大,R^2 與 $adjR^2$ 就會逐漸趨近而無差異。

另外一個明顯差異是,$adjR^2$ 計算誤差變異數(MSE)與總變異數的比值,而非誤差離均差平方和(SS_e)的比值,亦即考慮了自由度差異的影響,相對之下,R^2 僅考慮變異量而沒有考慮自由度的差異。

以範例數據為例,未調整前 R^2=.932,調整 R^2=.912,下降了 .02,亦即在考慮自由度差異的影響下,DV 的變異數有 91.2% 能夠被兩個 IV 所解釋。雖然下降幅度不大,但是從比較的觀點來看,$adjR^2$ 能夠更忠實反映模型的解釋能力。

$$adjR^2 = 1 - \frac{70.218 / 7}{1028 / 9} = 1 - .088 = .912$$

📈 11.4 多元迴歸的顯著性檢定

如同前一章的簡單迴歸,多元迴歸模型是否具有統計意義,也是利用 F 檢定來進行迴歸解釋變異的變異數分析。如果 R^2 的 F 檢定達到顯著水準,表示迴歸模型具有統計意義,此時可針對每一個 IV 的斜率進行檢定,來決定各 IV 解釋力的統計意義。檢定原理也與簡單迴歸相同,亦即利用 t 檢定來檢驗個別迴歸係數 b 的統計顯著性。

11.4.1 迴歸模型的顯著性檢定

迴歸模型解釋力（R^2）是否顯著不為 0（$H_0 : \rho^2=0$）的顯著性考驗，是由迴歸解釋變異數（SS_{reg}/df_{reg}）除以誤差變異數（SS_e/df_e），得到 F 檢定量，如公式11-16，配合 F 分配來進行檢驗。以範例數據所得到的結果如下：

$$F_{(p,N-p-1)} = \frac{MS_{reg}}{MS_e} = \frac{SS_{reg}/df_{reg}}{SS_e/df_e} = \frac{957.782/2}{70.218/7} = 47.74 \tag{11-16}$$

F 檢定量為 47.74，尾機率可由 EXCEL 的 F.DIST.RT(47.74,2,7) 求得，各項資訊可整理於摘要表（如表 11.3）。

表 11.3 兩個自變數的多元迴歸模型顯著性檢定結果

變源	SS	df	MS	F	p	F_{cv}
迴歸	957.782	2	478.891	47.74	<.001	4.737
殘差	70.218	7	10.031			
總和	1028	9	114.222			

註：F 值的尾機率由 EXCEL 函數 F.DIST.RT(47.74,2,7) 求得，臨界值 $F_{.05(2,7)}$ 可由附錄 C 查表或以函數 F.INV.RT(.95,2,7) 查得。

11.4.2 解釋增量（ΔR^2）與顯著性檢定

多元迴歸與簡單迴歸的主要差異是增加了較多的 IV 來解釋 DV 的變異，如果今天研究者是先納入一個 IV，進行迴歸分析之後，再增加一個或多個 IV 來檢視模型的解釋力，模型因為額外增加 IV 而增加模型中所需要估計的參數數目（增加一個 IV 就多一個斜率要估計），此時兩個模型具有嵌套關係而稱為嵌套模型（nested model），殘差自由度較少者嵌套在自由度較大的模型中，此時由於增加 IV 只會增加解釋力而不會減少，因此可計算兩個模型的解釋增量（incremental explained variance），亦即計算 R^2 改變量（ΔR^2），並進行 F-change 檢定，來檢驗所增加的 IV 是否具有統計意義（Cohen et al., 2003, p. 171）。

假設今天有一個較簡單的迴歸模型帶有 A 個或 A 組參數，稱為 A 模型。如果在迴歸模型中增加 B 個或 B 組參數（例如：多增加一個二次項或增加兩個 IV），稱為 AB 模型，AB 與 A 模型的 R^2 改變量（ΔR^2）表示如下：

$$\Delta R^2 = R_{B^*}^2 = R_{AB}^2 - R_A^2 \tag{11-17}$$

公式中的 $R^2_{B^*}$ 表示新增投入 B 參數所增加的解釋增量，是當模型中已經存 A 組參數後投入 B 組參數的邊際解釋量（marginal explained variance）或淨解釋量（partial explained variance），因此特別標示*以利識別。對於此一淨解釋力是否為 0 的統計檢定（H_0：$\rho^2_{B^*}=0$）可利用 F 檢定來判定：

$$F_{(p_B, N-p_A-p_B-1)} = \frac{(R^2_{AB} - R^2_A)/p_B}{(1-R^2_{AB})/(N-p_A-p_B-1)} = \frac{(SS_{reg_{AB}} - SS_{reg_A})/p_B}{SS_{e_{AB}}/(N-p_A-p_B-1)} \quad (11\text{-}18)$$

其中 p_A 為 A 模型的參數（IV）數目，p_B 為 B 個參數（IV）的數目，p_{AB} 為增加 B 個參數之後的 AB 模型參數（IV）數目。$N-p_A-p_B-1$ 也即是殘差自由度。

以本章的範例資料來說，如果先投入「人口數」來解釋家庭開銷的變異（A 模型），再增加「社經地位」來進行解釋，即成為同時帶有兩個 IV 的多元迴歸模型（AB 模型）。此時所估計得到的模型解釋增量 ΔR^2 是當模型已經存在 A 參數時的 B 個（組）參數的邊際（淨）解釋力 $R^2_{B^*}$。

$$R^2_{B^*} = R^2_{AB} - R^2_A = .932 - .904 = .028，F\text{-}change=2.806，p=.138$$

另一種作法則是以相反的方向，先投入社經地位（B 模型），再投入人口數得到同時帶有兩個 IV 的 AB 模型。此時所估計得到的 ΔR^2 是當模型已經存在 B 參數時的 A 個（組）參數的邊際（淨）解釋力 $R^2_{A^*}$。

$$R^2_{A^*} = R^2_{AB} - R^2_B = .932 - .537 = .395，F\text{-}change=40.445，p<.001$$

前述的增量分析結果整理於表 11.4，在模型中已經存在 A 組參數（人口數）時，額外投入 B 組參數（社經地位）的邊際（淨）解釋力並沒有統計意義，$R^2_{B^*}=.028$，F-change=2.806，p=.138，但如果模型中先有 B 組參數（社經地位）時，額外所投入的 A 組參數（人口數）則有明顯的統計意義，$R^2_{A^*}=.395$，F-change=40.445，p<.001，表示人口數有非常強的邊際解釋力。

另外，由表 11.4 的數據也可以看出，當模型中僅有 A 參數，人口數（X_1）的簡單迴歸係數具有統計意義，b=5.567，$t_{(8)}=8.695$，p<.001，在 AB 模型中，當控制了 B 參數（社經地位 X_2），人口數（X_1）的淨迴歸仍具有統計意義，b=4.768，$t_{(7)}=6.36$，p<.001，表示人口數（X_1）不論是單獨放入模型或與其他變數一起放入模型的解釋力都很強。相對之下，社經地位（X_2）在單獨存在時的效果雖然具有統計意義，b=3.033，$t_{(8)}=3.046$，p=.016 < α=.05，但一旦與人口數一起存在模型時，社經地位的淨效果就沒有統計意義了，b=0.888，$t_{(7)}=0.64$，p=.540。

● 表 11.4 不同增量模型的分析結果

	AB (X_1+X_2)		A (X_1 only)		B (X_2 only)	
	b	**test**	**b**	**test**	**b**	**test**
截距	1.723	t=1.675	2.167	t=0.640	14.833	t=2.676
	(3.071)	p=.138	(3.388)	p=.540	(5.544)	p=.028
X_1 人口數	4.768	t=6.360	5.567	t=8.695		
	(.750)	p<.001	(.640)	p<.001		
X_2 社經地位	.888	t=0.640			3.033	t=3.046
	(.530)	p=.540			(.996)	p=.016
R^2	.932	F=47.74	.904	F=75.606	.537	F=9.280
		p<.001		p<.001		p=.016
ΔR^2			.028	F=2.806	.395	F=40.445
				p=.138		p<.001

註：括弧內的數據為迴歸係數的標準誤。

11.4.3 迴歸係數的顯著性檢定

多元迴歸的迴歸係數是否具有統計意義，H_0：β=0，也是利用 t 檢定來進行檢定。以兩個 IV 的多元迴歸為例，檢定公式如公式 11-19 與 11-20，其中 s_e^2 是迴歸模型的估計變異誤，r_{12} 為 IV 間的相關係數（由表 11.2 可得知 r_{12}=.636）。

$$t_{b_1} = \frac{b_1}{s_{b_1}} = \frac{b_1}{\sqrt{\dfrac{s_e^2}{SS_1(1-r_{12}^2)}}} \tag{11-19}$$

$$t_{b_2} = \frac{b_2}{s_{b_2}} = \frac{b_2}{\sqrt{\dfrac{s_e^2}{SS_2(1-r_{12}^2)}}} \tag{11-20}$$

本章範例的兩個自變數迴歸係數 b_1 與 b_2 的檢定結果如下：

$$t_{b_1} = \frac{4.768}{\sqrt{\dfrac{3.167^2}{30(1-.636^2)}}} = \frac{4.768}{0.75} = 6.36 \text{，} p < .001$$

$$t_{b_2} = \frac{0.888}{\sqrt{\dfrac{3.167^2}{60(1-.636^2)}}} = \frac{0.888}{0.53} = 1.675 \; , \; p = .138$$

X_1（人口數）的 $t_{(7)}=6.36$，達到 .001 的顯著水準，但是 X_2（社經地位）的 $t_{(7)}=1.675$，$p=.138$ 並沒有統計意義，t 值的雙尾尾機率由 EXCEL 的 T.DIST.2T(1.675,7) 求得。

表 11.5 家庭開銷的多元迴歸分析估計結果（EXCEL 報表）

	係數	標準誤	t 統計	P 值	下限 95%	上限 95%
截距	1.723	3.071	0.561	0.592	-5.540	8.985
X1 人口數	4.768	0.750	6.360	0.000	2.995	6.540
X2 社經地位	0.888	0.530	1.675	0.138	-0.365	2.141

以 EXCEL 執行多元迴歸分析的參數估計結果列於表 11.5，表中也列出了迴歸係數的 95% *CI* 資訊，由於 X_1 的迴歸係數信賴區間 [2.995,6.54] 未涵蓋 0，表示 X_1 的迴歸係數顯著不等於 0，人口數的淨解釋力具有統計意義，至於 X_2 的迴歸係數信賴區間 [–0.365,2.141] 涵蓋 0，表示 X_2 的迴歸係數與 0 無異，社經地位的淨解釋力沒有統計意義。

如果要比較兩個 IV 解釋力的差異是否具有統計意義，可進行迴歸係數差異 t 檢定。此時 t 檢定的標準誤為兩個係數差異的合成標準誤 $s_{b_1-b_2}$，其計算式涉及迴歸係數的變異數 c_{11}、c_{22} 與共變數 c_{12}，如公式 11-21 所示。相關細節可參考 Pedhazur（1997，p. 150），在此不進一步介紹。

$$t_{b_1-b_2} = \frac{b_1-b_2}{s_{b_1-b_2}} = \frac{b_1-b_2}{\sqrt{c_{11}+c_{22}-2c_{12}}} \tag{11-21}$$

值得注意的是，因為此一檢定的前提是兩個 IV 有相同的量尺與相同的測量性質，例如 IV1 為成年者人口數、IV2 為未成年者人口數，兩者皆為「人口數」，而且測量單位都是「人」，才適合進行差異檢定。

11.5 多元共線性

11.5.1 多元共線性的現象

多元迴歸存在一個非常特別且重要的多元共線性（multicollinearity）問題，意

指自變數間所存在的高相關（例如 $r > .85$）（Dillon & Goldstein, 1984），影響迴歸參數估計，造成整個模型的 R^2 很大，卻沒有 IV 具有統計意義，或是某些解釋力強的 IV 無法達到顯著水準，解釋力不高的 IV 卻達到統計顯著水準的種種特殊現象。背後的原因就是因為 IV 之間的相關過高，在估計迴歸參數時扣減過多 IV 之間的重疊性，造成估計結果不穩定，標準誤放大膨脹，改變檢定結果。

以圖解法來說明共線性的現象：如果今天只有一個 X 的簡單迴歸，Y 被 X 解釋的比例如圖 11.2(a) 所示，模型解釋力如下：

$$R^2 = r_{xy}^2 \tag{11-22}$$

如果是兩個 IV 的多元迴歸，若兩個 IV 彼此相互獨立，$r_{12}=0$，不存在共線性問題，兩個 IV 淨解釋力的估計無須扣減任何 IV 的重疊部分，如圖 11.2(b)。標準化迴歸係數等於相關係數 $b'=r$，而 R^2 為 r_{y1} 與 r_{y2} 兩個相關的平方和，如公式 11-23 所示：

$$R_{y.12}^2 = r_{y1}^2 + r_{y2}^2 \tag{11-23}$$

若兩個 IV 具有相關，$r_{12} \neq 0$，個別 IV 的淨解釋力必須排除其他 IV 的影響，如此將改變各 IV 的解釋效果，如圖 11.2 的 (c) 至 (e) 所示。此時迴歸分析將受到自變數共線性的影響，R^2 與兩個相關係數平方不具有可加性：

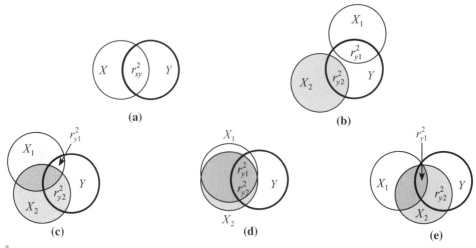

圖 11.2 多元共線性的概念圖示

$$R_{y.12}^2 \neq r_{y1}^2 + r_{y2}^2 \tag{11-24}$$

由圖 11.2(c) 可知，X_1 與 X_2 之間的相關相對並不高，在扣除重疊區域之後，X_1 與 X_2 對於 Y 的淨解釋力還保有一定的比例，此時兩個 IV 之間雖然具有共線性，但影響尚不明顯。但是在圖 11.2(d) 可以看出，X_1 與 X_2 之間的重疊面積相當大，兩者相關高（兩者幾乎重疊），顯示兩者具有高度共線性，兩個 IV 個別對於 Y 的解釋力或許很大，但在扣除重疊部分之後就變得很小。至於圖 11.2(e) 則呈現 X_1 對於 Y 的解釋面積完全被 X_2 所涵蓋，將會使 X_1 對於 Y 的淨解釋力降至 0，戲劇性的改變研究結論。

前述所說明的自變數之間的共線性問題，在 IV 數量越多時會越趨向於複雜，因此稱為多元共線性，而且如果 IV 之間的相關越高，對於參數估計與檢定結果影響越大，非常符合俗語所說：「既生瑜、何生亮」。如果兩個 IV 的相似性很高，各自對於 DV 的解釋力也很高，就因為兩者功能重疊，在多元迴歸分析中可能造成 R^2 很高，但兩者卻都沒有能夠有效解釋 DV 的「兩敗俱傷」的奇特結果（邱皓政，2017）。

11.5.2　共線性診斷與估計

共線性問題可以說是影響多元迴歸分析最重要的因素之一，因此在進行多元迴歸分析之時都會詳細檢視。一般的統計軟體，提供了允差或容忍值（tolerance）或變異數膨脹因素（variance inflation factor; VIF）來評估共線性的影響。

$$VIF_i = \frac{1}{Tolerance_i} = \frac{1}{(1 - R_i^2)} \tag{11-25}$$

其中 R_i^2 為第 i 個 IV 當作 DV 被其他 IV 來解釋時，該 IV 可被解釋的比例。$1 - R_i^2$（容忍值）為該 IV 被其他 IV 無法解釋的殘差比例，R_i^2 比例越高，容忍值越小，代表該 IV 與其他 IV 重疊的機會高，VIF 越大，共線性越明顯。例如容忍值 =.40，VIF 值為 2.5，較容忍值 =.80，VIF 值為 1.25 的多元共線性嚴重。Cohen 等人（2003，p. 423）認為當 VIF>10 為嚴重共線性，Sellin（1990）則主張 VIF>2 以上即不能忽略共線性威脅。

表 11.6 列出了家庭開銷範例的多元迴歸估計與共線性診斷的數據。由於範例中只有兩個 IV，因此其中一個 IV 被另一個 IV 解釋的比例（R_i^2）兩者相同，皆為

表 11.6 家庭開銷範例的共線性診斷結果（SPSS 報表）

模式	未標準化係數		beta	t	顯著性	共線性統計量	
	b	標準誤				允差	VIF
1（常數）	1.723	3.071		0.561	0.592		
X1 人口數	4.768	0.750	0.814	6.360	0.000	0.595	1.681
X2 社經地位	0.888	0.530	0.215	1.675	0.138	0.595	1.681

兩者相關的平方（$.636^2$），允差 =.595、VIF=1.681，顯示本範例的共線性問題不大。

$$Tolerance_i = 1 - R_i^2 = 1 - .636^2 = 1 - .405 = .595$$

$$VIF_i = \frac{1}{Tolerance_i} = \frac{1}{.595} = 1.681$$

範例 11.1　NBA 球員體重的多元迴歸分析

下表是美國職籃（NBA）湖人隊 14 位球員的基本資料，請建立以年齡（X_1）與身高（X_2）去預測體重（Y）的迴歸模型，並說明何者殘差最特殊。

編號	1	2	3	4	5	6	7	8	9	10	11	12	13	14	M	SD	Var	SS
年齡(X_1)	26	34	29	28	27	26	34	32	24	30	35	27	34	32	29.857	3.634	13.209	171.714
身高(X_2)	185	185	190	190	196	196	198	198	203	203	206	208	208	213	198.5	8.812	77.654	1009.5
體重(Y)	80	81	82	95	93	84	108	98	100	111	111	115	120	122	100	14.765	218	2834

解答：　1. 整理三個變數的描述統計量與相關統計量（如表 11.7）

表 11.7 湖人隊球員體重的多元迴歸分析描述統計量

變數	描述統計		SS 與 SP			共變數與變異數			相關係數		
	平均數	標準差	X_1	X_2	Y	X_1	X_2	Y	X_1	X_2	Y
X_1 年齡	29.857	3.634	171.714			13.209			1		
X_2 身高	198.5	8.812	89	1009.5		6.846	77.654		.214	1	
Y 體重	100	14.765	279	1560	2834	21.462	120	218	.400	.922**	1

註：** $p < .01$

2. 估計多元迴歸方程式

　■未標準化係數

$$b_1 = \frac{SS_2 SP_{y1} - SP_{12} SP_{y2}}{SS_1 SS_2 - SP_{12}^2} = \frac{1009.5 \times 279 - 89 \times 1560}{171.714 \times 1009.5 - 89^2} = \frac{142810.5}{165424.28} = 0.863$$

$$b_2 = \frac{SS_1 SP_{y2} - SP_{12} SP_{y1}}{SS_1 SS_2 - SP_{12}^2} = \frac{171.714 \times 1560 - 89 \times 279}{171.714 \times 1009.5 - 89^2} = \frac{243042.84}{165424.28} = 1.469$$

$$a = \bar{Y} - b_1 \bar{X}_1 - b_2 \bar{X}_2 = 100 - 0.863 \times 29.857 - 1.469 \times 198.5 = -217.414$$

$$\hat{Y} = 0.863 X_1 + 1.469 X_2 - 217.414$$

　■標準化係數

$$b_1' = b_1 \frac{s_1}{s_y} = 0.863 \times \frac{3.634}{14.765} = 0.213 \quad b_2' = b_2 \frac{s_2}{s_y} = 1.469 \times \frac{8.812}{14.765} = 0.877$$

$$z_{\hat{Y}} = 0.213 z_{X_1} + 0.877 z_{X_2}$$

3. 計算 s_e 與 R^2

先將每一個 X 代入方程式得到預測值 $\hat{Y}$，將 Y 減去 $\hat{Y}$ 得到殘差，結果如表 11.8。多元相關為 Y 的預測值與觀察值的相關，如圖 11.3 所示。

$$s_e = \sqrt{\frac{SS_e}{df_e}} = \sqrt{\frac{\sum (Y - \hat{Y})^2}{N - p - 1}} = \sqrt{\frac{301.174}{14 - 2 - 1}} = 5.233$$

$$R^2 = \frac{SS_{reg}}{SS_t} = 1 - \frac{SS_e}{SS_t} = 1 - \frac{301.174}{2834} = \frac{2532.826}{2834} = .894$$

$$adjR^2 = 1 - \frac{SS_e / df_e}{SS_t / df_t} = 1 - \frac{301.174 / 11}{2834 / 13} = 1 - \frac{27.379}{218} = .874$$

R^2=.894 表示體重變異有 89.4% 可被年齡與身高解釋。

$adjR^2$=.874 表示體重變異數有 87.4% 可被年齡與身高解釋（考慮自由度的影響）。

4. 殘差分析

殘差（絕對值）最大者：No=4，e=95−85.908=9.092

標準化殘差最大者：

$$No=4, \quad e' = \frac{Y_i - \hat{Y}_i}{SD_e} = \frac{95 - 85.908}{\sqrt{301.174 / 13}} = \frac{9.092}{4.813} = 1.889$$

e'=z=1.889 絕對值小於 1.96，未達 α=.05 顯著水準，表示 No.4 球員的體重並沒有不同於迴歸期望。

表 11.8 NBA 範例迴歸分析結果

No	Y	$\hat{Y}$	e	e'
1	80	76.836	3.164	0.657
2	81	83.742	−2.742	−0.570
3	82	86.772	−4.772	−0.991
4	95	85.908	9.092	1.889
5	93	93.860	-0.860	−0.179
6	84	92.997	-8.997	−1.869
7	108	102.842	5.158	1.072
8	98	101.115	-3.115	−0.647
9	100	101.555	−1.555	−0.323
10	111	106.735	4.265	0.886
11	111	111.459	-4.459	−0.926
12	115	111.491	3.509	0.729
13	120	117.534	2.466	0.512
14	122	123.153	−1.153	−0.240
M	100	100	0	0
SD	14.765	13.958	4.813	1

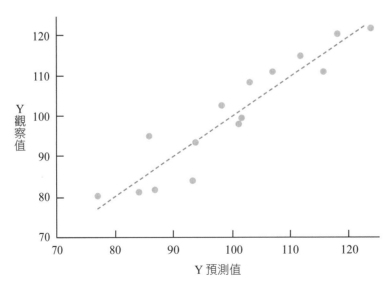

圖 11.3 多元迴歸分析預測值與觀察值散布圖

5. 進行迴歸模型的顯著性檢定

$$F_{obt} = \frac{SS_{reg}/df_{reg}}{SS_e/df_e} = \frac{2532.826/2}{301.174/11} = \frac{1266.413}{27.379} = 46.254$$

F.DIST.RT(46.254,2,11) 求得 $p=4.419 \times 10^{-6}$，$p<.001$，表示模型解釋力具有統計意義。迴歸模型變異數分析摘要表，如表 11.9。

表 11.9　NBA 範例的迴歸效果顯著性檢定摘要表

變源	SS	df	MS	F	p	F_{cv}
迴歸	2532.826	2	1266.413	46.254	4.419×10^{-6}	3.982
誤差	301.174	11	27.379			
全體	2834	13	218			

註：F 值的尾機率由 EXCEL 函數 F.DIST.RT(46.254,2,11) 求得，臨界值 $F_{.05(2,7)}$ 可由附錄 C 查表或以函數 F.INV.RT(.95,2,11) 查得。

6. 進行斜率的顯著性檢定

$$t_{b_1} = \frac{0.863}{\sqrt{\dfrac{5.233^2}{171.174(1-.214^2)}}} = \frac{0.863}{0.409} = 2.112$$

$p=.058$，未達 .05 顯著水準

$$t_{b_2} = \frac{1.469}{\sqrt{\dfrac{5.233^2}{1009.5(1-.214^2)}}} = \frac{1.469}{0.169} = 8.715$$

$p=2.87 \times 10^{-6}$，達 .001 顯著水準

7. 以 EXCEL 分析得到的結果報表

摘要輸出

迴歸統計	
R 的倍數	0.945
R 平方	0.894
調整 R 平方	0.874
標準誤	5.233
觀察值個數	14

ANOVA

	自由度	SS	MS	F	顯著值
迴歸	2	2532.826	1266.413	46.254	0.000
殘差	11	301.174	27.379		
總和	13	2834			

	係數	標準誤	t 統計	P-值	下限 95%	上限 95%
截距	-217.414	33.108	-6.567	0.000	-290.283	-144.544
X1 年齡	0.863	0.409	2.112	0.058	-0.036	1.763
X2 身高	1.469	0.169	8.715	0.000	1.098	1.840

📈 11.6 多項式迴歸

11.6.1 多項式迴歸原理

當連續變數間的關係不是線性時，利用前面所介紹的線性方程式來進行迴歸分析並不適當，此時可利用帶有二次或三次項的多項式方程式來建立迴歸模型，讓觀察資料可以與該方程式達到最大的適配，據以估計出自變數對依變數的解釋力，因此稱為多項式迴歸（polynomial regression）。由於多項式方程式的形式是曲線，因此又稱為曲線迴歸（curvilinear regression），在時間序列分析特別容易看到應用實例。

以公式 11-26 與 11-27 兩個預測方程式為例，兩者均帶有兩個解釋項，因此均屬多元迴歸，但是公式 11-26 有兩個自變數 X_1 與 X_2，公式 11-27 只有一個自變數 X_1，但卻有兩個解釋項。兩者構造相同，但是數學含意完全相異。

$$\hat{Y} = b_0 + b_1 X_1 + b_2 X_2 \tag{11-26}$$

$$\hat{Y} = b_0 + b_1 X_1 + b_2 X_1^2 \tag{11-27}$$

公式 11-27 當中，自變數 X_1 除了作為一次項，還存在一個二次項，因此是一個二次方程式（quadratic equation），此時迴歸係數當中的截距仍為方程式的起點，但一次項係數 b_1 已經不再是線性模型中的斜率，而是當 $X=0$ 的切線斜率。

二次項係數 b_2 表示斜率隨 X 變化的增減量，亦即曲率（curvature）。當 $b_2>0$，表示方程式為開口向上的曲線（一次項斜率隨 X 漸增而遞增）；當 $b_2<0$，表示方程式為開口向下的曲線（一次項斜率隨 X 漸增而遞減）。將方程式對 X 進行一次微分後（如公式 11-28）令之為 0，可求得切線斜率由正轉負或由負轉正的反曲點（切線斜率為 0 處），亦即曲線高點（極大值）或低點（極小值）發生在 X 軸的何處（X_L）（如公式 11-29），將 X_L 代入公式 11-28 即可求得極值，當 $b_2<0$ 有最高點，當 $b_2>0$ 有最低點。

$$\frac{\partial Y}{\partial X} = \hat{Y}' = b_1 + 2b_2 X \tag{11-28}$$

$$X_L = -\frac{b_1}{2b_2} \tag{11-29}$$

$$\hat{Y}_{lim} = \frac{4b_0b_2 - b_1^2}{4b_2} \tag{11-30}$$

11.6.2 多項式迴歸範例

多項式迴歸分析除了係數的意義有所不同之外，分析原理與計算過程與多元迴歸無異。現以一個「焦慮」與「績效表現」的數據為例，表 11.10 是 10 位新進員工的焦慮感與績效表現的配對分數，繪製成散布圖後如圖 11.4 所示。

表 11.10 焦慮與績效的模擬研究數據

員工編號	1	2	3	4	5	6	7	8	9	10
焦慮 X	7	6	3	4	4	7	2	5	4	3
績效表現 Y	20	25	36	35	42	22	30	41	38	40

圖 11.4 繪出了線性方程式與二次方程式的適配曲線。我們可以很清楚的看出，二次曲線較一次方程式更能夠代表 X 與 Y 的關係。因此，必須採用曲線迴歸。

圖 11.4 焦慮與績效的線性與曲線迴歸圖示

套用先前所介紹的多元迴歸斜率與截距的運算公式，可以得到二次預測方程式如下：

$$\hat{Y} = 6.474 + 16.695X - 2.068X^2$$

經由分析發現，二次函數模型的解釋力 $R^2 = .852$，$F_{(2,7)} = 20.095$，$p < .001$，顯示以二次式模型來解釋績效表現效果頗佳。利用公式 11-29 可求出二次曲線的極值發生在 $X_L = 3.965$，亦即在該焦慮水準下績效表現最佳，$\hat{Y}_{\lim} = 38.989$。

$$X_L = -\frac{b_1}{2b_2} = -\frac{16.4}{2(-2.068)} = 3.965$$

$$\hat{Y}_{\lim} = \frac{4b_0 b_2 - b_1^2}{4b_2} = \frac{4 \times 6.474 \times (-2.068) - 16.4^2}{4(-2.068)} = 38.989$$

如果是以線性模型來估計，會得到斜率為負的預測方程式 $\hat{Y} = 47.079 - 3.151X$（如圖 11.4 當中的斜對角直線），解釋力 $R^2 = .442$，$F_{(1,8)} = 6.344$，$p = .036$，雖然達到顯著，但 R^2 所能解釋的比重僅有二次模型的一半。

由於線性方程式與二次方程式的差異在於多增加了一個二次項，因此可以視為線性模型的嵌套模型：線性模型為參數較少的 A 模型，二次模型為增加二次項（B 參數）之後的 AB 模型，此時可以計算兩者的 ΔR^2 進行解釋增量的分析，探討增加了二次項究竟有無統計意義。結果列於表 11.11。

🎯 表 11.11 焦慮與績效表現數據的線性與二次項迴歸的增量分析結果

	AB（二次模型）		A（線性模型）	
	b	test	b	test
截距	6.474	$t = 0.660$	47.079	$t = 7.864$
	(9.810)	$p = .530$	(5.987)	$p < .001$
一次項 X	16.695	$t = 3.643$	−3.151	$t = -2.519$
	(4.50)	$p = .008$	(1.251)	$p = .036$
二次項 X^2	−2.068	$t = -4.175$		
	(.470)	$p = .003$		
R^2	.852	$F = 20.095$	.442	$F = 6.344$
		$p < .001$		$p = .036$
ΔR^2			.410	$F = 19.32$
				$p = .003$

註：括弧內的數據為迴歸係數的標準誤。

　　由表 11.11 可知，如果只有焦慮變數的線性模型，解釋力僅有 R^2=.442，$F_{(1,8)}$=6.344，p=.036，雖然達到 .05 的顯著水準，但效果並不十分明顯。但如果納入二次項之後，模型解釋力增至 .852，ΔR^2=.410，增加的解釋增量甚至比單純的一次項還來得大，顯示增加二次項有相當大的邊際效力。

$$R^2_{B^*} = R^2_{AB} - R^2_B = .852 - .442 = .410$$
$$\textit{F-change} = 19.32 \cdot p < .01$$

EXCEL 小幫手

如何使用 EXCEL 來執行多元迴歸

一、使用 EXCEL 來執行多元迴歸

■建立資料檔案

　　X1 為一次項，必須另外自行創造一個二次項 X2。

	A	B	C	D	E
1	ID	X1	X2	Y	
2	1	3	1	1.5	
3	2	5	7	3.4	
4	3	4	4	2.2	
5	4	6	5	3.63	
6	5	2	2	1.6	
7	6	4	4	2.5	
8	7	5	8	3	
9	8	8	6	4.5	
10	9	7	5	4.4	
11	10	5	9	3.9	

■打開資料分析對話框，選擇「迴歸」

■決定分析內容與條件

A	B	C	D
ID	X1	X2	Y
1	3	1	1.5
2	5	7	3.4
3	4	4	2.2
4	6	5	3.63
5	2	2	1.6
6	4	4	2.5
7	5	8	3
8	8	6	4.5
9	7	5	4.4
10	5	9	3.9

迴歸

輸入
輸入 Y 範圍(Y): $D$1:$D$11
輸入 X 範圍(X): $B$1:$C$11

☑ 標記(L) ☐ 常數為零(Z)
☐ 信賴度(O) 95 %

輸出選項
○ 輸出範圍(O):
◉ 新工作表(P):
○ 新活頁簿(W)

殘差
☑ 殘差(R) ☐ 殘差圖(D)
☑ 標準化殘差(T) ☐ 樣本迴歸線圖(I)

常態機率
☐ 常態機率圖(N)

確定
取消
說明(H)

工作表1 RESULT

1. 選擇 Y 範圍：利用滑鼠框選包含依變數名稱與資料的欄位。
2. 選擇 X 範圍：利用滑鼠框選包含每一個自變數名稱與資料的欄位。
3. 選擇標記：因為選擇 X 與 Y 變數時第一列為變數名稱，因此必須勾選。
4. 選擇殘差：勾選殘差可獲得每一個觀察值的殘差資料與圖示。

■得出結果

摘要輸出					
迴歸統計					
R 的倍數	0.968154				
R 平方	0.937322				
調整的 R	0.919414				
標準誤	0.308618				
觀察值個數	10				
ANOVA					
	自由度	SS	MS	F	顯著值
迴歸	2	9.970495	4.985247	52.3413	6.16E-05
殘差	7	0.666715	0.095245		
總和	9	10.63721			
	係數	標準誤	t 統計	P-值	下限 95%	上限 95%
截距	0.106803	0.304979	0.350197	0.736492	-0.61436	0.827963
X1	0.480367	0.06847	7.015759	0.000209	0.318462	0.642272
X2	0.118118	0.048797	2.420604	0.046051	0.002732	0.233504

二、使用 EXCEL 來執行多項式迴歸

■建立資料檔案，並製作自變數的平方項

以表 11.10 資料為例。

■打開資料分析對話框，選擇「迴歸」

■決定分析內容與條件

1. 選擇 Y 範圍：利用滑鼠框選依變數名稱與資料的欄位（B 欄）。

2. 選擇 X 範圍：利用滑鼠框選一次項與二次項的名稱與資料的欄位（C 與 D 欄）。

3. 選擇標記：因為選擇各變數時第一列為變數名稱，因此必須勾選。

4. 選擇殘差：勾選殘差可獲得每一個觀察值的殘差資料與圖示。

■得出結果

參考第 11.6.2 節的解釋說明。

摘要輸出

迴歸統計	
R 的倍數	0.9229
R 平方	0.8517
調整的 R 平方	0.8093
標準誤	3.5505
觀察值個數	10

ANOVA

	自由度	SS	MS	F	顯著值
迴歸	2	506.6554	253.3277	20.0952	0.0013
殘差	7	88.2446	12.6064		
總和	9	594.9			

	係數	標準誤	t 統計	P-值	下限 95%	上限 95%
截距	6.4743	9.8099	0.6600	0.5304	-16.7225	29.6711
X1	16.3947	4.5000	3.6433	0.0083	5.7539	27.0354
X1square	-2.0677	0.4704	-4.3954	0.0032	-3.1801	-0.9553

R 小精靈

使用 R 來進行多元迴歸分析

在 R 軟體中進行帶有多個自變數的迴歸分析或多項式迴歸，可利用套件 haven 與 psych 來進行。語法與結果如下：

```
> #Chapter 11: Multiple Regression
> library(openxlsx)
> data1 = read.xlsx("Ch11EXCEL.xlsx", 1)   #使用openxlsx讀取工作表1
> library(haven)
> library(psych)
> #compute the correlation coefficients
> data1.cor<-cor(data1[,-c(1)])
> lowerMat(data1.cor)

      X1     X2     Y
X1    1.00
X2    0.64   1.00
Y     0.95   0.73   1.00

> #****************************
> #Part1 multiple regression
> model1 <- lm(Y~X1+X2, data=data1)       #regression with two IVs
> summary(model1)
```

Call:
lm(formula = Y ~ X1 + X2, data = data1)

Residuals:
Min	1Q	Median	3Q	Max
-4.7675	-1.7990	0.2325	1.8382	4.4650

Coefficients:

	Estimate	Std. Error	t value	Pr(>|t|)
(Intercept)	1.7227	3.0713	0.561	0.592356
X1	4.7675	0.7496	6.360	0.000382 ***
X2	0.8880	0.5301	1.675	0.137818

Signif. codes: 0 '***' 0.001 '**' 0.01 '*' 0.05 '.' 0.1 ' ' 1

Residual standard error: 3.167 on 7 degrees of freedom
Multiple R-squared: 0.9317,　　　　Adjusted R-squared: 0.9122
F-statistic: 47.74 on 2 and 7 DF, p-value: 8.329e-05

```
> #****************************
> #Part2 polynomial regression
> data2 = read.xlsx("Ch11EXCEL.xlsx", 2)   #使用openxlsx讀取工作表2
> X1square <- data2$X1^2
> model2 <- lm(Y~X1+X1square, data=data2)   #regression with X1
  and X1square
> summary(model2)

Call:
lm(formula = Y ~ X1 + X1square, data = data2)

Residuals:
   Min       1Q    Median       3Q      Max
-5.4051  -1.0350  -0.4448   2.7333   4.2448

Coefficients:
             Estimate   Std. Error   t value   Pr(>|t|)
(Intercept)    6.4743      9.8099      0.660    0.53038
X1            16.3947      4.5000      3.643    0.00825 **
X1square      -2.0677      0.4704     -4.395    0.00317 **
---
Signif. codes:  0 '***' 0.001 '**' 0.01 '*' 0.05 '.' 0.1 ' ' 1

Residual standard error: 3.551 on 7 degrees of freedom
Multiple R-squared: 0.8517,      Adjusted R-squared: 0.8093
F-statistic: 20.1 on 2 and 7 DF, p-value: 0.001257

>
```

📖 本章重要概念

多元迴歸 multiple regression	容忍值 tolerance
多元相關 multiple correlation	變異數膨脹因素 variance inflation factor
調整 R^2 adjusted R^2	多項式迴歸 polynomial regression
嵌套模型 nested model	曲線迴歸 curvilinear regression
解釋增量 increment explained variance	二次方程式 quadratic equation
邊際解釋量 marginal explained variance	曲率 curvature
多元共線性 multicollinearity	

課後習作

一、辯論比賽的完整資料除了個人成績（0-10 分）之外，還包括學校、性別（女記為 0；男記為 1）、辯手次序、經驗、網路票選受歡迎程度（0-10 分）等各種資訊，數據如第一個表，其中最後一個欄位是以 X_1 至 X_4 四個變數去預測個人成績的迴歸分析預測值（$\hat{Y}$），迴歸分析結果如次表。請回答下列問題：

ID	性別（X_1）Gender	辯手次序（X_2）Order	經驗（X_3）Exper	網路票選（X_4）Internet	個人成績（Y）Score	成績預測（$\hat{Y}$）Score_pre
1	0	1	5	7	10	9.91
2	0	2	4	6	7	8.90
3	1	3	6	9	10	9.80
4	1	1	1	4	3	3.83
5	1	2	0	3	3	2.82
6	0	3	2	9	6	5.99
7	0	1	3	5	9	7.63
8	1	2	3	4	7	6.55
9	0	3	3	7	8	7.58
平均數	0.44	2.00	3.00	6.00	7.00	7.00
標準差	0.53	0.87	1.87	2.18	2.65	2.48

	未標準化係數		b'	t	p	共線性診斷	
	b	標準誤				允差	VIF
（常數）	4.374	1.687		2.593	.061		
性別	−1.359	1.050	−.271	−1.295	.265	.68	1.47
辯手次序	.129	.771	.042	.168	.875	.46	2.15
經驗	1.293	.350	.914	3.694	.021	.48	2.07
網路票選	−.151	.425	−.125	−.356	.74	.24	4.14
模型	R^2=.881，$adjR^2$=.763，S_e=1.288，$F_{(4,4)}$=7.434，p=.039						

1. 根據四個自變數去預測個人成績的迴歸結果數據，列出迴歸方程式。

2. 請指出解釋力最強與最弱的自變數？請解釋你是如何判斷的。

3. 請說明哪一個自變數對於個人成績的影響具有統計意義，請解釋你是如何判斷的。

4. 請說明標準化迴歸係數是如何計算得出，請舉一例說明，並說明標準化與未標準化係數的解釋方式有何不同。

5. 請比較模型解釋力 R^2 與 $adjR^2$ 的數值與意義的差異。

6. 請利用迴歸分析整理表當中的資訊來整理得出 F 檢定的摘要表。

7. 請說明迴歸模型的 F 檢定量的自由度數值為何為（4,4）？

8. 請找出 9 位參賽者中，迴歸預測得到的殘差最小者與最大者，並比較這兩個殘差值的大小意義。

9. 請說明共線性診斷中的允差與 VIF 的用途，並指出哪一個自變數問題最大。

10. 如果某位網路歡迎度滿分但是先前毫無打辯論賽經驗的女生擔任結辯，她的個人成績預測值會是多少。

Chapter **12**

卡方檢定

📈 12.1 前言

　　自從進入了假設檢定的範圍後，我們始終把焦點放在「連續變數」之上，討論平均數如何比較分析以及線性關係的描述與預測。這些統計假設檢定技術或迴歸預測方法的根本，都只是連續變數幾個基本統計量——平均數、標準差、變異數，然後引入一些自變數來切割平均數，以 t 或 F 檢定來檢驗越來越複雜的平均數結構，或者是引入第二個以上的連續變數，以相關或迴歸來處理複雜的共變數結構，達成預測的目的。我們一心一意處理連續變數，似乎忘了類別變數。

　　本書對於類別變數的定義，是指利用名義尺度或順序尺度所測量得到的隨機變數，其特徵是變數數值為離散間斷實數，也就是一類一類或一個等級一個等級，對於樣本進行測量時，每一個類別或每一個等級（統稱為水準）會得到頻率或次數資料，將次數除以總數，得到百分比或機率。此種類型的觀察資料描述統計量，僅有集中量數的「眾數」或是變異量數的「全距」，即使試著計算平均數與變異數，但也只具有數學意義而沒有統計價值，這或許就是類別變數不討人喜歡之處。但是，偏偏類別變數卻是我們最常見也最容易找到的變數，例如性別、學歷、社經地位、在公司的職務層級、購買哪一牌子的手機、喜歡哪一黨的政見主張、畢業自哪一個學校、最偏好哪一種疫苗等，無一不是類別變數，因此如何進行類別變數的推論統計成為統計領域的另一個重要議題。

　　前面幾章所介紹的平均數檢定與線性關係分析，因為都是基於對連續變數的關注，因此有一個共同的特徵，就是統計量的母體分配服從特定的機率分配，不同的機率分配受到不同參數的影響而決定其型態，例如常態分配有平均數（μ）與變異數（σ^2）兩個參數，到了 t 分配與 F 分配則增加了自由度參數，這些對於母體分配必須假定為特定分配的前提下（多半是常態分配），才能進行考驗的各種檢定，稱為參數檢定或母數檢定（parametric test）。相對的，如果不需要對母體分配有特定假設就可以進行假設檢定的統計技術，因為不涉及母體分配參數的估計，因此稱為非參數檢定或無母數檢定（nonparametric test），又稱為免分配統計（distribution-free statistics），當 t 檢定或 ANOVA 等母數檢定發生基本假設（常態性假設、變異同質假設）違反時，無母數檢定是研究者的替代策略之一

　　基本上，無母數統計分析技術種類繁多，本章所介紹的無母數方法為卡方檢定（chi-square test），對於其他方法有需要者，可參考專門的書籍，例如 Wasserman（2006）的 *All of Nonparametric Statistics*。

12.2 類別變數的假設檢定原理

12.2.1 類別變數的檢定型態

　　類別資料（categorical data）是社會科學領域非常基本的資料型態，因為許多自然情況下的研究資料多是類別資料，例如人口變數當中的性別、居住地區、宗教信仰、家庭型態、教育水準等；社會變數中的政黨屬性、工作職位、職業類型；醫學上的疾病分類、生物學上的物種分類等。這些變數多半是以自然的形式存在於人們生活的周遭，很容易被觀察到或是被蒐集到，由於類別資料反映的是測量對象在本質類型上的差異，而非測量程度與度量其大小的變數，因此多半無法被我們以人為的方式任意定義，而必須就所觀察到的狀況來進行研究。

　　類別資料最直接的分析元素是各水準發生頻率的次數分配，次數分配資料可利用卡方分配來進行顯著性檢定。當研究者關心某一個變數是否與某個理論或母體分配相符合之時，所進行的統計檢定稱為適合度檢定（goodness-of-fit test）。例如校園中的男女性教師比例是否為 1：1（π=.5）或 3：7（π=.3）？由於此時考驗的內容僅涉及一個變數，因此適合度檢定可以說是一種單因子檢定（one-way test），檢定的目的在檢測某單一類別變數的實際觀察的次數分配與期望分配是否相符。若檢定統計量未達顯著水準，我們稱該樣本在該變數的分布與該理論母群無異，反之，則可說該樣本在該變數的測量上與母體不同，或說它是一個特殊的樣本。

　　進一步的，當研究者想要同時檢測兩個類別變數（A 與 B）之間的關係時，例如學歷與性別兩者是否有關聯，稱為獨立性檢定（test of independence），其原理是檢測兩個變數的聯合分配是否具有特殊分布情形（相依性）或接近獨立分配的期望值（獨立性）。由於 A、B 兩個變數代表兩個不同的測量，各有不同的內容，獨立性檢定必須利用二維列聯表來檢驗細格觀察次數與期望次數的差距，藉以判定兩個變數的關聯情形，因此是一種雙因子檢定。

　　另一種雙因子檢定的狀況，是列聯表上的兩個維度並非代表兩個不同的概念，例如其中一個是研究變數（是否贊成廢除死刑），另一個反映不同母體（不同族群），此時所分析的是不同母體在研究變數上分布情形的同質或異質性，稱為同質性檢定（test for homogeneity）。如果各母體的樣本在研究變數（通常是「是、否」或「有、無」的二分變數）的「是」或「有」的比例情形沒有差異，我們稱此母體比例具有同質性；反之，則是不同母體的比例具有異質性，由於檢驗的內容是比例（百分比），因此又稱為比例差異檢定（test of proportion differences）。同質性檢定本質上仍是一種雙因子的列聯表考驗，檢定原理與分析方法與獨立性檢驗相

同，只有後續的事後檢驗處理方式不同。

12.2.2 期望機率與期望次數

由於類別資料的分析是透過次數與機率來進行運算，因此類別變數的每一個水準或列聯表中的每一個細格是否會出現觀察值，是一種二分結果的柏努利試驗。如果反覆實施 N 次柏努利試驗，各水準或細格的發生機率以隨機變數 X 來表現，其機率分配即為二項分配 $X \sim B(N, \pi)$，其中 π 是母體機率，期望值 $\mu = N\pi$、變異數 $\sigma^2 = N\pi(1-\pi)$。換言之，類別變數的假設檢定是基於二項分配原理所進行的顯著性考驗，最核心的概念就是母體機率與期望值。

期望值（expected value）是指一個隨機變數最可能出現的數值，此一數值在連續變數時是平均數，在類別變數時就是各水準或各細格的期望次數（expected frequency; f_e），亦即 $f_e = \mu = N\pi$，而 π 即為期望機率（expected probability）。

在單因子檢定中，帶有 k 個水準的類別變數，各水準期望機率一般假設為均等，亦即 $\pi_i = 1/k$，$i = 1, ..., k$，期望次數 $f_{ei} = \mu_i = N/k$。若期望機率不是假設為均等，可由研究者自行指定一組機率值，視為某一個特定的母體理論值。

在雙因子的列聯表中，若 A 與 B 因子各有 k 與 l 個水準，細格期望機率（π_{ij}）取決於各因子的機率分配，亦即邊際機率 P_i（$i = 1, ..., k$）與 P_j（$j = 1, ..., l$）。如果兩個因子相互獨立，各細格期望機率為邊際機率乘積（聯合機率），乘上 N 即得期望次數：

$$\pi_{ij} = P_i P_j \tag{12-1}$$

$$\mu_{ij} = N\pi_{ij} = NP_i P_j = N \times \frac{n_i}{N} \times \frac{n_j}{N} = \frac{n_i n_j}{N} \tag{12-2}$$

12.2.3 殘差與標準化殘差

如果今天抽樣得到 N 筆觀察資料，將各水準或各細格的觀察次數（observed frequency; f_o）減去期望次數，可得到殘差（residual），以 Δ（delta）表示：

$$\Delta = f_o - f_e \tag{12-3}$$

殘差反映樣本觀察情形與期望情形的落差。如果將殘差轉換成標準化的統計

量，可計算出標準化殘差（standardized residuals），以 Δ′ 表示：

$$\Delta' = \frac{f_o - f_e}{\sqrt{f_e}} \tag{12-4}$$

標準化殘差的計算原理是將觀察值減去期望值（平均數）除以標準差，由於類別變數的次數分析是基於二項分配原理，而觀察值與殘差值為實驗發生後的結果，其發生機率為抽樣分配，因此平均數與標準差是從二項抽樣分配推導得出。

值得注意的是，公式 12-4 是基於抽樣分配有最大期望機率時所得到的估計式，但是各細格的期望機率通常不會是最大值，隨著邊際機率變動，期望機率會低於 .5，因此為了修正邊際期望值的大小變動而對抽樣誤差產生高估，因此可將標準化殘差以各邊際比率進行調整，得到調整標準化殘差（adjusted standardized residual，以 *adj*Δ′ 表示），可排除各邊際次數不相等所造成的比較問題，如公式 12-5 所示。由於分母項的抽樣誤差部分縮小，*adj*Δ′ 的數值會高於標準化殘差。

$$adj\Delta' = \frac{f_o - f_e}{\sqrt{f_e(1 - P_{i.})(1 - P_{.j})}} \tag{12-5}$$

當樣本數夠大時，標準化殘差與調整標準化殘差服從標準常態分配 $N(0,1)$，因此可以利用常態 z 分配的機率密度來決定殘差的統計意義。例如當 Δ′ 或 *adj*Δ′ 的絕對值大於 α=.05 的臨界值 1.96 時，表示殘差落於抽樣分配的極端 5% 區域內，如果是單尾檢定，臨界值則為 1.645。當 Δ′ 或 *adj*Δ′ 的絕對值大於 α=.01 的臨界值 2.58 時，表示殘差落於抽樣分配的極端 1% 區域內，這些狀況都反映觀察次數顯著不同於期望次數，亦即殘差顯著不為 0。藉由殘差的計算來說明期望與觀察的落差，並利用標準化殘差來判定殘差的統計意義，稱為殘差分析（residual analysis）。

12.2.4　χ^2 分配與檢定

由於標準化殘差的形式與 z 分數相同，而 z 分數的平方和稱為卡方統計量（chi-square statistic; χ^2），因此標準化殘差平方和也即是 χ^2 值，如公式 12-6 所示：

$$\chi^2 = \sum_{i=1}^{k}(\Delta')^2 = \sum\left(\frac{f_o - f_e}{\sqrt{f_e}}\right)^2 = \sum\frac{(f_o - f_e)^2}{f_e} \tag{12-6}$$

一個隨機變數的 z 分數平方和稱為自由度為 1 的 χ^2 值，記為 $\chi^2_{(1)}$。v 個 z 分數

平方和的加總記為 $\chi^2_{(v)}$ 或 $\chi^2_{(df)}$。由於 χ^2 是 z 分數的平方，因此 χ^2 值的分配為非對稱正偏分配，平均數為 v，變異數為 $2v$。

1876 年，Helmert 首先提出了卡方分配的概念，後由 Pearson 於 1900 年將抽樣分配的概念加入後，應用於假設考驗當中，因此又稱為 Pearson 卡方檢定（Pearson χ^2-test）。在不同自由度的情況下，χ^2 機率分配型態不同，如圖 12.1 所示。

類別變數的統計檢定是基於二項分配原理，若樣本數夠大，二項分配近似常態分配，因此可以利用卡方分配進行檢定。在單因子設計下，一個帶有 k 個水準的類別變數，自由度為 $k-1$，因為在觀察總數 N 不變的情況下，只要 $k-1$ 個水準的次數決定後，最後一組的次數也被決定；換言之，真正具有「自由度」的水準只有 $k-1$ 個，因此單因子 χ^2 檢定的自由度為 $k-1$。例如，如果 $k=3$ 個水準的實驗總數 $N=100$，當前兩組分別為 20 與 70 時，第三組必然為 10；當前兩組分別為 10 與 40 時，第三組必然為 50。

同理，在二因子設計下，A 與 B 因子各帶有 k 個與 l 個水準，兩個變數各有 $(k-1)$ 與 $(l-1)$ 個自由度，$k\times l$ 個細格的 $df=(k-1)(l-1)$，也即是二因子 χ^2 檢定的自由度。

當各細格的觀察值與期望值的殘差越小，作為檢定量的 χ^2_{obt} 值越小，觀察分配與期望分配越接近，兩者適合度越高；相對的，各細格殘差越大時，χ^2_{obt} 值越大，觀察分配與期望分配越偏離，兩者適合度越低。一旦 χ^2_{obt} 值大於臨界值 χ^2_{cv}，或 χ^2_{obt} 值的尾機率低於 α 水準，$p<\alpha$，結果將拒絕 H_0、接受 H_1，判定原則如下：

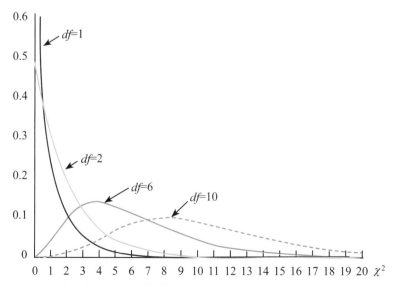

▎圖 12.1　不同自由度下的卡方分配圖示

$$\begin{cases} \chi^2_{obt} \le \chi^2_{cv} & \text{or} \quad p \ge \alpha \quad \text{保留 } H_0 & \text{（觀察分配與期望分配適配）} \\ \chi^2_{obt} > \chi^2_{cv} & \text{or} \quad p < \alpha \quad \text{拒絕 } H_0 \text{、接受 } H_1 & \text{（觀察分配與期望分配不適配）} \end{cases}$$

從程序來看，類別變數的假設檢定應先執行 χ^2 檢定，一旦 χ^2 值達到顯著水準後，再進行事後的比較程序（例如殘差分析）來檢驗各水準或各細格的狀況。換句話說，χ^2 檢定為整體考驗，H_0 被拒絕後需要進行事後分析。

📈 12.3 適合度檢定

最基本的類別變數檢定是單因子檢定，亦即檢驗某一個類別變數的次數分配是否與期望分配相同。如果各水準下的期望機率為 π_0，樣本觀察到的次數或發生機率為 π_i，$i=1, ..., k$，統計假設如下：

$$\begin{cases} H_0 : \pi_i = \pi_e \ \ \forall i & \text{所有水準的觀察機率等於期望機率} \\ H_1 : \pi_i \ne \pi_e \ \ \exists i & \text{任一水準的觀察機率不等於期望機率} \end{cases}$$

舉例來說，某大學圖書館計算某日進館讀書的學生人數，大學部學生有 40 個人，分別是大一至大四者為 10、8、5、17 人，我們是否可以說四個年級的比例不相當呢？亦即期望機率 $\pi_e=1/4=.25$，虛無假設是 $H_0 : \pi_1=\pi_2=\pi_3=\pi_4=\pi_e$。觀察數據與檢定數據列於表 12.1。利用公式 12-6，得到 χ^2_{obt} 如下：

$$\chi^2_{obt(3)} = \frac{(10-10)^2}{10} + \frac{(8-10)^2}{10} + \frac{(5-10)^2}{10} + \frac{(17-10)^2}{10} = 7.8$$

🔵 表 12.1 不同年級大學生到圖書館讀書的比例分析（期望機率為均等分配）

統計量	年級別				
	大一	大二	大三	大四	合計
觀察次數 f_o	10	8	5	17	40
期望機率 π	(.25)	(.25)	(.25)	(.25)	(1.00)
期望次數 f_e	40×.25=10	40×.25=10	40×.25=10	40×.25=10	40
殘差 Δ	0	−2	−5	7	0
標準化殘差 Δ'	$0/\sqrt{10}=0$	$-2/\sqrt{10}=-.632$	$-5/\sqrt{10}=-1.581$	$7/\sqrt{10}=2.213$	0
Δ'^2	0	0.4	2.5	4.9	7.8

註：括弧內的數值為機率值。

此一範例的水準數 $k=4$，自由度為 $4-1=3$，臨界值在 $df=3$，$\alpha=.05$ 時 $\chi^2_{.05(3)}=$ 7.81，因為 $\chi^2_{obt(3)}=7.8 < \chi^2_{.05(3)}=7.81$，或由 EXCEL 函數 CHISQ.DIST.RT(7.8,3) 求出尾機率 $p=.0503 > \alpha=.05$，結論為保留 H_0，亦即去圖書館讀書的不同年級比例並沒有不同。

由於本範例的尾機率已經非常接近顯著水準 $\alpha=.05$，如果增加樣本數，可能會得到拒絕 H_0 的顯著結果。而且從標準化殘差可以看出，大四學生 $\Delta'=2.213$，大於 $z_{.025}=\pm1.96$ 臨界值，表示大四學生上圖書館看書的比例顯著不同於期望值，但是因為整體考驗 χ^2 檢定的結果並沒有統計意義，殘差分析的結果也就沒有統計適當性了。

但如果圖書館館長認為期望機率不應該是四個年級都相等，而是必須反映各年級的人數比例，也就是把全校四個年級學生數比例作為母體，進行檢定才合理。經向教務處註冊組查詢後，得知四個年級的比例分別是 0.27、0.25、0.25、0.23。重新計算的結果如表 12.2 所示。卡方值如下：

$$\chi^2_{obt(3)} = \frac{(10-10.8)^2}{10.8} + \frac{(8-10)^2}{10} + \frac{(5-10)^2}{10} + \frac{(17-9.2)^2}{9.2} = 9.572$$

臨界值不變 $\chi^2_{obt(3)}=9.572 > \chi^2_{.05(3)}=7.81$，由 EXCEL 函數 CHISQ.DIST.RT(9.572,3) 求出尾機率 $p=.0231 < \alpha=.05$，結論為拒絕 H_0，亦即去圖書館讀書的不同年級比例不同，兩次卡方檢定的結果如圖 12.2 所示。

進一步從標準化殘差可以看出，大四學生 $|\Delta'=2.572| > |z_{.025}=\pm1.96|$，表示大四學生上圖書館看書的比例顯著不同於期望值，另外三個年級則無顯著不同，此時進行殘差分析就有統計意義了。

表 12.2 不同年級大學生到讀書館讀書的比例分析（期望機率為學校母體）

統計量	年級別				
	大一	大二	大三	大四	合計
觀察次數 f_o	10	8	5	17	40
期望機率 π	(.27)	(.25)	(.25)	(.23)	(1.00)
期望次數 f_e	$40\times.27=10.8$	$40\times.25=10$	$40\times.25=10$	$40\times.23=9.2$	40
殘差 Δ	-0.8	-2	-5	7.8	0
標準化殘差 Δ'	$-0.8/\sqrt{10.8}=$ -0.243	$-2/\sqrt{10}=$ -0.632	$-5/\sqrt{10}=$ -1.581	$7.8/\sqrt{9.2}=$ 2.572	0.116
Δ'^2	0.059	0.400	2.500	6.613	9.572

註：括弧內的數值為機率值。

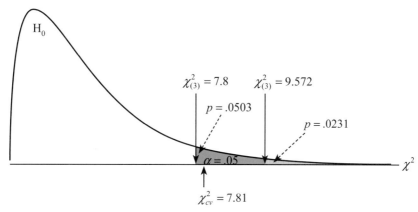

$\chi^2_{(3)} = 7.8$ 　　$\chi^2_{(3)} = 9.572$

$p = .0503$

$p = .0231$

$\alpha = .05$

$\chi^2_{cv} = 7.81$

▐▌ 圖 12.2 卡方檢定的結果圖示

範例 12.1 | **單因子 χ^2 檢定**

某位老師想要瞭解班上學生對於 A 至 E 五種手機品牌的偏好，因此詢問 50 位學生所偏好的是何者，分別為 A:12、B:14、C:9、D:5、E:10，請問學生們是否有特殊的品牌偏好？

步驟一：發展假設

$$\begin{cases} \mathrm{H}_0 : \pi_i = \pi_e \ \forall i & \text{觀察機率等於期望機率} \\ \mathrm{H}_1 : \pi_i \neq \pi_e \ \exists i & \text{觀察機率不等於期望機率} \end{cases}$$

步驟二：評估抽樣條件

本範例變數為「手機品牌」，共有五個水準，亦即 $k=5$ 的次數分配資料，$N=50$。

步驟三：決定檢定條件

使用 $\chi^2_{(4)}$ 分配來進行檢定。$\alpha=.05$，查附錄 D 可得到臨界值為 $\chi^2_{.05(4)}$ $=9.49$。

步驟四：計算檢定量

品牌	A	B	C	D	E
觀察次數 f_o	12	14	9	5	10
期望機率	(.20)	(.20)	(.20)	(.20)	(.20)
期望次數 f_e	10	10	10	10	10
殘差 Δ	+2	+4	−1	−5	0
標準化殘差 Δ'	+0.632	+1.265	−0.316	−1.581	0

將標準化殘差取平方和，得到自由度為 $k-1=5-1=4$ 的 χ^2 檢定量：

$$\chi^2_{obt(4)} = \sum \Delta'^2 = .632^2 + 1.265^2 + (-.316)^2 + (-1.581)^2 + 0 = 4.60$$

以 EXCEL 的 CHISQ.DIST.RT(4.6,4) 求得 $\chi^2_{obt(4)} = 4.60$ 的尾機率 $p=$ .331。

步驟五：進行決策與解釋

∵ $\chi^2_{obt(4)} = 4.60 < \chi^2_{.05(4)} = 9.49$，$p=.331 > \alpha=.05$

∴接受 H_0，亦即五種手機品牌的觀察值與期望值相同，學生並無特殊品牌偏好。

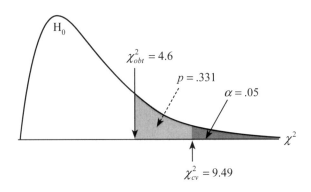

12.4 獨立性檢定

12.4.1 整體考驗：χ^2 檢定

如果今天研究者所關心的是兩個類別變數之間是否具有特殊關係，將會涉及兩因子列聯表各細格的殘差運算。而各細格的期望值是基於獨立事件乘法律所計算得出，細格觀察次數與細格期望次數的差距（殘差）除了反映各細格偏離期望值的程度之外，若將所有細格的殘差加以整合，可作為兩個因子是否獨立的檢定。統計假設如下：

$$\begin{cases} H_0 : \pi_{ij} = \pi_e \ \forall ij & \text{所有細格機率等於期望機率（兩因子具有獨立性）} \\ H_1 : \pi_{ij} \neq \pi_e \ \exists ij & \text{任一細格機率不等於期望機率（兩因子具有相依性）} \end{cases}$$

如果先前的圖書館調查資料中也蒐集了性別資訊，就可以進行「性別」與「年級」兩個變數是否獨立或相依的假設檢定（如表 12.3）。過程中必須計算邊際機

率、期望機率，求出期望次數後，同樣是利用公式 12-6 求得 χ^2_{obt} 如下：

$$\chi^2_{obt(3)} = \frac{(7-3.5)^2}{3.5} + \frac{(2-2.8)^2}{2.8} + \frac{(0-1.75)^2}{1.75} + \frac{(5-5.95)^2}{5.95}$$
$$+ \frac{(3-6.5)^2}{6.5} + \frac{(6-5.2)^2}{5.2} + \frac{(5-3.25)^2}{3.25} + \frac{(12-11.05)^2}{11.05} = 8.662$$

增加性別因子的卡方分配自由度不變，因為性別組數 $l=2$，因此 $df=(k-1)(l-1)$ $=3 \times 1=3$，因此臨界值仍為 $\chi^2_{.05(3)}=7.81$。因此 $\chi^2_{obt(3)}=8.662 > \chi^2_{.05(3)}=7.81$，或由 EXCEL 函數 CHISQ.DIST.RT(8.662,3) 求出尾機率 $p=.034 < \alpha=.05$，結論為拒絕 H_0，亦即去圖書館讀書的不同年級與性別兩個變數具有相依性，兩者並非獨立。也因此必須進行事後檢定，亦即殘差分析，據以判定是哪一個細格特別不同。

12.4.2　事後考驗：殘差分析

由於本範例是一個二因子檢定，因此列聯表中的殘差數據必須詳細計算，由於「性別」與「年級別」兩個因子的邊際機率都不是均等分配，各細格的期望機率都不同，也因此期望值、殘差、標準化殘差、甚至於調整標準化殘差，都必須依照邊際機率來運算。

以大一男性為例，細格期望機率為相對應的邊際機率相乘：$\pi=P$（大一）$\times P$（男性）$=.35 \times .25=.088$，期望次數 $f_e=N\pi=3.5$。進一步的，觀察次數為 7 位，與期望次數的差距（殘差）為 3.5，將殘差除以期望次數的根號值得到標準化殘差為 1.871：

$$\Delta'_{大一男性} = \frac{f_o - f_e}{\sqrt{f_e}} = \frac{7-3.5}{\sqrt{3.5}} = \frac{3.5}{1.871} = 1.871$$

再以公式 12-5 進行修正後，得到調整標準化殘差為 $adj\Delta'=2.679$：

$$adj\Delta'_{大一男性} = \frac{f_o - f_e}{\sqrt{f_e(1-P_i)(1-P_j)}} = \frac{7-3.5}{\sqrt{3.5(1-.35)(1-.25)}} = \frac{3.5}{1.306} = 2.679$$

很明顯的，如果是利用標準化殘差來進行殘差分析，因為 $|\Delta'=1.871| < |z_{.025}=\pm 1.96|$，無法推翻虛無假設 $H_0: \Delta=0$，但如果使用調整標準化殘差，$adj\Delta'=2.679$ 則會大於臨界值，虛無假設被拒絕，顯示大一男生去圖書館讀書的殘差顯著不為 0，從 $adj\Delta'$ 的係數為正可知觀察次數高於期望次數，顯示大一男生去圖書館的機率顯著較高。相對之下，大一女生去圖書館的機率顯著低於期望。

至於其他六個細格殘差則都沒有顯著意義，因為不論是 Δ' 或 $adj\Delta'$ 都沒有達到

表 12.3　年級別×性別的列聯表數據

性別　　統計量	年級別				合計（P_j）
	大一	大二	大三	大四	
男生					
觀察次數 f_o	7	2	0	5	14
期望機率 π_e	(.088)	(.070)	(.044)	(.149)	(.35)
期望次數 f_e	3.5	2.8	1.75	5.95	
殘差 Δ	3.5	−0.8	−1.75	−0.95	
標準化殘差 Δ'	1.871	−0.478	−1.323	−0.389	
調整殘差 $adj\Delta'$	**2.679**	−0.663	−1.754	−0.637	
女生					
觀察次數 f_o	3	6	5	12	26
期望機率 π_e	(.163)	(.130)	(.081)	(.276)	(.65)
期望次數 f_e	6.5	5.2	3.25	11.05	
殘差 Δ	−3.5	0.8	1.75	0.95	
標準化殘差 Δ'	−1.373	0.351	0.971	0.286	
調整殘差 $adj\Delta'$	**−2.679**	0.663	1.754	0.637	
合計	10	8	5	17	40
邊際機率（P_i）	(.25)	(.20)	(.125)	(.425)	(1.00)

註：括弧內的數值為機率值。

$\alpha=.05$ 的顯著水準。但如果改用單尾 z 檢定，右尾臨界值 $z_{.05}=1.645$，大三女生的 $|adj\Delta'=1.754| > |z_{.05}=1.645|$，表示顯著高於期望值，亦即大三女生上圖書館的機率較期望為高，相對之下，大三男生上圖書館的機率較期望為低，因為 $|adj\Delta'=-1.754| > |z_{.05}=-1.645|$，達到單尾 z 檢定的 .05 顯著水準。換言之，共有四個細格的殘差具有特殊意義。

　　事實上，若單純以人數來看，大四女生上圖書館的人數 12 人最多，但因為女生的邊際次數原本就高於男性，大四學生的邊際次數也很高，因此大四女生細格的期望次數也達到 11.05，造成殘差很小而沒有統計意義。另外值得注意的是，由於本範例總人數僅有 40 人，區分成八個細格後各細格的人數都偏低，因此殘差分析所仰賴的常態分配假設就可能不成立，所得到的 z 檢定結果就值得存疑，統計檢定力也很低。最好的方式是增加樣本數，使各細格的檢驗有足夠的樣本數來確保統計檢定力。

| 範例 12.2 | 獨立性 χ^2 檢定 |

二因子 χ^2 檢定是應用於同時帶有兩個類別變數的列聯表分析。若同樣以手機品牌偏好為例，如果 50 位學生所使用的手機品牌區分成性別來進行列表，得到下列數據，請問性別與品牌之間是否有所關聯？

品牌	A	B	C	D	E	合計
女生	10	1	1	5	8	25
男生	2	13	8	0	2	25
合計	12	14	9	5	10	50

步驟一：發展假設

$$\begin{cases} H_0 : \pi_{ij} = \pi_e & \text{各細格次數與期望值相等} \\ H_1 : \pi_{ij} \neq \pi_e & \text{各細格次數與期望值不相等} \end{cases}$$

步驟二：評估抽樣條件

本範例包含兩個因子：手機品牌（$k=5$）與性別（$l=2$），構成一個 5×2 的列聯表，$df = (5-1) \times (2-1) = 4$。

步驟三：決定檢定條件

使用 $\chi^2_{(4)}$ 分配來進行檢定。$\alpha = .05$，查附錄 D 可得到臨界值仍為 $\chi^2_{.05(4)} = 9.49$。

步驟四：計算檢定量

1. 期望值 f_e：在完全隨機的情形下，10 個細格的期望次數為 NP_iP_j。
2. 計算殘差 Δ 與標準化殘差 Δ'：將觀察次數減去期望次數即得到殘差 Δ，若將殘差除以期望值的開根號，得到標準化殘差 Δ'。結果如下：

性別	品牌	A	B	C	D	E	合計
女生	觀察次數 f_o	10	1	1	5	8	25
	期望機率 π_e	(.12)	(.14)	(.09)	(.05)	(.10)	(.50)
	期望次數 f_e	6.0	7.0	4.5	2.5	5.0	
	殘差 Δ	4.0	−6.0	−3.5	2.5	3.0	
	標準化殘差 Δ'	1.6	−2.3	−1.6	1.6	1.3	
男生	觀察次數 f_o	2	13	8	0	2	25
	期望機率 π_e	(.12)	(.14)	(.09)	(.05)	(.10)	(.50)
	期望次數 f_e	6.0	7.0	4.5	2.5	5.0	
	殘差 Δ	−4.0	6.0	3.5	−2.5	−3.0	
	標準化殘差 Δ'	−1.6	2.3	1.6	−1.6	−1.3	
合計	觀察次數 f_o	12	14	9	5	10	50
	邊際機率 P	(.24)	(.28)	(.18)	(.10)	(.20)	(1.00)

3. 計算 χ^2 檢定量

$$\chi^2_{(4)} = 1.6^2 + (-2.3)^2 + (-1.6)^2 + 1.6^2 + 1.3^2 + (-1.6)^2 + 2.3^2 + 1.6^2$$
$$+ (-1.6)^2 + (-1.3)^2 = 29.66$$

以 EXCEL 的 CHISQ.DIST.RT(29.66,4)，求得 $\chi^2_{(4)}$=29.66 的尾機率 p=6×10⁻⁶。

步驟五：進行決策與解釋

∵ $\chi^2_{obt(4)}$=29.66 > $\chi^2_{.05(4)}$=9.49，p=6×10⁻⁶ < α=.05

∴ 拒絕 H_0、接受 H_1，亦即性別與手機品牌之間不獨立，不同性別對於手機品牌偏好有所不同。

由標準化殘差可知，不同性別者在 B 品牌的偏好最為明顯：女生（Δ'= −2.3）顯著低於期望值，男生（Δ'=2.3）顯著高於期望值。

📈 12.5 同質性檢定

12.5.1 整體考驗：χ^2 檢定

關於類別變數另一種型態的二因子檢定，是檢驗不同母體的比例是否相同，亦即對於比例同質性的檢驗。其中一個因子（A）是多重母體，i=1, ..., k，另一個因

子（B）是不同反應類型，j=1, ..., l。例如對於某政策是否支持，或是不同選項的偏好度，因此雖然兩因子的次數資料也是利用列聯表來呈現，但是統計假設的寫法有所不同。如果研究者想要比較 k 個母體（A 因子）在某項作答反應（B 因子）上的比例差異，統計假設如下：

$$\begin{cases} \text{H}_0 : \pi_i = \pi_i \; \forall_i & \text{各組比例相等（比例具同質性）} \\ \text{H}_1 : \pi_i \neq \pi_i \; \exists_i & \text{任一組比例不相等（比例具異質性）} \end{cases}$$

　　為了便於比較，將先前表 12.3 的數據略微更動，將性別因子改成對學校某項政策的支持度，亦即是否支持，資料內容不變，因此仍然是一個 4×2 的列聯表，如表 12.4 所示。虛無假設是四個年級（i=1, ..., 4）學生對於政策「是」支持的比例相同：$\text{H}_0 : \pi_1 = \pi_2 = \pi_3 = \pi_4$，亦即各學生母體的政策支持比例具有同質性，相對之下，只要任何一個母體的學生支持度不同，虛無假設就被拒絕，亦即各母體的支持比例具有異質性。

　　若將「支持」（j=1）政策者的母體機率定義成 π，「反對」（j=2）政策者的母體機率就是 $1-\pi$。在樣本資料當中，若各母體回答「支持」的人數分別為 n_1、n_2、n_3、n_4，亦即 7、2、0、5，將其加總後除以總人數就是母體的整體比例估計數（estimated overall proportion），以 $\overline{p}_{j=1}$ 表示，也就是 j=1 邊際機率：

$$\overline{p}_{j=1} = \frac{n_1 + n_2 + n_3 + n_4}{N} = \frac{n_{j=1}}{N} = P_{j=1}$$

$$= \frac{7+2+0+5}{40} = \frac{14}{40} = .35 \tag{12-7}$$

表 12.4　不同年級大學生對於政策支持度的比例分析

（B）政策支持度 j=1, ..., l		（A）年級別 i=1, ..., k				合計 （P_j）
		大一	大二	大三	大四	
是（支持）	f_o	7	2	0	5	14
	$p_{i(j=1)}$	(.70)	(.25)	(.00)	(.294)	(.35)
否（反對）	f_o	3	6	5	12	26
	$p_{i(j=2)}$	(.30)	(.75)	(1.00)	(.706)	(.65)
合計		10	8	5	17	40
邊際機率	P_i	(.25)	(.20)	(.125)	(.425)	(1.00)

各母體下的樣本「支持」者的期望值，亦即細格期望機率，也正是母體機率估計值與邊際機率的乘積：$\pi_{ij} = P_i P_j$，乘以總人數就是期望次數，與先前估計細格期望次數的公式 12-2 完全相同。

換言之，雖然同質性檢定與獨立性檢定的假設觀點不同，但數學運算原理與結果相同，也因此檢定的結果相同，亦即 $\chi^2_{obt(3)}=8.662 > \chi^2_{.05(3)}=7.81$，$p=.034 < \alpha=.05$，結論為拒絕 H_0，亦即不同年級學生母體在該項政策的支持比例不同，沒有同質性。

12.5.2 事後考驗：Marascuilo 程序

同質性檢定所關心的是 k 個母體抽樣樣本的比例是否相同，如果拒絕 H_0 之後的後續比較不是針對 $k \times l$ 的每一個細格殘差進行討論，而是檢定 k 個樣本百分比的兩兩配對比較：$p_i - p_i'$ 是否具有顯著差異，稱為 Marascuilo 程序（Marascuilo procedure）。檢定方式是將兩樣本比例的絕對差異（absolute difference; AD），亦即 AD=$|p_i - p_i'|$，與臨界距離（critical range; CR）相比，公式如下：

$$CR = \sqrt{\chi^2_{cv}\left[\left(\frac{p_i(1-p_i)}{n_i}\right) + \left(\frac{p_{i'}(1-p_{i'})}{n_{i'}}\right)\right]} \tag{12-8}$$

若 AD > CR，表示兩個樣本比例的差異具有統計意義，相對的，若 AD < CR，表示兩個樣本比例的差異沒有統計意義。以範例資料的數據來看，四個年級的觀察數據對於支持政策的比例 Marascuilo 程序列舉如下，其中僅有一組配對（大一對大三 AD$_{13}$=0.70 > CR$_{13}$=0.405）達到 α=.05 顯著水準，其他各組配對則無統計意義。

大一：大二	p_1=.70: p_2=.25	AD$_{12}$=|.700–.250|=0.450	<	CR$_{12}$=0.589
大一：大三	p_1=.70: p_3=.00	AD$_{13}$=|.700–.000|=0.700*	>	CR$_{13}$=0.405
大一：大四	p_1=.70: p_4=.294	AD$_{14}$=|.700–.294|=0.406	<	CR$_{14}$=0.509
大二：大三	p_2=.25: p_3=.00	AD$_{23}$=|.250–.000|=0.250	<	CR$_{23}$=0.428
大二：大四	p_2=.25: p_4=.294	AD$_{24}$=|.250–.294|=0.044	<	CR$_{24}$=0.528
大三：大四	p_3=.00: p_4=.294	AD$_{34}$=|.000–.294|=0.294	<	CR$_{34}$=0.309

關於 Marascuilo 程序的運算雖然並不複雜，但是臨界距離（CR）的查找必須仰賴卡方分配並加以計算，可以參酌本章最後所提供的 R 指令來進行電腦查表運算，提高運算效率。

EXCEL 小幫手

如何使用 EXCEL 來執行類別變數分析

一、EXCEL 的單因子卡方檢定（適合度檢定）（表 12.1 範例資料）

■建立資料檔案（表 12.1 的範例數據）

SUM		▾	⋮	✕	✓	f_x	=CHISQ.TEST(B2:E2,B3:E3)			▾
	A	B	C	D	E	F	G	H	I	J
1		大一	大二	大三	大四	合計				
2	觀察次數 f_o	10	8	5	17	40				
3	期望次數 f_e	10	10	10	10	40				
4	$p=$	=CHISQ.TEST(B2:E2,B3:E3)								
5		CHISQ.TEST(actual_range, expected_range)								
6										

1. 依照資料格式將觀察次數逐一鍵入 B2 至 E2 儲存格。

2. 計算期望次數於 B3 至 E3 儲存格。

■求出卡方檢定結果

1. 作法：利用 CHISQ.TEST 函數求出卡方檢定的尾機率

　在儲存格 B5 鍵入 =CHISQ.TEST 後，框選觀察值儲存格區域 (B2:E2) 與期望次數儲存格區域 (B3:E3)，得到卡方檢定尾機率 p=0.0503。

B5		▾	⋮	✕	✓	f_x	=CHISQ.INV.RT(B4,3)			▾
	A	B	C	D	E	F	G	H	I	J
1		大一	大二	大三	大四	合計				
2	觀察次數 f_o	10	8	5	17	40				
3	期望次數 f_e	10	10	10	10	40				
4	$p=$	0.0503								
5	$Chi\text{-}square=$	=CHISQ.INV.RT(B4,3)								
6		CHISQ.INV.RT(probability, deg_freedom)								

2. 作法：利用 CHISQ.INV.RT 函數求出卡方檢定尾機率值的卡方值

　在儲存格 B6 鍵入 =CHISQ.INV.RT 後，在括弧內框選尾機率值 B4，輸入逗號，再輸入自由度 3。

3. 得到結果 chi-square=7.8，此即單因子卡方檢定結果：

4	$p=$	0.0503
5	$Chi\text{-}square=$	7.8

卡方檢定結果為 $\chi^2_{(3)}$=7.8，p=.0503，未達 .05 顯著水準。因此接受 H_0，觀察次數與期望次數沒有顯著差異。可自行對照第 12.3 節的解釋與說明。

二、EXCEL 的二因子卡方檢定（表 12.3 範例資料）

■建立資料檔案（表 12.3 的範例數據）

1. 依照資料格式將列聯表細格觀察次數逐一鍵入 C3 至 F4 儲存格。
2. 於 C6 至 F7 儲存格計算期望次數，例如：大一男生 =(G14/40)*(C5/40)*40 得到 3.5。

■求出卡方檢定結果

1. 利用 CHISQ.TEST 函數求出卡方檢定的尾機率

作法：在儲存格 C9 鍵入 =CHISQ.TEST 後，框選觀察值儲存格區域 (C3:F4) 與期望次數儲存格區域 (C6:F7)，得到卡方檢定尾機率 p=0.0341。

2. 利用 CHISQ.INV.RT 函數求出卡方檢定尾機率值的卡方值

　　作法：在儲存格 C10 鍵入 =CHISQ.INV.RT 後，框選尾機率值 C9 與自由度 3。

3. 得到結果 chi-square=8.6619，此即二因子卡方檢定的結果：

9	$p =$	0.0341			
10	$Chi\text{-}square =$	8.6619			

　　卡方檢定結果為 $\chi^2_{(3)}$=8.6619，p=.0341，達 .05 顯著水準，因此拒絕 H_0，觀察次數與期望次數具有顯著差異，性別與年級別不獨立。可自行對照第 12.3 節的解釋與說明。

使用 R 來進行類別變數檢定

一、R 的適合度檢定（表 12.1 範例資料）

在 R 軟體中進行單一因子的適合度檢定，可利用套件 car。語法與結果如下：

```
> # Chapter12: categorical data analysis
>   # ************************
> # PART1 Test for Goodness of fit
> library(openxlsx)
> data1 = read.xlsx("Ch12EXCEL.xlsx", 1)    #使用openxlsx讀取工作表1
> # install.packages("car")
> library(car)
> data1$x<- recode(data1$Grade,"1='大一';2='大二';3='大三';4='大四'")
> table1 <-table(data1$x)
> table1


大一     大二     大三     大四
  10       8        5       17


> test1  <-chisq.test(table1, p=c(.25,.25,.25,.25)) #Chi-squared Test
> test1

        Chi-squared test for given probabilities

data:  table1
X-squared = 7.8, df = 3, p-value = 0.05033

> fo     <-test1$observed              #show observed counts
> fe     <-test1$expected              #show expected counts
> std.d <-round(test1$residuals,4)     #show Pearson residuals
> Result1 <-data.frame(fo, fe, std.d)  #create a table
> Result1

        Var1     Freq       fe       Var1.1     Freq.1
大一     大一      10       10        大一       0.0000
大二     大二       8       10        大二      -0.6325
大三     大三       5       10        大三      -1.5811
大四     大四      17       10        大四       2.2136
```

二、R 的二因子卡方檢定（表 12.3 範例資料）

```
> # ************************
> # PART2 Test for independence
> library(openxlsx)
> data2 = read.xlsx("Ch12EXCEL.xlsx", 2)   #使用openxlsx讀取工作表2
> data2$x<- recode(data2$grade,"1='大一';2='大二';3='大三';4='大四'")
> data2$y<- recode(data2$gender,"1='男';2='女'")
> #install.packages("DescTools")
> table2 <-table(data2$x, data2$y)         #create contingency table
> table2

        女    男
大一    3     7
大二    6     2
大三    5     0
大四    12    5

> test2 <- chisq.test(table2, correct=FALSE)
> test2

        Pearson's Chi-squared test

data: table2
X-squared = 8.6619, df = 3, p-value = 0.03414

> fo    <-test2$observed              #show observed counts
> fe    <-test2$expected              #show expected counts
> std.d <-round(test2$residuals,4)    #show Pearson residuals
> Result2 <-data.frame(fo, fe, std.d) #create a table
> Result2

    Var1   Var2   Freq    女      男     Var1.1   Var2.1   Freq.1
1   大一    女     3      6.50    3.50    大一      女      -1.3728
2   大二    女     6      5.20    2.80    大二      女       0.3508
3   大三    女     5      3.25    1.75    大三      女       0.9707
4   大四    女     12     11.05   5.95    大四      女       0.2858
5   大一    男     7      6.50    3.50    大一      男       1.8708
6   大二    男     2      5.20    2.80    大二      男      -0.4781
7   大三    男     0      3.25    1.75    大三      男      -1.3229
8   大四    男     5      11.05   5.95    大四      男      -0.3895

> # ***************************
> # Part3 Marascuilo程序
> ## Set the proportions of interest.
> Ntotal=40                        #輸入總次數或Ntotal=sum(fo)
```

```
> n1=10                              #輸入各組邊際次數
> n2=8
> n3=5
> n4=17
> cn=c(n1,n2,n3,n4)                  #將各組邊際次數轉成數列
> p1=7/n1                            #求取各組機率AD
> p2=2/n2
> p3=0/n3
> p4=5/n4
> p=c(p1,p2,p3,p4)                   #將各組機率AD轉成數列
> k=length(p)                        #計算機率個數
> value = cv = tag = c()
> categories <- c("大一", "大二", "大三", "大四")
>
> ## Compute critical values計算臨界值CR
> for (i in 1:(k-1))
+ { for (j in (i+1):k)
+   {
+   value = c(value,(abs(p[i]-p[j])))
+   cv = c(cv,
+    sqrt((qchisq(.95,k-1))*((p[i]*(1-p[i])/cn[i]+p[j]*(1-p[j])/
     cn[j]))))
+   tag = c(tag, paste(categories[i], categories[j], sep = "-"))
+   }
+ }
> Sig <- ifelse(value > cv, "*Sign","Non-sign")
> AD <- round(as.numeric(value),3)
> CR <- round(as.numeric(cv),3)
> as.data.frame(cbind(AD, CR, tag, Sig), stringsAsFactors = F)

      AD      CR       tag        Sig
1   0.450   0.589   大一-大二   Non-sign
2   0.700   0.405   大一-大三    *Sign
3   0.406   0.509   大一-大四   Non-sign
4   0.250   0.428   大二-大三   Non-sign
5   0.044   0.528   大二-大四   Non-sign
6   0.294   0.309   大三-大四   Non-sign
```

本章重要概念

母數檢定 parametric test	同質性檢定 test for homogeneity
無母數檢定 nonparametric test	殘差分析 residual analysis
卡方檢定 chi-square test	標準化殘差 standardized residual
適合度檢定 goodness-of-fit test	調整標準化殘差
獨立性檢定 test of independence	adjusted standardized residual

課後習作

一、某網拍公司銷售某一款特殊設計的筆記本，共有紅、橙、黃、綠、藍、靛、紫七色，某月共銷售 140 本，各顏色的銷售量如下：

紅	橙	黃	綠	藍	靛	紫
11	15	14	28	23	25	24

如果老闆想要知道不同顏色的筆記本的銷售狀況是否相當，請回答下列問題：

1. 各種顏色的期望值為何？

2. 不同顏色筆記本銷售狀況相當的假設的檢定稱為什麼檢定？結果如何？

3. 哪一（幾）種顏色的筆記本的銷售最特殊？

二、某網拍公司銷售某一款特殊設計的筆記本，某月共銷售130本，冷暖兩色系購買者的性別數據如下：

冷色系		暖色系	
女生	男生	女生	男生
25	15	40	50

1. 請將性別與色系資料整理成列聯表的形式。

2. 消費者對於筆記本顏色的偏好是否有性別差異呢？請回答下列問題：

   (1) 消費者對於筆記本顏色的偏好是否有性別差異的檢定，稱為什麼檢定？

   (2) 各種銷售狀況的期望值為何？

   (3) 檢定結果如何？

   (4) 哪一種銷售狀況最特別？

各章習題參考答案

📈 CH1 統計學概說

一、略。

二、略。

三、略。

四、1. 略。

　　2. 舉例

　　　　描述統計：想要瞭解班上 50 位同學之平均身高與體重。

　　　　推論統計：由某班學生資料來推知全國中學生的平均身高與體重。

五、略。

📈 CH2 變數與測量

一、略。

二、略。

三、略。

四、舉例

　　名義尺度：性別——男、女

　　順序尺度：教育程度——研究所以上、大專、高中職、國中、國小及以下

　　等距尺度：溫度

　　比率尺度：薪水

五、略。

📈 CH3 次數分配與統計圖表

一、類別變數的次數分配與圖示

　　1. 手機品牌次數分配表

品牌	次數	相對次數	百分比
A	9	.45	45
B	4	.20	20
C	4	.20	20
D	3	.15	15
總和	20	100	100

2. 相對次數即為機率。

3. 手機品牌長條圖

4. 手機品牌圓餅圖

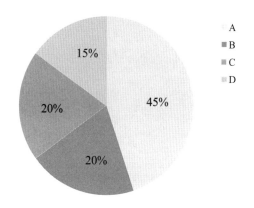

二、連續變數的次數分配與圖示

1. 年齡莖葉圖 Stem-and-Leaf Plot

Frequency	Stem &	Leaf
7.00	2 .	6778899
8.00	3 .	01123344
5.00	3 .	55688
3.00	4 .	012
1.00	4 .	5

2. 年齡分組次數分配

組段外顯界限	真實界限		組中點	次數	百分比	累積百分比
	下限	上限				
45-49	44.5	49.5	47	1	4.2	100.0
40-44	39.5	44.5	42	3	12.5	95.8
35-39	34.5	39.5	37	5	20.8	83.3
30-34	29.5	34.5	32	8	33.3	62.5
25-29	24.5	29.5	27	7	29.2	29.2
總和				24	100.0	

3. 直方圖

CH4 描述統計量數

一、描述統計

1. 小男生：平均數=17，中位數=18，眾數=18

小女生：平均數=13，中位數=14，眾數=17

2. 略。

3. 略。

4. 小男生：全距=6，變異數=4.00，標準差=2.00

小女生：全距=9，變異數=11.20，標準差=3.35

5. 略。

6. 最大：ID=5，最小：ID=7

二、四大量數

1. 略。

2. 略。

 CH5 相對量數與標準分數

一、相對地位量數

ID	小男生		小女生		全體	
	X	z	X	z	X	z
1	13	−2	8	−1.494	8	−1.984
2	15	−1	9	−1.195	9	−1.692
3	16	−0.5	10	−0.896	10	−1.400
4	17	0	11	−0.598	11	−1.109
5	18	0.5	11	−0.598	11	−1.109
6	18	0.5	14	0.299	13	−0.525
7	18	0.5	14	0.299	14	−0.233
8	19	1	15	0.598	14	−0.233
9	19	1	17	1.195	15	0.058
10			17	1.195	15	0.058
11			17	1.195	16	0.350
12					17	0.642
13					17	0.642
14					17	0.642
15					17	0.642
16					18	0.934
17					18	0.934
18					18	0.934
19					19	1.225
20					19	1.225
Mean=	17	0	13	0	14.8	0
s=	2	1	3.347	1	3.427	1

1. 16 公斤的小男生

在男生中排序第 3 位，$N_{PR} = 3$ $\Rightarrow$ $PR_3 = \dfrac{3}{9+1} \times 100 = 30$

在全體中排序第 11 位，$N_{PR} = 11$ $\Rightarrow$ $PR_{11} = \dfrac{11}{20+1} \times 100 = 52.38 \approx 52$

2. 全體

$$P_{50} \Rightarrow N_{50} = (20+1) \times \frac{50}{100} = 10.5$$

$$\Rightarrow P_{50} = X_{10} + .5 \times (X_{11} - X_{10}) = 15 + .5 \times (16 - 15) = 15.5$$

3. 小女生

$$Q_1 = P_{25} \Rightarrow N_{25} = (11+1) \times \frac{25}{100} = 3 \Rightarrow p = 3 \text{、} q = 0$$

$$\Rightarrow P_{25} = X_3 = 10$$

$$Q_3 = P_{75} \Rightarrow N_{75} = (11+1) \times \frac{75}{100} = 9 \Rightarrow p = 9 \text{、} q = 0$$

$$\Rightarrow P_{75} = X_9 = 17$$

4. 5 個為正值，3 個為負值，1 個 0。正值代表高於男生平均體重，負值代表低於男生平均體重。

5. 15 公斤在小男生中的 $z=-1$，在小女生中的 $z=0.958$。兩者數值不同。表示同樣是 15 公斤的體重，在小男生當中相對較輕，在小女生當中相對較重。相同的 z 分數在不同性別當中的體重不同，顯示在不同群體當中相同的相對地位下，體重的原始數值並不相同。

6. 15 公斤在小男生：$T=50+10 \times (-1)=40$，小女生：$T=50+10 \times (0.598)=55.98$

$T=40$ 表示低於平均數一個標準差，$T=55.98$ 表示高於平均數 0.598 個標準差。

二、標準分數與標準常態分配

1. $z_{職員} = \dfrac{35000 - 27694.45}{7062.258} = 1.034$

$z_{保全} = \dfrac{35000 - 30938.89}{2114.616} = 1.920$

$z_{管理} = \dfrac{35000 - 55264.51}{9378.448} = -2.161$

$z_{全體} = \dfrac{35000 - 31626.39}{11854.009} = .285$

2. 職員 $1-.8495=.1505$，15.05% 為高薪者。

保全 $1-.9726=.0274$，2.74% 為高薪者。

管理 $1-.0154=.9846$，98.46% 為高薪者。

全體 $1-.6120=.3880$，38.8% 為高薪者。

CH6 抽樣與估計

一、抽樣原理

　　1. 簡單隨機抽樣。

　　2. 系統隨機抽樣。

　　3. 分層隨機抽樣。

　　4. 叢集隨機抽樣。

　　5. 略。

二、抽樣分配原理

　　1 臺灣民眾使用某種特殊醫療資源的年齡分布情形。μ=50，σ=6。

　　2. 某大型醫院某個月使用該項醫療資源的 16 位病患的年齡分布情形。$\bar{X}$=54，
　　　s=9。

　　3. 16 位病患平均年齡的分布。$\mu_{\bar{X}} = 50$，$\sigma_{\bar{X}} = \sigma / \sqrt{N} = 6 / \sqrt{16} = 1.5$。

　　4. 抽樣分配最可能符合常態分配。

　　5. 抽樣分配與中央極限定理有關。

三、平均數的區間估計

　　1. 95% CI=[51.06,56.94]

　　2. 95% CI=[49.21,58.80]

　　3. 95% CI=[53.07,54.93]

　　　95% CI=[52.49,55.51]（如果查表取 df=150，得到 95% CI=[52.59,55.40]）

　　4. 略。

四、百分比的區間估計

　　95% CI=[.74,.86]

CH7 假設檢定原理

一、假設檢定原理

　　1. (1) H_0：μ=50

　　　　　H_1：$\mu \neq 50$

　　　(2) 雙尾檢定

　　　(3) z 檢定量

　　　(4) 單樣本檢定

2. (1) $H_0 : \mu \geq 500$

$\quad H_1 : \mu < 500$

(2) 單尾檢定

(3) t 檢定量

(4) 單樣本檢定

3. (1) $H_0 : \mu_1 \leq \mu_2$ or $(\mu_1 - \mu_2) \leq 0$

$\quad H_1 : \mu_1 > \mu_2$ or $(\mu_1 - \mu_2) > 0$

(2) 單尾檢定

(3) z 檢定量

(4) 雙樣本檢定

4. (1) $H_0 : \mu_1 \leq \mu_2$ or $(\mu_1 - \mu_2) \leq 0$

$\quad H_1 : \mu_1 > \mu_2$ or $(\mu_1 - \mu_2) > 0$

(2) 單尾檢定

(3) t 檢定量

(4) 雙樣本檢定

二、單樣本平均數雙尾檢定（母體 σ 已知）

1. $\sigma_{\bar{X}} = \dfrac{\sigma}{\sqrt{n}} = \dfrac{6}{\sqrt{16}} = 1.5$

2. $z_{obt} = \dfrac{\bar{X} - \mu_{\bar{X}}}{\sigma_{\bar{X}}} = \dfrac{\bar{X} - \mu_{\bar{X}}}{\dfrac{\sigma}{\sqrt{n}}} = \dfrac{54 - 50}{1.5} = \dfrac{4}{1.5} = 2.67$

因為 $|z_{obt} = 2.67| > |\pm z_{.025} = \pm 1.96|$，結論為拒絕 H_0、接受 H_1。

3. 因為 $|z_{obt} = 2.67| > |\pm z_{.005} = \pm 2.58|$，結論為拒絕 H_0、接受 H_1。

4. 型 I 錯誤（type I error）。機率為指定機率。

5. 增加樣本數，或者設定大一點的 α 水準。

三、單樣本平均數單尾檢定（母體 σ 未知）

1. $\hat{\sigma}_{\bar{X}} = s_{\bar{X}} = \dfrac{s}{\sqrt{n}} = \dfrac{25}{\sqrt{10}} = \dfrac{25}{3.16} = 7.91$

2. $t_{obt} = \dfrac{\bar{X} - \mu_0}{s_{\bar{X}}} = \dfrac{425 - 500}{25 / \sqrt{10}} = \dfrac{-75}{7.91} = -9.48$

因為 $|t_{obt} = -9.48| > |-t_{.05(9)} = -1.833|$，結論為拒絕 H_0、接受 H_1。

3. 因為 $|t_{obt} = -9.48| > |-t_{.01(9)} = -2.821|$，結論為拒絕 H_0、接受 H_1。

4. 型 I 錯誤（type I error）。機率為指定機率。

5. 增加樣本數，或者設定大一點的 α 水準。

CH8 平均數差異檢定

一、獨立樣本平均數差異單尾檢定（母體 σ 已知）

1. 獨立樣本設計

$$\sigma_{\bar{X}_1-\bar{X}_2} = \sqrt{\sigma_{\bar{X}_1}^2 + \sigma_{\bar{X}_2}^2} = \sqrt{\frac{\sigma_1^2}{n_1} + \frac{\sigma_2^2}{n_2}} = \sqrt{16^2\left(\frac{1}{36} + \frac{1}{36}\right)} = 3.77$$

2. α=.05 檢定結果

$$z_{obt} = \frac{(\bar{X}_1 - \bar{X}_2) - \mu_0}{\sigma_{\bar{x}_1-\bar{x}_2}} = \frac{(135-127)-0}{3.77} = 2.12$$

因為 $|z_{obt}=2.12| > |+z_{.05}=+1.645|$，結論為拒絕 H_0、接受 H_1。

3. 相依樣本設計

$$\sigma_{\bar{X}_1-\bar{X}_2} = \sqrt{\sigma_{\bar{X}_1}^2 + \sigma_{\bar{X}_2}^2 - 2\rho\sigma_{\bar{X}_1}\sigma_{\bar{X}_2}} = \sqrt{2(1-\rho)\frac{\sigma^2}{n}} = \frac{\sigma}{\sqrt{n}}\sqrt{2(1-\rho)}$$

$$= \frac{16}{\sqrt{36}}\sqrt{2(1-.8)} = 1.69$$

4. α=.05 檢定結果

$$z_{obt} = \frac{(\bar{X}_1 - \bar{X}_2) - \mu_0}{\sigma_{\bar{x}_1-\bar{x}_2}} = \frac{(135-127)-0}{1.69} = 4.73$$

因為 $|z_{obt}=4.73| > |+z_{.05}=+1.645|$，結論為拒絕 H_0、接受 H_1。

5. 略。

二、獨立樣本平均數差異單尾檢定（母體 σ 未知）

1. 抽樣標準誤

假設變異數同質：

$$s_p^2 = \frac{df_1 s_1^2 + df_2 s_2^2}{df_1 + df_2} = \frac{(n_1-1)s_1^2 + (n_2-1)s_2^2}{n_1 + n_2 - 2} = \frac{24 \times 25 + 24 \times 400}{25 + 25 - 2} = 212.5$$

$$s_{\bar{X}_1-\bar{X}_2} = \sqrt{s_{\bar{X}_1}^2 + s_{\bar{X}_2}^2} = \sqrt{\frac{\hat{\sigma}_1^2}{n_1} + \frac{\hat{\sigma}_2^2}{n_2}} = \sqrt{\frac{s_p^2}{n_1} + \frac{s_p^2}{n_2}} = \sqrt{s_p^2\left(\frac{1}{n_1} + \frac{1}{n_2}\right)}$$

$$= \sqrt{212.5\left(\frac{1}{25} + \frac{1}{25}\right)} = 4.12$$

$$t_{obt} = \frac{(\bar{X}_1 - \bar{X}_2) - \mu_0}{s_{\bar{x}_1-\bar{x}_2}} = \frac{10}{4.12} = 2.43$$

因為 $|t_{obt}=2.43| > |+t_{.05(48)}=+1.677|$，結論為拒絕 H_0、接受 H_1。

2. 假設變異數不同質：$\alpha=.05$ 檢定結果

$$s_{\overline{X}_1-\overline{X}_2} = \sqrt{\frac{s_1^2}{n_1} + \frac{s_2^2}{n_2}} = \sqrt{\frac{25}{25} + \frac{400}{25}} = 4.12$$

$$df^* = \frac{[s_1^2/n_1 + s_2^2/n_2]^2}{\dfrac{(s_1^2/n_1)^2}{n_1-1} + \dfrac{(s_2^2/n_2)^2}{n_2-1}} = \frac{[25/25 + 400/25]^2}{\dfrac{(25/25)^2}{25-1} + \dfrac{(400/25)^2}{25-1}} = 26.99 \approx 27$$

$$t_{obt} = \frac{(\overline{X}_1-\overline{X}_2)-\mu_0}{s_{\overline{x}_1-\overline{x}_2}} = \frac{10}{4.12} = 2.43$$

因為 $|t_{obt}=2.43| > |+t_{.05(27)}=+1.703|$，結論為拒絕 H_0、接受 H_1。

3. 略。

三、平均數差異雙尾檢定：單樣本、獨立雙樣本、相依雙樣本檢定（母體標準差 σ 未知）

1. 因為 $|t_{obt}=2.216| > |\pm t_{.025(15)}= \pm 2.131|$，結論為拒絕 H_0、接受 H_1。

2. 無小孩：因為 $|t_{obt}=4.245| > |\pm t_{.025(7)}= \pm 2.365|$，結論為拒絕 H_0、接受 H_1。
   有小孩：因為 $|t_{obt}=.239| < |\pm t_{.025(7)}= \pm 2.365|$，結論為接受 H_0。

3. 假設變異數同質下：因為 $|t_{obt}=2.029| < |\pm t_{.025(14)}= \pm 2.145|$，結論為接受 H_0。
   假設變異數不同質下：因為 $|t_{obt}=2.029| < |\pm t_{.025(12)}= \pm 2.179|$，結論為接受 H_0。

4. 因為 $|t_{obt}=3.536| > |\pm t_{.025(7)}= \pm 2.365|$，結論為拒絕 H_0、接受 H_1。

EXCEL 的檢定結果

t 檢定：兩個母體平均數差的檢定 假設變異數相等			t 檢定：兩個母體平均數差的檢定 假設變異數不相等			t 檢定：成對母體平均數差異檢定		
	無小孩	有小孩		無小孩	有小孩		無小孩	有小孩
平均數	7.25	4.75	平均數	7.25	4.75	平均數	7.25	4.75
變異數	3.357	8.786	變異數	3.357	8.786	變異數	3.357	8.786
觀察值個數	8	8	觀察值個數	8	8	觀察值個數	8	8
Pooled 變異數	6.071					皮耳森相關係數	0.750	
假設的均數差	0		假設的均數差	0		假設的均數差	0	
自由度	14		自由度	12		自由度	7	
t 統計	2.029		t 統計	2.029		t 統計	3.536	
P(T<=t) 單尾	0.031		P(T<=t) 單尾	0.033		P(T<=t) 單尾	0.005	
臨界值：單尾	1.761		臨界值：單尾	1.782		臨界值：單尾	1.895	
P(T<=t) 雙尾	0.062		P(T<=t) 雙尾	0.065		P(T<=t) 雙尾	0.010	
臨界值：雙尾	2.145		臨界值：雙尾	2.179		臨界值：雙尾	2.365	

5. 略。

CH9 變異數分析

一、單因子設計原理

　　1. (1) 自變數：便利商店的類別；依變數：咖啡豆口味的好感程度。

　　　　(2) 獨立樣本設計

　　　　(3) 各組樣本數：50，總樣本數：100

　　　　(4) 不需要

　　2. (1) 自變數：婚姻狀況；依變數：食品安全的重視程度。

　　　　(2) 獨立樣本設計

　　　　(3) 各組樣本數：8，總樣本數：24

　　　　(4) 需要

　　3. (1) 自變數：年級；依變數：簡報能力。

　　　　(2) 相依樣本設計

　　　　(3) 總樣本數：50

　　　　(4) 需要

　　4. (1) 自變數：情緒管理訓練；依變數：顧客抱怨情形。

　　　　(2) 相依樣本設計

　　　　(3) 總樣本數：25

　　　　(4) 不需要

二、獨立樣本 ANOVA

　　1. 獨立樣本單因子變異數分析

$$SS_{total} = \sum\sum(Y_{ij} - \overline{Y}_G)^2 = (10-7)^2 + ... + (8-7)^2 = 56$$
$$SS_b = \sum n_j(\overline{Y}_j - \overline{Y}_G)^2 = 3(9-7)^2 + 3(4-7)^2 + 3(8-7)^2 = 42$$
$$SS_w = 56 - 42 = 14$$

F_{obt}=9.00 > $F_{cv(2,6)}$=5.143，拒絕 H_0，接受 H_1，亦即三個學校的團體成績具有顯著差異。

　　2. 單因子變異數分析摘要表

變源	SS	df	MS	F	p	F_{cv}
組間	42	2	21.000	9.00	.0156	5.143
組內（誤差）	14	6	2.333			
全體	56	8				

3. $t_{A:B} = \dfrac{\overline{Y}_A - \overline{Y}_B}{\sqrt{s_p^2 \left(\dfrac{1}{n_A} + \dfrac{1}{n_B}\right)}} = \dfrac{\overline{Y}_A - \overline{Y}_B}{\sqrt{MS_w \left(\dfrac{1}{n_A} + \dfrac{1}{n_B}\right)}} = \dfrac{9 - 4}{\sqrt{2.33\left(\dfrac{1}{3} + \dfrac{1}{3}\right)}} = \dfrac{5}{1.246} = 4.01$

$|t_{obt}=4.01| > |t_{cv(6)}=2.447|$，拒絕 H_0，接受 H_1，亦即 A 與 B 兩校團體成績具有顯著差異。

$t_{A:C} = \dfrac{\overline{Y}_A - \overline{Y}_C}{\sqrt{s_p^2 \left(\dfrac{1}{n_A} + \dfrac{1}{n_C}\right)}} = \dfrac{\overline{Y}_A - \overline{Y}_C}{\sqrt{MS_w \left(\dfrac{1}{n_A} + \dfrac{1}{n_C}\right)}} = \dfrac{9 - 8}{\sqrt{2.33\left(\dfrac{1}{3} + \dfrac{1}{3}\right)}} = \dfrac{1}{1.246} = .803$

$|t_{obt}=.803| < |t_{cv(6)}=2.447|$，接受 H_0，亦即 A 與 C 兩校團體成績未具有顯著差異。

$t_{B:C} = \dfrac{\overline{Y}_B - \overline{Y}_C}{\sqrt{s_p^2 \left(\dfrac{1}{n_B} + \dfrac{1}{n_C}\right)}} = \dfrac{\overline{Y}_B - \overline{Y}_C}{\sqrt{MS_w \left(\dfrac{1}{n_B} + \dfrac{1}{n_C}\right)}} = \dfrac{4 - 8}{\sqrt{2.33\left(\dfrac{1}{3} + \dfrac{1}{3}\right)}} = \dfrac{-4}{1.246} = -3.209$

$|t_{obt}=-3.209| > |t_{cv(6)}=2.447|$，拒絕 H_0，接受 H_1，亦即 B 與 C 兩校團體成績具有顯著差異。

三、相依樣本 ANOVA

1. $F_{obt}=15.75 > F_{cv(2,4)}=6.944$，拒絕 H_0，接受 H_1，亦即三次成績具有顯著差異。

2. 相依樣本單因子變異數分析摘要表

變源	SS	df	MS	F	p	F_{cv}
組間	42	2	21	15.75	.0127	6.944
組內						
受試者間 (b.s)	8.67	2	4.34			
殘差 (r)	5.33	4	1.33			
全體	56	8				

3. $t_{A:B} = \dfrac{\overline{Y}_A - \overline{Y}_B}{\sqrt{MS_r \left(\dfrac{1}{n_A} + \dfrac{1}{n_B}\right)}} = \dfrac{9 - 4}{\sqrt{1.33\left(\dfrac{1}{3} + \dfrac{1}{3}\right)}} = \dfrac{5}{0.942} = 5.308$

$|t_{obt}=5.308| > |t_{cv(4)}=2.776|$，拒絕 H_0，接受 H_1，亦即 A 與 B 兩校團體成績具有顯著差異。

$$t_{A:C} = \frac{\overline{Y}_A - \overline{Y}_C}{\sqrt{MS_r\left(\dfrac{1}{n_A} + \dfrac{1}{n_C}\right)}} = \frac{9-8}{\sqrt{1.33\left(\dfrac{1}{3} + \dfrac{1}{3}\right)}} = \frac{1}{0.942} = 1.062$$

$|t_{obt}=1.062| < |t_{cv(4)}=2.776|$，接受 H_0，亦即 A 與 C 兩校團體成績未具有顯著差異。

$$t_{B:C} = \frac{\overline{Y}_B - \overline{Y}_C}{\sqrt{MS_r\left(\dfrac{1}{n_B} + \dfrac{1}{n_C}\right)}} = \frac{4-8}{\sqrt{1.33\left(\dfrac{1}{3} + \dfrac{1}{3}\right)}} = \frac{-4}{0.942} = -4.246$$

$|t_{obt}=-4.246| > |t_{cv(4)}=2.776|$，拒絕 H_0，接受 H_1，亦即 B 與 C 兩校團體成績具有顯著差異。

4. 略。

CH10 相關與迴歸

一、Pearson's r

1. 變數自己與自己的關係為變異數，變數自己與其他變數的關係為共變數。

2.

3. $r_{\text{網路票選,個人成績}} = \dfrac{Cov(\text{網路票選,個人成績})}{s_{\text{網路票選}} \times s_{\text{個人成績}}} = \dfrac{3.50}{\sqrt{4.75 \times 7.00}} = .607$

$t_{obt} = \dfrac{r - \rho_0}{s_r} = \dfrac{r - \rho_0}{\sqrt{\dfrac{1-r^2}{N-2}}} = \dfrac{.607-0}{\sqrt{\dfrac{1-.607^2}{9-2}}} = 2.02$

因為 $|t_{obt}=2.02| < |\pm t_{.025(7)} = \pm 2.365|$，結論為接受 $H_0：\rho=0$，亦即網路票選與個人成績的相關係數為 0。

4. 經驗與個人成績的散布圖

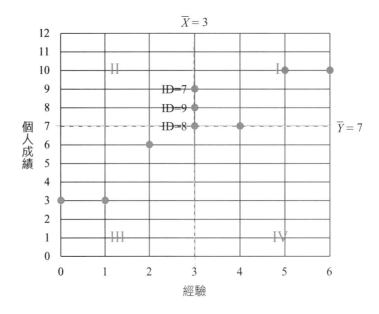

比較特殊的是 ID=7、8、9，3 個人的配對分數落在 Y 軸上，並沒有落在四個象限內，表示這 3 個人的 z 分數乘積為 0，不影響相關係數的計算。

二、簡單迴歸

1. $b_1 = r\dfrac{s_Y}{s_X} = .909 \times \left(\dfrac{2.65}{1.87}\right) = 1.29$

$b_0 = \bar{Y} - b\bar{X} = 7 - 1.29 \times 3 = 3.13$

$\hat{Y}_{\text{個人成績}} = 1.29 X_{\text{經驗}} + 3.13$

2. 經驗與個人成績的散布圖

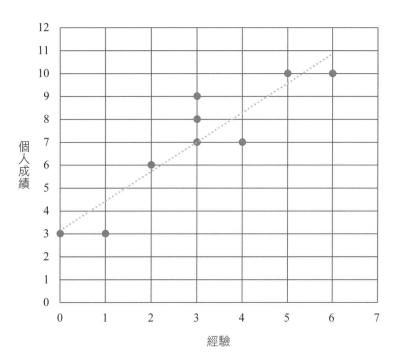

3. 略。

4. $s_e = \sqrt{\dfrac{\sum(Y-\hat{Y})^2}{N-p-1}} = \sqrt{\dfrac{SS_e}{df_e}} = \sqrt{\dfrac{9.71}{7}} = 1.18$

$t_{obt(df=n-p-1)} = \dfrac{b}{s_b} = \dfrac{b}{\sqrt{\dfrac{s_e^2}{SS_X}}} = \dfrac{1.29}{.22} = 5.86$

因為 $|t_{obt}=5.86| > |\pm t_{.025(7)} = \pm 2.365|$，結論為拒絕 H_0，接受 $H_1 : \beta \neq 0$，亦即斜率顯著不為零。

5. $b_1' = b_1 \dfrac{s_X}{s_Y} = 1.29 \times \dfrac{1.87}{2.65} = .91$

6. 略。

7. $s_e = \sqrt{\dfrac{\sum(Y-\hat{Y})^2}{N-p-1}} = \sqrt{\dfrac{SS_e}{df_e}} = \sqrt{\dfrac{9.71}{7}} = 1.18$

8. $R^2 = 1 - \dfrac{SS_e}{SS_t} = \dfrac{SS_{reg}}{SS_t} = \dfrac{46.29}{56} = .83$

9. $F_{obt} = \dfrac{\hat{\sigma}_{reg}^2}{\hat{\sigma}_e^2} = \dfrac{MS_{reg}}{MS_e} = \dfrac{SS_{reg}/df_{reg}}{SS_e/df_e} = \dfrac{SS_{reg}/p}{SS_e/(N-p-1)} = \dfrac{46.286/1}{9.714/7} = 33.354$

因為 $|F_{obt(1,7)}=33.354| > |F_{.05(1,7)}=5.591|$，結論為拒絕 H_0，接受 H_1，亦即迴歸模型具有統計意義。

迴歸模型的變異數分析摘要表

變源	SS	df	MS	F	p	F_{cv}
迴歸	46.286	1	46.286	33.354	.00068	5.591
誤差	9.714	7	1.388			
全體	56.000	8				

10. $\hat{Y}_{個人成績} = 1.29X_{經驗} + 3.13$

$1.29*2.5 + 3.13 = 6.355$

CH11 多元迴歸

一、多元迴歸

1. $\hat{Y}_{個人成績} = -1.359X_{性別} + .129X_{辯手次序} + 1.293X_{經驗} - .151X_{網路票選} + 4.374$

2. 最強：經驗，最弱：辯手次序，看 t 值來判斷。

3. 經驗，$p<.05$。

4. $b'_{經驗} = b_{經驗}\dfrac{s_{經驗}}{s_{個人成績}} = 1.293 \times \dfrac{1.87}{2.65} = .912$

5. R 與 $adjR^2$ 的計算公式如下：

$$R^2 = 1 - \frac{SS_e}{SS_t} = 1 - \frac{6.640}{56} = .881$$

$$adjR^2 = 1 - \frac{SS_e / df_e}{SS_t / df_t} = 1 - \frac{6.640/4}{56/8} = .763$$

6. **迴歸模型的變異數分析摘要表**

變源	SS	df	MS	F	p	F_{cv}
迴歸	49.360	4	12.340	7.434	.03884	3.838
殘差	6.640	4	1.660			
總和	56.000	8				

7. 略。

8. 最小：ID=6，最大：ID=2。

9. 略。

10. $\hat{Y}_{個人成績} = -1.359X_{性別} + 0.129X_{辯手次序} + 1.293X_{經驗} - 0.151X_{網路票選} + 4.374$
$= -1.359 \times 0 + 0.129 \times 3 + 1.293 \times 0 - 0.151 \times 10 + 4.374 = 3.251$

以 **EXCEL** 執行迴歸分析的報表

變數	係數	標準誤	t 統計	P-值	下限 95%	上限 95%
截距	4.374	1.687	2.593	0.061	−0.310	9.059
性別	−1.359	1.050	−1.295	0.265	−4.273	1.555
辯手次序	0.129	0.771	0.168	0.875	−2.013	2.271
經驗	1.293	0.350	3.694	0.021	0.321	2.265
網路票選	−0.151	0.425	−0.356	0.740	−1.332	1.029

CH12 卡方檢定

一、適合度檢定

	紅	橙	黃	綠	藍	靛	紫	總和
f_o	11	15	14	28	23	25	24	140
f_e	20	20	20	20	20	20	20	140
Δ	−9	−5	−6	8	3	5	4	0
Δ'	−2.012	−1.118	−1.342	1.789	0.671	1.118	0.894	0
$(\Delta')^2$	4.05	1.25	1.80	3.20	0.45	1.25	0.80	12.8

1. 期望值：20,20,20,20,20,20,20。

2. 適合度檢定（卡方檢定）。$\chi^2_{(6)}=12.8$，$p=.046<.05$，拒絕 H_0、接受 H_1。觀察分配與期望分配不適配。

3. 紅色最特殊，殘差絕對值最大，標準化殘差 $=-2.012$，絕對值大於 1.96，具有統計意義。

二、獨立性檢定

1. 列聯表

性別		顏色		總和
		暖色系	冷色系	
女生	個數	25	40	65
	期望個數	20	45	
	殘差 Δ	5	-5	
	標準化殘差 Δ'	1.1	-0.7	
	調整後殘差 $adj\Delta'$	1.9	-1.9	
男生	個數	15	50	65
	期望個數	20	45	
	殘差 Δ	-5	5	
	標準化殘差 Δ'	-1.1	0.7	
	調整後殘差 $adj\Delta'$	-1.9	1.9	
總和	個數	40	90	130

2. (1) 獨立性檢定（卡方檢定）。

(2) 期望個數：女生買暖色系 20，女生買冷色系 45；男生買暖色 20，男生買冷色 45。

(3) $\chi^2_{(1)}=3.611$，$p=.057 > \alpha=.05$，接受 H_0。性別與冷暖色系相獨立。

(4) 女生買暖色系較多，男生買暖色系較少，但是此一趨勢並不顯著。

參考文獻

邱皓政（2017）。多元迴歸的自變數比較與多元共線性之影響：效果量、優勢性與相對權數指標的估計與應用。《臺大管理論叢》，**27**(3)，1-44。

邱皓政（2020）。《量化研究法（二）：統計原理與分析技術》（第二版）。臺北：雙葉圖書公司。

邱皓政與林碧芳（2022）。《統計學原理與應用》（第四版）。臺北：五南圖書公司。

譚克平（2008）。極端值判斷方法簡介。《臺東大學教育學報》，**19**(1)，131-150。

Agresti, A., & Coull, B. A. (1998). Approximate is better than "Exact" for interval estimation of binomial proportions. *The American Statistician*, *52*(2), 119-126.

Babbie, E. (2004). *The practice of social research* (10th Ed.). Belmont, CA: Wadsworth.

Clopper, C. J., & Pearson, E. S. (1934). The use of confidence or fiducial limits illustrated in the case of the binomial. *Biometrika*, *26*, 404-413.

Cochran, W. G. (1963). *Sampling techniques*. New York: Wiley.

Cohen, J. (1988). *Statistical power analysis for the behavioral sciences* (2nd Ed.). Hillsdale, NJ: Eribaum.

Cohen, J., Cohen, P., West, S. G., & Aiken, L. S. (2003). *Applied multiple regression/correlation analysis for the behavioral sciences* (3rd Ed.). Mahwah, NJ: Erlbaum.

Dillon, W. R., & Goldstein, M. (1984). *Multivariate analysis–Methods and applications*. New York: Wiley.

Hogg, R., Tanis, E., & Zimmerman, D. (2019). *Probability and statistical inference* (10th Ed.) Hoboken, NJ: Pearson Education, Inc.

Howell, D. (2007). *Statistical methods for psychology* (6th Ed.). Belmont, CA: Thomson Wadsworth.

Kirk, R. E. (2013). *Experimental design: Procedures for the behavioral sciences* (4th Ed.). Thousand Oaks, CA: Sage.

Levene, H. (1960). *Robust testes for equality of variances*. In Contributions to Probability and Statistics (I. Olkin, ed.). pp. 278-292. Stanford Univ. Press, Palo Alto, CA.

Mandler, G., & Kessen, W. (1959). *The language of psychology*. New York: Wiley.

Nunnally, J. C., & Bernstein, I. H. (1994). *Psychometric theory* (3rd Ed.). New York: McGraw-Hill.

Pedhazur, E. J. (1997). *Multiple regression in behavioral research: Explanation and prediction* (3rd Ed.). New York: Holt, Rinehart & Winston.

Reese, R. A. (2005). Boxplots. *Significance, 2*, 134-135.

Sellin, N. (1990). *PLSPATH Version 3.01. Application manual*. Hamburg, Germany.

Snedecor, G. W. (1934). *Calculation and interpretation of analysis of variance and covariance*. Collegiate Press, Ames, Iowa.

Stevens, S. S. (1951). Mathematics, measurement, and psychophysics. In S. S. Stevens (Ed.), *Handbook of experimental psychology*. New York: Wiley.

Tukey, J. W. (1977). *Exploratory data analysis*. Reading, MA: Addison-Wesley.

Wasserman, L. (2006). *All of nonparametric statistics*. New York: Springer.

Wilson, E. B. (1927). Probable inference, the law of succession, and statistical inference. *Journal of the American Statistical Association, 22*(158), 209-212.

附錄

附錄 A Standard Normal Distribution

標準常態分配累積機率與尾機率對照表

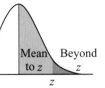

z	Mean to z	Beyond z	z	Mean to z	Beyond z	z	Mean to z	Beyond z
.00	**.0000**	**.5000**	**.50**	**.1915**	**.3085**	**1.00**	**.3413**	**.1587**
.01	.0040	.4960	.51	.1950	.3050	1.01	.3438	.1562
.02	.0080	.4920	.52	.1985	.3015	1.02	.3461	.1539
.03	.0120	.4880	.53	.2019	.2981	1.03	.3485	.1515
.04	.0160	.4840	.54	.2054	.2946	1.04	.3508	.1492
.05	.0199	.4801	.55	.2088	.2912	1.05	.3531	.1469
.06	.0239	.4761	.56	.2123	.2877	1.06	.3554	.1446
.07	.0279	.4721	.57	.2157	.2843	1.07	.3577	.1423
.08	.0319	.4681	.58	.2190	.2810	1.08	.3599	.1401
.09	.0359	.4641	.59	.2224	.2776	1.09	.3621	.1379
.10	**.0398**	**.4602**	**.60**	**.2257**	**.2743**	**1.10**	**.3643**	**.1357**
.11	.0438	.4562	.61	.2291	.2709	1.11	.3665	.1335
.12	.0478	.4522	.62	.2324	.2676	1.12	.3686	.1314
.13	.0517	.4483	.63	.2357	.2643	1.13	.3708	.1292
.14	.0557	.4443	.64	.2389	.2611	1.14	.3729	.1271
.15	.0596	.4404	.65	.2422	.2578	1.15	.3749	.1251
.16	.0636	.4364	.66	.2454	.2546	1.16	.3770	.1230
.17	.0675	.4325	.67	.2486	.2514	1.17	.3790	.1210
.18	.0714	.4286	.68	.2517	.2483	1.18	.3810	.1190
.19	.0753	.4247	.69	.2549	.2451	1.19	.3830	.1170
.20	**.0793**	**.4207**	**.70**	**.2580**	**.2420**	**1.20**	**.3849**	**.1151**
.21	.0832	.4168	.71	.2611	.2389	1.21	.3869	.1131
.22	.0871	.4129	.72	.2642	.2358	1.22	.3888	.1112
.23	.0910	.4090	.73	.2673	.2327	1.23	.3907	.1093
.24	.0948	.4052	.74	.2704	.2296	1.24	.3925	.1075
.25	.0987	.4013	.75	.2734	.2266	1.25	.3944	.1056
.26	.1026	.3974	.76	.2764	.2236	1.26	.3962	.1038
.27	.1064	.3936	.77	.2794	.2206	1.27	.3980	.1020
.28	.1103	.3897	.78	.2823	.2177	1.28	.3997	.1003
.29	.1141	.3859	.79	.2852	.2148	1.29	.4015	.0985
.30	**.1179**	**.3821**	**.80**	**.2881**	**.2119**	**1.30**	**.4032**	**.0968**
.31	.1217	.3783	.81	.2910	.2090	1.31	.4049	.0951
.32	.1255	.3745	.82	.2939	.2061	1.32	.4066	.0934
.33	.1293	.3707	.83	.2967	.2033	1.33	.4082	.0918
.34	.1331	.3669	.84	.2995	.2005	1.34	.4099	.0901
.35	.1368	.3632	.85	.3023	.1977	1.35	.4115	.0885
.36	.1406	.3594	.86	.3051	.1949	1.36	.4131	.0869
.37	.1443	.3557	.87	.3078	.1922	1.37	.4147	.0853
.38	.1480	.3520	.88	.3106	.1894	1.38	.4162	.0838
.39	.1517	.3483	.89	.3133	.1867	1.39	.4177	.0823
.40	**.1554**	**.3446**	**.90**	**.3159**	**.1841**	**1.40**	**.4192**	**.0808**
.41	.1591	.3409	.91	.3186	.1814	1.41	.4207	.0793
.42	.1628	.3372	.92	.3212	.1788	1.42	.4222	.0778
.43	.1664	.3336	.93	.3238	.1762	1.43	.4236	.0764
.44	.1700	.3300	.94	.3264	.1736	1.44	.4251	.0749
.45	.1736	.3264	.95	.3289	.1711	1.45	.4265	.0735
.46	.1772	.3228	.96	.3315	.1685	1.46	.4279	.0721
.47	.1808	.3192	.97	.3340	.1660	1.47	.4292	.0708
.48	.1844	.3156	.98	.3365	.1635	1.48	.4306	.0694
.49	.1879	.3121	.99	.3389	.1611	1.49	.4319	.0681
.50	**.1915**	**.3085**	**1.00**	**.3413**	**.1587**	**1.50**	**.4332**	**.0668**

z	Mean to z	Beyond z	z	Mean to z	Beyond z	z	Mean to z	Beyond z
1.50	**.4332**	**.0668**	**2.00**	**.4772**	**.0228**	**2.50**	**.4938**	**.0062**
1.51	.4345	.0655	2.01	.4778	.0222	2.51	.4940	.0060
1.52	.4357	.0643	2.02	.4783	.0217	2.52	.4941	.0059
1.53	.4370	.0630	2.03	.4788	.0212	2.53	.4943	.0057
1.54	.4382	.0618	2.04	.4793	.0207	2.54	.4945	.0055
1.55	.4394	.0606	2.05	.4798	.0202	2.55	.4946	.0054
1.56	.4406	.0594	2.06	.4803	.0197	2.56	.4948	.0052
1.57	.4418	.0582	2.07	.4808	.0192	2.57	.4949	.0051
1.58	.4429	.0571	2.08	.4812	.0188	2.58	.4951	.0049
1.59	.4441	.0559	2.09	.4817	.0183	2.59	.4952	.0048
1.60	**.4452**	**.0548**	**2.10**	**.4821**	**.0179**	**2.60**	**.4953**	**.0047**
1.61	.4463	.0537	2.11	.4826	.0174	2.61	.4955	.0045
1.62	.4474	.0526	2.12	.4830	.0170	2.62	.4956	.0044
1.63	.4484	.0516	2.13	.4834	.0166	2.63	.4957	.0043
1.64	.4495	.0505	2.14	.4838	.0162	2.64	.4959	.0041
1.65	.4505	.0495	2.15	.4842	.0158	2.65	.4960	.0040
1.66	.4515	.0485	2.16	.4846	.0154	2.66	.4961	.0039
1.67	.4525	.0475	2.17	.4850	.0150	2.67	.4962	.0038
1.68	.4535	.0465	2.18	.4854	.0146	2.68	.4963	.0037
1.69	.4545	.0455	2.19	.4857	.0143	2.69	.4964	.0036
1.70	**.4554**	**.0446**	**2.20**	**.4861**	**.0139**	**2.70**	**.4965**	**.0035**
1.71	.4564	.0436	2.21	.4864	.0136	2.72	.4967	.0033
1.72	.4573	.0427	2.22	.4868	.0132	2.74	.4969	.0031
1.73	.4582	.0418	2.23	.4871	.0129	2.76	.4971	.0029
1.74	.4591	.0409	2.24	.4875	.0125	2.78	.4973	.0027
1.75	.4599	.0401	2.25	.4878	.0122	2.80	.4974	.0026
1.76	.4608	.0392	2.26	.4881	.0119	2.82	.4976	.0024
1.77	.4616	.0384	2.27	.4884	.0116	2.84	.4977	.0023
1.78	.4625	.0375	2.28	.4887	.0113	2.86	.4979	.0021
1.79	.4633	.0367	2.29	.4890	.0110	2.88	.4980	.0020
1.80	**.4641**	**.0359**	**2.30**	**.4893**	**.0107**	**2.90**	**.4981**	**.0019**
1.81	.4649	.0351	2.31	.4896	.0104	2.91	.4982	.0018
1.82	.4656	.0344	2.32	.4898	.0102	2.92	.4982	.0018
1.83	.4664	.0336	2.33	.4901	.0099	2.93	.4983	.0017
1.84	.4671	.0329	2.34	.4904	.0096	2.94	.4984	.0016
1.85	.4678	.0322	2.35	.4906	.0094	2.95	.4984	.0016
1.86	.4686	.0314	2.36	.4909	.0091	2.96	.4985	.0015
1.87	.4693	.0307	2.37	.4911	.0089	2.97	.4985	.0015
1.88	.4699	.0301	2.38	.4913	.0087	2.98	.4986	.0014
1.89	.4706	.0294	2.39	.4916	.0084	2.99	.4986	.0014
1.90	**.4713**	**.0287**	**2.40**	**.4918**	**.0082**	**3.00**	**.4987**	**.0013**
1.91	.4719	.0281	2.41	.4920	.0080	3.10	.4990	.0010
1.92	.4726	.0274	2.42	.4922	.0078	3.20	.4993	.0007
1.93	.4732	.0268	2.43	.4925	.0075	3.30	.4995	.0005
1.94	.4738	.0262	2.44	.4927	.0073	3.40	.4997	.0003
1.95	.4744	.0256	2.45	.4929	.0071	3.50	.4998	.0002
1.96	.4750	.0250	2.46	.4931	.0069	3.60	.4998	.0002
1.97	.4756	.0244	2.47	.4932	.0068	3.70	.4999	.0001
1.98	.4761	.0239	2.48	.4934	.0066	3.80	.4999	.0001
1.99	.4767	.0233	2.49	.4936	.0064	3.90	.5000	.0000
2.00	**.4772**	**.0228**	**2.50**	**.4938**	**.0062**	**4.00**	**.5000**	**.0000**

附錄 B *t* distribution

t 分配臨界值與顯著水準對照表

單尾	.1	.075	.05	.025	.01	.005	.001	.0005
雙尾	.2	.15	.10	.05	.02	.01	.002	.001
df								
1	3.078	4.165	6.314	12.706	31.821	63.657	318.309	636.619
2	1.886	2.282	2.920	4.303	6.965	9.925	22.327	31.599
3	1.638	1.924	2.353	3.182	4.541	5.841	10.215	12.924
4	1.533	1.778	2.132	2.776	3.747	4.604	7.173	8.610
5	1.476	1.699	2.015	2.571	3.365	4.032	5.893	6.869
6	1.440	1.650	1.943	2.447	3.143	3.707	5.208	5.959
7	1.415	1.617	1.895	2.365	2.998	3.499	4.785	5.408
8	1.397	1.592	1.860	2.306	2.896	3.355	4.501	5.041
9	1.383	1.574	1.833	2.262	2.821	3.250	4.297	4.781
10	1.372	1.559	1.812	2.228	2.764	3.169	4.144	4.587
11	1.363	1.548	1.796	2.201	2.718	3.106	4.025	4.437
12	1.356	1.538	1.782	2.179	2.681	3.055	3.930	4.318
13	1.350	1.530	1.771	2.160	2.650	3.012	3.852	4.221
14	1.345	1.523	1.761	2.145	2.624	2.977	3.787	4.140
15	1.341	1.517	1.753	2.131	2.602	2.947	3.733	4.073
16	1.337	1.512	1.746	2.120	2.583	2.921	3.686	4.015
17	1.333	1.508	1.740	2.110	2.567	2.898	3.646	3.965
18	1.330	1.504	1.734	2.101	2.552	2.878	3.610	3.922
19	1.328	1.500	1.729	2.093	2.539	2.861	3.579	3.883
20	1.325	1.497	1.725	2.086	2.528	2.845	3.552	3.850
21	1.323	1.494	1.721	2.080	2.518	2.831	3.527	3.819
22	1.321	1.492	1.717	2.074	2.508	2.819	3.505	3.792
23	1.319	1.489	1.714	2.069	2.500	2.807	3.485	3.768
24	1.318	1.487	1.711	2.064	2.492	2.797	3.467	3.745
25	1.316	1.485	1.708	2.060	2.485	2.787	3.450	3.725
26	1.315	1.483	1.706	2.056	2.479	2.779	3.435	3.707
27	1.314	1.482	1.703	2.052	2.473	2.771	3.421	3.690
28	1.313	1.480	1.701	2.048	2.467	2.763	3.408	3.674
29	1.311	1.479	1.699	2.045	2.462	2.756	3.396	3.659
30	1.310	1.477	1.697	2.042	2.457	2.750	3.385	3.646
35	1.306	1.475	1.670	2.030	2.438	2.724	3.365	3.591
40	1.303	1.473	1.684	2.021	2.423	2.704	3.348	3.551
50	1.299	1.471	1.676	2.009	2.403	2.678	3.333	3.496
60	1.296	1.469	1.671	2.000	2.390	2.660	3.319	3.460
70	1.294	1.468	1.667	1.994	2.381	2.648	3.307	3.435
80	1.292	1.465	1.664	1.990	2.374	2.639	3.281	3.416
90	1.291	1.462	1.662	1.987	2.368	2.632	3.261	3.402
100	1.290	1.460	1.660	1.984	2.364	2.626	3.245	3.390
120	1.289	1.458	1.658	1.980	2.358	2.617	3.232	3.373
150	1.287	1.456	1.655	1.976	2.351	2.609	3.211	3.357
200	1.286	1.453	1.653	1.972	2.345	2.601	3.195	3.340
∞	1.282	1.452	1.645	1.960	2.326	2.576	3.183	3.291

附錄 C *F* distribution

F 分配臨界值與顯著水準對照表

分母 df$_2$	α	\multicolumn{18}{c}{分子自由度(df$_1$)}																
		1	2	3	4	5	6	7	8	9	10	11	12	15	20	30	60	120	∞
1	.05	161.45	199.50	215.71	224.58	230.16	233.99	236.77	238.88	240.54	241.88	242.98	243.91	245.95	248.01	250.10	252.20	253.25	254.41
	.01	4,052.2	4,999.5	5,403.4	5,624.6	5,763.6	5,859.0	5,928.4	5,981.1	6,022.5	6,055.8	6,083.4	6,106.4	6,157.3	6,208.7	6,260.7	6,313.0	6,339.4	71564
2	.05	18.51	19.00	19.16	19.25	19.30	19.33	19.35	19.37	19.38	19.40	19.40	19.41	19.43	19.45	19.46	19.48	19.49	19.50
	.01	98.50	99.00	99.17	99.25	99.30	99.33	99.36	99.37	99.39	99.40	99.41	99.42	99.43	99.45	99.47	99.48	99.49	99.50
	.001	998.50	999.00	999.17	999.25	999.30	999.33	999.36	999.37	999.39	999.40	999.41	999.42	999.43	999.45	999.47	999.48	999.49	999.50
3	.05	10.13	9.55	9.28	9.12	9.01	8.94	8.89	8.85	8.81	8.79	8.76	8.74	8.70	8.66	8.62	8.57	8.55	8.53
	.01	34.12	30.82	29.46	28.71	28.24	27.91	27.67	27.49	27.35	27.23	27.13	27.05	26.87	26.69	26.50	26.32	26.22	26.12
	.001	167.03	148.50	141.11	137.10	134.58	132.85	131.58	130.62	129.86	129.25	128.74	128.32	127.37	126.42	125.45	124.47	123.97	123.42
4	.05	7.71	6.94	6.59	6.39	6.26	6.16	6.09	6.04	6.00	5.96	5.94	5.91	5.86	5.80	5.75	5.69	5.66	5.63
	.01	21.20	18.00	16.69	15.98	15.52	15.21	14.98	14.80	14.66	14.55	14.45	14.37	14.20	14.02	13.84	13.65	13.56	13.46
	.001	74.14	61.25	56.18	53.44	51.71	50.53	49.66	49.00	48.47	48.05	47.70	47.41	46.76	46.10	45.43	44.75	44.40	44.05
5	.05	6.61	5.79	5.41	5.19	5.05	4.95	4.88	4.82	4.77	4.74	4.70	4.68	4.62	4.56	4.50	4.43	4.40	4.37
	.01	16.26	13.27	12.06	11.39	10.97	10.67	10.46	10.29	10.16	10.05	9.96	9.89	9.72	9.55	9.38	9.20	9.11	9.02
	.001	47.18	37.12	33.20	31.09	29.75	28.83	28.16	27.65	27.24	26.92	26.65	26.42	25.91	25.39	24.87	24.33	24.06	23.79
6	.05	5.99	5.14	4.76	4.53	4.39	4.28	4.21	4.15	4.10	4.06	4.03	4.00	3.94	3.87	3.81	3.74	3.70	3.67
	.01	13.75	10.92	9.78	9.15	8.75	8.47	8.26	8.10	7.98	7.87	7.79	7.72	7.56	7.40	7.23	7.06	6.97	6.88
	.001	35.51	27.00	23.70	21.92	20.80	20.03	19.46	19.03	18.69	18.41	18.18	17.99	17.56	17.12	16.67	16.21	15.98	15.75
7	.05	5.59	4.74	4.35	4.12	3.97	3.87	3.79	3.73	3.68	3.64	3.60	3.57	3.51	3.44	3.38	3.30	3.27	3.23
	.01	12.25	9.55	8.45	7.85	7.46	7.19	6.99	6.84	6.72	6.62	6.54	6.47	6.31	6.16	5.99	5.82	5.74	5.65
	.001	29.25	21.69	18.77	17.20	16.21	15.52	15.02	14.63	14.33	14.08	13.88	13.71	13.32	12.93	12.53	12.12	11.91	11.70
8	.05	5.32	4.46	4.07	3.84	3.69	3.58	3.50	3.44	3.39	3.35	3.31	3.28	3.22	3.15	3.08	3.01	2.97	2.93
	.01	11.26	8.65	7.59	7.01	6.63	6.37	6.18	6.03	5.91	5.81	5.73	5.67	5.52	5.36	5.20	5.03	4.95	4.86
	.001	25.41	18.49	15.83	14.39	13.48	12.86	12.40	12.05	11.77	11.54	11.35	11.19	10.84	10.48	10.11	9.73	9.53	9.33
9	.05	5.12	4.26	3.86	3.63	3.48	3.37	3.29	3.23	3.18	3.14	3.10	3.07	3.01	2.94	2.86	2.79	2.75	2.71
	.01	10.56	8.02	6.99	6.42	6.06	5.80	5.61	5.47	5.35	5.26	5.18	5.11	4.96	4.81	4.65	4.48	4.40	4.31
	.001	22.86	16.39	13.90	12.56	11.71	11.13	10.70	10.37	10.11	9.89	9.72	9.57	9.24	8.90	8.55	8.19	8.00	7.81
10	.05	4.96	4.10	3.71	3.48	3.33	3.22	3.14	3.07	3.02	2.98	2.94	2.91	2.85	2.77	2.70	2.62	2.58	2.54
	.01	10.04	7.56	6.55	5.99	5.64	5.39	5.20	5.06	4.94	4.85	4.77	4.71	4.56	4.41	4.25	4.08	4.00	3.91
	.001	21.04	14.91	12.55	11.28	10.48	9.93	9.52	9.20	8.96	8.75	8.59	8.45	8.13	7.80	7.47	7.12	6.94	6.76
11	.05	4.84	3.98	3.59	3.36	3.20	3.09	3.01	2.95	2.90	2.85	2.82	2.79	2.72	2.65	2.57	2.49	2.45	2.40
	.01	9.65	7.21	6.22	5.67	5.32	5.07	4.89	4.74	4.63	4.54	4.46	4.40	4.25	4.10	3.94	3.78	3.69	3.60
	.001	19.69	13.81	11.56	10.35	9.58	9.05	8.66	8.35	8.12	7.92	7.76	7.63	7.32	7.01	6.68	6.35	6.18	6.00
12	.05	4.75	3.89	3.49	3.26	3.11	3.00	2.91	2.85	2.80	2.75	2.72	2.69	2.62	2.54	2.47	2.38	2.34	2.30
	.01	9.33	6.93	5.95	5.41	5.06	4.82	4.64	4.50	4.39	4.30	4.22	4.16	4.01	3.86	3.70	3.54	3.45	3.36
	.001	18.64	12.97	10.80	9.63	8.89	8.38	8.00	7.71	7.48	7.29	7.14	7.00	6.71	6.40	6.09	5.76	5.59	5.42
13	.05	4.67	3.81	3.41	3.18	3.03	2.92	2.83	2.77	2.71	2.67	2.63	2.60	2.53	2.46	2.38	2.30	2.25	2.21
	.01	9.07	6.70	5.74	5.21	4.86	4.62	4.44	4.30	4.19	4.10	4.02	3.96	3.82	3.66	3.51	3.34	3.25	3.17
	.001	17.82	12.31	10.21	9.07	8.35	7.86	7.49	7.21	6.98	6.80	6.65	6.52	6.23	5.93	5.63	5.30	5.14	4.97
14	.05	4.60	3.74	3.34	3.11	2.96	2.85	2.76	2.70	2.65	2.60	2.57	2.53	2.46	2.39	2.31	2.22	2.18	2.13
	.01	8.86	6.51	5.56	5.04	4.69	4.46	4.28	4.14	4.03	3.94	3.86	3.80	3.66	3.51	3.35	3.18	3.09	3.00
	.001	17.14	11.78	9.73	8.62	7.92	7.44	7.08	6.80	6.58	6.40	6.26	6.13	5.85	5.56	5.25	4.94	4.77	4.60
15	.05	4.54	3.68	3.29	3.06	2.90	2.79	2.71	2.64	2.59	2.54	2.51	2.48	2.40	2.33	2.25	2.16	2.11	2.07
	.01	8.68	6.36	5.42	4.89	4.56	4.32	4.14	4.00	3.89	3.80	3.73	3.67	3.52	3.37	3.21	3.05	2.96	2.87
	.001	16.59	11.34	9.34	8.25	7.57	7.09	6.74	6.47	6.26	6.08	5.94	5.81	5.54	5.25	4.95	4.64	4.47	4.31
16	.05	4.49	3.63	3.24	3.01	2.85	2.74	2.66	2.59	2.54	2.49	2.46	2.42	2.35	2.28	2.19	2.11	2.06	2.01
	.01	8.53	6.23	5.29	4.77	4.44	4.20	4.03	3.89	3.78	3.69	3.62	3.55	3.41	3.26	3.10	2.93	2.84	2.75
	.001	16.12	10.97	9.01	7.94	7.27	6.80	6.46	6.19	5.98	5.81	5.67	5.55	5.27	4.99	4.70	4.39	4.23	4.06
17	.05	4.45	3.59	3.20	2.96	2.81	2.70	2.61	2.55	2.49	2.45	2.41	2.38	2.31	2.23	2.15	2.06	2.01	1.96
	.01	8.40	6.11	5.18	4.67	4.34	4.10	3.93	3.79	3.68	3.59	3.52	3.46	3.31	3.16	3.00	2.83	2.75	2.65
	.001	15.72	10.66	8.73	7.68	7.02	6.56	6.22	5.96	5.75	5.58	5.44	5.32	5.05	4.78	4.48	4.18	4.02	3.85
18	.05	4.41	3.55	3.16	2.93	2.77	2.66	2.58	2.51	2.46	2.41	2.37	2.34	2.27	2.19	2.11	2.02	1.97	1.92
	.01	8.29	6.01	5.09	4.58	4.25	4.01	3.84	3.71	3.60	3.51	3.43	3.37	3.23	3.08	2.92	2.75	2.66	2.57
	.001	15.38	10.39	8.49	7.46	6.81	6.35	6.02	5.76	5.56	5.39	5.25	5.13	4.87	4.59	4.30	4.00	3.84	3.67

分母 df₂	α	分子自由度(df₁)																
		1	2	3	4	5	6	7	8	9	10	11	12	15	20	30	60	120	∞
19	.05	4.38	3.52	3.13	2.90	2.74	2.63	2.54	2.48	2.42	2.38	2.34	2.31	2.23	2.16	2.07	1.98	1.93	1.88
	.01	8.18	5.93	5.01	4.50	4.17	3.94	3.77	3.63	3.52	3.43	3.36	3.30	3.15	3.00	2.84	2.67	2.58	2.49
	.001	15.08	10.16	8.28	7.27	6.62	6.18	5.85	5.59	5.39	5.22	5.08	4.97	4.70	4.43	4.14	3.84	3.68	3.51
20	.05	4.35	3.49	3.10	2.87	2.71	2.60	2.51	2.45	2.39	2.35	2.31	2.28	2.20	2.12	2.04	1.95	1.90	1.84
	.01	8.10	5.85	4.94	4.43	4.10	3.87	3.70	3.56	3.46	3.37	3.29	3.23	3.09	2.94	2.78	2.61	2.52	2.42
	.001	14.82	9.95	8.10	7.10	6.46	6.02	5.69	5.44	5.24	5.08	4.94	4.82	4.56	4.29	4.00	3.70	3.54	3.38
21	.05	4.32	3.47	3.07	2.84	2.68	2.57	2.49	2.42	2.37	2.32	2.28	2.25	2.18	2.10	2.01	1.92	1.87	1.81
	.01	8.02	5.78	4.87	4.37	4.04	3.81	3.64	3.51	3.40	3.31	3.24	3.17	3.03	2.88	2.72	2.55	2.46	2.36
	.001	14.59	9.77	7.94	6.95	6.32	5.88	5.56	5.31	5.11	4.95	4.81	4.70	4.44	4.17	3.88	3.58	3.42	3.26
22	.05	4.30	3.44	3.05	2.82	2.66	2.55	2.46	2.40	2.34	2.30	2.26	2.23	2.15	2.07	1.98	1.89	1.84	1.78
	.01	7.95	5.72	4.82	4.31	3.99	3.76	3.59	3.45	3.35	3.26	3.18	3.12	2.98	2.83	2.67	2.50	2.40	2.31
	.001	14.38	9.61	7.80	6.81	6.19	5.76	5.44	5.19	4.99	4.83	4.70	4.58	4.33	4.06	3.78	3.48	3.32	3.15
23	.05	4.28	3.42	3.03	2.80	2.64	2.53	2.44	2.37	2.32	2.27	2.24	2.20	2.13	2.05	1.96	1.86	1.81	1.76
	.01	7.88	5.66	4.76	4.26	3.94	3.71	3.54	3.41	3.30	3.21	3.14	3.07	2.93	2.78	2.62	2.45	2.35	2.26
	.001	14.20	9.47	7.67	6.70	6.08	5.65	5.33	5.09	4.89	4.73	4.60	4.48	4.23	3.96	3.68	3.38	3.22	3.05
24	.05	4.26	3.40	3.01	2.78	2.62	2.51	2.42	2.36	2.30	2.25	2.22	2.18	2.11	2.03	1.94	1.84	1.79	1.73
	.01	7.82	5.61	4.72	4.22	3.90	3.67	3.50	3.36	3.26	3.17	3.09	3.03	2.89	2.74	2.58	2.40	2.31	2.21
	.001	14.03	9.34	7.55	6.59	5.98	5.55	5.23	4.99	4.80	4.64	4.51	4.39	4.14	3.87	3.59	3.29	3.14	2.97
25	.05	4.24	3.39	2.99	2.76	2.60	2.49	2.40	2.34	2.28	2.24	2.20	2.16	2.09	2.01	1.92	1.82	1.77	1.71
	.01	7.77	5.57	4.68	4.18	3.85	3.63	3.46	3.32	3.22	3.13	3.06	2.99	2.85	2.70	2.54	2.36	2.27	2.17
	.001	13.88	9.22	7.45	6.49	5.89	5.46	5.15	4.91	4.71	4.56	4.42	4.31	4.06	3.79	3.52	3.22	3.06	2.89
26	.05	4.23	3.37	2.98	2.74	2.59	2.47	2.39	2.32	2.27	2.22	2.18	2.15	2.07	1.99	1.90	1.80	1.75	1.69
	.01	7.72	5.53	4.64	4.14	3.82	3.59	3.42	3.29	3.18	3.09	3.02	2.96	2.81	2.66	2.50	2.33	2.23	2.13
	.001	13.74	9.12	7.36	6.41	5.80	5.38	5.07	4.83	4.64	4.48	4.35	4.24	3.99	3.72	3.44	3.15	2.99	2.82
27	.05	4.21	3.35	2.96	2.73	2.57	2.46	2.37	2.31	2.25	2.20	2.17	2.13	2.06	1.97	1.88	1.79	1.73	1.67
	.01	7.68	5.49	4.60	4.11	3.78	3.56	3.39	3.26	3.15	3.06	2.99	2.93	2.78	2.63	2.47	2.29	2.20	2.10
	.001	13.61	9.02	7.27	6.33	5.73	5.31	5.00	4.76	4.57	4.41	4.28	4.17	3.92	3.66	3.38	3.08	2.92	2.75
28	.05	4.20	3.34	2.95	2.71	2.56	2.45	2.36	2.29	2.24	2.19	2.15	2.12	2.04	1.96	1.87	1.77	1.71	1.65
	.01	7.64	5.45	4.57	4.07	3.75	3.53	3.36	3.23	3.12	3.03	2.96	2.90	2.75	2.60	2.44	2.26	2.17	2.06
	.001	13.50	8.93	7.19	6.25	5.66	5.24	4.93	4.69	4.50	4.35	4.22	4.11	3.86	3.60	3.32	3.02	2.86	2.69
29	.05	4.18	3.33	2.93	2.70	2.55	2.43	2.35	2.28	2.22	2.18	2.14	2.10	2.03	1.94	1.85	1.75	1.70	1.64
	.01	7.60	5.42	4.54	4.04	3.73	3.50	3.33	3.20	3.09	3.00	2.93	2.87	2.73	2.57	2.41	2.23	2.14	2.04
	.001	13.39	8.85	7.12	6.19	5.59	5.18	4.87	4.64	4.45	4.29	4.16	4.05	3.80	3.54	3.27	2.97	2.81	2.64
30	.05	4.17	3.32	2.92	2.69	2.53	2.42	2.33	2.27	2.21	2.16	2.13	2.09	2.01	1.93	1.84	1.74	1.68	1.62
	.01	7.56	5.39	4.51	4.02	3.70	3.47	3.30	3.17	3.07	2.98	2.91	2.84	2.70	2.55	2.39	2.21	2.11	2.01
	.001	13.29	8.77	7.05	6.12	5.53	5.12	4.82	4.58	4.39	4.24	4.11	4.00	3.75	3.49	3.22	2.92	2.76	2.59
40	.05	4.08	3.23	2.84	2.61	2.45	2.34	2.25	2.18	2.12	2.08	2.04	2.00	1.92	1.84	1.74	1.64	1.58	1.51
	.01	7.31	5.18	4.31	3.83	3.51	3.29	3.12	2.99	2.89	2.80	2.73	2.66	2.52	2.37	2.20	2.02	1.92	1.80
	.001	12.61	8.25	6.59	5.70	5.13	4.73	4.44	4.21	4.02	3.87	3.75	3.64	3.40	3.14	2.87	2.57	2.41	2.23
60	.05	4.00	3.15	2.76	2.53	2.37	2.25	2.17	2.10	2.04	1.99	1.95	1.92	1.84	1.75	1.65	1.53	1.47	1.39
	.01	7.08	4.98	4.13	3.65	3.34	3.12	2.95	2.82	2.72	2.63	2.56	2.50	2.35	2.20	2.03	1.84	1.73	1.60
	.001	11.97	7.77	6.17	5.31	4.76	4.37	4.09	3.86	3.69	3.54	3.42	3.32	3.08	2.83	2.55	2.25	2.08	1.89
120	.05	3.92	3.07	2.68	2.45	2.29	2.18	2.09	2.02	1.96	1.91	1.87	1.83	1.75	1.66	1.55	1.43	1.35	1.25
	.01	6.85	4.79	3.95	3.48	3.17	2.96	2.79	2.66	2.56	2.47	2.40	2.34	2.19	2.03	1.86	1.66	1.53	1.38
	.001	11.38	7.32	5.78	4.95	4.42	4.04	3.77	3.55	3.38	3.24	3.12	3.02	2.78	2.53	2.26	1.95	1.77	1.54
∞	.05	3.84	3.00	2.61	2.37	2.21	2.10	2.01	1.94	1.88	1.83	1.79	1.75	1.67	1.57	1.46	1.32	1.22	1.00
	.01	6.64	4.61	3.78	3.32	3.02	2.80	2.64	2.51	2.41	2.32	2.25	2.19	2.04	1.88	1.70	1.48	1.33	1.00
	.001	10.83	6.91	5.43	4.62	4.11	3.75	3.48	3.27	3.10	2.96	2.85	2.75	2.52	2.27	1.99	1.66	1.45	1.00

附錄 D χ^2 distribution

χ^2 分配臨界值與顯著水準對照表

df	右側 α					
	.1	.05	.025	.01	.005	.001
1	2.71	3.84	5.02	6.63	7.88	10.83
2	4.61	5.99	7.38	9.21	10.60	13.82
3	6.25	7.81	9.35	11.34	12.84	16.27
4	7.78	9.49	11.14	13.28	14.86	18.47
5	9.24	11.07	12.83	15.09	16.75	20.52
6	10.64	12.59	14.45	16.81	18.55	22.46
7	12.02	14.07	16.01	18.48	20.28	24.32
8	13.36	15.51	17.53	20.09	21.95	26.12
9	14.68	16.92	19.02	21.67	23.59	27.88
10	15.99	18.31	20.48	23.21	25.19	29.59
11	17.28	19.68	21.92	24.72	26.76	31.26
12	18.55	21.03	23.34	26.22	28.30	32.91
13	19.81	22.36	24.74	27.69	29.82	34.53
14	21.06	23.68	26.12	29.14	31.32	36.12
15	22.31	25.00	27.49	30.58	32.80	37.70
16	23.54	26.30	28.85	32.00	34.27	39.25
17	24.77	27.59	30.19	33.41	35.72	40.79
18	25.99	28.87	31.53	34.81	37.16	42.31
19	27.20	30.14	32.85	36.19	38.58	43.82
20	28.41	31.41	34.17	37.57	40.00	45.31
21	29.62	32.67	35.48	38.93	41.40	46.80
22	30.81	33.92	36.78	40.29	42.80	48.27
23	32.01	35.17	38.08	41.64	44.18	49.73
24	33.20	36.42	39.36	42.98	45.56	51.18
25	34.38	37.65	40.65	44.31	46.93	52.62
26	35.56	38.89	41.92	45.64	48.29	54.05
27	36.74	40.11	43.19	46.96	49.64	55.48
28	37.92	41.34	44.46	48.28	50.99	56.89
29	39.09	42.56	45.72	49.59	52.34	58.30
30	40.26	43.77	46.98	50.89	53.67	59.70
35	46.06	49.80	53.20	57.34	60.27	66.62
40	51.81	55.76	59.34	63.69	66.77	73.40
50	63.17	67.50	71.42	76.15	79.49	86.66
60	74.40	79.08	83.30	88.38	91.95	99.61
70	85.53	90.53	95.02	100.43	104.21	112.32
80	96.58	101.88	106.63	112.33	116.32	124.84
90	107.57	113.15	118.14	124.12	128.30	137.21
100	118.50	124.34	129.56	135.81	140.17	149.45
200	226.02	233.99	241.06	249.45	255.26	267.54
500	540.93	553.13	563.85	576.49	585.21	603.45
1,000	1,057.72	1,074.68	1,089.53	1,106.97	1,118.95	1,143.92

df	左側 α					
	.1	.05	.025	.01	.005	.001
1	.02	.00	.00	.00	.00	.00
2	.21	.10	.05	.02	.01	.00
3	.58	.35	.22	.11	.07	.02
4	1.06	.71	.48	.30	.21	.09
5	1.61	1.15	.83	.55	.41	.21
6	2.20	1.64	1.24	.87	.68	.38
7	2.83	2.17	1.69	1.24	.99	.60
8	3.49	2.73	2.18	1.65	1.34	.86
9	4.17	3.33	2.70	2.09	1.73	1.15
10	4.87	3.94	3.25	2.56	2.16	1.48
11	5.58	4.57	3.82	3.05	2.60	1.83
12	6.30	5.23	4.40	3.57	3.07	2.21
13	7.04	5.89	5.01	4.11	3.57	2.62
14	7.79	6.57	5.63	4.66	4.07	3.04
15	8.55	7.26	6.26	5.23	4.60	3.48
16	9.31	7.96	6.91	5.81	5.14	3.94
17	10.09	8.67	7.56	6.41	5.70	4.42
18	10.86	9.39	8.23	7.01	6.26	4.90
19	11.65	10.12	8.91	7.63	6.84	5.41
20	12.44	10.85	9.59	8.26	7.43	5.92
21	13.24	11.59	10.28	8.90	8.03	6.45
22	14.04	12.34	10.98	9.54	8.64	6.98
23	14.85	13.09	11.69	10.20	9.26	7.53
24	15.66	13.85	12.40	10.86	9.89	8.08
25	16.47	14.61	13.12	11.52	10.52	8.65
26	17.29	15.38	13.84	12.20	11.16	9.22
27	18.11	16.15	14.57	12.88	11.81	9.80
28	18.94	16.93	15.31	13.56	12.46	10.39
29	19.77	17.71	16.05	14.26	13.12	10.99
30	20.60	18.49	16.79	14.95	13.79	11.59
35	24.80	22.47	20.57	18.51	17.19	14.69
40	29.05	26.51	24.43	22.16	20.71	17.92
50	37.69	34.76	32.36	29.71	27.99	24.67
60	46.46	43.19	40.48	37.48	35.53	31.74
70	55.33	51.74	48.76	45.44	43.28	39.04
80	64.28	60.39	57.15	53.54	51.17	46.52
90	73.29	69.13	65.65	61.75	59.20	54.16
100	82.36	77.93	74.22	70.06	67.33	61.92
200	174.84	168.28	162.73	156.43	152.24	143.84
500	459.93	449.15	439.94	429.39	422.30	407.95
1,000	943.13	927.59	914.26	898.91	888.56	867.48

中文索引

英文索引

國家圖書館出版品預行編目(CIP)資料

統計學原理與應用(精華版)／邱皓政, 林碧芳
著. ——初版. ——臺北市：五南圖書出版股
份有限公司, 2023.11
　面；　公分

ISBN 978-626-366-774-7 (平裝)

1.CST: 統計學

510　　　　　　　　　　112018944

1H9D

統計學原理與應用(精華版)

作　　者 — 邱皓政、林碧芳

發 行 人 — 楊榮川

總 經 理 — 楊士清

總 編 輯 — 楊秀麗

主　　編 — 侯家嵐

責任編輯 — 吳瑀芳

文字校對 — 陳俐君

封面設計 — 姚孝慈

內文排版 — 張淑貞

出 版 者 — 五南圖書出版股份有限公司

地　　址：106臺北市大安區和平東路二段339號4樓

電　　話：(02)2705-5066　　傳　　真：(02)2706-6100

網　　址：https://www.wunan.com.tw

電子郵件：wunan@wunan.com.tw

劃撥帳號：０１０６８９５３

戶　　名：五南圖書出版股份有限公司

法律顧問：林勝安律師

出版日期：2023年11月初版一刷

定　　價：新臺幣580元

經典永恆·名著常在

五十週年的獻禮 —— 經典名著文庫

五南，五十年了，半個世紀，人生旅程的一大半，走過來了。

思索著，邁向百年的未來歷程，能為知識界、文化學術界作些什麼？

在速食文化的生態下，有什麼值得讓人雋永品味的？

歷代經典·當今名著，經過時間的洗禮，千錘百鍊，流傳至今，光芒耀人；

不僅使我們能領悟前人的智慧，同時也增深加廣我們思考的深度與視野。

我們決心投入巨資，有計畫的系統梳選，成立「經典名著文庫」，

希望收入古今中外思想性的、充滿睿智與獨見的經典、名著。

這是一項理想性的、永續性的巨大出版工程。

不在意讀者的眾寡，只考慮它的學術價值，力求完整展現先哲思想的軌跡；

為知識界開啟一片智慧之窗，營造一座百花綻放的世界文明公園，

任君遨遊、取菁吸蜜、嘉惠學子！